Droemer
Knaur®

Knaurs
Kulturführer
in Farbe
Berlin

Knaurs
Kulturführer
in Farbe
Bodensee und
Oberschwaben

Knaurs
Kulturführer
in Farbe
Franken

Knaurs
Kulturführer
in Farbe
Oberbayern

Knaurs
Kulturführer
in Farbe
Dänemark

Knaurs
Kulturführer
in Farbe
Frankreich

Knaurs
Kulturführer
in Farbe
Elsaß

Knaurs
Kulturführer
in Farbe
Paris
und Ile de France

Knaurs
Kulturführer
in Farbe
Großbritannien
und Irland

Knaurs
Kulturführer
in Farbe
London
und Umgebung

Knaurs
Kulturführer
in Farbe
Holland

Knaurs
Kulturführer
in Farbe
Italien

Knaurs
Kulturführer
in Farbe
Heiliges Land

Knaurs
Kulturführer
in Farbe
Jugoslawien

Knaurs
Kulturführer
in Farbe
Österreich

Knaurs
Kulturführer
in Farbe
Kärnten

Knaurs
Kulturführer
in Farbe
Tessin

Knaurs
Kulturführer
in Farbe
Spanien

Knaurs
Kulturführer
in Farbe
Andalusien

Knaurs
Kulturführer
in Farbe
Türkei

Marianne Mehling (Hg.)

KNAURS KULTURFÜHRER IN FARBE GRAUBÜNDEN

Über 240 farbige Fotos und Grundrisse
sowie 8 Seiten Karten

Droemer Knaur

Autoren: Dr. Elisabeth Nowak, Wolfgang Schenck

Fotos: Wolfgang Schenck

CIP-Kurztitelaufnahme der Deutschen Bibliothek

Knaurs Kulturführer in Farbe Graubünden / Marianne Mehling (Hg.). [Autoren: Franz N. Mehling ... Fotos: Wolfgang Schenck]. - München : Droemer Knaur, 1987.
ISBN 3-426-26205-3
NE: Mehling, Marianne [Hrsg.]

Für Hinweise auf Veränderungen und Ergänzungen ist die Redaktion dankbar
Zuschriften an Droemer Knaur Verlag, Postfach 800480, 8000 München 80
Idee: Redaktionsbüro Harenberg (Schwerte)
Gestaltung und Herstellung: von Delbrück, München
Karten: Herbert Winkler, München
Grundrisse: Hans-Jürgen Schäfer, Mücke
Reproduktion: Repro Ludwig, Zell am See
Einbandgestaltung: Franz Wöllzenmüller
Umschlagabbildung: Blick auf Soglio im Bergell (Foto: Löbl-Schreyer)
Satz und Druck: Appl, Wemding
Aufbindung: Großbuchbinderei Sigloch, Künzelsau
Printed in Germany
ISBN 3-426-26205-3

5 4 3 2 1

VORWORT

Graubünden ist der am weitesten östlich gelegene und mit 7100 qkm Fläche größte der 22 Schweizer Kantone. Es grenzt im Norden an Liechtenstein, im Nordosten und Osten an Österreich, im Süden an Italien und im Westen und Nordwesten an die Kantone Tessin, Uri, Glarus und St. Gallen.
Fast 90 Prozent dieses Gebiets in den Zentralalpen liegen über einer Höhe von 1200 m ü. M., die durchschnittliche Höhe beträgt 2100 m ü. M. Fast ein Drittel bündnerischen Bodens ist unfruchtbar, ein weiteres Drittel Weideland, und lediglich 7 Prozent können beackert werden. Unter ewigem Gletschereis liegt am Piz Bernina der höchste Punkt (4909 m ü. M.), am tiefsten Punkt des Kantons an der Grenze zum Tessin (270 m ü. M.) wachsen Palmen und Kastanien. Mit dieser extremen geographischen Lage hängt die mit rund 165 000 Bewohnern – das sind durchschnittlich 23 auf einem Quadratkilometer – relativ dünne Besiedlung zusammen. Von den 213 Gemeinden ist der Hauptort Chur mit 32 000 Einwohnern die größte, Portein im Domleschg mit nur 19 Einwohnern die kleinste. Mit Chur, dem Imboden, den Fünf Dörfern und der Herrschaft ist das Rheintal am dichtesten besiedelt, während die Bevölkerungsdichte in den abgelegenen Talschaften weit niedriger ist.
Graubünden, das Land der 150 Täler und der tausend Berge, ist eine große europäische Wasserscheide. Aus den Paßseen und Gletschermündern fließen seine Wasser mit dem Rhein in die Nordsee, mit dem Inn über die Donau ins Schwarze Meer und mit den Flüssen der südlichen Täler in die Adria.
Vielfältig wie die Landschaft sind die Volks- und Sprachgruppen der Bündner: Etwa 99 000 geben Deutsch, 36 000 Romanisch, 22 000 Italienisch und 8000 andere Sprachen als ihre Muttersprache an. Deutsch, Romanisch und Italienisch sind offizielle Landessprachen. Deutsch wird im Rheintal in einem vom Bodensee heraufgewanderten Alemannisch und in den höher gelegenen Tälern in der Sprache der aus dem Wallis eingewanderten Walser, einem Westalemannisch, sowie in der Gegend von Samnaun auf Tirolerisch gesprochen. Die italienischen Dialekte der Südtäler Misox, Bergell und Puschlav heben sich deutlich voneinander ab. Und das Romanische weist drei voneinander verschiedene Idiome auf: Surselvisch wird im Bündner Oberland, Ladinisch im Engadin und Sutselvisch-Surmeirisch in Mittelbünden und dem Oberhalbstein gesprochen. In neuerer Zeit wird der Versuch unternommen, eine einheitliche romanische Schriftsprache, Rumantsch Grischun, zu entwickeln.
Einen kurzen Überblick über die wechselvolle Geschichte Graubündens findet man in diesem Buch im Artikel über den Kantonshauptort Chur; auch andere Artikel werden mit historischen Hinweisen eingeleitet.
Die beiden wichtigsten Rohstoffe des Landes sind das Wasser und das Holz. Die Wasserkraftwerke produzieren jährlich rund 7,5 Milliarden Kilowattstunden Strom, von denen aber nur 1,2 Milliarden in Graubünden selbst verbraucht werden, der große Rest wird exportiert. Wald bedeckt knapp ein Viertel des Kantonsgebiets. Er schützt hochgelegene Ortschaften vor Lawinen und ist mit einem erwirtschafteten Ertrag von 35 Millionen Franken jährlich eine bedeutende Erwerbsquelle. An Wasser und Wald gehen die Umweltprobleme unserer Zeit nicht vorbei. Natur- und Heimatschutz sind in Graubünden lebensnotwendig.
Ernährt haben sich die Bündner seit jeher von der Landwirtschaft – hier vor allem durch Viehhaltung, aber auch Wein- und Ackerbau wurden und werden betrieben –, vom Kleingewerbe und durch Dienstleistungen. Bünden war seit der Römerzeit das klassische Durchgangsland nach Italien. Personen und Güter wurden über die bündnerischen Pässe transportiert. Auf den Pässen entstanden Hospize und in den Paßfußorten Gasthöfe und Hotels. Seit der Entwicklung der großen Kurorte Davos, Arosa und St. Moritz und besonders mit dem Aufschwung des Wintersports vor und nach dem Zweiten Weltkrieg spielt der Tourismus mit z. Zt. 14 Millionen Logiernächten im Jahr eine noch immer wachsende Rolle. Mehr als 50 Prozent des bündnerischen Sozialprodukts werden im Fremdenverkehr erwirtschaftet. Allerdings mehren sich die Stimmen, die vor der Zerstörung der Landschaft durch Bergbahnen, Skilifte, Pisten und Loipen und der Veränderung der Dörfer durch den Bau überdimensionierter Hotels, Appartement- und Ferienhäuser warnen. Einen Ausgleich zu dieser Entwicklung bildet vielleicht der im Gebiet um den Ofenpaß liegende Schweizerische Nationalpark, in der die Natur unbewirtschaftet bleibt, Flora und Fauna vollständig geschützt sind und der nur auf vorgeschriebenen Wegen durchwandert werden darf.
Erschlossen wird das vielgestaltige Alpenland durch ein dichtes Straßennetz von heute insgesamt 3500 km und einem Schienennetz von 400 km Länge. Allein 375 km Schiene gehören zur Rhätischen Bahn, einer vollelektrisierten Schmalspurbahn, deren Trasse mit 118 Tunneln und Galerien und mit 499 Brücken das schwierige Gelände bis zur Höhe von 2253 m ü. M. am Bernina Hospiz zugängig macht und jährlich 8 Millionen Personen und 855 000 Tonnen Güter befördert.

Graubündens Kulturdenkmäler reichen zurück ins 5. Jahrtausend vor Christi Geburt an die Grenze zwischen Mittel- und Neusteinzeit. Aus Bronze- und Eisenzeit sind zahlreiche Siedlungen nachgewiesen worden; Keramik, Waffen, Geräte und Schmuck werden im Rätischen Museum aufbewahrt. Dort finden sich auch Münzen und Kleinplastiken aus der Römerzeit.
Die frühe Christianisierung Bündens im 4. nachchristlichen Jahrhundert führte zur Gründung des ersten Bistums nördlich der Alpen in Chur. Karolingische Saalkirchen aus dem 8. Jahrhundert stehen noch in Mistail und Müstair. Hier haben sich auch karolingische Wandmalereien, die zu den ältesten in Europa gerechnet werden, erhalten. Rege Bautätigkeit entfaltete sich dann in romanischer Zeit; zahlreiche kleinere Kirchen wurden errichtet, darunter die von Zillis mit der aus 153 bemalten Feldern bestehenden Holzdecke, der ältesten im Abendland erhaltenen. In dieser Zeit entstanden auch die zahlreichen Burgen der Feudalherren, deren Ruinen über das ganze Land verteilt sind. Den Übergang zur Gotik bildet die Kathedrale zu Chur mit ihrer bedeutenden Bauplastik. Gotische Wandmalereien sind in vielen Kirchen erhalten, besonders hervorzuheben sind die von Waltensburg und Rhäzüns. Kirchenbauten im spätgotischen Stil wurden durch die Baumeister Steffan Klain, Andreas Bühler und Bernhard von Puschlav errichtet. Aus dieser Zeit stammen die rund 30 noch bestehenden gotischen Schnitzaltäre meist süddeutscher Meister, der schönste ist der Hochaltar der Churer Kathedrale von Jakob Russ. Die Kirche von Bergün ist vollständig mit spätgotischen Fresken eines oberitalienischen oder Tiroler Meisters ausgemalt, die schon wie Werke der Frührenaissance anmuten.
Am Übergang der Gotik zur Renaissance steht die erste reformierte Emporenkirche der Schweiz, die 1576/77 in Ardez gebaut wurde. Ende des 16. Jahrhunderts wirkte auch der Maler-Dichter Hans Ardüser, von dem zahlreiche sakrale und profane Malereien erhalten sind. Bauern- und Bürgerhäuser aus dem 16. und 17. Jahrhundert stehen noch in vielen Orten Graubündens. Die Romanen bevorzugten das steinerne Mehrzweckhaus, in dem Wohnkomplex, Stall und Scheune unter einem Dach liegen, die Walser das in Strickbauweise ausgeführte Holzhaus, das sie erst später auf ein steinernes Untergeschoß stellten. Mehrstöckige Häuser finden sich im Bergell und Misox.
Die Gegenreformation regte neue Kirchenbauten an, die nun meist von Misoxer Baumeistern im barocken Stil errichtet wurden, die prächtigste von ihnen ist die Klosterkirche von Disentis. Als neues Schmuckelement in Kirchen, Schlössern und Patrizierhäusern kommt der Stuck auf. In St. Martin zu Savognin malt der Italiener Carlo Nuvolone die Kuppel mit einem monumentalen Deckengemälde aus.
Ende des 19. Jahrhunderts wirkt im Engadin der aus Südtirol stammende realistische Maler Giovanni Segantini und im 20. der in Stampa geborene Bildhauer und Maler Alberto Giacometti. Aus Deutschland zieht 1917 der bedeutende Expressionist Ludwig Kirchner nach Davos, wo er sich – von den Nationalsozialisten als »entartet« bewertet – 1938 das Leben nimmt.
Die in diesem Buch beschriebene vielseitige Kultur Graubündens findet ihren Ausdruck auch in zahlreichen volkstümlichen Bräuchen, Theater- und Musikaufführungen und in einer vielfältigen Presse.
Wenn Bünden auch keinen über seine Grenzen hinaus bekannt gewordenen Dichter hervorgebracht hat – Johann Gaudenz von Salis-Seewis (1762–1834) ist vielleicht die große Ausnahme –, so bestand und besteht doch eine lebendige Heimatliteratur in allen drei Landessprachen und ihren Mundarten. Die Landschaft und ihre Bewohner spiegeln sich aber auch in den Werken von Dichtern, die Graubünden bereist haben, allen voran wohl Conrad Ferdinand Meyer mit seinen Novellen »Jürg Jenatsch« und »Die Richterin« und Thomas Mann mit seinem »Zauberberg«.
Wie in den übrigen Bänden der Reihe stehen auch hier die Farbabbildungen gleichrangig neben dem Text. Von mehr als 260 beschriebenen Orten werden Burgen, Kirchen, Schlösser, Rathäuser, Theater, Museen und andere Baudenkmäler vorgestellt. Über 240 farbige Fotos und Skizzen sowie 8 Seiten Karten illustrieren den Text. Und analog zu den Vorgängerbänden sind die Artikel alphabetisch nach Orten geordnet. Die Brücke zwischen den Orten, die geographisch benachbart sind, in diesem Buch jedoch durch das Alphabet getrennt wurden, schlägt der Kartenteil auf Seite 252–259. Er führt alle behandelten Orte auf und bietet einen Überblick darüber, welche Orte in der Nachbarschaft eines Zielpunktes liegen und deshalb vielleicht zusätzlich in einen Reiseplan einbezogen werden können. Bei jedem Ort sind im Kopf des Artikels Einwohnerzahl, Meereshöhe und ein Hinweis auf die betreffende Karte (S. 254 □ E3 = Seite 254, Planquadrat E3) angegeben. Die einzelnen Sehenswürdigkeiten sind jeweils fett gedruckt. Im Anhang finden sich ein Register der Fachausdrücke, ein Künstlerregister und ein Register aller behandelten Orte.

CH-7451 Alvaschein

Bez. Albula

Einw.: 160	Höhe: 1015 m	S. 254 □ E3

A

Als *alvisinis* findet das Dorf erstmalig 1154 Erwähnung; die Gegend war aber schon in der mittleren und späteren Bronzezeit besiedelt, wie Skelett- und Schädelfunde sowie Keramik und Bronzegegenstände bewiesen haben. Auch 2 vergoldete Kupferplatten, die wahrscheinlich um die Jahrtausendwende getrieben wurden, fand man hier. Sie zeigen Reliefbilder von Königen.

Kath. Pfarrkirche St. Joseph: 1653–55 wurde die kleine Kirche gebaut. Sie bestand zunächst aus dem Langhaus, an das sich im O der eingezogene, flach geschlossene Chor und im S eine vorgelagerte Kapelle anschloß. Der quadratische, im Obergeschoß achteckige Turm trägt einen Kuppelhelm. 1740 wurde an der Schiffs-N-Wand eine 2. Kapelle symmetrisch zur s angebaut; das führte zu dem heutigen kreuzförmigen Grundriß. Chor und Schiff liegen unter einem Satteldach. Über dem Langhaus und den Kapellen befinden sich Tonnengewölbe, über dem Chor liegt ein Kreuzgewölbe. Licht fällt durch Fenster in den Gewölbeschilden und den Wänden der Kapellen. Der *Hochaltar* stammt im unteren Teil v. 1657, die geschweiften Aufsätze der Seitenschränke, die Figuren der hll. Joachim und Anna sowie die reich geschnitzten Bildrahmen wurden um 1740 aufgebaut. Das Altarbild – Ruhe auf der Flucht – malte 1655 Johann Rudolf Sturn. Die Seitenaltäre stammen v. 1740. Die Kanzel v. 1850 ö der S-Kapelle hat einen gebauchten Korpus. L vom Chor zeigt das Gemälde eines unbekannten oberital. Malers vom Anfang des 18. Jh. den hl. Simon Stock, der in Begleitung v. Antonius und Petrus aus der Hand des Christuskindes das Skapulier empfängt.

Alvaschein, St. Joseph

Mistail (Alvaschein), St. Peter

Umgebung

Mistail (1,5 km sö): Ein Frauenkloster der Kanonissen ist 926 erstmals als »monasterium wapitines« urkundlich nachweisbar. Es wurde bereits in der 1. Hälfte des 12. Jh. aufgegeben. Grabungen legten Reste der Konventsgebäude, eines Mausoleums und eines weiteren Sakralbaus frei. Erhalten ist lediglich, dafür aber in fast urspr. Zustand, die karol. *Kirche St. Peter.* Sie wurde auf den Mauern ihres Vorgängerbaus um 800 als Dreiapsidensaal erbaut. Der O-Giebel des mit einem Satteldach gedeckten Schiffs zeigt Reste eines steinernen Glockenträgers. Wahrscheinlich um 1400 wurde an der SW-Ecke der spätgot. Glockenturm mit steinernem Pyramidendach angebaut. Ins Innere führen v. W ein Rundbogenportal und im N eine Seitentür mit Bogenfeld. Den rechteckigen Saal überspannt eine waagerechte Leistendecke mit schlichten Verzierungen. In den 3 hufeisenförmigen Apsiden steht jeweils ein Altartisch.
Bei den *Malereien* lassen sich 3 Epochen ablesen: die karol. (nach 800), die spätgot. (um 1410) und die barocke (17. Jh.). Von der karol. Ausmalung sind nur wenige Reste erhalten: 2 Köpfe in der s Apsis und unter dem linken Fenster der W-Wand; r v. diesem Fenster erkennt man eine Hand und einen Engelsflügel. Am bedeutendsten sind die Reste eines Jüngsten Gerichts an der W-Wand. Got. Malereien finden sich in der Mittelapsis und – besser erhalten – an der N-Wand. Dort fällt bes. ein monumentaler Christophorus auf. Über dem n Seitenportal sind 3 Szenen erkennbar, die wohl vor 1397 gemalt wurden: l der hl. Gallus, in der Mitte die Weihe einer Kirche durch Petrus als Papst und r ein sog. Feiertagschristus. In der Mittelapsis lassen sich 3 übereinandergelagerte Zonen unterscheiden: in der Kalotte der thronende Christus in der Mandorla, umgeben v. den Symbolen der 4 Evangelisten, ein Mittelfries mit den 12 Aposteln und ein unterer, in 3 Felder gegliederter Fries, der l den Kampf des hl. Georg mit dem Drachen, in der Mitte einen Heiligen in Ritterrüstung (ebenfalls hl. Georg?) und r eine Epiphanie zeigt.
Im 17. Jh. wurde der gesamte Raum, außer der Mittelapsis, mit einem Kalkanstrich überzogen. Reste barocker Malerei befinden sich noch an den Stirnwänden der mittleren Apsis: St. Petrus und Girlanden.
Mutten (7 km w): Das 1365 erstmals erwähnte Dorf wurde um 1400 v. Walsern besiedelt. Es teilt sich auf 3 Weiler auf, die v. 1390 bis 1870 m Höhe aufsteigen. – Die *ref. Kirche* in *Untermutten* wurde anstelle einer vermuteten ehem. Kapelle 1583/84 gebaut; an das kleine rechteckige Schiff schließt sich im NW ein eingezogener, polygonaler Chor an. Beide sind v. einem gemeinsamen, über dem Chor abgewalmten Satteldach überdeckt. Über dem Chor liegt ein Stichkappengewölbe, über dem Schiff ein Kreuzgewölbe zu 2 Jochen. An der NW-Seite des Schiffs wurde später ein zunächst drei-, dann viergeschossiger Turm mit Zeltdach hochgezogen. – Die kleine *ref. Kirche* in *Obermutten* ist 1718 aus Lärchenstämmen und -brettern gezimmert worden. An das flach gedeckte Schiff schließt ein eingezogener, dreiseitig geschlossener Chor an. Eine einfache Kanzel und die bäuerliche Orgel v. 1807 bilden die Ausstattung. Bei der Renovierung v. 1930 wurde über dem Giebel ein Dachreiter aufgesetzt.

CH-7440 Andeer

Bez. Hinterrhein

Einw.: 600	Höhe: 1000 m	S. 256 □ D3

Hier gabelt sich der Weg, der einerseits über den Splügenpaß oder über den Passo di San Bernardino, andererseits über den heute bedeutungslos gewordenen Septimerpaß führt. Auf frühe Besiedlung weist der Fund einer gegossenen Fibel aus der jüngeren Eisenzeit hin. Auch römische Gräber und Münzen wurden in der Umgebung entdeckt. Um 1150 wird das Dorf in einer Urkunde als *vicus de Anede* erwähnt. Heute ist Andeer ein aufstrebender, ganzjährig geöffneter Badekurort mit einem 1980/82 neu erbauten Heilbad.

Ref. Kirche: Am n Dorfausgang lag eine St. Michael geweihte Kirche, die 1419 urkundlich erwähnt wird. Von einer um 1584 erbauten Kirche ist noch der Unterteil des Turms erhalten, die Uhr unter dem Rundbogenfenster malte Hans Ardüser. Der acht-

Mistail (Alvaschein), St. Peter, Malerei ▷

Mistail (Alvaschein), St. Peter, Malerei

eckige Aufsatz mit Zwiebelhaube stammt v. 1827. Der Turm steht im Chorscheitel der 1673 errichteten barocken Kirche. Dieser Chor ist dreiseitig geschlossen. Schiff und Chor, beide v. Stichkappen überwölbt, liegen unter einem gemeinsamen Satteldach mit Steinbedeckung. Der gedrückt spitzbogige Chorbogen ist bemalt. Der spätgot. Tufftaufstein stammt aus der Zeit um 1580, die polygonale, mit Intarsien geschmückte Kanzel und ihr Schalldeckel datieren v. 1677. Klassizistische Grabplatten erinnern u.a. an Mitglieder der Familie Schorsch.

Kath. Fatimakirche: 1961–63 erbaute Venantius Maissen für die wachsende kath. Gemeinde einen rechteckigen Saal mit offener Vorhalle, die unter einem gemeinsamen Satteldach liegen. Den unverputzten, quadratischen Chorturm bedeckt ein Pultdach. Die Ausstattung ist modern. Eine dreieckige Leistendecke überzieht das durch viereckige Fenster beleuchtete Schiff. In einer Nische über dem Hochaltar steht eine *Statue der Fatima-Madonna.*

Burgruine Bärenburg: Im S des Dorfes hoch über der Schlucht des Hinterrheins liegen die Trümmer einer ma, 1257 erstmals urkundlich erwähnten Burg. 1450 wurde sie in der Schamserfehde v. den Talleuten erobert und zerstört. Erhalten sind nur spärliche Reste des Berings, Fundamente eines rechteckigen Turms und Spuren eines langgestreckten Gebäudes. 1952 fand man in der Nähe die Fundamente der *ehem. Kapelle St. Stephan.*

Der Dorfeingang v. A. wird v. 2 Gebäuden flankiert, die heute zum **Hotel Fravi** gehören. Früher waren sie die Posthalterei »Zur Krone« und das Postbüro. Beide verbindet eine *bogenförmige, überdachte Brücke,* die an den Neubau der Splügenstraße (1818–21) erinnert.

Haus Pedrun: Das 1501 erbaute zweistöckige Haus wurde in der 2. Hälfte des 16. Jh. mit einer reichen *Sgraffitodekoration* versehen, die die O- und N-Wand wie eine Tapete vollständig überzieht.

Ehem. Haus Capol: Vor 1600 für den Landammann und ref. Podestà zu Tirano Hans v. Capol, der 1620 beim Veltliner Mord umkam, erbautes Bürgerhaus mit *reicher Innenausstattung* aus der Übergangszeit v. der Renaissance zum Barock: Im 1. Stock liegt die sog. Prunkstube mit Holztäfelung und reichgeschmückter Kassettendecke, im 2. Stock ein Saal mit Kassettendecke und 1614 v. Hans Ardüser gemalten Wandbildern.

Außerdem sehenswert: Das *Rote Haus* hat ein O-Portal v. 1694 und sehr schöne Fenstergitter. – Das *Schlößli* vom Ende des 18. Jh. besitzt einen Treppenturm mit Zwiebelhaube. – Im Gewölbe des Anbaus v. *Haus Nr. 83* finden sich Malereien mit profanen Themen v. Hans Ardüser.

Umgebung

Casti-Wergenstein (5 km n): Im Weiler Wergenstein wurden Gräber freigelegt, die eine größere Siedlung im 7. Jh. wahrscheinlich machen. – Die *ref. Kirche in Casti* ist eine rein erhaltene roman. Saalkirche aus dem 12. Jh. mit rechteckigem Langhaus und

Casti-Wergenstein (Andeer), Kirche

Clugin (Andeer), Kirche, Matthäus-Kopf

halbkreisförmiger Apsis, die außen mit einem Blendbogenfries auf Konsölchen verziert ist. Die Leistendecke im Schiff und die Fenster stammen aus späterer Zeit. Der s angebaute Turm trägt ein jüngeres Glockengeschoß mit Zeltdach. Im Inneren befindet sich am Apsisbogen über der Kanzel eine *Wandmalerei* mit dem Erzengel Gabriel, die um 1350 entstanden ist und der Waltensburger Schule zugeschrieben wird; in der Apsis finden sich spärliche Reste eines Apostelregisters und einer Majestas Domini mit den Evangelistensymbolen. – Die *ref. Kirche in Wergenstein* ist urspr. roman., wurde aber spätgot. umgebaut, der Chor erhielt ein Kreuzrippengewölbe. Der Turm wurde 1820 erhöht und mit einem Zeltdach abgeschlossen. Innen befindet sich eine polygonale Kanzel v. 1807. 1985/86 wurde das Kirchlein archäologisch untersucht und restauriert. Dabei konnte die roman. eingezogene Apsis nachgewiesen werden. Im Schiff wurden an der S-Wand spätgot. Wandgemälde freigelegt. Sie zeigen die Geburt Christi und die Anbetung der Hll. Drei Könige. An der Kanzel kamen Intarsien zum Vorschein. Statt der Gipsdecke v. 1864 wurde eine einfache Bretter-Leistendecke eingezogen.

Clugin (2 km n): Die kleine roman., heute *ref. Kirche* stammt aus dem 12. Jh. Das rechteckige Schiff schließt mit halbrunder Apsis. Dem S-Turm wurde im 17. Jh. ein spätgot., vorkragendes Glockengeschoß mit abgestumpftem Zeltdach aufgesetzt. Im Inneren finden sich bedeutende *frühgot. Wandmalereien* v. 2 verschiedenen Meistern. 1. Waltensburger Meister (um 1330/40): In der Apsiskalotte Christus in der Mandorla mit den 4 Evangelistensymbolen, darunter die 12 Apostel, 1 neben der Apsis Verkündigungsengel und hl. Bischof, an der N-Wand 2 Märtyrer und die Vorzeichnung eines Christophorus. 2. Rhäzünser Meister (um 1400): ebenfalls an der N-Wand Teile einer Epiphanie und an der S-Wand Kreuzigung und hl. Georg. – Das *Haus Fravi/Melchior* birgt Teile aus der Zeit um 1000. – *Ruine Cagliatscha:* Auf einem Felsvorsprung steht noch die S-Mauer eines ma Turms, in dessen 5. Geschoß sich die hölzernen Pfetten und Dachsparren eines äußeren Laubengangs erhalten haben.

Pignia bei A. (2 km nö): Ein Randleistenbeil aus der mittleren Bronzezeit (15. Jh. v. Chr.) soll in dieser Gegend gefunden worden sein. – Das Dorf wurde 1975/76 durch eine Lawine schwer beschädigt. Hier entspringt die *Fontana cotscha,* die heute nach A. geleitete Heilquelle. – Die *ref. Kirche* hat ein rechteckiges, möglicherweise noch roman. Schiff mit jüngerem Stichbogengewölbe, der rundbogige Chorbogen führt in den quadratischen Chor mit Kreuzrippengewölbe. Der Turm wurde in der 2. Hälfte des 15. Jh. erhöht und mit einer geschweiften Haube versehen. – *Ältere Häuser* weisen Fassadenmalereien (17. Jh.) auf und Sprüche in roman., dt., lat. und hebräischer Sprache.

CH-7546 Ardez

Bez. Inn

Einw.: 380	Höhe: 1470 m	S. 254 □ G 2

Die typische Unterengadiner Siedlung schmücken zahlreiche schöne Häuser mit Wandmalereien, Sgraffiti und Erkern.

Ref. Kirche: Die erstmals im 12. Jh. erwähnte Kirche wurde 1576–77 als erste ref. Emporenkirche der Schweiz neu erbaut in Formen, die noch v. der Spätgotik geprägt sind, aber auch schon v. der Renaissance künden. Der Turm v. 1445 und Teile früherer Mauern des Schiffs wurden beim Neubau beibehalten. An das Hauptschiff, dessen Breite dem Chor entspricht, ist ein fensterloses Seitenschiff angefügt. Am dreiseitig geschlossenen Chor und an der s Langseite befinden sich abgetreppte Strebepfeiler. Die Emporen mit Renaissancebalustraden erheben sich im W-Joch des Hauptschiffs und im Seitenschiff. Ihre flach gespannten Arkaden steigen im W-Joch v. einer toskanischen Säule, im Seitenschiff v. wuchtigen Pfeilern auf. Zu den loggienartig gestalteten Emporen gelangt man über eine Treppenspindel in der NW-Ecke. Das Tonnengewölbe mit Stichkappen ruht auf der n Empore auf toskanischen Säulen und an der S-Wand – deren Fenster 1878 verändert wurden – auf Pilastern. Die Seitenräume decken Kreuzgratgewölbe, den zweijochigen Chor ein unregelmäßiges Netzgratgewölbe. Die Kanzel (1577) besitzt einen Fuß mit Akanthuskapitell, das Gestühl entstand 1789, die Empire-Orgel 1814. Das Hauptportal wurde 1931 erneuert, die Kirche mit Grabtafeln des 17. und 18. Jh. 1948 restauriert. In ihrem Kirchenschatz befinden sich ein Churer Kelch (1676) und eine große Schnabelstize v. 1699 (Stize = Gefäß).

Haus Nr. 99–100: 1647 erbaut und 1756 erhöht, zeigt das schöne Haus einen zweigeschossigen, wappengeschmückten Erker und 1647 entstandene, stark erneuerte *Fassadenmalereien* mit Adam und Eva unter dem Baum der Versuchung und ausgebreiteten Weinranken. Die Architekturrahmen und die Soldatengruppe entstanden 1707.

Weitere sehenswerte Häuser: *Nr. 66,* 1603 erbaut, um 1810 umgestaltet, mit klassizistischer Architekturmalerei. – *Nr. 119* v. 1610 mit Fassadendekoration v. 1731 und 1845. – *Nr. 132,* Haus Stupaun, 1616 erbaut und 1676 umgebaut. – *Nr. 135* v. 1591–92 mit Erdgeschoßerker und Renaissancesgraffiti (Putten und Drachenfries) aus der Bauzeit. – *Nr. 155,* malerisch gegliedertes Eckhaus mit asymmetrischem Giebel, Sgraffiti und Wappenstein (1676). – *Nr. 84,* klassizistischer Bau mit Pilastern und Lisenen aus der Zeit um 1820–30.

Burgruine Steinsberg: Vermutlich im 12. Jh. gegr. und 1499 v. den Österreichern zerstört. Östlich des Dorfes erheben sich in beherrschender Lage der Bergfried und Reste der Umfassungsmauern der ehem. ausgedehnten bischöflichen Burg. Auch die Ruine der ehem. Luziuskapelle, eines roman. Saalbaus mit halbrunder Apsis, ist erhalten.

Umgebung

Sur En (3 km sw): Die *ref. Filialkirche,* wahrscheinlich im frühen 13. Jh. erbaut und 1684, 1756 und 1863 erneuert, ist eine ungegliederte roman. Saalkirche mit halbrunder, gewölbter Apsis. Der niedrige Turm mit achteckigem Pyramidenhelm stammt vermutlich aus dem 17. Jh.

Ardez, Haus Nr. 99–100, Fassadenmalerei ▷

PECCATIS SVB YCIERIS

CH-7050 Arosa Bez. Plessur		
Einw.: 2700	Höhe: 1766 m	S. 254 □ E2

Eine Urkunde von 1336 erwähnt ein ertragreiches »Gut in Aaraus«. Anfang des 14. Jh. erfolgte die Besiedlung durch die Walser. Politisch gehörte Arosa bis 1851 zu Davos, dann entwickelte es sich zu einem bedeutenden Kurort und Wintersportplatz.

Alte ref. Kirche in Innerarosa: In beherrschender Lage liegt das 1492/93 erbaute und urspr. dem hl. Jodokus und der hl. Barbara geweihte spätgot. Kirchlein. An das fast quadratische Schiff schließt sich im S ein eingezogener, quadratischer Chor an. Im N steht ein *Turm*, dessen außen abgeschrägtes Untergeschoß als Vorhalle dient; er trägt eine gezimmerte Glockenstube mit viereckigem gebrochenem Spitzhelm. Schiff und Chor deckt ein gemeinsames Satteldach.
Das Schiff überwölbt eine leicht polygonale *Holzdecke* mit bemalten Leisten. Im Chor ruht auf zugespitzten Konsolen ein rippenloses Kreuzgewölbe.
Die Sakramentsnische in der O-Wand mit Gittertürchen und die kleine Schreinorgel mit um 1770 bemalten Flügeln (König David und die hl. Cäcilie) gehören zur ansonsten v. 1922 stammenden Ausstattung.

Ardez, Dorf und Burgruine

Ref. Kirche: 1908 wurde die jetzige ref. Dorfkirche nach Plänen des Architekten Albert Gysler erbaut. 1969 wurde sie umgebaut.

Kath. Marienkirche: Mit dem Aufschwung v. A. zum heilklimatischen Kurort gegen Ende des 19. Jh. war auch der Zuzug kath. Bürger und Gäste verbunden. Für sie entstand nach 1935 nach Plänen v. Walther Sulser ein Neubau aus Bruchstein, der sich dem steilen Gelände anpaßt. Ein rechteckiger Saal, bei dem 2 parallel zur Längsachse verlaufende Gänge den Eindruck einer dreischiffigen Anlage erwecken, bildet die Sonntags- und Sommerkirche, deren SW-Teil als Altarraum dient. Quer zur Achse dieses Raums und durch eine Faltwand v. ihm getrennt liegt im NO der kleine, heizbare Saal der Werktags- und Winterkirche. Beide überdeckt ein Flachdach. Vor der Winterkirche erhebt sich über der Eingangshalle ein breitrechteckiger, flachgedeckter *Turm* mit einem vorspringenden, das Dach weit überragenden Steinkreuz. Die *Glasmalereien* im l Seitenschiff stammen v. Hans Baumhauer, die in der Winterkirche v. F. Baumhauer.
Im Schiff der Sommerkirche schmücken 5 *Mosaiken* v. Hans Baumhauer die fensterlose bergseitige Wand. Über dem *Hochaltar* hängt eine geschnitzte Kreuzigungsgruppe v. Alfons Magg; die holzgeschnitzten Statuen der Muttergottes und des hl. Josef in den Nischen der *Seitenaltäre* entwarf F. Brutschin. Neben der Eingangshalle liegt eine kleine *Taufkapelle* mit einem farbenfreudigen Glasfenster (»Der hl. Luzius tauft die Bergbevölkerung«) v. Giuseppe Scartezzini.

Heimatmuseum Schanfigg: Am Kirchliweg in Innerarosa steht als einziges noch erhaltenes Haus aus der frühen Walserzeit das 1550 erbaute »Eggahus«. Es war möglicherweise einmal die Wohnung der Bergknappen, denn der Eisenerzabbau ist seit Mitte des 15. Jh. nachweisbar. Auf ihn weisen auch viele Ausstellungsstücke hin. Außerdem zeigt die Sammlung Hausrat, landwirtschaftliche und wintersportliche Geräte, Werkzeuge und Waffen sowie Mineralien und Stücke aus Flora und Fauna.

Umgebung

Langwies (8 km nö): Unter dem Mattlishorn wurde eine Lanzenspitze aus der jüngeren Eisenzeit (5.-1. Jh. v. Chr.) gefunden. - In den Seitentälern Arosa, Fondei und Sapün siedelten seit dem frühen 14. Jh. Walser. Als gemeinsames Gotteshaus stifteten sie 1384 an dem Ort, an dem sich diese Täler treffen, eine der Jungfrau Maria geweihte Kirche, um die sich erst später ein Ort entwickelte. Bei der heute *ref. Kirche* sind vom ersten Bau die Umfassungsmauern des heutigen Langhauses und die gemauerten Teile des Turms erhalten. Vor 1477 wurde der eingezogene, dreiseitig geschlossene O-Chor angebaut. Im Langhaus wurde später ein dreijochiges Rautengewölbe eingezogen. Der Chor hinter dem spitzbogigen Chorbogen ist v. einem Sterngewölbe überspannt. Schiff und Chor überdeckt ein Satteldach. An der N-Seite, r und l des Winkels zwischen Schiff und Chor, liegen die tonnengewölbte Sakristei und der Turm mit gezimmerter, vorkragender offener Glockenstube unter dem achteckigen, gebrochenen Spitzhelm.

Durch die spätere Überwölbung wurden ältere (nach 1385 entstandene) *got. Wandbilder* überschnitten. Sie zeigen an der N-Wand die Passion Christi, am Chorbogen die hl. Katharina und Inschriften. *Ausstattung:* Spätgot. Taufstein, dessen Deckel wie die hölzerne Kanzel mit Schalldeckel v. 1751 stammt. Das Gestühl datiert aus dem 18. Jh., die Orgel v. 1897. - Im Dorf finden sich noch hölzerne *Strickbauten* mit und ohne steinerne Unterkellerung, teilweise mit aufgemalten Sprüchen am Giebel.

Molinis (15 km n): Mit dem Bau der heute *ref. Kirche,* ehemals St. Bartholomäus, wurde nach 1440 begonnen. Der eingezogene, dreiseitig geschlossene N-Chor wurde wohl erst im 17. Jh. angebaut. Der kahle Turm erhielt Ende des 19. Jh. eine neugot., gezimmerte Glockenstube. Das rechteckige Schiff ist mit einer Leistendecke, der Chor mit einem Gratgewölbe überdeckt. Beide liegen unter einem gemeinsamen Satteldach. Die Kanzel wurde zwischen 1720 und 1730, die übrige Ausstattung 1924 eingebaut.

Peist (13 km n): Die *ref. Kirche,* ehemals St. Calixtus und Florinus, zwischen 1440 und 1500 erbaut, brannte 1874 bis auf die Umfassungsmauern ab. Sie wurde 1876/77 wiederhergestellt und 1924 renoviert. An das Schiff schließt sich im N ein eingezogener, dreiseitig geschlossener Chor achsenverschoben an. Der Turm an der S-Seite des Chors trägt ein achteckiges Glockengeschoß.

Arosa, Marienkirche, Glasfenster in der Taufkapelle

St. Peter (14 km n): Eine Talkirche wird 831 erstmals genannt. Es war wahrscheinlich die heutige *ref. Pfarrkirche St. Peter:* Ein Bau aus dem frühen MA mit Apsis wurde 1922 aufgedeckt. Im 15. Jh. wurde ein älterer, schräg zur Kirche stehender *Wehrturm* als Glockenturm adaptiert. Aus dieser Zeit stammt auch der Anbau des leicht eingezogenen, dreiseitig geschlossenen O-Chors mit einfachem Kreuzgewölbe. Der Chorbogen ist spitz. Das rechteckige Schiff wird v. einer trapezförmigen spätgot. Holzdecke überspannt.

Das Satteldach ist über dem Chor abgewalmt. Die 4 unteren Turmgeschosse zeigen unverputztes, ungleichförmiges Mauerwerk. Der im 15. Jh. aufgesetzte Glockenstock ist außen verputzt. Ein vierseitiges Zeltdach krönt den Turm. Die Vorhalle zwischen Turm und Schiff vor dem spitzbogigen Portal wurde 1922 errichtet. Die Kanzel mit Intarsien ist im Schalldeckel mit 1772 datiert; neben ihr am Chorbogen befindet sich eine *Wandmalerei*, die einen Altaraufsatz mit der Figur eines hl. Bischofs imitiert; v. gleichen Meister (kurz nach 1500) stammt die Maria zwischen Petrus und Paulus darstellende Malerei, die das Tabernakel mit Eisengitter an der N-Wand umgibt. In der Mitte des Chors steht der becherförmige Taufstein vom Anfang des 15. Jh. Die Orgel wurde 1782 gestiftet und 1922 umgebaut. Das Glasgemälde mit Petri Berufung im n Chorfenster schuf Giuseppe Scartezzini 1926.

Arosa, Reformierte Kirche

CH-7447 Avers-Cresta Bez. Hinterrhein		
Einw.: 170	Höhe: 1963 m	S. 258 □ E4

Aufgefundene Steinkistengräber weisen auf eine Besiedlung des Hochtals bereits im frühen Mittelalter (6.–8. Jh.) hin. Wohl im 12. Jh. siedelten hier Romanen, die urkundlich 1372 nachgewiesen sind. Dann wanderten deutschsprachige Walser ein und begründeten die noch heute prägenden Einzelhofsiedlungen.

Außerferrera (Avers-Cresta), Ref. Kirche

Ref. Kirche, ehemals St. Nikolaus (?): Die Kirche des am höchsten gelegenen Pfarrdorfs in der Schweiz steht am Hang ö v. *Cresta*. Sie erhielt ihre heutige Gestalt in 3 Bau-

Langwies (Arosa), Reformierte Kirche, Kreuzabnahme und Grablegung

abschnitten. Um 1400 entstand eine noch roman. Kirche mit halbrunder Apsis. In der 1. Hälfte des 18. Jh. wurden Teile abgerissen. Das im Grundriß trapezförmige Schiff blieb erhalten, an seiner Schmalseite im SO wurde nach halbrundem Chorbogen der nicht eingezogene, dreiseitig geschlossene Chor angesetzt. Chor und Schiff sind v. Tonnengewölben unter gemeinsamem Satteldach bedeckt. An der S-Seite steht ein Viereckturm mit 2 übereinanderliegenden Glockenstuben. Innen über dem W-Portal befinden sich *Wandbilder* aus dem frühen 15. Jh.: St. Georg mit dem Drachen und St. Christophorus. Auf der einfachen *Kanzel* steht die Jahreszahl 1764; sie bezeichnet vielleicht das Ende des letzten Umbaus.

Außerdem sehenswert: *Haus Nr. 123* mit Wappenstein und *Haus Nr. 124* mit holzgetäfelter Stube.

Umgebung

Außerferrera (13,5 km nw): Der Name hängt mit lat. ferrum (= Eisen) zusammen; Eisenbergbau ist im Tal bis ins 19. Jh. betrieben worden. Ruinen einer *Eisenschmelze* stehen noch unweit der Straße vor dem Dorf. – Der Bau der heute *ref. Kirche* wurde im 15. Jh. begonnen, sie wurde aber 1718 stark verändert. Über dem rechteckigen Schiff liegt ein zweijochiges, über dem eingezogenen, quadratischen Chor ein einfaches Kreuzgewölbe. Der *Turm* steht vor der SO-Ecke. Seinen viereckigen Grundbau krönt ein achteckiger Aufsatz mit laternenartigem Abschluß. – Im Sommer- und Feriendorf *Cresta* (nicht mit dem Ortsteil v. A.-C. zu verwechseln!) steht eine kleine roman., heute *ref. Kirche*, die 1925 renoviert wurde. An das viereckige Schiff grenzt im S eine halbrunde Apsis mit Lichtschlitzen und inneren Nischen. Schiff und Viereckturm liegen unter Satteldächern.

Innerferrera (10 km nw): An der Stelle eines älteren Baus wurde 1834 unter Verwendung einiger Grundmauern und des Turms die heutige *ref. Kirche* als tonnengewölbter Saalbau errichtet. Auf den alten Turm kam ein achteckiger Aufsatz mit Zwiebelhaube.

Juf (6 km sö): Diese Siedlung ist der am höchsten liegende ganzjährig bewohnte Ort der Schweiz. Im N steht an der Straße das 1664 erbaute *Podestatshaus*, das mit Sgraffiti geschmückt ist.

Pürt (2 km sö): Das Dorf ist eine typische Walsersiedlung mit hölzernen Strickbauten auf steinernem Unterbau, die wegen der Entsiedlung des Tals z. T. schon verfallen.

Bergün, Blick auf das Dorf

B

CH-7482 Bergün/Bravuogn Bez. Albula		
Einw.: 500	Höhe: 1375 m	S. 254 □ F 3

Trotz der fast unüberwindlichen Steilstufe des Albulatals nördlich der Mulde, in der heute Bergün liegt, haben hier, wie Funde beweisen, bereits in der Bronzezeit Menschen gewohnt. Eine urkundliche Erwähnung von 1190 als *Burginne* spricht für eine Besiedlung durch Romanen. 1323 soll das Dorf völlig abgebrannt sein. Es schloß sich 1367 dem Gotteshausbund an und kaufte sich 1537 von der Greifensteiner Herrschaft (vergleiche Filisur) frei. 1855 machte die neue Straße nach Tiefencastel den regelmäßigen Postkutschenverkehr mit Chur möglich. Heute ist Bergün ein sportliches und touristisches Zentrum.

Ref. Kirche, ehemals St. Petrus und Florinus: Von der 1188 erbauten Vorgängerkirche ist nur noch der Unterbau des Turms erhalten, eine halbrunde Apsis wurde nachgewiesen. Um 1500 baute man im O einen eingezogenen, dreiseitig geschlossenen Chor an, das Schiff erhielt eine hölzerne *Flachdecke* mit reicher und farbenprächtiger Schablonenmalerei. Das W-Portal mit Rundbogen liegt unter einer zur Empore führenden Außentreppe; je 4 Spitzbogenfenster in Schiff und Chor sorgen für die Belichtung. 2 *Glasmalereien* zeigen den hl. Petrus und den hl. Florinus. Es handelt sich um Kopien v. Fritz Dold v. 1979, die Originale aus der Mitte des 14. Jh. bewahrt das Rätische Museum in Chur auf. Der roman. Turm trägt 3 Glockengeschosse. Die Wimperge und der achteckige Spitzhelm wurden um 1500 aufgesetzt.
An der S-Wand finden sich außen spärliche Reste einer Christophorus-Darstellung aus dem 15. Jh.

Bergün, Reformierte Kirche, Blick von der Empore zum Chor

Bei der Renovierung v. 1930 wurden im Schiff bedeutende *Wandmalereien* aus der Zeit der Wende v. der Spätgotik zur Frührenaissance (1500) freigelegt und teilweise ergänzt, bes. in den unteren Abschnitten wegen des schlechten Erhaltungszustands teilweise wieder verdeckt.
Die Bilder haben – v. der Empore aus betrachtet – folgende Inhalte: Am Chorbogen l der Engel der Verkündigung, r Maria, der Verkündigung lauschend; an der r anschließenden S-Wand sieht man zunächst den Schmerzensmann, gefolgt v. dem breit angelegten Apostelkollegium mit Christus in der Mitte, anschließend Christi Taufe; an der W-Wand, der Rückseite der Empore, sieht man v. l nach r Abendmahl, Ölberg, Gefangennahme mit dem Kuß des Judas und Geißelung. An der N-Wand folgen Dornenkrönung, Kreuztragung, das Lamm Gottes, Kreuzigung, Beweinung, Christusmonogramm und vor dem Chorbogen Christi Auferstehung. Das dekorative, gliedernde Rahmenwerk zeigt an der S-Seite Rosenmedaillons und Rundschilde zwischen Akanthusblätterwerk, an der N- und W-Seite zwischen Laub- und Fruchtgirlanden Medaillons mit als bartlose Jünglinge dargestellten 12 Propheten.
Die Ausstattung wurde mit Ausnahme der Kanzel v. 1735 im Jahre 1930 erneuert.

Bergün, Reformierte Kirche, Wandmalerei

Kath. Kirche St. Maria: Am w Dorfende wurde 1983 v. Hans Morant der asymmetrische Giebelbau mit weißen Außenwänden und Kupferblechabdeckung in Kombination mit Naturholz errichtet, an dessen Rückwand ein Kreuzturm aufragt. In den fast quadratischen Innenraum fällt Licht durch Glasgemälde nach einem Entwurf v. Ferdinand Gehr, die 4 Seraphe darstellen.

Wohnturm: Wohl im 13. Jh. wurde der ma Turm in der Dorfmitte erbaut; er war möglicherweise Amtssitz der Herren v. Greifenstein. Die 2,15 m starken Mauern bestehen aus Findlingen und Hausteinen. Auf dieses ma Gemäuer wurde im 18. Jh. (?) ein viereckiges, bemaltes Obergeschoß mit barocker Haube gesetzt.

Das **Dorfbild** zeigt einen mit dem des Engadins verwandten Charakter. Die Fassaden mit den großen Rundbogenportalen sind mit Sgraffiti oder Wandmalereien geschmückt, die meist tiefliegenden Trichterfenster sind hier und da mit schmiedeeisernen Korbgittern verziert. Bes. zu beachten sind die *Häuser* Nr. 34, 47, 51, 63, 64, 67/68, 72, 80/81, 87, 106, 112, 113, 114, 124, 126, 130, 133 und 134.

Außerdem sehenswert: Die im Tal der Albula verstreuten *ehem. Eisenerzbergwerke* und *Schmelzanlagen.*

Umgebung

Albulapaß (14 km sö): Über den 1349 urkundlich erwähnten, 2313 m hoch gelegenen Paß führte im 14. Jh. die »via imperialis« in die Besitzungen des Churer Bischofs im Engadin, Veltlin und Vintschgau. Mit dem Ausbau der Straße v. 1864/65 wurde B. zum wichtigen Paßfußort und Umschlagplatz. An der Paßstraße liegt auf Höhen zwischen 1900 und 2500 m die Versuchsalp Weißenstein des Instituts für Tierproduktion der Eidgenössischen Technischen Hochschule Zürich.
Latsch (2 km n): In 1590 m Höhe liegt das Dorf auf einer steil abfallenden Bergkuppe, 1154 wird es erstmals als *Lacis* in einer Churer Urkunde genannt. – Der um 1300 entstandene Vorgängerbau der heutigen *ref. Kirche* wurde zwischen 1657 und 1660 er-

neuert, dann 1862 und 1950 renoviert. An das rechteckige Langhaus schließt sich im NW ein eingezogener, dreiseitig geschlossener Chor. An dessen N-Seite steht der viereckige Turm mit gebrochenem, achteckigem Spitzhelm. Schiff und Chor mit Kreuzgratgewölben überdeckt ein über dem Chor abgewalmtes Satteldach. Die achteckige Kanzel am spitzen Chorbogen stammt aus dem 17. Jh., die übrige Ausstattung aus dem 20. Jh. – Im Ort stehen mehrere *Bauernhäuser* mit Sgraffitoschmuck und geschmiedeten Fenstergittern. *Haus Nr. 7* (17. Jh.) beherbergt ein kleines *Lokalmuseum*.

Preda bei Bergün (7 km sö): Die 1903 eröffnete Albulalinie der Rhätischen Bahn überwindet auf den 12,6 km zwischen B. und Preda mit 5 Kehrtunneln, 2 gewöhnlichen Tunneln, 9 Viadukten und 2 Galerien den Höhenunterschied v. 416 m. Nach Preda beginnt dann unmittelbar der 5,8 km lange Albula-Scheiteltunnel, der mit 1820 m der am höchsten gelegene Alpendurchstich ist. Im Winter ist die Straße zwischen Preda und B. eine Schlittenbahn.

Stugl/Stuls (3 km n): In dem kleinen, hoch über der Albulaschlucht gelegenen Dorf steht eine roman., heute *ref. Kirche* aus dem 13. Jh. Unter dem Satteldach schließt sich im O des rechteckigen Schiffs der eingezogene, polygonale Chor an, über dem sich der Turm mit gebrochenem, achteckigem Spitzhelm erhebt. Das Tonnengewölbe im Schiff setzt sehr tief an, ein Spitzbogen führt in den spätgot. Chor, den ein Kreuzgratgewölbe überspannt.

An der Außenwand befinden sich verwitterte Reste v. *Wandgemälden:* Kampf des hl. Georg mit dem Drachen (1360–70) sowie Johannes d. T. und Christophorus (um 1310–20).

Im Inneren ist das Schiff vollständig mit *got. Wandbildern* ausgemalt: Im Tonnenscheitel eine Majestas Domini mit den Symbolen der 4 Evangelisten und darunter die Kirchenväter Hieronymus, Gregor d. Gr., Ambrosius und Augustinus. Die Längsseiten sind durch ein schlichtes Rahmenwerk in je 3 Felder geteilt; sie zeigen am Chorbogen beginnend im S Mariä Grablegung, Christi Taufe und das Abendmahl, an der W-Seite folgen l und r des Portals die Gefangennahme Jesu mit dem Verrat des Judas und der Malchus-Episode, dann die Dornenkrönung. Die Bilder der N-Wand zeigen Kreuztragung, Kreuzigung und Beweinung. Wahrscheinlich war der Zyklus früher mit Gemälden an der O-Wand abgeschlossen. In das Bild mit der Grablegung Mariens ragt ein weiteres Feld mit 2 Figuren herein, möglicherweise der Rest einer Anbetung durch die Hll. Drei Könige. Als Ent-

Stugl (Bergün), Reformierte Kirche, Gefangennahme und Dornenkrönung an der W-Wand

Bivio, St. Gallus, Hochaltar

Julierpaß (Bivio), Reste röm. Säulen

stehungszeit dieser Bilder werden die Jahre zwischen 1360 und 1370 angenommen.

CH-7457 Bivio Bez. Albula		
Einw.: 260	Höhe: 1776 m	S. 258 □ E 4

Hier gabelt sich der Weg und führt entweder über den Julier- oder über den Septimerpaß. Funde von Eisengußkuchen und Schmelzstücken weisen auf eine frühgeschichtliche oder eisenzeitliche Anlage hin.
Seit der Reformation gibt es im Dorf beide Glaubensbekenntnisse, die bis 1675 dieselbe Kirche benutzten.

Kath. Pfarrkirche St. Gallus: Eine erste Kirche ist 1219 beurkundet. Zweimal wurde sie, wohl jeweils nach Umbauten, neu geweiht: 1418 und 1518. Ende des 17. Jh. wurde der Turm errichtet. An das etwas schiefviereckige Schiff schließt sich leicht verschoben ö der eingezogene, polygonale Chor an. An der N-Seite liegt eine kleine Seitenkapelle. Den Turm vor der W-Front krönt eine niedrige Steinplattenhaube. Chor, Schiff und Kapelle liegen unter flachen Satteldächern; den Chor überdeckt ein Stichkappengewölbe, das Schiff überspannen 2 Kreuzgewölbe. 2 *Gemälde* v. verschwundenen Seitenaltären stellen das Martyrium des hl. Fidelis v. Sigmaringen (letztes Drittel 17. Jh.) und den Gekreuzigten mit verschiedenen Heiligen (um 1640) dar. Die polygonale *Kanzel* mit Schalldeckel ist mit 1643 datiert. Der *Hochaltar* (um 1500), ein prächtiger *spätgot. Flügelaltar* mit Merkmalen der Frührenaissance, stammt aus der Strigel-Werkstatt. Der 2,15 m hohe Schrein schließt mit halbrundem Bogen; er zeigt oben reich geschnitztes Laubwerk. Die abgeflachten Figuren im Schrein stellen die Madonna dar, die r v. den hll. Margareta und Gallus, l v. Barbara und Sebastian begleitet ist; über ihnen schweben Engel. Die Flügel tragen innen Reliefs v. je 2 Heiligen: l Blasius (?) und Nikolaus, r Johannes d. T.

Bonaduz, Mariä Himmelfahrt, Deckenbild im Chorraum

und Florinus, außen sind sie bemalt. Die Rückseite des Schreins ist mit einem Jüngsten Gericht bemalt. Die Predella ist in 3 Felder geteilt, die in Hochrelief die Halbfiguren v. Christus und den Jüngern zeigen, die Rückseite ist bemalt. Von der Bekrönung sind nur die Figuren erhalten: Anna selbdritt flankiert v. den hll. Katharina, Rochus, Georg und Michael, außerdem die Statuetten der hll. Ursula und Magdalena.

Ref. Kirche: Entweder 1663 oder 1671 wurde der schlichte rechteckige Saalbau mit 3 Kreuzgewölben errichtet. Der viereckige Turm v. 1746 mit achteckigem Aufbau und gemauerter Haube steht neben der erhöhten W-Fassade.

Auf dem Platz vor dem Kath. Pfarrhaus ein moderner *Brunnen* mit Murmeltier.

Umgebung

Julierpaß (9 km ö): Die beiden *röm. Säulenteile* l und r der Paßstraße auf 2284 m Höhe stammen wahrscheinlich v. einem Paßheiligtum, dessen Fundament ausgegraben wurde. Teile einer Marmorstatue werden im Engadiner Museum in St. Moritz aufbewahrt. Auch zahlreiche hier gefundene Münzen belegen, daß der Paß bereits in röm. Zeit begangen wurde.

Septimerpaß (6 km s): Münzfunde belegen, daß auch dieser Alpenübergang (2310 m) v. den Römern benutzt wurde. Die Fundamente der *Kapelle St. Peter* und des *Hospizes,* die um 1100 unter dem Churer Bischof Wido erbaut wurden, konnten freigelegt werden. Die Gebäude verfielen seit dem 17. Jh.

CH-7402 Bonaduz

Bez. Imboden

Einw.: 1700	Höhe: 655 m	S. 252 □ D2

Auf einem Hügel hoch über dem Hinterrhein wurden Gräber und Siedlungsspuren

Bondo, Palazzo Salis

aus der jüngeren Eisenzeit entdeckt. Der ma Ort gehörte zu Rhäzüns, löste sich aber wirtschaftlich und politisch davon. Seit dem Bau der Splügenstraße und der von ihr in Bonaduz abzweigenden rechtsrheinischen Straße nach Ilanz gewann das Dorf an Bedeutung. Sein Ortsbild wurde 1908 durch einen Großbrand zerstört.

Kath. Pfarrkirche Mariä Himmelfahrt: Eine 1445 urkundlich erwähnte, der Muttergottes geweihte Kapelle wurde 1494 neu errichtet. Erst im 17. Jh. wurde der viereckige Turm gebaut und dann 1774 um ein Geschoß mit Wimpergen und Spitzhelm erhöht. 1876 verlängerte man das Schiff, legte diesen Neubau aber 1924 wieder nieder, um einem dreischiffigen Langhaus Platz zu machen, an das sich ö der spätgot. Chor mit zweijochigem Netzgewölbe und sternförmigem Schluß anschließt. Die *Renaissance-Dekkenmalereien* im Gewölbe sind zwischen 1620 und 1630 entstanden und wurden 1925 freigelegt sowie restauriert. Sie zeigen im zentralen Rautenfeld den auferstandenen Christus, in den anderen Rauten 10 weibliche Heilige; die Schildkappen sind mit Ranken, Blumen und Granatäpfeln ausgemalt. Rechts neben dem spitzbogigen Chorbogen ist der Rest der *spätgot. Ausmalung* zu sehen: eine kleine Epiphanie, mit 1494 datiert.
Ausstattung: Über dem Chorbogen ein got. Kruzifixus, r davon eine um 1640 geschnitzte Muttergottesstatue und eine Anna selbdritt v. 1735. Das Tabernakel, ein zweigeschossiger Tempelaufbau mit gewundenen Säulen und Figuren, stammt aus der Mitte des 17. Jh.

Kapelle St. Magnus: Um 1773 erbaute man die Feldkapelle im N v. B. Sie hat ein flachgedecktes Schiff mit kleinem halbrundem, gewölbtem Chor unter gemeinsamem Satteldach. Die Ausstattung ist nicht bemerkenswert.

Burgruine Wachenau: Im NW v. B. liegen hoch über dem Vorderrhein Reste einer urkundlich nicht nachweisbaren Burg. Erhalten ist Bruchsteinmauerwerk der Schildmauer und eines Gebäudes. Östlich und unterhalb des Burghügels wurden Reste eines Walls entdeckt, der zu einer ehem. Brükke gehören könnte.

Burgstelle Sculms: Im SW v. B. steht auf schroffen Felsen über der Rabiusaschlucht der Rest einer Mauer, die zu einer abgestürzten Burg gehörte.

Bondo ✉ CH-7649 Promontogno

Bez. Maloja/Maloggia

Einw.: 180	Höhe: 823 m	S. 258 □ E 4

Ref. Kirche S. Martino: Die roman. Saalkirche mit halbrunder Apsis wurde 1250 geweiht. Das Kirchenschiff erhielt im frühen 17. Jh. ein zweijochiges Kreuzgewölbe, auch Türen und Fenster wurden damals verändert; 1687 baute man die Sakristei an. Dem hohen roman. Glockenturm hat man Ende des 15. Jh. ein oberstes Geschoß mit Zeltdach aufgesetzt. Die bedeutenden *Frührenaissance-Wandmalereien* eines ital. Meisters entstanden in der Zeit um 1480–90 und zeigen u. a. an der W-Fassade die hll. Christophorus, Martin, Johannes d. Ev., Jakobus

d. Ä. und Antonius v. Ägypten sowie im Inneren an der S-Wand ein großes Abendmahl (vom späteren Gewölbepfeiler überschnitten). In der Apsis sind ein Christus in der Mandorla mit den Evangelistensymbolen sowie Maria und Johannes dargestellt. Der gelb- und rotmarmorne Abendmahlstisch stammt aus der Zeit um 1760.

Palazzo Salis: Der schöne Herrschaftssitz im ital. Landhausstil, 1765–74 v. Pietro Martocco und Martino Martinojo für den bünd. Gesandten Hieronymus v. Salis-Soglio erbaut, zeigt sich als breiter, dreiachsiger Bau mit Kellergeschoß, 2 Hauptgeschossen, Mezzanin und abgewalmtem Dach. Portale mit profilierten Graniteinfassungen, Volutengiebeln und Wappenkartuschen zieren die Mittelachse beider Fassaden, eine symmetrische Freitreppe an der W-Seite führt zum geometrisch angelegten Garten mit Springbrunnen in der Mitte. Das Innere (nicht zugänglich) ist mit Rokoko- und Louis-seize-Stukkaturen und darauf abgestimmtem Mobiliar versehen. Unter den zahlreichen Bildnissen befinden sich Werke der Churer Malerin Angelika Kauffmann (1741–1807) und des Jean-Baptiste Greuze (1725–1805) sowie ein Anthonis van Dyck (1599–1641) zugeschriebenes Porträt der Lady Rachel Fane († 1680).

Außerdem sehenswert: Der kubische Bau des *Palazzo Scartezzini* am Platz besitzt ein profiliertes Portal in der betonten Mittelachse und wurde 1763 durch die Familie Curtin erbaut. – *Haus Nr. 36* im s Dorfteil entstand laut Inschrift 1597. – Die *Sgraffiti* an *Haus Nr. 38* sind 1616 datiert. – Am Rundbogenportal v. *Haus Nr. 68* findet man 3 Fratzenreliefs (datiert 1522).

Umgebung

Promontogno (1 km nö): Das Dorf am W-Hang des Felsriegels, der das obere vom unteren Bergell trennt, besteht aus verblendeten Strickbauten (Holzbauten mit horizontal geschichteten, an den Ecken verzapften Balken) mit Giebelbalkonen, Sgraffito-Fensterumrahmungen und Hausinschriften. – Die *ref. Kirche Nossa Donna*, 988 erstmals erwähnt, ist die Mutterkirche des ganzen Bergells. Seit dem 16. Jh. nicht mehr be-

Promontogno, Nossa Donna und Castelmur

nützt, wurde die roman. Saalkirche mit halbrunder Apsis 1863 durch Baron Giovanni de Castelmur wiederhergestellt und erhöht; er ist hier in einer Gruft beigesetzt. Der ital. anmutende Kampanile stammt aus der Zeit um 1100. – *Burg Castelmur*, als Talsperre seit 831 genannt, war v. 1160 an im Besitz der churischen Ministerialen Castelmur und geriet nach 1500 in Verfall. Auf der obersten Terrasse steht ein fünfgeschossiger Turm mit ehem. Wehrgang und Bering aus der Zeit um 1300.

CH-7165 Breil/Brigels

Bez. Vorderrhein

Einw.: 1200	Höhe: 1289 m	S. 252 □ C2

Kath. Pfarrkirche St. Maria: Sie wurde im frühen MA gegr. und als Pfarrkirche 1185 genannt; nach dem Brand v. 1392 erfolgte um 1486 ein spätgot. Neubau. Das Kirchenschiff mit interessanter Lichtgestaltung wurde 1963 durch Georg Berther neu errichtet.

Die unteren Geschosse des W-Turms sind roman., das auskragende Glockengeschoß schmücken spätgot. Schallfenster, der Zwiebelhelm entstand 1784. Den sterngewölbten spätgot. Chor aus der Zeit um 1486 schmükken eine Gethsemane-Darstellung (um 1600) an der N-Wand und Grisaillen (2. Hälfte 17. Jh.) an den Schrägen. Den schönen *Hochaltar* schuf 1738 der Walliser Bildhauer Jodok Ritz (1697–1747). Beachtenswert sind außerdem die Kanzel (1746), die Renaissancedorsalien (um 1670) des ehem. Chorgestühls, 5 spätgot. Bildwerke (Ende 15. Jh.) und an der Emporenbrüstung 4 Apostelreliefs (um 1486) v. der Predella des Strigel-Altars in St. Sievi.

Kirche St. Martin: Im Schiff der vermutlich roman. Anlage mit eingezogenem Turm (Helm v. 1736) findet sich eine spätgot. Holzdecke mit Friesen in Flachschnitzerei und spätgot. Wandmalereien aus der Zeit um 1515. Bes. bemerkenswert ist ein schöner spätgot. *Flügelaltar* v. 1518 aus einer süddt. Werkstatt mit den Schnitzfiguren der hll. Martin, Jodokus und Lucia.

Wallfahrtskirche St. Sievi: Die n oberhalb des Dorfs liegende, dem hl. Eusebius geweihte Kirche gehörte einst zu einer 1185 erwähnten Fluchtburg und besteht aus einem Rechtecksaal ohne Chor und einem viergeschossigen Turm (um 1100). Wohl im späten 14. Jh. wurde das Schiff nach W verlängert und das Christophorus-Bild an der s Außenwand geschaffen. Die spätgot. Wandmalereien im Inneren, u. a. eine große Anbetung der Könige an der S-Wand, sind in die Zeit um 1450–60 zu datieren. Der bedeutende spätgot. *Schnitzaltar* (1486) des Ivo Strigel stand einst in der Pfarrkirche, der Schrein enthält die Muttergottes mit den hll. Wolfgang, Sebastian, Antonius und Leonhard, die Rückseite ist mit einem Jüngsten Gericht bemalt.

Kapelle St. Jakob: Sie wurde 1514 erbaut und 1697 verlängert. Der Bau mit einem Dachreiter und einem spätgot. Maßwerkfenster birgt Wandmalereien (um 1514) eines lombardischen Meisters und eine reizvolle spätgot. Leistendecke, mit der Jahreszahl 1514 und dem Meisternamen Hans Zinsler versehen.

Umgebung

Danis/Tavanasa (4 km s): 1959 hat der Architekt Georg Berther das Schiff der *kath. Pfarrkirche* zur *Hl. Dreifaltigkeit* neu errichtet und den Turm umgebaut. Der dreiseitige

Breil, St. Martin

Breil, St. Maria

Barockchor stammt noch v. dem 1656 geweihten Bau und ist mit ital. geprägtem Stuck geschmückt, das Altargemälde ist ein mailändisches Werk aus der Zeit um 1660. – Die *Kapelle St. Antonius* v. 1724 n der Kirche setzt sich aus der eigtl. Kapelle und dem ö anschließenden Beinhaus zusammen. Sie besitzt ländliche Wandmalereien und einen Barockaltar v. 1724.

Dardin (3 km sw): In dem um 1696 entstandenen barocken Neubau der *kath. Pfarrkirche St. Sebastian* (später teilweise verändert) findet man am Chorbogen ein vorzügliches Kruzifix des 17. Jh.

CH-7084 Brienz Bez. Albula		
Einw.: 100	Höhe: 1153 m	S. 254 □ E 3

In einer Höhle wurden undatierbare Herdstellen entdeckt. Als *Brienzola* wird der Ort 831 erstmals erwähnt. 1847 wurde das alte Dorf durch einen Brand fast gänzlich zerstört. Das hübsch gelegene Terrassendörfchen steht auf einem geologisch unruhigen Abhang des Piz Linard; Risse in vielen Häusern beweisen es.

Kath. Pfarrkirche St. Calixtus: Eine in der Urkunde v. 831 erwähnte Kirche mußte einem Neubau Platz machen, der 1513 geweiht wurde. In der 1. Hälfte des 19. Jh. wurden die Fenster modernisiert. Der Brand v. 1847 beschädigte auch die Kirche. Das Langhaus überdeckt seitdem ein Tonnengewölbe, den eingezogenen, polygonalen Chor ein Kreuz- und Fächergewölbe. An der W-Seite des Schiffs steht der viereckige Turm mit achteckigem Obergeschoß unter niedriger Kuppelhaube; er neigte sich, bedingt durch die Erdrutsche, zur Talseite. Bei der Renovierung in den 1980er Jahren wurde aber ein neues Fundament gelegt.

Von der alten *Wandmalerei* haben sich 2 Bilder erhalten: die hll. Calixtus und Luzius (letzteres ist mit 1736 datiert). Am Scheitel des spitzen Chorbogens hängt eine gute Kopie des »Maria-Hilf-Bildes« v. Lucas Cranach. Die beiden Seitenaltäre sind nicht bedeutend. Der Hochaltar dagegen ist ein reichgeschnitzter *spätgot. Flügelaltar,* wohl aus der Spätphase der Strigel-Werkstatt. Er wurde 1519 geweiht. Der Schrein ist kleeblattförmig abgeschlossen und an der Basis eingebuchtet. Die Flügel sind außen bemalt: l die Anbetung der Hirten, r die der Hll. Drei Könige; innen tragen sie unter Laubwerk je 2 Relieffiguren v. Heiligen: l Johannes d. T. und Luzius, r Nikolaus und Florinus. Im Schrein stehen, ebenfalls unter

Brienz, Blick auf das Dorf von Nordwesten

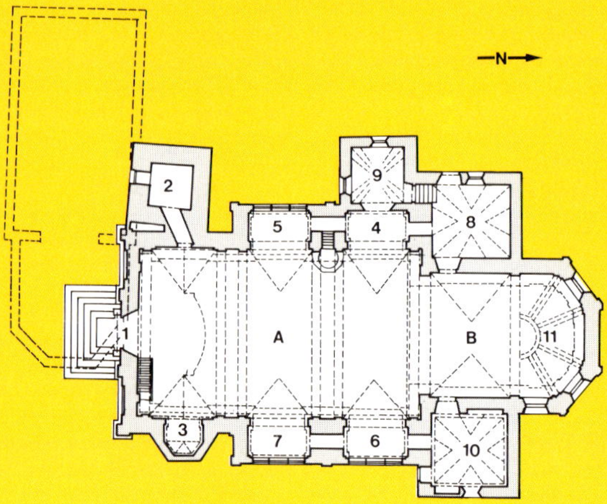

Alvaneu Dorf (Brienz), kath. Pfarrkirche St. Mariä Geburt. Die punktierten Linien umreißen die ehem., geostete Kirche, bzw. geben die Lage der Empore an **A** Langhaus **B** Chor **1** Portal **2** Turm **3** Taufnische **4** n W-Kapelle **5** s W-Kapelle **6** n O-Kapelle **7** s O-Kapelle **8** w Sakristei **9** Beinhaus im Untergeschoß **10** ö Sakristei **11** Altarhaus

Laubwerk, 5 Figuren: die Muttergottes zwischen den hll. Katharina und Calixtus (l) sowie Barbara und Sebastian (r). Üppiges Schnitzwerk ziert das Gesprenge; in dessen mittlerem Baldachin steht die hl. Anna zwischen 2 anderen Heiligen, außen flankiert v. den hll. Jakobus d. Ä. und Rochus. Unter der Spitze der Bekrönung befindet sich eine Kreuzigungsgruppe. Die Predella zeigt die Halbfiguren v. Christus und den Jüngern. Neben dem Schrein stehen l und r 2 Holzstatuen der hll. Georg und Mauritius.

Feldkapelle St. Rochus: Die kleine Kapelle am S-Rand der Terrasse birgt in der Apsidiole eine Rochusstatue.

Haus Nr. 7: Das alte Portal ist mit geschmiedeten Ziernägeln und einem schönen Schiebriegel versehen.

Umgebung

Alvaneu Bad und Dorf (4 km ö): Im Albulatal liegt das ehem. Schwefelbad, dessen Gebäude leider verfallen. Die *kath. Kirche Hl. Dreifaltigkeit* wurde in der Pestzeit 1629/30 erbaut. 1853/54 erfolgte eine Vergrößerung des Schiffs, das unter einer Holzdecke liegt. Den eingezogenen, gerade geschlossenen Chor überspannt ein Kreuzgratgewölbe zu 2 Jochen. Das Altarblatt mit Marienkrönung und den Pestheiligen malte 1634 Johann Jakob Greutter.
Über 200 m höher liegt in hügeliger Landschaft das Dorf. Beide waren schon zur Römerzeit bekannt, wie Münzfunde aus dem 1. und 2. Jh. beweisen. Das Dorfbild beherrscht die barocke *kath. Pfarrkirche St. Mariä Geburt,* deren erste abgebrannte Vorgängerkirche St. Mauritius geweiht war; eine zweite, um 1490 gebaute Kirche wurde

Alvaneu (Brienz), St. Mariä Geburt

Schmitten, Allerheiligenkirche, Tabernakel

um 1690 bis auf den Turm niedergelegt, um dem jetzigen Bau Platz zu machen. Seine *Fassade* mit Scheingiebel, der das Satteldach verdeckt, richtet sich talwärts nach S. Sie wird durch Pilaster und ein Gesims in 6 Felder gegliedert; in den 4 äußeren befinden sich Bildnischen, in der Mitte unten das Portal (1), dessen Volutendach v. 2 glatten Säulen getragen wird, und darüber ein Fenster mit Segmentgiebel. Im W der Fassade ragt der *Turm* (2) auf, dessen Glockenstube mit Wimpergen und Spitzhelm 1698 aufgesetzt wurde. Das *Schiff* (A) ist in 3 Joche unterteilt, dem s ist im O eine Taufkapelle (3) angegliedert. Neben dem 2. und 3. Joch liegen jeweils 2 rechteckige Kapellen (4–7). Das Schiff deckt ein Stichkappengewölbe. Die Kapellen sind untereinander durch Pforten und Rundbogen verbunden. 3 Stufen führen in den eingezogenen, dreiseitig geschlossenen Chor (B), der v. einer Halbkuppel und einer Tonne mit Stichkappen überwölbt ist. Neben dem Chorquadrat liegt im O und W je 1 Sakristei (8 und 10), v. der w führt eine Treppe ins tieferliegende Beinhaus (9). Die Stukkaturen betonen nicht, wie sonst meist, den Chor, sondern die Seitenkapellen.

Handwerkliche *Wandmalereien* finden sich in den Kuppelfeldern des Chors und den Stichkappen v. Chor und Schiff; sie stellen Christus und die Apostel dar. Auch die Kapellen sind mit Wandmalereien geschmückt; in der n W-Kapelle (4): Christi Auferstehung und Himmelfahrt, Mariä Himmelfahrt und Krönung; in der s W-Kapelle (5): der junge Tobias und Raphael, Opfer Abrahams, Jakobs Traum und Petrus im Gefängnis; in der n O-Kapelle (6): Christus als Lehrer, Christus verabschiedet sich von Maria, Mater dolorosa, die hll. Rochus und Sebastian; in der s O-Kapelle (7): 3 Franziskaner-Heilige, Szenen aus den Legenden der hll. Franziskus, Antonius v. Padua und Felix v. Cantalice. Im Chor hängen Gemälde v. der Geburt und der Vermählung Mariens, letzteres v. 1700. An der Fassade sind die hll. Mauritius, Georg, Luzius und Primus in den Blenden, im Tympanon eine Schutzmantelmadonna dargestellt.

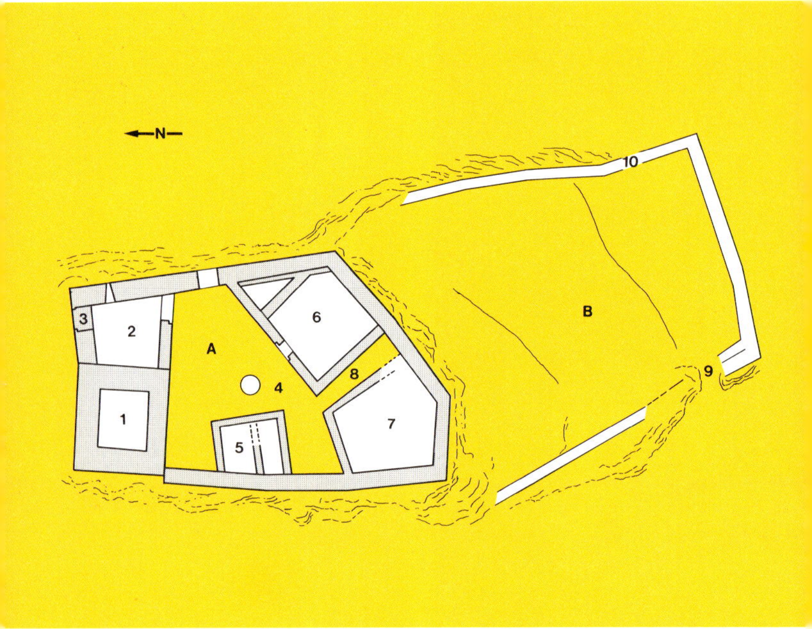

Burgruine Belfort (Brienz) A Hauptburg **B** Vorburg **1** Hauptturm **2** Wohn- und Torbau **3** ehem. Tor, heute vermauert **4** Innenhof **5** jüngere Nebengebäude **6** SO-Partie des S-Traktes **7** SW-Partie des S-Traktes **8** Torgang zum höher gelegenen, nicht erhaltenen Tor zwischen Haupt- und Vorburg **9** vermutliches Tor **10** Bering

In den Kapellen stehen folgende *Seitenaltäre:* Rosenkranzaltar v. 1734 (4), Kreuzaltar v. 1730 (5), Mater-dolorosa-Altar v. 1728 (6) und Altar der Unbefleckten Empfängnis, um 1725 (7). Im Altarhaus (11) befindet sich der *Hochaltar,* bei dem die Teile eines spätgot. Flügelaltars in einen barocken Rahmen gestellt wurden, und zwar so, daß nunmehr die beiden ehem. Flügel über das frühere Mittelstück des Schreins montiert wurden. Das so entstandene Altarblatt zeigt in seinem unteren Teil die geschnitzten Figuren der Muttergottes zwischen den hll. Magdalena und Mauritius (l), Ursula und Johannes d. T. (r) sowie darüber in Hochrelief die Anbetung der Hll. Drei Könige und Mariä Krönung, also die Innenseiten der ehem. Flügel. Die Rückseite des Altarblattes - unten Rückseite des ehem. Mittelstücks, oben Außenseiten der ehem. Flügel - ist dadurch ganz bemalt: unten ein figurenreiches Jüngstes Gericht, oben Mariä Verkündigung und Christi Geburt. Alle Figuren wurden neu gefaßt, die Malereien dagegen sind noch im urspr. Zustand aus dem 1. Jahrzehnt des 16. Jh. Die barocke Umrahmung aus dem letzten Jahrzehnt des 17. Jh. besteht aus gewundenen, v. Weinlaub umrankten Säulen, die im durchbrochenen Giebel eine Kreuzigungsgruppe tragen. Auf vorkragenden Konsolen stehen die Apostelbüsten der ehem. Predella. Das Tabernakel, ein doppelgeschossiger, polygonaler Kuppeltempel mit Säulen und Figurennischen, datiert v. 1697.

Die den Altarumgang verschließenden Türen mit reichem Akanthuslaub wurden 1725 geschnitzt.

Von der übrigen Ausstattung sind die an den Schiffswänden hängenden *Ölgemälde* der Muttergottes sowie der hll. Wenzeslaus (?), Theodul, Karl Borromäus und Mauri-

Schmitten (Brienz), St. Luzius und Pfarrkirche Allerheiligen

tius (letztere 3 offenbar v. einer Hand) zu erwähnen.

Burgruine Belfort (2 km ö): Unweit der Straße erheben sich die stattlichen Reste der um oder nach 1200 erbauten Burg. Sie war zunächst im Besitz der Herren v. Vaz, fiel dann an die Toggenburger, und nach 1436 stritten sich deren Erben um das Besitztum, bis 1499 im Schwabenkrieg die Burg v. den Bündnern erstürmt und ausgebrannt wurde. Die erhaltenen Reste (vgl. Zeichnung) erheben sich teilweise bis in den 4. Stock.

Schmitten (6 km nö): Der Name deutet wie das roman. »Ferrera« auf die Eisenerzgewinnung und -verarbeitung hin, die hier im MA betrieben wurden. Um 1300 siedelten sich hier Walser an. Von 1573 bis 1608 traten die Bewohner vorübergehend der Reformation bei. Das Dorf schmiegt sich in eine Mulde, die zwischen dem Abhang des Gebirges und einem Hügel über dem steilen Absturz zum Zusammenfluß v. Landwasser und Albula liegt. Auf diesem Hügel liegen, umgeben v. einer gemeinsamen Friedhofsmauer, 2 Kirchen:

Kapelle St. Luzius: Auf dem Fundament einer noch kleineren Vorgängerkirche, die vermutlich vor 1000 gebaut worden war, errichtete man im 12. oder 13. Jh. die Mauern des jetzigen Baus, der ein rechteckiges Schiff mit nach O gerichteter, halbrunder Apsis aufweist. Mitte des 14. Jh. baute man 2 Seitenaltäre und 2 Stufen zum Chor ein und überzog die Wände nach und nach vollständig mit Gemälden. Nach dem Bau der heutigen Allerheiligenkirche Ende des 15. Jh. verwendete man die Kapelle als Beinhaus; ein Turm wurde wegen Baufälligkeit abgerissen, 1703 das Satteldach aber erhöht und mit einem Dachreiter versehen. 1964/65 wurde die Kapelle restauriert und dabei die kleine Vorhalle angebaut. – Reste v. *Wandmalereien* finden sich außen an der N- und der S-Wand; sie stellen wahrscheinlich die hll. Georg und Martin sowie die Geißelung Christi dar. In weit besserem Zustand sind die *Innenmalereien* (vor oder um 1350) erhalten. In der Apsiskalotte der thronende Christus in der Mandorla mit Sonne und Mond sowie den Symbolen der 4 Evangelisten; in einem Fries darunter die Apostel mit St. Luzius; am Chorbogen l der hl. Michael mit der Seelenwaage, darunter eine Schutzmantelmadonna, r 2 Heilige über einem leeren Bildfeld, in den Zwickeln 2 Engel; an der N-Wand sind in 2 Friesen Szenen aus dem Alten und dem Neuen Testament zu erkennen; das an der S-Wand vermutete Jüngste Gericht ist nicht erhalten.

Kath. Pfarrkirche Allerheiligen: Um 1470 wurde mit dem Bau dieser größeren Kirche begonnen, 1522 dann der Turm errichtet. Zu Beginn des 18. Jh. erfolgte ein barockisierender Umbau, dessen Weihe 1706 begangen wurde. Es entstand ein Schiff mit eingezogenem, dreiseitig geschlossenem Chor im O. Beide liegen unter gemeinsamem Satteldach. Man betritt die Kirche durch den im W stehenden viereckigen Turm mit Wimpergen und achteckigem Spitzhelm. Über dem dreijochigen Schiff liegt auf durchlaufendem Gesims ein Stichkappengewölbe, über dem Chor eine Tonne mit Halbkuppel. Bei der Restaurierung 1963–70 legte man in Schiff und Chor *Wand- und Deckengemälde* frei, z. T. in Stuckrahmen. Sie wurden 1706 v. Carolus Josephus Camoletus, vermutlich einem Kapuziner aus Novara, gemalt: im Chor Gottvater und der Hl. Geist als Taube, außerdem Apostel, Evangelisten und verschiedene Heilige. Das Retabel des *Hochaltars* mit gewundenen Säulen und gesprengtem Giebel ist mit 1711 datiert. Das Altarbild mit allen Heiligen und Stifterwappen ist v. Johann Bergmann signiert und mit 1700 datiert, das Tabernakel (Ende des 17. Jh.) hat die Form eines zweigeschossigen Tempels. Der *n Seitenaltar* (1635) zeigt im frühbarocken Aufbau ein Altarblatt mit Anna selbdritt unter einem Engelchor und dem Notenblatt mit dem für 4 Stimmen gesetzten Ave Maria. Im *s Seitenaltar* (1729) befindet sich ein neuerdings eingesetztes Blatt, das Maria mit dem Rosenkranz über dem Fegefeuer darstellt.

Kreuzweg: Am Weg zu den beiden Kirchen stehen 8 Kapellen, die letzte mit dem Hl. Grab.

Ortsmuseum: Im alten Schulhaus befindet sich eine heimatkundliche Sammlung mit Stücken aus Natur- und Heimatkunde, Brauchtum der Gegend.

Postgebäude: Das 1706 erbaute Haus ist außen bemalt: Hl. Familie und Kreuzigung.

Wiesen (10 km nö): Vor 1300 siedelten Walser in den für sie typischen Einzelgehöften auf der hoch über der Landwasserschlucht liegenden Sonnenterrasse. Sie traten nach der Reformation zum neuen Glauben über und nahmen 1581 Glaubensbrüder aus dem rekatholisierten Schmitten auf. So wuchs langsam ein aufgelockertes Straßendorf heran, in dem schon 1879 Friedrich Nietzsche Erholung suchte. Heute ist das als Klimakurort anerkannte Dorf ein ruhiger Ferienort für Sommer und Winter.

Die *ref. Kirche* wurde wahrscheinlich um 1600 unter Einbeziehung einer älteren Sebastianskapelle gebaut, der Turmanbau erfolgte später. 1705 wurde die Kirche renoviert und erhielt 1774 eine neue Innenausstattung mit einer hölzernen Empore im Chor für die 1775 eingebaute Orgel. 1904 und 1985 folgten weitere Renovierungen. 1986 baute man außen an der N-Seite des Schiffs eine Überdachung des Fußwegs an, für den der Turm spitzbogig durchbrochen wurde.

An das rechteckige Langhaus schließt sich im NW nach spitzem Chorbogen der eingezogene polygonale Chor; beide liegen unter einem über dem Chor abgewalmten Satteldach. Der viereckige Turm trägt ein gebrochenes Zeltdach; er steht an der N-Seite des Chors im Winkel zum Schiff. Im spitzbogig gekehlten Portal eine Tür v. 1770 mit kunstvoll geschmiedetem Stoßriegel. Das Schiff liegt unter einer buntbemalten *spätgot. Flachdecke* mit geschnitzten Rosetten und Schildchen, der Chor unter einem Netzgewölbe zu 2½ Jochen. Die Holzkanzel ist mit 1722, die geschnitzte Brüstung der Orgelempore im Chor mit 1774 datiert. Der fünfteilige Orgelprospekt zeigt Rokokoschnitzwerk.

Dorfmuseum: Im Haus zum Süesa Wichel in der Obergasse ist eine heimatkundliche Sammlung mit einer Wiesener Bauernstube, Zimmer und Küche aus dem 19. Jh. untergebracht.

Außerdem sehenswert: Etwa 300 m tiefer als das Dorf liegt in der Schlucht des Landwassers – dort wurde eine Lanzenspitze aus der Bronzezeit gefunden – die Station Wiesen der Rhätischen Bahn. Deren Geleise führen in 88 m Höhe über den aus Bruchstein gemauerten dreibogigen *Wiesner Viadukt.*

Jenseits der Schlucht liegt auf einer Terrasse

Brusio, S. Carlo Borromeo, n Seitenkapelle ▷

IHS

das Dorf *Jenisberg* mit einer kleinen, weithin sichtbaren *ref. Kirche*, die 1681 erbaut und im 18. Jh. mit einem Türmchen versehen wurde. Sowohl das unter flacher Leistendecke liegende Schiff wie der Chor mit Kreuzgratgewölbe sind v. nahezu quadratischem Grundriß.

CH-7743 Brusio

Bez. Bernina

Einw.: 1250	Höhe: 780 m	S. 258 □ G 4

Brusio, der Hauptort des unteren Puschlavtals, erweckt mit seiner üppigen Vegetation, besonders seinen Tabakplantagen, einen starken südländischen Eindruck.

Kath. Pfarrkirche S. Carlo Borromeo: Anstelle eines spätgot. Baus (v. dem noch die gestuften Strebepfeiler zeugen) entstand 1617 die frühbarocke Anlage mit gerade geschlossenem, eingezogenem Chor und Turm mit niederem Zeltdach. Das Innere charakterisieren Pilaster mit stuckierten Kapitellen und umlaufendem Gebälk, darüber ein Tonnengewölbe. Tabernakelaltar (um 1660–70), Kanzel (Mitte 17. Jh.) mit Volutenhermen und Schalldeckel mit Laubwerk, Granittaufstein (um 1620–30).

Ref. Kirche: Die 1645 errichtete und 1727 umgebaute Kirche besitzt einen fünfgeschossigen Turm mit gekuppelten, rundbogigen Schallöffnungen, Spitzbogenfriesen zwischen Lisenen und achtseitigen Aufsatz mit Laterne. Auf der Chorempore mit schönen Schnitzereien steht eine prächtige Rokoko-Orgel (1786); die Kanzel (1727) wurde später mit Rokokoformen verziert.

Außerdem sehenswert: Die *Casa Comunale*, das Rathaus (seit 1899) des 17. Jh. u. a. mit einer eigenwilligen Felderdecke (um 1730–40) in der jetzigen Ratsstube. – Das *kath. Pfarrhaus* wurde 1695 erbaut. – Den der Landschaft harmonisch eingefügten *Schulbau* errichtete B. Giacometti 1961–63.

Umgebung

Motta (ca. 4 km n): Eindrucksvoll erhebt sich die Kirche *S. Romerio* (S. Rumedi) auf einer Felsterrasse etwa 900 m über dem Puschlaver See. Das rechteckige Schiff könnte noch aus dem 11. Jh. stammen, der quadratische Chor dürfte im späten MA entstanden sein, der Turm im 1. Viertel des 16. Jh. Alle Bauteile überdeckt ein einheitliches Steinplattendach. Die offene Vorhalle dürfte in das Jahr 1659 zu datieren sein.

C

CH-7649 Casaccia

Bez. Maloja / Maloggia

Einw.: 60	Höhe: 1460 m	S. 258 □ E 4

Ruine der Wallfahrtskirche S. Gaudenzio: Der hl. Gaudentius war der örtlichen Legende nach Missionar des Bergells und erlitt hier im 4. Jh. den Märtyrertod. Die Kirche n über dem Dorf, 831 erwähnt, wurde 1514–18 neu errichtet und diente bis 1739 als Begräbniskirche. Der danach in Verfall geratene Bau wurde 1925 in seinem Bestand gesichert: v. a. Umfassungsmauern mit spätgot. Maßwerkfenstern.

Ref. Kirche: Auf den Fundamenten des Vorgängerbaus v. 1522 wurde 1742 die barocke Dorfkirche errichtet; der Turm mit Pyramidenhelm entstand 1815. Der gewölbte, unter dem heutigen Niveau des Schiffs liegende Raum diente als Gruftkammer.

Sog. Convento: Das ehem. Hospiz oberhalb des Dorfes entstand um 1520 und ersetzte das alte Hospiz bei S. Gaudenzio. An der Fassade ist das Fragment eines Gemäldes (um 1520) mit der Muttergottes und dem hl. Jodokus, Werk eines ital. Meisters, erhalten.

Casa Gadina: Der viergeschossige W-Trakt des hoch aufragenden Gebäudes wurde 1594 erbaut, leicht abgewinkelt fügte man ihm um 1660 einen dreigeschossigen O-Trakt an. Dieser enthält eine prächtige Sala terrena mit Muldengewölbe, Stuckwappen und Barockausstattung.

Burgruine Turraccia: Die Reste des Turratsch-Wachturms w des Dorfes gehen wohl zurück auf einen bischöflichen Befestigungsbau des 12. Jh., der den im MA wichtigen Saumpfad zum Septimerpaß und die Maloja-Julier-Route gesichert hat.

CH-7099 Castiel
Bez. Plessur

Einw.: 100	Höhe: 1207 m	S. 254 □ E 2

Auf dem hoch über dem Tal der Plessur gelegenen Moränenhügel Carschlingg konnte eine prähistorische Besiedlung in der Bronze- und Eisenzeit nachgewiesen werden. Im 3.–5. Jh. n. Chr. lag hier eine *befestigte Siedlung* mit einer Umfassungsmauer (Fluchtburg?). Auch im 6. und 7. Jh. war der Ort wieder bewohnt, wurde aber vor der Karolingerzeit verlassen. Ein hier gefundener gut erhaltener Helm befindet sich im Rätischen Museum in Chur. Urkundlich wird das Dorf 1132 als *Castellum* erwähnt. Eine Burg ließ sich jedoch nicht nachweisen.

Ref. Kirche, ehem. St. Georg: Am Fuß des Carschlingg-Hügels liegt in beherrschender Lage der spätgot. Bau aus der Zeit nach 1510, dessen Chor und Turm im 18. Jh. erhöht wurden. Vom Vorgängerbau (um 1100?) läßt sich nichts nachweisen. Viereckige Streben stützen das Langhaus ab, um Chor und S-Seite des Schiffs zieht sich ein Sockel, der den Geländeabfall ausgleicht. Der eingezogene, polygonale Chor ist nach O gerichtet, an der N-Seite schließt sich der viereckige *Turm* mit 2 Glockengeschossen und achteckigem, gebrochenem Spitzhelm an. Schiff und Chor deckt ein über dem Chor abgewalmtes Satteldach. Ein Spitzbogenportal im W und ein rundbogiger Nebeneingang im S führen in das Rechteckschiff, das ein Netzgewölbe mit Rautensystem aufweist. Auch den Chor überspannt ein Netzgewölbe. Licht fällt durch Spitzbogenfenster mit einfachem Maßwerk in Schiff und Chor, in dessen östliche Wand sich noch ein Kreisfenster mit Fischblasen befindet. Unter diesem befindet sich außen

Casaccia, Ruine der Wallfahrtskirche S. Gaudenzio

Casaccia, Ruine S. Gaudenzio

Castiel, Podestà-Haus

ein allerdings verblaßtes *Christophorus-Gemälde.*
In der N-Wand des Chors liegt eine *Sakramentsnische.* An der N-Seite des spitzen Chorbogens steht auf einem Holzfuß die polygonale *Kanzel* mit Intarsien; ihr Schalldeckel ist mit 1656 datiert.

Podestà-Haus: Das 1619 erbaute, 1622 v. Spaniern gebrandschatzte, 1626 aber wieder renovierte und neu ausgestattete Gebäude gilt als das einzige bemerkenswerte Bürgerhaus des Schanfigg. Es hat einen trapezförmigen Grundriß, in der Frontmitte tritt ein halbrunder Treppenturm vor.

Umgebung

Calfreisen (2 km nw): Ein vermutlich röm. Messer und ein Grab, in dem röm. Schmuck wahrscheinlich aus dem 4. Jh. gefunden wurde, bezeugen eine zumindest spätantike Besiedlung. – *Ruine Bernegg:* Am S-Rand des Dorfs liegt auf einem Geländevorsprung die gut erhaltene Ruine einer ma Burganlage. Erhalten ist vor allem ein bedeutender Teil des Palas aus Bruchsteinmauerwerk mit 4 Geschossen. Die in der Mitte der 2. Hälfte des 13. Jh. erbaute Burg fiel im 15. Jh. an die Familie Sprecher; sie gaben der Burg den Namen »Bernegg« und nannten sich selbst seitdem Sprecher v. Bernegg. Um 1550 war die Burg bereits verlassen und verfiel.
Lüen (2 km sö): Der Ort wird 1084 als »Leune« beurkundet, damals wurde die jetzt *ref. Kirche* »zu Ehren des hl. Zeno und anderer Heiliger, deren Reliquien dort verwahrt wurden«, erbaut. Es ist ein unregelmäßiger Rechteckbau mit einer flachen Holzdecke. Daneben steht frei ein viereckiger Turm mit spitzem, gebrochenem Helm. Im 17. Jh. zog man in den Saal ein Tonnengewölbe ein und brach Spitzbogenfenster aus. Dabei wurde der obere Teil einer *spätgot. Wandmalerei* aus dem 2. Drittel des 14. Jh. teilweise zerstört. Die restlichen Bilder wurden 1926 freigelegt. An der ö Schmalseite befinden sich die Darstellungen der Apostel; an

Casaccia, Casa Gadina

der s Längs-Seite beginnt auf 2 übereinanderliegenden, v. Blatt- und Rosettenborten getrennten Friesen ein Zyklus aus dem Neuen Testament: nur teilweise erhalten Maria im Wochenbett und Anbetung der Könige, darunter aber unzerstört der Kindermord zu Betlehem und Christi Taufe, an der n Wand folgen oben Reste mit Passionsszenen und unten Kreuzigung, Kreuzabnahme, Grablegung und Auferstehung. Die Arbeit wird der Werkstatt des Waltensburger Meisters zugeschrieben. In der nördlichen Ecke befinden sich eine Sakramentsnische (15. Jh.) und die Kanzel aus dem Jahre 1776.

Maladers (5 km w): Der 300 m über dem Talboden am Hang des Ochsenberges liegende Geländesporn war, wie Funde beweisen, bereits im 15. Jh. v. Chr., zur Bronzezeit, in der Hallstattzeit, zu röm. und nachröm. Zeit und im frühen MA besiedelt. 1156 wird das Dorf als »Maladru« urkundlich erwähnt. Das Domkapitel Chur besaß hier einen Meierhof. – *Ref. Kirche:* 841 wird eine Eusebiuskirche im Schanfigg erwähnt. Man vermutet, daß sie ein Vorgängerbau des wegen seines schmalen Schiffs auffälligen Kirchleins war, das im 12. Jh. vergrößert wurde und nach 1500 einen Choranbau erhielt. Über dem Schiff befinden sich 2 Kreuzgewölbe, nach spitzem Chorbogen folgt im O der nicht eingezogene, polygonale Chor mit Netzgewölbe. Der viereckige Turm an der N-Seite des Schiffs hat einen achteckigen, gebrochenen Spitzhelm. Im W öffnet sich unter rundem Bogen das Portal. Von der *Ausstattung* sind zu erwähnen: Taufstein (Mitte 17. Jh.), Kanzel (1750) und Orgel mit dreiteiligem Prospekt (Mitte 18. Jh.). Bestuhlung und Empore stammen aus dem 18. Jh. Die Kirche diente v. 1635 bis 1663 beiden Bekenntnissen. – *St.-Antonius-Kirchlein:* 1922 wurde für die kath. Bürger das kleine Kirchlein erbaut und 1973 im Inneren renoviert.

Turm Bramberg: Im nördlichen Dorfteil befindet sich beim Bauernhaus Nr. 46, gen. das Schloß, ein ma Wohnturm. Sein Lagermauerwerk besteht aus regelmäßigen Blökken.

Cazis, Frauenkloster

CH-7408 Cazis Bez. Heinzenberg		
Einw.: 1550	Höhe: 661 m	S. 252 □ D3

Im SW des Dorfes liegt ein Hügel, auf dem Spuren vorgeschichtlicher Häuser entdeckt wurden. Ausgrabungen wiesen in 8 übereinanderliegenden Schichten *Siedlungsreste* nach. Sie reichen von der frühen Bronzezeit bis zur Römerzeit.
Am s Dorfausgang wurden *Gräber* aus 2 Kulturschichten geborgen; die untere entstammt der späten Bronzezeit.
Auf dem Petrushügel im N des Dorfs entdeckte man 1938 die erste *jungsteinzeitliche* (um 4000 v. Chr.) *Siedlung* in Graubünden.
Die Geschichte des Dorfs ist eng mit dem angeblich um 700 v. dem Churer Bischof Victor II. gestifteten *Frauenkloster* verbunden. Die heute hier lebenden Dominikanerinnen arbeiten im Schuldienst und in Kindergärten.

Frauenkloster: Nach mehreren Bränden wurde 1770 ein Längsbau errichtet, den man 1930 renovierte und durch ein Quergebäude ergänzte. In der modernen *Hauskapelle* werden ein got. Kruzifix aus Avignon (um 1470) und die Kopie einer thronenden Muttergottes (Anfang 14. Jh.), deren Original im Salzburgischen steht, aufbewahrt. Eine Keramikplastik v. Schwester Caritas Müller zeigt 3 Frauen mit dem Engel am Ostermorgen und die Begegnung v. Jesus mit Thomas und 3 Jüngern. Weitere Keramikarbeiten der Schwester stellen die Kreuzwegstationen und den hl. Josef als Zimmermann dar.

Alte Pfarrkirche St. Martin: Auf freiem Feld steht im SO des Dorfs dieser Sakralbau. Das rechteckige, chorlose Schiff muß vor 1100 entstanden sein, denn aus dieser Zeit stammt der im S angebaute Turm. Die hölzerne Glockenstube und das Zeltdach wurden im 20. Jh. aufgesetzt. Das Schiff ist an den fensterlosen Wänden im O, N und W außen durch Blendarkaden gegliedert,

Cazis, Frauenkloster, Keramikplastik in der Hauskapelle

deren Lisenen direkt aus dem Boden aufsteigen. In den Nischen der W-Wand erkennt man Spuren einer Wandbemalung. Die Kirche wurde seit 1623 nicht mehr benutzt, die alte Ausstattung ist verschollen. Heute findet hier wieder Gottesdienst statt.

Kath. Pfarr- und Klosterkirche St. Peter und Paul: Nach der Erhebung der Klosterkirche zur Pfarrkirche entstand um 1500 der spätgot. heutige Bau. Baumeister war Andreas Bühler. An das vierjochige Langhaus (A) schließt sich im O ein nur schwach eingezogener, polygonaler Chor (B) an. Außen ist das Schiff v. abgetreppten Streben gestützt. Der Turm (C) wurde 1871 anstelle eines baufällig gewordenen mit Wimpergen und Spitzhelm errichtet. Das W-Portal (1) schmückt ein Rundbogen; darüber befindet sich ein 1933 leider stark übermaltes Wandgemälde v. 1504, das die Bauherrin, Äbtissin Margaretha v. Raitnau, vor Petrus und Paulus kniend zeigt. Über dem 1. Joch des Schiffs liegen 3 kleine Kreuzgewölbe, die auf 2 Säulen (2) ruhen; sie tragen die gemauerte Empore (E), die heute als Nonnenchor genutzt wird. Alle Fenster (3) sind spitzbogig, jedoch ohne Maßwerk. Unter dem hohen, spitzen und gefasten Chorbogen befand sich bis ins 17. Jh. ein Lettner. Über dem leicht erhöhten Chor liegt ein Sterngewölbe zu 3 Jochen. Die Tür (6) zur Sakristei (D) und die n Nebenpforte (9) haben Kragstürze. Der *Wandtabernakel* im Chor (7) ist mit einem Gittertürchen mit Blattborte verschlossen; das Wandgemälde darüber v. 1504 imitiert einen spätgot. Altaraufsatz. Aus dieser Zeit stammt wohl auch das *Wandgemälde* an der S-Wand; in seinem untersten Streifen ist die hl. Petronella zwischen 4 Kirchenvätern dargestellt, in der Mitte befindet sich das Stifterbild: der Churer Bischof Victor, begleitet v. einem weiteren Bischof, der Mitstifterin Episcopina und der Äbtissin v. Raitnau, bringt den hll. Petrus und Paulus das Kirchenmodell dar; im oberen Streifen wird das Martyrium der Kirchenpatrone geschildert.
Ehemals standen 5, wohl got. Schnitzaltäre in der Kirche. Sie verbrannten 1768 nach ei-

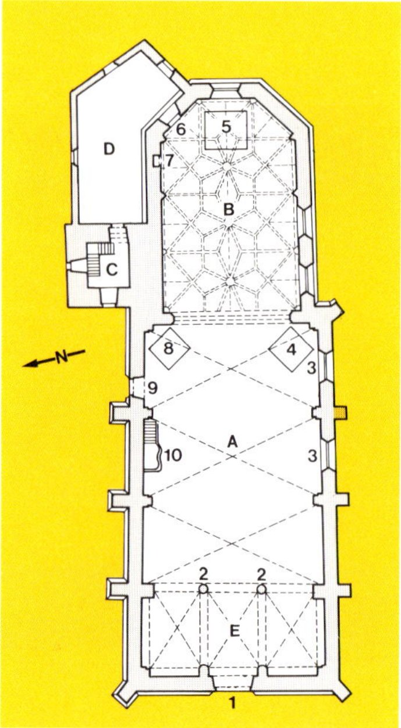

Cazis, kath. Pfarr- und Klosterkirche St. Peter und Paul A Langhaus **B** Chor **C** Turm **D** Sakristei **E** Empore **1** W-Portal **2** Säulen **3** Fenster **4** s Seitenaltar **5** Hochaltar **6** Tür zur Sakristei **7** Wandtabernakel **8** n Seitenaltar **9** Nebeneingang im N **10** Kanzel

nem Blitzeinschlag. Teile v. ihnen werden in verschiedenen Museen der Schweiz aufbewahrt. Die heutigen Altäre (4, 5 und 8) bestehen aus einfachen Stuckmarmoraufsätzen, nur den Hochaltar (5) schmückt ein Paar Säulen. Hinter diesem befindet sich der hausförmige Reliquienschrein des hl. Victor v. Tomils (1600); ein Gemälde an der Wand zeigt den Heiligen mit seinem Kopf in der Hand. Die Kanzel (10) ist ebenfalls aus Stuckmarmor und stammt v. 1770.

Kapelle St. Wendelin: Der roman. Bau wird 1493 beurkundet. Im 18. Jh. wurde das urspr. Satteldach durch ein Pultdach mit gemauertem Glockenjoch ersetzt. Die halbrunde Apsis ist außen durch Lisenen und einen dreiteiligen Rundbogenfries gegliedert, über dem Fries befindet sich ein Rollband.

Cazis, St. Peter und Paul, Wandgemälde

In den modernen Altar sind 2 got. Holzstatuen integriert: stehende Muttergottes (1430–40, neu gefaßt) und Anna selbdritt (um 1500, neu gefaßt).

Kapelle St. Maria zum Schnee: Im Dorfteil Luvreu wurde zu Beginn des 18. Jh. diese Kapelle mit dreiseitig geschlossenem Chor und einem Dachreiter erbaut. Das kleine Schiff ist überwölbt. Der Altar weist 4 Säulen und durchbrochene Akanthusschnitzerei auf.

Burgruine Niederrealta: Im N des Dorfs stellte man in einem Moränenhügel vorgeschichtliche Funde aus der Eisenzeit und aus röm. Zeit sicher. Die Ruinen einer ma Burg wurden freigelegt. Zahlreiche Funde werden im Rätischen Museum in Chur aufbewahrt. Die Burgstelle wurde zur Kiesgewinnung völlig abgetragen.

Turm Rentiel: Oberhalb v. C. steht der Rest eines runden Turms, der möglicherweise aus dem 11. Jh. stammt; 2 Stockwerke sind erkennbar. Der Turm hatte 70 cm dicke Wände und einen Innendurchmesser v. 4,5 m.

Umgebung

Portein (6 km sw): Im 1290 erstmals urkundlich erwähnten Ort stand früher eine v. Andreas Bühler zu Anfang des 16. Jh. erbaute *Kirche*, die dem hl. Gallus geweiht war. Sie stürzte um 1720 in das Porteiner Tobel ab, 1850 folgte der Turm. Erhalten ist nur ein Teil der S-Wand des Schiffs. Die neue *ref. Kirche* wurde unmittelbar nach dem Absturz der alten als chorloser, nach O gerichteter Saalbau mit Leistendecke errichtet. Im Gewände der Tür finden sich stark bearbeitete Teile des alten Portals, auch der spätgot. Taufstein dürfte der ehem. Kirche entstammen.

Präz (6 km nw): Eine Stele mit Schriftzeichen wurde 1958 in einem Bauernhaus entdeckt. Die v. r nach l zu lesenden Buchstaben entstammen dem nordetruskischen Alphabet und deuten auf eine Entstehungszeit im 3. Jtd. v. Chr. hin. – Die *ref. Kirche* soll 1488 erbaut worden sein. 1522 zog man in das Schiff 2 Kreuzgewölbe ein und baute im O den etwas versetzten Chor an. Ihn überdeckt ein verzogenes Netzgewölbe. Vor dem W-Portal steht eine hölzerne Vorhalle. Der Turm mit Zwiebelhaube schließt sich im S an den Chor an. Licht fällt durch Spitzbogenfenster mit Fischblasenmaßwerk in der S-Wand des Schiffs und im Chor sowie durch ein Kreisfenster mit Fischblasen in der W-Wand. Zur Ausstattung gehören der Taufstein (um 1522), die Kanzel (1752) mit Schalldeckel (1759) und 2 silberne Kelche v. 1756. – *Burgruine Heinzenberg:* Die nach 1200 erbaute Burg gehörte urspr. den Herren v. Vaz; sie wechselte bis zu ihrem Verfall im 16. Jh. durch Erbschaft und Verkauf häufig den Besitzer. Von der ziemlich großen Anlage sind Mauern des Berings und Teile der inneren Anbauten erhalten, v. a. aber ein Mauerzahn des urspr. fünfeckigen und 6 Stockwerke hohen Bergfrieds. – Im dichtbesetzten Haufendorf stehen noch zahlreiche mit Dekorationsmalereien und Sprüchen verzierte *Häuser* aus dem 17. und 18. Jh.

Sarn (5 km w): Das Dorf war im MA Haupt- und Gerichtsort des Heinzenbergs und Schauplatz vieler Hexenprozesse. – Die *ref. Kirche* wurde 1686 wahrscheinlich durch Meister Peter Zurr erbaut. 1757 riß man den alten Turm an der O-Seite des Chors ab und ersetzte ihn durch einen stärkeren. Auf viereckigem Unterbau ruht ein achteckiger Aufbau, den eine Zwiebelhaube mit Laterne krönt. Die Wände des Schiffs sind außen durch Blendbogenarkaden gegliedert, die mit Architekturformen in Sgraffitotechnik geschmückt sind. Der schlichte Saal ist v. einem Zwillingsgewölbe, der wenig eingezogene, polygonale Chor v. einem Tonnengewölbe mit Halbkugelabschluß überdeckt. Beide liegen unter einem Krüppelwalmdach. Bestuhlung und Kanzel stammen v. 1683. – Auf dem Dorfplatz steht ein achteckiger großer *Brunnen*. – Herrschaftliche *Häuser* stammen aus dem 17., 18. und 19. Jh.

Tartar (1,5 km w): Eine 1505 erwähnte Kapelle bildet den Grundstock der heutigen, im 18. Jh. umgebauten *ref. Kirche*. Aus dieser Zeit stammt auch der an der SW-Ecke errichtete Turm mit Zwiebelhaube.

CH-7505 Celerina/Schlarigna
Bez. Maloja/Maloggia

Einw.: 890	Höhe: 1724 m	S. 254 □ F 3

Ref. Kirche: Die barocke Kirche des Dorfes wurde kurz nach 1669 erbaut; ihr aus der Achse gerückter Chorscheitelturm wird v. einem achteckigen Aufsatz mit Kuppelhaube bekrönt. Im stimmungsvollen Inneren findet man Pilaster mit ionischen Kapitellen, ein Tonnengewölbe mit Stuckmedaillons, einen bemerkenswerten spätgot. Taufstein aus Tuff (1. Viertel 16. Jh.) und eine 1669 datierte Kanzel mit Architekturgliederung, Intarsien und kassettiertem Schalldekkel.

Ref. Kirche S. Gian: Die heutige Anlage der schön gelegenen urspr. Pfarrkirche s des Dorfes geht in den ältesten roman. Teilen auf das 11.–12. Jh. zurück: der rechteckige Chor, der ö Teil des Schiffes und der kleine Turm. 1478 wurden unter der Leitung v. Baumeister Guglielmo de Ponzoni v. Plurs das Schiff gegen W verlängert und mit einer dekorativen Holzdecke versehen, der Chor gewölbt und der große Turm erbaut (1682

Celerina, Kirche S. Gian

Chur, Blick auf die Stadt von Südwesten

durch Blitzschlag beschädigt). Die bedeutenden *Chorfresken* schuf ein ital. Meister Ende des 15. Jh.: in der Wandzone des Chors teilweise zerstörte Apostelreihe in Frührenaissance-Arkaden, über der Sakramentsnische Ecce-Homo, in den Wandschilden z. T. erhaltene Szenen aus dem Leben des hl. Johannes d. T., des Kirchenpatrons, im Gewölbe Reste einer Christusfigur mit den 4 Evangelistensymbolen und Kirchenvätern, in den unteren Zwickeln Fragmente v. Putten und Löwen, am Chorbogen Propheten, an der Chorbogenwand Verkündigung, die beiden Johannes, der hl. Sebastian, die Muttergottes und Heilige. An der s Chorwand blieb v. einer älteren Ausmalung das Fragment des hl. Mauritius (1. Hälfte 15. Jh.) erhalten.

Außerdem sehenswert: *Haus Secchi* v. 1643 ist ein typischer Engadiner Giebelbau mit kleinen Fenstern, Erkern, Gittern, Sgraffitobändern und Sulèr (großer, gewölbter, vestibülartiger Eingang, hier ausnahmsweise an der Traufseite).

CH-7000 Chur Bez. Plessur		
Einw.: 33 100	Höhe: 600 m	S. 254 □ E 2

Der bequeme Weg das Rheintal aufwärts endet an der Mündung der Plessur; von hier aus führen nur steile Wege über zahlreiche Pässe weiter. Dieser Verkehrsknotenpunkt ist seit 2500 v. Chr. von Menschen besiedelt, Ausgrabungen im »Welschdörfli« von Chur legten auch Besiedlungsreste aus der Bronze- und Eisenzeit frei (Funde im Rätischen Museum). Die Räter, ein kriegerischer Keltenstamm, fielen ab 200 v. Chr von hier aus in Oberitalien ein und zerstörten 88 v. Chr. Como. 15 v. Chr. eroberten Drusus und Tiberius das Gebiet und gründeten die römische Provinz Raetia mit dem späteren Augsburg als Hauptstadt. Damit war als Amtssprache das Latein eingeführt, das die Räter zu ihrer Umgangssprache, dem Rätoromanischen, entwickelten.

Die Legende berichtet, der britannische Glaubensbote Luzius habe die Räter bereits

um 170 n.Chr. zum Christentum bekehrt. 284 teilte Diokletian die Provinz in 2 Teile, Chur wurde Hauptstadt der Raetia prima. Ende des 4. Jh. wurde Chur erster Bischofssitz nördlich der Alpen; im 6. Jh. fiel Rätien an das Frankenreich. Die Bischöfe stärkten ihre Macht durch zahlreiche Klostergründungen. 806 jedoch verfügte Karl d. Gr. die Trennung von kirchlicher und weltlicher Macht.

Bei der Reichsteilung von Verdun 843 erhielt Ludwig der Deutsche Rätien, das Bistum wurde Mainz unterstellt. 1170 wurde der Bischof von Chur durch Kaiser Friedrich Barbarossa zum deutschen Kurfürsten erhoben. Nach 1200 drangen deutschsprachige freie Walser in das Gebiet ein, die das Rätoromanische nicht verstanden und »Churer Welsch« nannten; daher stammt unser Wort »Kauderwelsch«.

Immer mächtiger wurden nun die Feudalherren. Um den Landfrieden zu sichern, fanden Zusammenschlüsse von Gerichtsorten statt; so bildete die Stadt Chur mit Domherren und Ministerialbeamten des Bischofs 1367 den Gotteshausbund, der Abt von Disentis und seine Untertanen mit den Baronen von Rhäzüns und von Sax-Mesocco und Vereinigungen freier Bauern 1395 den Grauen Bund, und 1436 schlossen sich die Untertanen des letzten Grafen von Toggenburg nach dessen Tod im Zehngerichtebund zusammen. Die Bürger von Chur lehnten sich gegen den Bischof auf und stürmten 1421 und 1434 dessen Sitz, den Hof. 1471 verbanden sich die 3 Bünde und bildeten einen gemeinsamen Freistaat, der sich 1498 mit der Eidgenossenschaft gegen Österreich und Schwaben verteidigte. Nach schweren Kämpfen siegten die Verbündeten, mußten aber im Frieden zu Basel die österreichische Oberhoheit über 8 Gerichte (Schiers, Castels, Davos, Klosters, Langwies, St. Peter, Churwalden, Belfort) anerkennen.

1509 erwarben die 3 Bünde die Bündner Herrschaft und eroberten das Veltlin. 1526 ermöglichten die Ilanzer Artikel die Reformation. 1556 und 1566 wütete die Pest in Chur, 1574 brach ein Stadtbrand aus, der sich 1674 wiederholte. Die Glaubensspaltung führte 1620 zum Veltliner Mord, bei dem die italienischen Katholiken 600 Evangelische ermordeten, und in der Folge zu den Bündner Wirren, in denen Oberst Jörg Jenatsch eine entscheidende Rolle spielte (Novelle von Conrad Ferdinand Meyer).

Nachdem die Schweiz im Westfälischen Frieden 1648 aus dem Deutschen Reich ausgeschieden war und sich 1652 die 8 Gerichte von Österreich losgekauft hatten, lag Bünden zwischen den Mächten. Nach dem Einmarsch Napoleons in Oberitalien verlor Bünden das Veltlin und wurde zum Kriegsschauplatz.

Nach dem Frieden von Lunéville 1801 wurde Graubünden durch napoleonisches Dekret Kanton der Schweiz, mit der es seither sein politisches Schicksal teilt; Chur wurde Hauptort. Die Stadt entwickelte sich nach dem Anschluß an das Netz der Schweizerischen Eisenbahn, dem Ausbau der Rhätischen Bahn und dem der Paßstraßen sowie dem Anschluß an das Autobahnnetz immer mehr zur Beamten- und Verwaltungsstadt.

Um den ma Ortskern haben sich fächerförmig im SW ein Industrieviertel, im NW ein von modernen Hochhäusern geprägtes Neubauviertel und im NO ein Klinik- und Villenviertel gebildet.

SAKRALBAUTEN

Kathedrale St. Mariä Himmelfahrt (Hof 18): Unter dem heutigen n Seitenschiff (B) fand man 2 Feuerstellen und Reste v. Tierknochen und -zähnen; sie machen es wahrscheinlich, daß auf der zur Plessur hin steil abfallenden Felsterrasse bereits eine *prähistorische Kultstätte* gelegen hat. Fundamente, Mauerreste, das Fragment einer in Marmor gehauenen lat. Inschrift und der Sodbrunnen im O-Joch des n Seitenschiffs (6) belegen die röm. Nutzung.

Unter dem heutigen Chor (etwas w v. 10 und 11) wurde eine halbkreisförmige Apsis entdeckt, die zu einer dreischiffigen Basilika aus frühchristl. Zeit (vor 450) gehörte. Eine 2., leicht hufeisenförmige Apsis, die über

Chur, Blick auf Hof und Kathedrale von Südwesten

der 1. liegt, ist der Rest einer 2. Kathedrale, die nach Überlieferungen zur Amtszeit des Bischofs Tello (758–773) erbaut wurde. Bischof Adelgott begann 1151 mit dem Bau einer größeren Kirche; die alte karol. wurde dem Fortgang des Neubaus entsprechend v. O nach W niedergelegt, skulptierte Teile der karol. fanden aber im Neubau Verwendung. Dieser Vorgang und das schwierige Gelände erklären wohl den verschobenen Grundriß der Kathedrale.

Um 1270 war der Bau mit Langhaus (A, B und C), Presbyterium (D), Altarhaus (E) und der unter D und E liegenden Kryptenanlage (J, K und L) vollendet. Wann der Turm (J) gebaut wurde, ist nicht genau feststellbar, wahrscheinlich unmittelbar anschließend. 1467 wurde die spätere Laurentiuskapelle (G) angebaut und 1544–46 erweitert. Vor 1517 war aber bereits über dem O-Joch des n Seitenschiffs (6) die Luziuskapelle aufgestockt worden. Dann folgten kleinere Ausbauten und Erneuerungen.

Der Brand des Hofs 1811 vernichtete den Turmaufbau und die schindelgedeckten Dächer; diese wurden bei der folgenden Erneuerung und Erhöhung mit Ziegeln eingedeckt. 1828/29 erfolgte dann der Neubau des Turms. Spätere Renovierungen galten dem Verputz, dem Boden, der Beleuchtung, einer neuen Empore (H) und den Windfängen vor den Portalen. 1937/38 wurde eine neue Orgel eingebaut und 1941/42 das Dommuseum (M) eingerichtet.

Die *Kathedrale* ist eine nach O gerichtete,

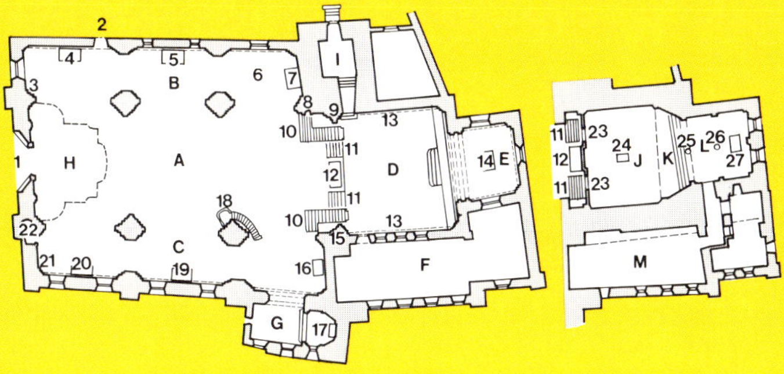

Chur, Kathedrale St. Mariä Himmelfahrt A Mittelschiff **B** n Seitenschiff **C** s Seitenschiff **D** Presbyterium (Chor) **E** Altarhaus (Chor) **F** Sakristeigebäude **G** Laurentiuskapelle **H** Empore **I** Turm **J–M:** unter dem Chor D, E, F **J** vordere Krypta **K** Zwischenraum **L** hintere Krypta **M** Dommuseum **1** W-Portal **2** Seiteneingang **3** Grabplatte Jörg Jenatsch **4** St.-Katharinen-Altar **5** St.-Luzius-Altar **6** O-Joch des n Seitenschiffs, darüber St.-Luzius-Kapelle mit bischöflicher Betloge **7** Herz-Jesu-Altar **8** Sakramentshaus **9** Sünderkapitell **10** Aufgang zum Chor **11** Zugang zur Krypta **12** Altar des Hl. Kreuzes **13** Chorgestühl **14** Hochaltar **15** Danielskapitell **16** Altar St. Placidus und Sigisbert **17** St.-Laurentius-Altar **18** Kanzel **19** St.-Josephs-Altar **20** Rosenkranzaltar **21** Sarkophag des Bischofs Ortlieb v. Brandis **22** Wendeltreppe zur Empore **23** Apostelsäulen **24** Löwenreiter **25** Freisäule **26** Mittelsäule **27** Altar der Krypta

Chur, Kathedrale, Westfassade (l), Blick durch das Mittelschiff zum Chor (r)

gewölbte Pfeilerbasilika zu 3 Jochen, ohne Querschiff, mit erhöhtem – aus Presbyterium und eingezogenem, gerade abgeschlossenem Altarhaus bestehendem – Chor, unter dem sich eine einschiffige vordere und eine zweischiffige hintere Krypta befinden; im Winkel zwischen n Seitenschiff und Chor auf der N-Seite der Turm.

Das *Äußere* der Kathedrale ist wenig gegliedert. Mittelschiff (A) und Presbyterium (B) liegen unter einem gemeinsamen steilen Satteldach, an das sich im O das niedrigere Satteldach über dem Altarhaus (E) anschließt. Beide Seitenschiffe und das doppelstöckige Sakristeigebäude (B, C und F) überdecken Pultdächer.

Der Turm (I) besteht aus 2 viereckigen, durch glatte Gesimse geteilte Geschosse mit schmalen Lichtschlitzen und einem 3., achteckigen Glockengeschoß mit spitzbogigen Schallöffnungen; über ihnen liegen die Zifferblätter der Uhr. Eine achtseitige Kuppel mit Laterne krönt den Turm. An seiner W-Wand steht in einer Nische eine einfache Muttergottesstatue.

Die *N-Fassade* ist nur durch die Fenster in 2 Kapellen des Seitenschiffs (B) unterbrochen, 1 in der ö und 2 in der mittleren. Die ehem. Fenster im Obergaden des Mittelschiffs (A) wurden vermauert. Nur in der N-Wand des Presbyteriums (D) befindet sich ein got. Radfenster mit 8 Speichen und Maßwerk. Die Nebenpforte (2) schließt ein Rundbogen ab.

In der *O-Fassade* liegt ein früheres Rundbogenfenster, das bis auf den oberen Teil mit dem Bogen zugemauert wurde. Am Giebel dieser Wand sind noch Fragmente eines Wandbildes aus dem 14. Jh., das eine Kreuzigung darstellte, zu sehen.

Die *S-Fassade* ist aufgelockerter. 3 Strebepfeiler stützen sie ab. Durch jeweils 2 Fenster fällt Licht in die w und mittlere Seitenkapelle, sowie durch 3 in die Laurentiuskapelle (G), die ein weiteres an ihrer W-Front aufweist. Daran schließt sich die unregelmäßige Doppelreihe der Fenster im Sakristeigebäude (F) an. Im Obergaden des Mittelschiffs (A) befinden sich in jedem Joch 2 und in der Hochwand des Presbyteriums

Chur, Kathedrale, Lünette über dem Hauptportal

(D) 3 hohe Rundbogenfenster, während die Altarhauswand (E) nur 1 solches aufweist.

Die *W-Fassade* weist die deutlichste Gliederung auf. Sie zeigt bereits einen got. Charakter. Das Hauptportal (1) öffnet sich mit schrägem Gewände, vor dem auf jeder Seite 6 schlanke Säulen mit attischen Basen und frühgot. Kapitellen auf einem Sockel stehen. 2 bartlose Figuren (König Salomo und Abschalom?) befinden sich in den Ecken des Torsturzes. Der runde Torbogen wird v. 6 wulstigen Bogenläufen ausgefüllt, die mit farbigen Ornamenten bemalt sind. Sie umschließen eine offene Lünette mit geschmiedetem Gitter, das Maria zwischen den hll. Luzius und Florinus zeigt. Die Bronzetüren stammen v. 1936. In der Mittelachse über dem Portal ein großes Rundbogenfenster, darüber ein kleines Spitzbogenfenster mit Vierpaß.

Das *Innere* der Kathedrale, »die den Eintretenden wie eine mächtige Felsenhöhle umfängt« (so E. Poeschel), überrascht durch den Kontrast zwischen der Höhe des Mittelschiffs (A) und den niedrigeren Seitenschiffen (B und C), die hinter weitgespannten Arkaden mit gedrückten Spitzbogen liegen. Vor den Pfeilern stehen Halbsäulen, die mit geschmückten Kapitellen (vgl. Bauplastik) abschließen und die Gewölbe tragen. Es sind im Mittelschiff und dem Presbyterium (A und D) überhöhte Kreuzgewölbe. Das Mittelschiff (A) wird durch den großen, gedrückt spitzbogigen Chorbogen zum stark erhöhten, über 2 seitliche Treppen (10) zugänglichen Chor (D und E) abgeschlossen; ein entsprechender kleiner Chorbogen trennt Presbyterium (D) und Altarhaus (E), das wiederum erhöht ist. Sein spitzbogiges Kreuzgewölbe ruht auf halbrunden Diensten, die mit geschmückten Kapitellen (vgl. Bauplastik) abschließen.

Die Gewölbe der Seitenschiffe (B und C) weisen islamische Hufeisenbögen auf.

Im O-Joch des n Seitenschiffs kragt balkonartig die *bischöfliche Betloge* vor. Sie ist mit 1517 datiert und in Camaïeu-Technik mit Ornamenten und einer Anbetung der Hll. Drei Könige bemalt.

Ein Rundbogen führt vom s Seitenschiff (C) in die *Laurentiuskapelle* (G). An ihr kleines zweijochiges Schiff mit gepaartem Kreuzgewölbe schließt sich im O der polygonal geschlossene Chor an, den ein Sterngewölbe überdeckt.

Die *St.-Luzius-Kapelle* über dem O-Joch des n Seitenschiffs (6), also hinter der Betloge gelegen, ist im Kreuzgewölbe mit einer schönen Renaissancedekoration ausgemalt.

Unter dem großen Chorbogen führen 2 Treppen (11) hinab in die *Krypta*. Die Zugänge werden seit 1921 v. den 4 roman. *Apostelsäulen* (23) flankiert, die ehemals als Stützen paarweise Rücken an Rücken aneinanderstehend das Dach einer Vorhalle am W-Portal (1) trugen. 4 Löwen halten menschliche Köpfe und Körperteile zwischen den Vorderpranken; auf ihren Rükken steht je 1 Säule, 2 ihrer Kapitelle sind mit Akanthusblättern, 2 mit je 4 Engeln bekrönt. Vor diesen Säulen stehen auf kleinen Konsolen die 4 Apostel, die Bücher und Papierrollen in den Händen tragen. Petrus ist durch die Schlüssel hervorgehoben. Die Apostelsäulen datieren vom Beginn des 13. Jh. und werden einem Churer Meister zugeschrieben. Von ihm stammt auch die *Mittelstütze* (24) der *vorderen Krypta* (J). Wieder ist die Basis ein Löwe, der diesmal

Chur, Kathedrale, hintere Krypta

einen Widder unter sich begräbt. Auf dem Löwenrücken hockt ein Männlein, das auf seinen Schultern einen achteckigen Pfeiler trägt, der in einem Kapitell mit 4 bärtigen Männern endet. Er steht unter der Mitte des Kreuzgewölbes, das die vordere Krypta (J) überdeckt. Ein schmaler, die Achsenverschiebung ausgleichender *Zwischenraum* (K) ist v. einer flachen Tonne überwölbt. Die *hintere Krypta* (L) ist im Grundriß fast quadratisch; 2 Säulen (25 und 26) stützen die beiden Kreuzgratgewölbe.

Die *Bauplastik* im Inneren der Kathedrale stammt aus roman. Zeit. Erwin Poeschel sieht sie »noch halb im Urschlaf eines archaischen Zustandes befangen«.

An fast allen *Säulenbasen* befinden sich Eckknollen. Sie sind im Chor, den Krypten und den Seitenschiffen meist v. pflanzlicher, im Mittelschiff v. tierischer Gestalt. Bes. hübsch ist am n Freipfeiler zwischen Mittel- und W-Joch ein Murmeltier, das gerade aus seinem Bau herauszuschauen scheint.

Die *Kapitelle* haben verschiedenerlei Gestalt: In der hinteren Krypta (L) sind neben einfachen Würfelkapitellen auch blättergeschmückte zu sehen. Das s Kapitell ziert ein Löwenkopf, das Arkadenkapitell eine Dreiergruppe aus Löwen-, Ochsen- und bärtigem Menschenkopf. Sie stammen aus der Mitte des 12. Jh. In Mittelschiff und Chor (A, B und C) finden sich neben Akanthus- und Knospenkapitellen vielfältige Figurenkapitelle. Im Altarhaus (E) sind es je 2 Engel, einmal auch ein Ritter, die mit ihren erhobenen Händen die Deckplatte stützen. Am kleinen Chorbogen schmücken je 3 Figuren die Kapitelle; im S sind es die Hll. Drei Könige, im N die Muttergottes, Josef und eine Frau mit einem Apfel (Eva?). Adler, Löwen, Dämonen, Teufel, Drachen und Menschenköpfe am n Kapitell (9) des großen Chorbogens symbolisieren das den Menschen zur Sünde verführende Böse. Am s (15) dagegen ist der auf Gott vertrauende Prophet Daniel dargestellt, dem die Bestien nichts anhaben können. Neben Daniel befinden sich Habakuk mit dem Engel Gottes und Kyrus mit dem Drachen Baals. Ein Engel und ein Bischof schließen die Gruppe ab. Alle Kapitelle im Chor (D und F) und dieses *Danielkapitell* (15) werden einem Bildhauer, dem sog. Danielsmeister, zugeschrieben, der diese Werke etwa zwischen 1210 und 1220 geschaffen hat. Nach ihm arbeitete ein zweiter, nicht so kunstreicher Meister am *Sünderkapitell* (9) und an den anderen Kapitellen des Langhauses (A, B und C), die sich an den freien Pfeilern, den Arkaden und in der Gewölbezone befinden. Sie zeigen neben pflanzlichen Ornamenten auch figürliche Darstellungen, die z.T. wieder das Thema der Sünde aufgreifen, z.T. aber auch mit der Darstellung des Königs Salomo auf das Kommen des Heils verweisen.

Zu erwähnen sind noch die Plastiken zweier Löwen, die zu beiden Seiten des großen Chorbogens aus der Wand zu springen scheinen, und ein weiterer Löwe, der außen an der NO-Ecke des Presbyteriums aus der Wand hervorragt.

Ein bes. Schmuckstück der Kathedrale ist das spätgot. *Sakramentshäuschen* (8) aus Sandstein. In einer bemalten Nische steht auf gedrehter Säule der v. einem geschmiedeten Gitter verschlossene Sakramentsschrank, dessen Rahmen mit Laubwerk reich verziert ist. Über ihm erhebt sich, v. 3 Engeln getragen, ein hoher schlanker Aufbau, bei dem sich 3 niedrigere Eckfialen um eine höhere Mittelfiale gruppieren. An den äußeren Fialen stehen unter durchbrochenen Baldachinen die Muttergottes und die hll. Luzius und Florinus, darüber an der Mittelfiale die Apostel Petrus und Paulus; ein wasserspeiendes Tier bildet die Spitze. Der Bildhauermeister Claus v. Feldkirch schuf das kleine Meisterwerk 1484.

Stukkaturen, etwa um 1730 entstanden und 1924 nach alten Farbresten neu hellgrün und blaßrosa ausgemalt, befinden sich in der Krypta; außerdem ist das w Joch des s Seitenschiffs (C) mit Stukkaturen, die gemalte Darstellungen aus dem Marienleben umschließen, versehen.

Die *Wandmalereien* im Inneren stammen aus mehreren Jahrhunderten. Die ältesten schmücken die Schildbogenwand der Taufkapelle, die im w Joch des s Seitenschiffs liegt, dort, wo der Katharinenaltar (4) steht. Im Zentrum der Wand befinden sich übereinander, durch ein Blätterband getrennt, 2 Bildfelder. Der untere Figurenfries zeigt v. l nach r Jakobus d.Ä. in Pilgertracht, dann die hl. Emerita (?), der ein weiterer hl. Pilger folgt. Daran schließt sich eine Epiphaniedarstellung. Das hochrechteckige Bildfeld darüber zeigt den Gekreuzigten, die Ohnmacht der Maria und eine Gruppe v. gekrönten Heiligen. In der Rundung des Bogens schweben l und r je 3 trauernde Engel und in der Mitte über dem Kreuzesstamm ein Pelikan, der sich mit dem Schnabel die eigene Brust aufreißt. Diese Fresken wurden zwischen 1320 und 1340 v. dem Waltensburger Meister gemalt.

Chur, Kathedrale, Apostelsäulen (l), Kopf einer Apostelsäule (r)

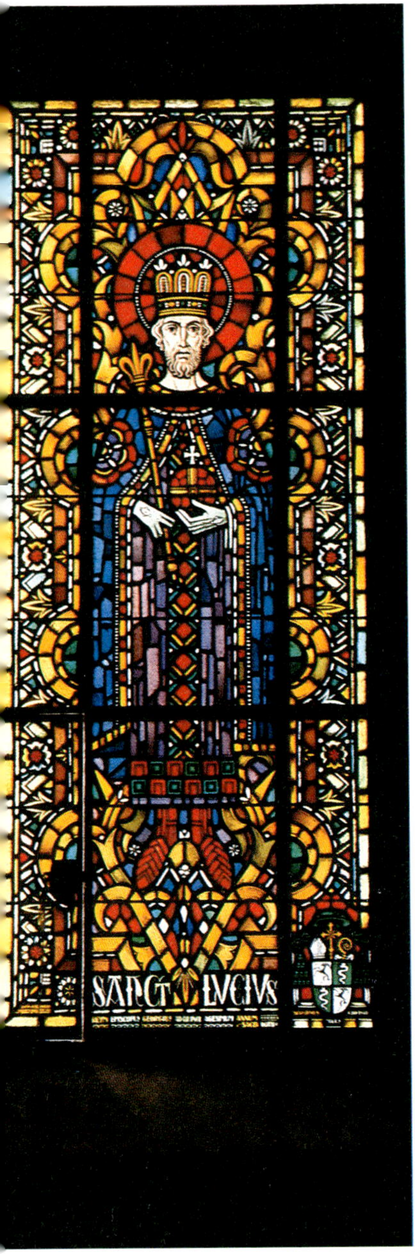

Links an diese Bilder schließen sich 2 jüngere Malereien (Ende 14. oder Anfang 15. Jh.) an; sie sind nicht so gut erhalten. Ganz l unten erkennt man ein Wappen mit 2 Schwanenhälsen, daneben kniet ein gewappneter Ritter (der Stifter?) vor der thronenden Maria. Im Bogenfeld darüber erkennt man Reste eines Weltgerichts.

An der W-Wand des Mittelschiffs sind Fragmente einer Christophorus-Darstellung erhalten, die Datierung ist unklar. Im mittleren Joch des s Seitenschiffs findet sich hinter dem Altar (19) eine Malerei aus der Zeit um 1480; es handelt sich um eine Kreuzigungsgruppe, v. der nur Maria zu sehen ist.

Im Schiff der Laurentiuskapelle (G) stellt eine Renaissance-Grisaille v. 1546 die hll. Luzius und Florinus, v. Blumen und Trauben umrankt, dar.

Im 17. Jh. wurden die Gewölbe der beiden Seitenschiffe (B und C) in barocker Manier in mehreren Etappen ausgemalt, die beiden Mitteljoche wahrscheinlich v. Johann Christoph Guserer aus Dingolfing. Im W-Joch des s Seitenschiffs befindet sich ein Wandbild v. 1627 mit Christus und dem in den Fluten versinkenden Petrus und knienden Bischöfen.

Die *Glasmalerei* im großen W-Fenster besorgten 1884 Claudius Lavergne und Sohn, Paris; die in den Seitenschiffen entstand 1925/26 nach Entwürfen v. Albin Schweri, Bern.

Die *Altäre* wurden im Lauf der Baugeschichte gestiftet. Der älteste aus der 2. Hälfte des 12. Jh. steht in der Krypta (27), in ihm ruhen die Gebeine des hl. Fidelis v. Sigmaringen; einige Altäre wurden aufgehoben.

Der *Hochaltar* (14) besteht aus dem 1272 geweihten Altartisch, in den Teile der Altäre aus den beiden Vorgängerkirchen eingebaut wurden, und dem spätgot. Flügelaltar, den der Ravensburger Meister Jakob Russ geschnitzt hat. Er wurde 1492 geweiht und gilt als der figurenreichste und schönste Schnitzaltar der Schweiz. Die Predella wird durch 4 Pfeiler, an denen unter Baldachinen Noah, Abraham, Isaak und Jakob stehen, in 3 Nischen geteilt. In ihnen sind in vollplastischer Ausführung die Passionsszenen Getsemani, Geißelung und Dornenkrönung

◁ *Chur, Kathedrale, Laurentiuskapelle, Fenster*

Chur, Kathedrale, Chorgestühl

dargestellt. Der viereckige Schrein ist seitlich und bes. am oberen Rand mit reichem Schnitzwerk verziert. Unter 3 Bogen halten 8 Engel einen Vorhang aus rotem Goldbrokat, 2 weitere Engel tragen schwebend die Krone, unter der die Patronin der Kathedrale, die Muttergottes, auf einem mit musizierenden Engeln besetzten Wolkenthron zwischen den Diözesanheiligen Luzius, Emerita, Ursula und Florinus sitzt. Im Gegensatz zu diesen vollplastischen Figuren sind diejenigen auf den Innenseiten der beiden Altarflügel in Hochrelief ausgebildet. Sie stellen die Stifter der Klöster St. Gallen und Disentis, die hll. Gallus und Otmar (l) sowie die hll. Sigisbert und Placidus (r), mit ihren Attributen dar; auch sie werden v. Engeln begleitet. Die Außenseiten der Flügel wurden v. einem Maler Michel, der auch die Fassung der Figuren besorgt hat, bemalt; die eine mit einer Darstellung der Geburt Christi, die andere mit der einer Anbetung durch die Hll. Drei Könige. Die Figuren des kunstvoll aufgebauten, vielfältig durchbrochenen Gesprenges sind auf 2 Geschosse verteilt. In der Mitte des unteren ist die Krönung Mariens durch Gottvater, Sohn und den Hl. Geist in Gestalt einer Taube dargestellt. Daneben befindet sich zu beiden Seiten jeweils eine Gruppe v. 3 Aposteln. Im Obergeschoß thront die Hl. Dreifaltigkeit, neben der Maria und Johannes d. T. knien. Weitere Figuren v. Heiligen und Kirchenfürsten werden seitlich des Schreins bei geschlossenen Flügeln sichtbar. Die Rückseite des Schreins ist ebenfalls plastisch gestaltet. Sie zeigt eine dreiteilige Kreuzigungsgruppe. Auf der Rückseite der Predella sind Christus vor Pilatus, die Kreuztragung und die Grablegung dargestellt.

Über die Verteilung der Nebenaltäre informiert die Zeichnung.

Beachtenswert ist der *St.-Luzius-Altar* (5), der aus der Klosterkirche Churwalden stammt. Er trägt auf dem Antependium eine gemalte Abendmahlsdarstellung. Die Predella des geschnitzten Flügelaltars v. 1511 zeigt Szenen aus der Passion Christi. Im Schrein steht in 3 laubwerkverzierten Nischen die Statue des hl. Luzius, zwischen

Chur, Seminarkirche St. Luzi

denen der hll. Emerita und Magdalena. Die Reliefs auf den Flügelinnenseiten zeigen Johannes d. T. und den hl. Petrus. Außen sind die Flügel bemalt. Im Gesprenge stehen die Figuren v. Christus, Maria und Johannes in tabernakelartigen Nischen mit reicher Fialarchitektur.

Weitere Ausstattung: Der *Taufstein* ist eine Arbeit des Steinmetzen Paul Gering v. 1612. Der hölzerne Aufsatz in Form eines Tempels mit Säulen an den 8 Ecken stammt v. 1685. - Die *Kanzel* (18) erbaute um einen Holzkern 1733 ein Stukkateurmeister Joseph. Auf dem Fuß sitzen Engel, den Schalldeckel zieren die Evangelistensymbole. - Das *got. Chorgestühl* (13) ist zwischen 1420 und 1430 entstanden. Es zeigt reichen Maßwerk- und Figurenschmuck. - Der *Bischofsstuhl* zwischen Sakramentshäuschen (8) und großem Chorbogen sowie die *Pietà* am Eingang zur Laurentiuskapelle (G) stammen aus der Werkstatt des Jakob Russ und wurden um 1490 geschnitzt.

Von den zahlreichen *Grabdenkmälern* sind der Marmorsarkophag des Bischofs Ortlieb v. Brandis (21), eine Arbeit des Jakob Russ v. 1485, und die Grabplatte des Jörg Jenatsch (3) hervorzuheben.

Der bedeutende *Domschatz,* darunter ein Eucharistie-Kästchen aus der 2. Hälfte des 8. Jh. und eines aus der Zeit um 1500, eine silberne Monstranz (um 1510), zahlreiche Kelche, Stand- und Vortragekreuze, ein silbernes Triumphkreuz (um 1200), eine Kußtafel (Mitte 15. Jh.), der St.-Luzius-Schrein (1252) mit figürlichem, in vergoldetes Kupfer getriebenem Schmuck, ein frühgot. Schrein (1300–20), ein hölzerner Schrein (um 1430), zahlreiche Reliquienbüsten und andere Reliquienbehältnisse, ein röm. Arzneikästchen, 2 elfenbeinerne Kästchen (11. und 14. Jh.), Meßgewänder, Paramente etc., wird teils in der Sakristei, größtenteils aber im *Dommuseum* (M) aufbewahrt. Hier finden sich auch das Lapislazuli-Bild mit Christus und dem in den Fluten versinkenden Petrus aus der 1. Hälfte des 17. Jh. (Vorbild des oben erwähnten Wandgemäldes im W-Joch des s Seitenschiffs) und zahlreiche Fragmente früherer Altäre.

Kath. Seminarkirche St. Luzi (Alte Schanfigger Str. 9): Die Kirche wurde im oder vor dem 8. Jh. als Klosterkirche vermutlich für die Reliquien des hl. Luzius und seiner Schwester, der hl. Emerita, erbaut. Das Kloster übernahmen kurz vor 1149 die Prämonstratenser, die die Kirche in mehreren Etappen umbauten und vergrößerten, bis sie 1295 geweiht wurde. 1538 wurde das Kloster aufgehoben, die Kirche verfiel teilweise; um 1640 nach Rückgabe des Klosters wurde sie aber wiederhergestellt. 1806 erfolgte die Aufhebung des Konvents. Die Gebäude übernahm das aus Meran vertriebene Priesterseminar. Der Brand v. 1811 zerstörte auch das Seminar und die Kirche. Ein Plan zur Vergrößerung der Seminargebäude wurde untersagt, weil die kath. Kirche damals in C. keine neuen Gebäude mehr errichten durfte. Deshalb verfiel der Architekt Gottfried Purtscher auf die Idee, die Kirche aufzustocken. Sie ist heute ein flachdecktes Langhaus mit teils roman. Wandpfeilern und 2 Reihen v. je 5 Holzsäulen, an das sich im O ein über 2 Treppen erreichbarer erhöhter Chor anschließt, der aus Vorchor, dem dreischiffigen querrechteckigen Chor und dem eingezogenen quadratischen Altarhaus besteht. Über der Kirche liegen die beiden Stockwerke des Seminargebäudes. 1937 wurde der viereckige Turm mit Satteldach errichtet.
Für die Schweiz einzigartig ist die unter dem Chor liegende, aus der 1. Hälfte des 8. Jh. stammende *karol. Ringkrypta*, zu der eine Mitteltreppe zunächst in die roman. Vorkrypta hinabführt. Im Mittelgang hat wohl der Sarkophag des hl. Luzius gestanden; in einer ö gelegenen Kammer der der hl. Emerita. Zwischen Vorkrypta und Ring schließt sich s ein rechteckiger Anbau an, der heute als *St.-Anna-Kapelle* genutzt wird.
Der *Hochaltar* steht heute im Vorchor. Als Antependium dient ein spätgot., aber neu gefaßtes, geschnitztes Relief mit der Anbetung der Hll. Drei Könige. Der Aufsatz, ein spätgot. Schnitzaltar, stammt aus Cunter, Oberhalbstein. Seine Flügel und die Bekrönung sind verlorengegangen. Das Relief der Predella zeigt Christus und die Apostel als Halbfiguren. Der viereckige Schrein wird oben v. 3 kleeblattähnlich sich überschneidenden Stäben mit Laubwerkranken abgeschlossen. Darunter stehen die Statuen der

Chur, Heiligkreuzkirche

v. 2 Engeln begleiteten Muttergottes zwischen 2 Heiligen (möglicherweise der hl. Achatius und die hl. Ursula).

Ehem. Kirche St. Stephan (Arosastr. im Baukomplex der neuen Kantonsschule): 1851 fand man hier die Fundamente einer halbkreisförmigen, nach O gerichteten Apsis und einen darin eingeschlossenen halbrunden Mauerring. Der Gang zwischen diesen Mauern war mit *Mosaiken* ausgelegt; sie befinden sich heute teils im Dommuseum, teils im Rätischen Museum.
Grabungen 1955–57 bewiesen, daß diese Anlage zu einer *frühchristl. Saalkirche* mit ö Apsis und n und s Anbauten gehört hat; der Mauerring in der Apsis war wohl eine frei stehende Priesterbank. Die Kirche war mit weiteren Mosaiken und Wandbildern versehen, v. denen Fragmente aufgefunden wurden. Sie erhob sich wahrscheinlich über der noch älteren Begräbnisstätte der Bischöfe v. C., was ein Reliquiengrab, eine regelmäßige Grabanlage und ein spätantiker Sarg nahelegen.

Ev. Pfarrkirche St. Martin (St.-Martins-Platz 10): Die urspr. karol. Saalkirche mit 3 Apsiden aus der 2. Hälfte des 8. Jh. erhielt im 11. oder 12. Jh. einen roman. Turm an der N-Seite. 1464 brannte die Kirche aus; für den folgenden Um- und Neubau wurden die Apsiden abgerissen, dann verlängerte man das Schiff und schloß im O durch den Chor ab. Als diese Bauetappe 1473 beendet war, riß man die N-Wand nieder, errichtete sie mit 4 spitzbogigen Arkaden neu und legte n des Schiffs ein schmaleres und niedrigeres Seitenschiff an. Beide Schiffe waren 1491 eingewölbt. Danach erbaute man an der N-Seite des Seitenschiffs einen neuen Turm, der alte wurde erst nach dessen Fertigstellung abgerissen. Im 17. Jh. errichtete man eine v. 4 Säulen getragene Empore im w Joch des Hauptschiffs. Eine Sakristei wurde im Anbau zwischen Turm und Chor untergebracht. Der Turm erhielt – nach dem Einbau einer Wächterstube (1534) – 1889 einen neugot. Aufsatz, dessen Dach 1917/18 anläßlich einer umfassenden Restaurierung noch einmal verändert wurde. Bei diesem Anlaß wurden u. a. auch die Fenster der S-Wand neu gestaltet, die Kanzel an den Choreingang verlegt und eine neue Orgel eingebaut.

Chur, Blick auf St. Martin

Das einheitliche Satteldach ist über dem Chor abgewalmt und über dem Seitenschiff gebrochen. Das Hauptschiff ist außen durch karol. Blendarkaden und spätgot. Strebepfeiler gegliedert, den Chor stützen dreieckige Streben. Licht fällt in den Chor durch 4 hohe Spitzbogenfenster (die 3 ö sind mit Fischblasenmaßwerk ohne Teilstützen versehen) und ein maßwerkverziertes Rundfenster. 3 niedrige Spitzbogenfenster durchbrechen die S-Wand des Hauptschiffs, in dessen W-Wand ein dreiteiliges Spitzbogenfenster mit Maßwerk liegt.
Der viereckige *Turm* hat im Erdgeschoß ein Netzgewölbe und im 3. Geschoß spitzbogige Schallöffnungen; das 4. unter dem hohen Spitzhelm trägt die Zifferblätter der Uhr.
Vor dem n Seiteneingang und dem w Hauptportal steht je ein halbrunder Vorbau.
Ein vierjochiges Netzgewölbe überspannt das Hauptschiff. Die 2 w Joche des Seitenschiffs liegen unter Netzgewölben, dann folgt ein Stichbogengewölbe und schließlich im ö Joch ein Kreuzgewölbe. Der Chorbogen ist gefast und spitzbogig. Über dem Chor liegt ein Sterngewölbe zu 3 Jochen.
Ausstattung: Der *Taufstein* ist mit 1685 datiert. – Die *Kanzel* hat einen polygonalen Korpus, der durch runde Bogen gegliedert ist, und einen Kassettenschalldeckel mit Intarsien; sie ist mit 1558 bezeichnet. – Bemerkenswert ist das reichgeschnitzte *Chorgestühl* mit Relieffiguren verschiedener Heiliger an den Wangen und variationsreich als Tier- und Menschenköpfe gestalteten Sitzknäufen. Es ist zwischen 1490 und 1500 entstanden und wird der Werkstatt des Jakob Russ zugeschrieben. Von ihm stammt auch das *spätgot. Steinrelief* des hl. Martin zu Pferde mit dem Bettler an der w Außenseite des Turms. – Die Fenster des Hauptschiffs zieren 3 *Glasgemälde,* die Augusto Giacometti 1918 gestaltet hat; sie zeigen die Verkündigung an die Hirten, Christi Geburt und die Anbetung der drei Weisen aus dem Morgenland.

Ev. Pfarrkirche St. Regula (Reichsgasse 15): Auf eine nicht mehr existierende karol. Kirche folgte eine roman., v. der noch die unteren Geschosse des Turms erhalten sind. Gegen Ende des 15. Jh. errichtete Baumeister Balthasar Bilgeri einen Neubau, der 1500 vollendet war. 1652 erfolgte die Erhöhung des Turms, 1838 der Einbau der hölzernen Empore und 1967/68 eine letzte Restaurierung.

An das einschiffige Langhaus zu 3 Jochen schließt sich im O der eingezogene, dreiseitig abgeschlossene Chor zu 2 Jochen an. Über dem Schiff liegt ein Netzgewölbe. Der Chorbogen ist spitzbogig. Ein Sterngewölbe deckt den Chor.

Das W-Portal wird v. einem Rundbogen überspannt, während die Fenster spitzbogig sind. – Der Turm steht im N im Winkel zwischen Schiff und Chor. Er ist durch Lisenen und Gesimse gegliedert. Die Schwelle einer Rundbogentür an der W-Seite liegt unter Bodenniveau. Die Glockenstube öffnet sich mit rundbogigen Schallfenstern. Den Spitzhelm zieren Wimperge und Wasserspeier. – Die *Ausstattung* stammt aus dem Jahre 1896.

Wandmalerei: Im ö Joch des Schiffs befindet sich an der N-Wand ein leider schwer beschädigtes spätgot. Wandbild. Es zeigt Christus am Kreuz, begleitet v. der hl. Anna selbdritt, Maria und dem hl. Christophorus. Im gemalten architektonischen Rahmen steht die Jahreszahl 1504.

Glasmalerei: Die modernen, farbenfrohen Glasgemälde (1973) schuf Hanns Studer. Jedes Fenster ist einer biblischen Gestalt gewidmet: im N einer aus dem Alten, im S einer aus dem Neuen Testament. Die beiden Fenster der N-Wand des Schiffs schildern die Geschichten Davids (im w) und Daniels (im mittleren Joch). Im Chor folgt nö das Simson-Fenster, dann im Chorhaupt das Jonas-Fenster, das als Symbol der christl. Botschaft, der Errettung sogar aus dem Bauch des Fisches, verstanden sein will. Das sö Chorfenster schildert die Entrückung des Elija und das folgende s die Geschichte des verlorenen Sohnes. Im Schiff befinden sich außerdem noch drei weitere Fenster, die drei Jüngern Christi gewidmet sind: Petrus, Johannes und Paulus von Osten nach Westen verlaufend.

Chur, Hof

Ev. Filialkirche in Masans (2 km n): Das Dorf Masans gehört zum Gemeindegebiet der Stadt C. Hier stand im MA ein Leprosenkrankenhaus. Die Kapelle entstand wohl bereits in der 1. Hälfte des 13. Jh., um 1500 erfolgten eine Erhöhung des Satteldachs und der Aufbau eines kleinen, dachreiterartigen Turms.
Das nach S gerichtete Schiff wurde im 18. Jh. mit einer glatten Tonne eingewölbt, den fast quadratischen Chor überspannt ein überhöhtes Kreuzgewölbe. 2 Rundbogenfenster im Schiff, ein Rundbogenfenster mit einem Glasgemälde v. L. Meisser aus dem Jahre 1936, Getsemani, und ein Spitzbogenfenster sorgen für die Belichtung.
1910 wurden *spätgot. Wandmalereien* aus der Zeit um 1500 freigelegt, die aber stark beschädigt waren und teilweise wieder übertüncht werden mußten. Erkennbar sind als Rest einer Apostelreihe 2 Apostel, die hll. Barbara und Katharina, Christi Geburt und die Anbetung der Hirten sowie die Himmelsglorie, außerdem die 4 Kirchenväter und die Klugen Jungfrauen.

Methodistische Friedenskirche (St. Margarethen): Das Kirchlein in Formen des Schweizer Holzstils mit Satteldach und Dachreiter wurde 1895 nach einem Plan des Architekten Emanuel v. Tscharner erbaut.

Im 20. Jh. entstandene Sakralbauten: **Kath. Erlöserkirche** (Tödistr. 10), 1935 nach Plänen Walther Sulsers erbaut; sie schmückt ein 1942 entstandenes Fassadengemälde v. Karl Peterli. – **Ref. Commanderkirche** (Sennsteinstr./Ringstr.), 1957 errichtet nach Plänen v. Cyrill v. Planta. – **Kath. Heiligkreuzkirche** in Masans (Masanser Str. 161), v. Walter M. Förderer 1967–69 als scheinbar zufällige Anhäufung v. Sichtbetonblöcken geschaffen. Nur indirektes Licht fällt in das katakombenhaft wirkende Innere, in dem sich Betonquader mit Naturhölzern abwechseln.

St. Luzius-Kapelle (St.-Luzi-Weg): In dieser Höhle am Mittenberg soll sich der hl. Luzius vor Verfolgern verborgen haben. Der schlichte Bau stammt aus dem 17. Jh. Er liegt unter einem Krüppelwalmdach mit Dachreiter.

Weitere Kapellen befinden sich auf dem *Friedhof Daleu* (Rheinstr. 26), dem *Friedhof des Hofs* (Hof nach Nr. 20) und im *Krematorium* (Sandstr. 50).

Ehem. Predigerkloster St. Nicolai (Kornplatz 8–10, Nikolaigasse 1–5 und Klostergasse 8): Nach 1288 erfolgte der Bau der hufeisenförmig angelegten Klostergebäude, deren Kirche ein einschiffiges Langhaus mit polygonalem Chor besaß. 1538 wurde das Kloster aufgehoben, 1624 aber restituiert. Doch 1658 kaufte die Stadt C. die Gebäude und führte sie profanen Zwekken zu (Korn-, Reis- und Zeughaus). 2 Stuben waren nach dem Stadtbrand v. 1674, der auch das Zunfthaus der Pfister (Bäcker u. a.) vernichtet hatte, an diese Zunft vermietet. Im 19. Jh. erfolgten umfangreiche Um- und Neubauten. Am Kornplatz entstand das Amtshaus nach Plänen v. David Lindenmeier, an der Nikolaigasse die Stadt- und die ev. Kantonsschule nach Plänen v. Stadtbaumeister Paulus Christ in klassizistischen Formen und an der Klostergasse das Polizeiamt.

PROFANBAUTEN

Hof: Der vierstöckige *Marsölturm* stammt aus dem 13. Jh. Er erhielt um 1640 ein Zeltdach und bildet noch heute den nö Eckpfeiler des bischöflichen Bezirks auf dem Domhügel, der unter Einbeziehung weiterer Befestigungsmauern und -bauten und der Kathedrale einen großen, im Grundriß rechtwinklig dreieckigen Gebäudekomplex bildet, der einen ebenfalls dreieckigen Platz umschließt. Der jetzige Zustand unterscheidet sich wesentlich v. dem ma, er geht auf Um- und Neubauten im 17., 18. und 19. Jh. zurück. Allen Gebäuden gemeinsam ist, daß sie sich mit ihren Außenwänden an die ma Mauer anlehnen. Man betritt den Hof durch den wohl um 1200 gebauten *Torturm* (Hof 1), in dem die Hofkellerei untergebracht ist. Im 1. und 2. Stock befinden sich 2 Trinkstuben mit reich profilierten spätgot. Gewänden.
Scholasterei und *Cantorei* (Hof 5–7) wurden 1857/58 erbaut. Die *Dompropstei* (Hof 11) wurde 1546 unter Verwendung früherer Bauten errichtet, 1855/56 umgestaltet und

Chur, Rathaus, Ratsstube ▷

Chur, Obertor

durch einen neuen Trakt mit der Cantorei verbunden. Der würfelförmige Bau trägt auf der Frontseite einen zweigeschossigen Dreieckserker mit profiliertem Fuß.
Daran schließt sich im O das *bischöfliche Schloß* (Hof 21) an. Es besteht im Prinzip wieder aus einem dreieckig angelegten Gebäudekomplex, der sich um einen Innenhof gruppiert. Der langgestreckte N-Trakt entstand – wieder unter Verwendung ma Bausubstanz – zwischen 1635 und 1663. Anschließend folgte der W-Trakt; dieser wurde 1731–33 gründlich umgebaut. Dabei wurden das Treppenhaus und die W-Fassade im Stil des damaligen österreichischen Barock neu gestaltet. – Das Erdgeschoß dieser *Fassade* schließt über den beiden großen Rundbogenportalen mit einem schmalen Sims ab. Darüber erheben sich 4 über 2 Stockwerke führende Pilaster, die die Wand in 3 senkrechte Teile mit Fenstern gliedern. Sie schließen vor dem Dach r und l mit je einem dreieckigen Giebel und in der Mitte mit einem diese Giebel verbindenden geschweiften Aufsatz mit balkonartig vorgewölbter Brüstung ab. Portale und Fenster krönen jeweils Verdachungen und Kartuschen mit Ranken und Girlanden aus vierfarbig getöntem Stuck. 1845 wurden ein neuer O-Trakt und zwischen 1850 und 1860 ein neuer Treppenturm gebaut. – Auch das *Innere* des Schlosses – bes. das imposante Treppenhaus – schmückt die v. einem Meister Joseph 1732/33 ausgeführte, außerordentlich verschwenderische, reich bemalte Dekoration in Régencestuck. – Sehr schöne Stücke sind 4 *Öfen*, deren Kacheln mit allegorischen und religiösen Figuren, Wappen, Landschaften und ornamentalem Schmuck bemalt sind; es handelt sich um 2 Turmöfen, einen würfelförmigen Ofen und einen Kuppelofen. – Im *Marsölturm* befindet sich im 1. Stock die Bibliothek und im 2. die bischöfliche *Kapelle* mit einem Stuckaltar aus der Zeit um 1730. (Besichtigung des Schlosses ist mit bes. Erlaubnis möglich.)
Zwischen Schloß und Kathedrale steht der klassizistische Bau der *ehem. Domcustorei* (Hof 20) mit Mittelrisalit und mächtigem Giebel, der 1829/30 v. Johann Georg Landthaler erbaut wurde.
Im W schließen sich an die Kathedrale das *Haus der Schulschwestern* (Hof 14) und die *Hofschule* (Hof 12) an. Dann folgen 3 *Kapitelhäuser* (Hof 6–10), die sich um einen Innenhof gruppieren, ein zurückspringendes Gebäude und schließlich die *Domsakristei* (Hof 2). Sie alle entstanden zwischen 1860 und 1907.

Befestigung: Die oben erwähnten Befestigungsbauten des Hofs bildeten gleichzeitig die sö Bastion der im Prinzip ebenfalls in Form eines rechtwinkligen Dreiecks aufgerichteten Stadtbefestigung aus der 1. Hälfte des 13. Jh. Sie bestand aus der zinnenbekrönten Ringmauer, die die gesamte Altstadt umfaßte, im S also die Plessur begleitete, den Hof umschloß, dann sich dem Gelände anpassend nach N verlief bis zum heutigen Untertorplatz, v. wo sie nach SW zurücksprang und am Obertor wieder auf die Plessur traf. Die Mauer war durch 9 Türme verstärkt und mit 3 Haupt- und 4 Nebentoren versehen. Die Befestigungen wurden in der 1. Hälfte des 19. Jh. geschleift. Erhalten geblieben sind – neben dem Marsöl- und Torturm des Hofs – das 1913 renovierte Obertor im SW, der Pulverturm im SW, der Sennhofturm in der Strafanstalt

Chur, Bischöfliches Schloß

(Sennhofst. 17) und der Hexenturm im Hause Lampert (Grabenstr. 9).

Rathaus (Poststr. 33): Das erste, ma Rathaus ist 1464 abgebrannt. In der Folge wurde es wieder aufgebaut, vergrößert und mit angrenzenden Gebäuden vereinigt. Der heutige, sich trapezförmig zwischen der Poststr. im W, der Rathausgasse im S und der Reichsgasse im O erstreckende, mächtige Bau erhebt sich über einer großen mittleren *Halle,* die früher als Kaufhaus genutzt wurde. Sie gliedert sich in 3 Joche, deren Kreuzgratgewölbe auf 4 Freisäulen und zugespitzten Wandkonsolen ruhen. Im mittleren Joch sitzt in der O-Wand ein hohes, zweiteiliges Spitzbogenfenster mit Fischblasenmaßwerk über runden Teilbogen, das wahrscheinlich v. der verschwundenen Heiliggeistkapelle stammt. Diese Halle wurde um 1540 errichtet. Die im N anstoßenden, unregelmäßig überwölbten Räume gehörten wohl urspr. zum ehem. Heiliggeistspital, während die im S liegenden, gewölbten Räume teilweise zum ehem. Weinhaus gehörten. Der verschiedenen Herkunft der Räume entsprechen die verschiedenen Formen der Portale und Fenster. Bemerkenswert ist die *s Tür* in der Reichsgasse. Sie ist v. einem Kielbogen überspannt, der ein halbrundes Bogenfeld umschließt. Darin befindet sich eine Reliefschnitzerei: 2 Basilisken halten das Wappen der Stadt, das dreitürmige Tor mit dem steigenden Steinbock im offenen Bogen. Neben dieser Tür befindet sich das schmiedeeiserne Normalmaß des »Churer Schuhs«.
Ins *Obergeschoß* führt heute v. der Poststr. aus eine 1936/37 errichtete Treppe. An der SW-Ecke dieses Obergeschosses befindet sich der *Ratssaal,* der sich mit 2 Fensternischen zur Rathausgasse und mit 3 Nischen zur Poststr. hin öffnet. Geschraubte Freisäulen bilden die Stützen dieser Nischen. Die Holzdecke stammt v. 1494, sie besteht aus mit Rundstäben profilierten Balken, die in der Mitte mit Wappen, Rosetten oder Figuren verziert sind und die schmalen Füllbretter tragen. Hier steht ein bunt bemalter Turmofen auf Löwenfüßen mit sechseckigem Obergeschoß. Die Kacheln zeigen ne-

ben Wappen allegorische Gestalten der Tugenden und Laster sowie biblische Darstellungen und Landschaften, die Rudolf Kuhn gemalt hat. Der Ofen wurde 1734 v. Daniel Meyer gebaut.
In der SO-Ecke des Obergeschosses liegt die *Bürgerratsstube*. Sie hat wieder 5 Fensternischen, doch führen hier 3 nach S auf die Rathausgasse und 2 nach O auf die Reichsgasse. Ihre Stützen bilden übereck gestellte Kandelabersäulen mit Akanthusdekor im Geschmack der Renaissance v. 1590. Die kunstvolle Wandtäfelung mit Blatt-, Ranken- und Bildintarsien stammt aus dem ehem. Haus Menhard; im Zinn der Waschnische ist das Datum 1583 eingraviert. Der farbenprächtige *Turmofen* mit achteckigem Obergeschoß ist der älteste signierte Kachelofen v. Graubünden: Hans Heinrich Pfau baute ihn 1632. Die Kacheln sind mit, Versen und Bildern nach Fabeln Äsops sowie dem Stadtwappen bemalt.
An der NO-Ecke des Obergeschosses liegt ein Raum – heute Standesamt –, dessen Gewölbe mit *Stuckarbeiten* geschmückt ist, die Band- und Gitterwerk, kleine Büsten und Rosen zeigen (um 1730).
In der Stadtkasse steht ein *Turmofen* auf Löwenfüßen mit achteckigem Aufbau, den Daniel Meyer urspr. für die Pfisterzunft gebaut hat; u.a. zeigt er deren Zunftwappen.
Bereits im MA viel bewundert wurde das den gesamten Rathauskomplex überspannende *Satteldach*, das nach der Rathausgasse hin mit einem Krüppelwalm abschließt. Der trapezförmigen Verbreiterung des Grundrisses entspricht eine sanft ansteigende Erhöhung, die eine windschiefe Konstruktion vermeidet. Der an Hängesäulen aufgehängte Dachstuhl überspannt eine Weite v. bis zu 25,5 m. Ein Dachreiter mit achteckigem Spitzhelm krönt das Dach.
Sehenswert ist das im Rathaus aufgestellte *Modell der Altstadt* v. C. im Maßstab 1:500.
Alte *Möbel und Glasgemälde* aus dem Rathaus bewahrt das Rätische Museum auf.
An das Rathaus stößt im N das *ehem. Landesarchiv*, das an seiner Front zur Poststr. unterhalb des Dachs eine größere Wandmalerei (um 1760) aufweist, auf der der hl. Georg und der Wilde Mann die Wappen der 3 Bünde tragen.

Chur, Pulverturm

Antistitium (Kirchgasse 21): Das ehemals dem Abt des Klosters Disentis gehörende Haus ging 1529 in Privatbesitz und 1557 in den der Stadt C. über. Seitdem dient es als Pfarrhaus für St. Martin. 1480–90 wurde es aus älteren Bauten zusammengezogen. Über dem gewölbten Erdgeschoß erheben sich 3 weitere Stockwerke, die ein gebrochenes Krüppelwalmdach deckt. Die spitzbogige Mitteltür, die neben ihr auf beiden Seiten liegenden breiten Stichbogenfenster sowie die Reihenfenster im 2. Obergeschoß weisen gekehlte Pyramidenläufe auf. Dieser 2. Stock birgt 2 spätgot. holzgetäfelte Zimmer, v. denen das Prunkzimmer Blatt- und Maßwerkschnitzereien sowie eine flachgewölbte Balkendecke aufweist. Bes. schön ist hier die reich profilierte Umrahmung der Tür, die über Fischblasenmaßwerk ein Kielbogen überspannt. Außen befinden sich noch eine Turmschale der ma Stadtbefestigung und eine Gaslaterne v. 1890.

Haus Buol auf dem Friedhof (Hofstr. 1), jetzt Rätisches Museum (→S. 67): Auf dem

ehem. Friedhof v. St. Martin wurde um 1550 das Zeughaus der Stadt errichtet, in dem auch die »Teutsche Schule« untergebracht war. 1672/73 wurde das Haus dem Obersten und Landammann Paul Freiherr v. Buol verkauft, der es niederlegen und an seiner Stelle den bis heute gut erhaltenen barocken Herrensitz aufbauen ließ. Auf dem kubischen dreistöckigen Bau liegt ein Kreuzfirst, dessen Giebel durch abgedachte Gesimse, die sich in der Giebelmitte wiederholen, abgesetzt sind. Das Erdgeschoß durchquert ein breiter Gang, eine ehem. Durchfahrt, deren ö Ausgang aber zu einem Fenster umgestaltet wurde.
Alle Räume im Erdgeschoß und die Gänge sind überwölbt; sie weisen z. T. Stuckdekorationen mit Akanthus- und Eierstabborten auf, die Mittelfelder zeigen Delphine, Nixen, Früchte und Rosetten.
Auffallend sind die Größe und die Höhe der Räume, die sie für die Aufnahme der Sammlungen bes. geeignet machen.

Altes Gebäu (Poststr. 14), heute kantonales Gerichtsgebäude: 1727–29 ließ sich der bünd. Politiker und Staatsmann, der Envoyé Peter v. Salis-Soglio, ein herrschaftliches Haus mit einer reichen und gut erhaltenen Innendekoration bauen. Der kubische Bau mit Erd-, Ober- und niedrigerem Zwischengeschoß zu je 9 Fensterachsen liegt unter einem Walmdach. Ein Sims über dem Erdgeschoß und die Betonung der Mitte durch das v. Pilastern flankierte Portal, 3 Balkone mit schmiedeeisernen Korbgittern und 4 Giebel im Dach bilden die äußere Gliederung. Über der Tür ist das Wappen der Salis angebracht.
Im zentralen Treppenhaus kontrastiert das warme Braun der in Nußbaum ausgeführten Geländer und der v. zierlichen Säulen getragenen Arkaden mit dem Weiß der *Stukkaturen* und ihrem farbigen Bilderschmuck. Stuck wurde im ganzen Haus verschwenderisch und phantasievoll eingesetzt. Als seine Schöpfer gelten J. Streit (oder Stich?) und der Italiener F. Solari. Ebenfalls v. einem Italiener, Gian Pietro Ligari aus Sondrio, stammen die meisten Dekkengemälde mit antiken Motiven. Das »Chinesische Zimmer« ist mit Tapeten ausgeschlagen, im »Blauen Zimmer« ist der

Chur, St.-Martins-Brunnen ▷

Chur, Neues Gebäu

Stuck mit echten Bergkristallen verziert. Einige Räume sind nach bünd. Art mit Holz getäfelt. Zahlreiche Gemälde, u.a. Familienporträts, gehören wie die z.T. noch zeitgenössischen Möbel zur reichen Ausstattung. Der barocke *Garten* - v. Zeitgenossen hoch gerühmt - mit Grotten, Brunnen und geheizten Glashäusern wurde wenigstens z.T. wiederhergestellt.

Neues Gebäu (Reichsgasse 35; seit 1807 kantonales Regierungsgebäude): Der Baumeister Johannes Grubenmann aus Teufen errichtete 1751/52 für Oberst Andreas v. Salis-Soglio ein neues Haus. Der ungegliederte, rechteckige Bau mit 3 Stockwerken und einem oberen Zwischengeschoß liegt unter einem Walmdach, das nur an der S-Seite einen geschweiften Mittelgiebel trägt. Von den 5 Fensterachsen der w Straßenseite bilden die äußeren je eine Gruppe zu 2 Fenstern, während die Mitte durch das v. Halbsäulen flankierte Portal, einen Steinbalkon im 2. Stock und die diese beiden Elemente verbindende geschweifte Fensterumrahmung im 1. Stock betont wird. Die S- und N-Seite weisen 7 Fensterachsen auf, die zu zweit, zu dritt und wieder zu zweit zusammengefaßt sind. An der O-Seite befindet sich ein Balkon mit schmiedeeisernem Gitter. Das Portal ziert ein Türklopfer mit einem Drachen als Klöppel.
Die Korridore und die Zimmer des 2. Stockwerks sind mit einer *Stuckdekoration* versehen, ebenso der große, 2 Stockwerke umfassende gewölbte Saal in der NO-Ecke des Baus. In diesem Saal hängt ein venezianischer Lüster. Viele Räume sind holzgetäfelt. Erwähnenswert ist das schmiedeeiserne Gitter an der Treppe zum 2. Stock.

Haus Planaterra (Planaterrastr. 2): Eine alte Stadtburg mit eigener Mauereinfriedung wurde 1533 für L. v. Capol zum herrschaftlichen Wohnhaus umgestaltet. Es zeichnet sich durch einen polygonalen Treppenturm und einen Erker, dessen 3 Seiten v. einem Achteck her konstruiert sind, aus. Im Inneren finden sich eine Balkendecke mit kassettenartigen Füllungen und verschiedene geschnitzte Türen aus der Zeit um 1680.

Oberer Spaniöl (Kirchgasse 16): Dieses erste frei stehend gebaute Bürgerhaus in C. ist zwischen 1635 und 1640 für Carl v. Salis-Grüsch errichtet worden. An einen v. N nach S verlaufenden Haupttrakt schließt sich rechtwinklig ein W-Trakt mit dem Treppenhaus an. Die v. Halbsäulen flankierte Tür ziert ein schmiedeeiserner Klopfer. Über der N-Fassade erhebt sich ein geschweifter Giebel. Im 1. Obergeschoß springt auf profiliertem Fuß ein Dreieckerker mit geschweiftem Dach vor. Zum Hof hin öffnet sich das Erdgeschoß, dessen Räume alle überwölbt sind, mit einer viergliedrigen Arkade auf glatten Säulen. Im Obergeschoß liegt ein holzgetäfeltes Zimmer (um 1645) mit intarsiengeschmückter Kassettendecke. Ein Raum im 2. Obergeschoß ist mit einer Stuckdecke (um 1730), ein anderer im 1. mit einem Turmofen (um 1750) versehen.

Unterer Spaniöl (Süßwinkelgasse 20): Dieses Bürgerhaus war urspr. ein got. Reihenhaus, wurde aber 1654 umgebaut. Diese Entstehung spiegelt sich u.a. in der ungegliederten Front. Im Keller und im Erdgeschoß liegen überwölbte Räume. Im

Chur, Verwaltungsgebäude der Rhätischen Bahn

1. Obergeschoß befindet sich eine spätgot. Stube mit Balkendecke und maßwerkverzierten Paneelen. Die Vorhalle schmückt eine Stuckdecke.

Ehem. Zunfthaus der Rebleute (Kupfergasse 1): In dem nach den Bränden v. 1564 und 1674 jeweils wieder aufgebauten Haus ist bes. die Zunftstube bemerkenswert. Seit 1916 befindet sich hier ein Hotel.

Ehem. Zunfthaus der Schneider (Kirchgasse 14): Der Bau ist noch relativ gut in seinem ursprünglichen Zustand aus der Zeit vom Anfang des 16. Jahrhunderts erhalten. Er kehrt seine Traufseite zur Straße und ist durch einen auffallenden dreiseitigen Erker mit reich profiliertem Fuß gekennzeichnet.

Ehem. Zunfthaus der Schuhmacher (Süßwinkelgasse 8): Es wurde 1596 erbaut, nachdem sein Vorgängerbau 1574 abgebrannt war. Dabei bezog man auch einen ehem. Wohnturm mit ein.

Ehem. Zunfthaus der Schmiede (Paradiesgasse 11): Neubau mit Schaufassade aus dem Jahre 1902, der die früheren, nach den Stadtbränden v. 1576 und 1676 errichteten Bauten ersetzte.

Ältere Häuser, z. T. noch mit ma Bauteilen, stehen außerdem an folgenden Plätzen und in folgenden Straßen und Gassen: *Bodmerstr.:* Haus »Kleiner Türligarten« (Nr. 2) aus dem 17. Jh., verbunden durch einen großen Garten mit Haus »Großer Türligarten« (Nr. 4) v. 1606 mit Dreieckserker. – *Casinoplatz:* Salis-Haus, 1675 unter Verwendung v. Teilen eines Vorgängerbaus gebaut; skulptierter Türrahmen und plastische Stukkatur in der Sala terrena. – *Herrengasse:* Haus zum Pfisterbrunnen (Nr. 7) v. 1819 mit klassizistischem Akanthusdekor. – *Jochstr.:* Haus Schwartz auf dem Sand (Nr. 14), um 1700, mit schmiedeeisernem Balkongitter; Salis-Haus auf dem Sand (Nr. 35), 1818 gebaut. – *Kirchgasse:* Haus Menhardt (Nr. 2) v. 1574. – *Masanser Str.:* Salis-Hüsli (Nr. 35–39), hufeisenförmige Er-

Chur, Rätisches Museum

weiterung v. 1770 einer um 1700 errichteten Anlage; Stuppis Haus (Nr. 45), um 1660 gebaut, 1. Hälfte des 18. Jh. erweitert und 1871 aufgestockt mit klassizistischer Tür; Riga-Haus (Nr. 55), um 1810 gebaut, seit 1924 mit neuem Flügel Altersheim; Paponsches Landgut »Zur Kante« (Nr. 212), um 1700 gebaut, Mitte des 19. Jh. nach Brand wiederaufgebaut mit sechsgliedriger Arkade. – *Obere Plessurstr.:* Villa Brunnengarten (Nr. 1), spätklassizistischer Bau v. 1848. – *Rabengasse:* Haus zum Raben (Nr. 4), spätgot., giebelständiges Bürgerhaus mit Umbauten aus dem 16. Jh. und dekorativer Malerei in der Drogerie v. 1912; Haus Pestalozza (Nr. 6) v. Ende des 16. Jh. mit Schmiedearbeit an der Ladentür v. 17. Jh. – *Rathausgasse:* Haus Schwartz »Zum Kaufhaus«, vor 1641 gebaut und 1687 umgestaltet mit Türrelief, Eckerker, holzgetäfelten Innenräumen und alten Kachelöfen. – *Reichsgasse:* Haus »Zur Linde« (Nr. 55) aus dem 16. Jh. mit Außenmalerei; Haus Nr. 60 mit Wandmalereien v. 1548; Haus Brandis (Nr. 65), um 1480 gebaut und 1657–71 erweitert; Haus Ragatzer (Nr. 71), aus 2 Vorgängerbauten im 1. Viertel des 16. Jh. zusammengesetzt, 1580 und 1657 umgebaut mit Dreieckserker. – *Rotenturmstr.:* »Roter Turm« (Nr. 31), ehem. Weinberghaus aus dem 1. Drittel des 18. Jh. – *St.-Martins-Platz:* Haus Reydt, Neubau v. 1574 eines vor 1546 errichteten Hauses mit über 3 Stockwerke reichendem, dreiseitigem Erker.

Süßwinkelgasse: Sprecher-Haus (Nr. 6), um 1450, »Schulhöfli« genannt, im Erdgeschoß Rundbogenfenster aus vielleicht vorgot. Zeit, Umbau 1861, barockisierende Fassadenmalerei v. 1912.

Bemerkenswerte repräsentative **Neubauten** aus der Jahrhundertwende stehen in der Umgebung des Postplatzes:

Graubündner Kantonalbank (Grabenstr. 23): als schönes Beispiel der sog. Bündner Renaissance 1909–11 v. Otto Schäfer und Martin Risch gebaut, mit plastischem Schmuck in Stein und Bronze v. Wilhelm Schwerzmann. – *Naturhistorisches Museum* (Bahnhofstr. 31, →S. 66): neoklassizistischer Würfelbau, 1927–29 v. den Gebr. Sulser gebaut, mit Wandbild – 3 Landschaften aus dem Schweiz. Nationalpark – v. Giovanni Giacometti. – *Post-, Telegraphen- und Zollgebäude* (Grabenstr. 20): 1902–04 v. Theodor Gohl und Jean Béguin gebaut. Über dem Eckrondell laternengekrönte Kuppel, Sgraffitodekoration und je eine weibliche Marmorfigur über den Giebeln v. James Vibert; 1920 renoviert. – *Staatshaus* (heute Sitz kantonaler Verwaltungen; Grabenstr. 8): neunachsiger Bau, 1877–79 v. Johann Ludwig errichtet. – *Verwaltungsgebäude der Rhätischen Bahn* (Bahnhofstr. 25): 1907–09 v. Nicolaus Hartmann gebaut, mit 2 Sandsteinplastiken v. Otto Weber am Portal, im Sitzungssaal Wandfries v. Christian Conradin, die Entwicklung des bünd. Verkehrswesens darstellend. – *Ehem. Villa Planta* (jetzt Kunsthaus; Grabenstr. 29, →S. 66): v. Johann Ludwig und Alexander Kuoni 1874–76 als zwischen Klassizismus und Neubarock stehende Prachtvilla mit byzantinischer Kuppel über Atrium-Treppenhaus sowie v. 2 Sphingen begleitetem Säulenportikus gebaut. – *Ehem. Zeughaus* (Grabenstr. 4): 1861–63 v. Johann Ludwig gebaut, 1959 v. Martin Risch zum *Stadttheater* (→S. 67) und *Großratssaal* umgebaut; im

Sitzungssaal des Kantonalparlaments Wandgemälde v. Alois Carigiet v. 1960.

Brunnen

Am *Hegisplatz* steht ein Brunnen mit Doppelsteintrog und gußeiserner Säule, der um 1880–1900 hier erstellt wurde. – Den *Hofplatz* ziert der *Marienbrunnen* mit einer Muttergottesfigur v. H. v. Matt (1951). – In der *Lürlibadstr.* befindet sich auf dem Vorplatz der Villa Ameck (Nr. 91) ein 1897 errichteter Brunnen und an der Mauer des im Bündner Heimatstil ausgeführten Bondahauses (Nr. 98) ein Brunnen v. 1912. – In der *Malixerstr.* (Nr. 29) wurde Mitte des 19. Jh. v. dem Botaniker Alexander Moritzi, an den ein Denkstein mit Erztafel erinnert, der ehem. Galgenhügel in die baumbestandene Rosenhügel-Anlage umgestaltet; in der Anlage befindet sich ein Springbrunnen mit ovalem Becken. – Auf dem *Postplatz* wurde um 1875/80 ein Brunnen v. A. Durenne aufgestellt: Aus einem runden Steinbecken erhebt sich ein v. wasserspeienden Delphinen umgebenes Muschelbecken, auf dem die Statue einer Quellnymphe steht. – Auf dem St.-Martins-Platz steht der *St.-Martins-Brunnen*, der urkundlich erstmals 1556 erwähnt wird, doch ist v. diesem alten Brunnen nichts mehr erhalten. Der untere Teil des heutigen Brunnentrogs stammt aus den Jahren 1609 und 1672 (so datiert) und wurde 1824 restauriert. Er zeigt an den Wasserausläufen Engelsköpfe und Fratzen; das polygonale Becken aus Scalärstein, ein Werk des Steinmetzen Johann Wanckmüller, trägt Reliefs mit den Tierkreiszeichen, die in etwa den Himmelsrichtungen entsprechen. Er ist mit 1716 datiert. Darüber erhebt sich eine gebauchte Säule mit Volutenkapitell, auf der die Sandsteinstatue eines Schildhalters in antiker Rüstung steht. Auf dem Schild befindet sich das Stadtwappen. Das stark verwitterte und ergänzte Original der 1716 v. F. Hundertpfundt gehauenen Statue steht heute im Stadtgarten (→S. 67); es wird auf dem Brunnen v. einer 1910 durch Alexander Bianchi in Muschelsandstein ausgeführten Kopie ersetzt. – Am *Untertor* wurde 1905 der *Donna-Lupa-Brunnen* errichtet, der an eine tapfere Bündnerin im Schwabenkrieg 1499 erinnert; die Bildhauer Jakob Haller und Adolf Meyer schu-

Chur, Martinsplatz, Taschner-Denkmal ▷

fen einen polygonalen Trog, dessen Mittelpfeiler ein Relief trägt. – In der Poststr. steht der *Steinbockbrunnen* v. W. Schwerzmann (1912).

Denkmäler

Das *Fontanadenkmal* am Fontanaplatz wurde 1903 zur Erinnerung an die Schlacht an der Calven v. 1499 aufgestellt; Richard Kissling führte es nach einem Entwurf v. Jakob Brüllmann aus. Es stellt den in der Schlacht gefallenen bünd. Feldhauptmann Fontana dar, wie er mit erhobenem Schwert über einen sterbenden jungen Krieger schreitet. – An den bünd. Historiker und Dichter Johannes Andreas v. Sprecher (1819–82) erinnert eine *Gedenktafel* am Haus 28 in der Oberen Gasse. – An den Politiker *Johann Baptist Tscharner* (1751–1835) erinnert ein Denkmal v. W. Casanova (1977) am St.-Martins-Platz. – Das *Vazerol-Denkmal* auf dem Regierungsplatz erinnert an den Zusammenschluß der 3 Bünde im Jahre 1471. Es wurde zwar bereits 1874 v. Alexander Bianchi geschaffen, aber erst 1881 hier aufgestellt. Auf einem Sockel aus grünem Albulagranit erhebt sich ein dreiseitiger Obelisk aus weißem Splügenmarmor, der die Wappen der 3 Bünde als erhabene Medaillons und Inschriften in den 3 Landessprachen trägt. – Im Stadtgarten findet sich die Büste des Dichters Johann Gaudenz v. Salis-Seewis (1762–1834). Dort steht ebenfalls das *Soldatendenkmal* zur Erinnerung an die gefallenen Soldaten der beiden Weltkriege. – Auf dem Friedhof Daleu (Rheinstr. 26) befindet sich ein *dt. Kriegerdenkmal*, das außer einem Adlerrelief und den Namen der Toten die Inschrift »1914/Hier ruhen deutsche Soldaten/ 1918« trägt.

MUSEEN

Bündner Kunstmuseum (Kunsthaus in der ehem. Villa Planta, Grabenstr. 19; hinsichtlich des Baus →S. 64): Die Sammlung umfaßt Malerei, Bildhauerei und Graphik des 17.–20. Jh. mit Betonung der Schweizer Kunst aus dem 18., 19. und 20. Jh.: u. a. größere Werkgruppen v. Angelika Kauffmann, Giovanni Segantini, Augusto Alberto und Giovanni Giacometti, Ernst Ludwig Kirchner und Malern der Gruppe »Rot-Blau« sowie Künstlern der 2. Hälfte des 20. Jh.; außerdem finden ständig Wechselausstellungen nationaler und internationaler Kunst statt.

Bündner Natur-Museum (Masanser Str. 31):

Chur, Rätisches Museum, Holztruhe des 17. Jh.

Das ehem. Naturalienkabinett der Kantonsschule ging 1872 in den Besitz des Rätischen Museums über, bis es 1919 selbständig wurde und 1979 in den eigenen Neubau umziehen konnte. Die Sammlung zur Naturkunde des Kantons Graubünden zeigt Stücke aus Geographie, Geologie, Mineralogie, Botanik und Zoologie.

Dommuseum (Kathedrale, Hof 18, →S. 52).

Sammlung edler Steine und Kristalle (in der Rathaushalle, Poststr. 33): Die Sammlung enthält einige der schönsten mineralogischen Exemplare der Welt.

Rätisches Museum (Haus Buol, Hofstr. 1; hinsichtlich des Baus →S. 60): Die Sammlung besteht aus vor- und frühgeschichtlichen Funden, Funden aus röm. Zeit - u. a. 2 bedeutsame Statuetten der Diana und des Merkur -, ma Bodenfunden, Münz- und Schatzfunden mit über 1100 Exemplaren, Wappen, Siegeln, Fahnen und Uniformen, kirchlicher Kunst und Kultgeräten seit dem hohen MA, Glasgemälden, Porträts und historischen Gemälden, Tafelsilber, Schmuck und Uhren, Zinn- und Eisengegenständen, Möbeln, Gebrauchsgegenständen aus Keramik, Glas und Lavezstein, Trachten, Textilien und Textilgeräten, Handwerksgeräten und primitiv-mechanischen Anlagen, vorindustriellen Geräten der Land- und Hauswirtschaft, volkstümlicher Graphik und Malerei sowie einer Sammlung v. bünd. Landschaften in Ansichten des 16.-19. Jh.

Theater

Das *Stadttheater* (Grabenstr. 4; hinsichtlich des Baus →S. 64): Es wird sowohl v. festen Schauspielensembles wie v. gastierenden Truppen auch mit Operette und Musical bespielt. - *Freilichtaufführungen* finden im Sommer auf dem Arcas statt. - *Kinotheater* gibt es in der Bahnhofstr., Masanser Str. und Quaderstr. - Der Saal im Rätushof, Bahnhofstr. 14, wurde 1924-55 auch als Stadttheater genutzt. Hier fand am 15. 2. 1948 die Uraufführung der »Antigone« des Sophokles in der Bearbeitung der Hölderlinschen Übersetzung durch Bert Brecht, dem späteren Modell »Antigone 48«, unter Brechts Regie mit Helene Weigel in der Dekoration v. Caspar Neher statt.

Außerdem sehenswert: *Bärenloch 6:* Altstadtwinkel mit Durchgang zur Plessur. - *Grabenstr. 34 und 38:* ehem. Scalettafriedhof, 1862 zum *Stadtgarten* umgestaltet; an der Umfassungsmauer 74 Epitaphe des 16. bis 18. Jh., 2 klassizistische Grabsteine v. 1822

Chur, Rätisches Museum, Postkutsche

und 1836 sowie Grab- und Gedenkstein für den Pfarrer, Antistes, Professor und Dekan Paulus Kind (1783–1875); im Park die Statue vom St.-Martins-Brunnen (→S.65). – *Obere Gasse:* enge, ma wirkende Geschäftsstr. mit schmalen, giebelständigen Häusern. – *Reichsgasse 57:* Geburtshaus der Malerin Angelika Kauffmann (1741–1807).

Veranstaltungen: In C. findet jährlich im Frühjahr die *higa,* die Handels-, Industrie- und Gewerbeausstellung des Kantons Graubünden, statt. – Der *Maimarkt* und der *Andreasmarkt* im November sind ebenfalls regelmäßige Veranstaltungen.

Umgebung

Felsberg (6 km w): Das Dorf liegt am linken Rheinufer im Bezirk Imboden. In der Umgebung des Dorfs, vor allem in Höhlen des Calandaabhangs, wurden Herdstellen und Gräber nachgewiesen und Funde wie Tier- und Menschenknochen, Keramik und Waffenteile gemacht, die eine Besiedlung seit dem Neolithikum, in der Bronze- und Eisenzeit bis zur röm. Zeit beweisen.

Schon in karol. Zeit gab es hier Weinberge. Die Pfarrei wird erstmals 1305 urkundlich erwähnt, damals ging das Patronatsrecht an das Kloster Churwalden über. Mit der Burg fiel das Dorf an die Rhäzünser. Um 1535 trat die Gemeinde zur ref. Kirche über. Nach wiederholten Felsstürzen in der 1. Hälfte des 19. Jh. wurde eine Verlegung des Dorfs geplant, die jedoch nur teilweise zustande kam und zur Gründung v. Neu-Felsberg führte.

Von der *Burg Felsberg,* ebenfalls in der Urkunde v. 1305 erwähnt, im 15. oder 16. Jh. verlassen und dann zerfallen, sind nur Abbildungen der Ruinen aus dem 17. Jh. erhalten, die einen Viereckturm zeigen. Die Flanke des Burghügels weist heute nur noch geringe Mauerreste auf.

Die *ref. Kirche,* ehem. St. Thomas, wurde im 13. Jh. gebaut, ihr Schiff dann um 1700 verlängert und der Turm um 1850 erhöht; eine Renovierung v. 1911 brachte ein neues Fenster in der S-Wand, am Turm die Bogenstellung und eine neue Ausstattung. – Unter dem über dem Chor abgewalmten Satteldach liegt das einschiffige Langhaus mit dem dreiseitig geschlossenen, eingezogenen Chor im O, der v. einem zweijochigen Netzgewölbe überspannt ist. Der quadratische, nur durch Lichtschlitze gegliederte Turm hat in der Mitte die Glockenstube, die Schallöffnungen tragen runde Bogen. – An der N-Seite des Chors befindet sich ein *Wandtabernakel* aus dem 1. Jahrzehnt des 16. Jahrhunderts. Auf modernem Fuß ruht die *Kanzel* aus Nußbaum mit polygonalem Korpus; der Schalldeckel hingegen ist mit 1686 datiert.

Passugg (4 km sö): Das Kur- und Kneippbad verdankt seinen Ruf der Theophilquelle, die in der Rabiusaschlucht entspringt. Aber auch andere Quellen, die Ulrikus-, Belvedra-, Fortunatus- und Helenenquelle entspringen in der Umgebung und beliefern das Kurhotel und die Mineralwasserfabrik mit Trink- und Badewasser.

Praden (8 km sö): 1629 bauten sich die Pradener ihre eigene *ref. Kirche,* weil in Tschiertschen ihre Pesttoten nicht beerdigt werden durften. Es entstand ein schlichter, nach O gerichteter Einheitsraum unter einem Satteldach mit einem Turm an der O-Wand, der eine gezimmerte Glockenstube trägt. Pforte und Fenster liegen unter Stichbogen.

CH-7075 Churwalden

Bez. Plessur

Einw.: 1200	Höhe: 1230 m	S. 254 □ F2

Das langgestreckte Dorf liegt an der »oberen Straße«, die seit dem Mittelalter von Chur zum Julier- und Septimerpaß führte. Zunächst bestand hier wohl nur eine Paßfußkapelle, die *Marienkirche,* die 1149 urkundlich erwähnt wird. Hier wurde im Jahre 1164 ein *Prämonstratenserkloster* gegründet, dem bald die Gründung eines *Frauenklosters* folgte. Das Kloster wurde 1446 zur Abtei erhoben, verfiel aber nach der Reformation. Seit 1669 besteht in Churwalden eine evangelische Gemeinde, im Jahre 1877 wurde auch wieder eine katholische Pfarrei gegründet. Von der Marienkirche und den Klostergebäuden sind nur noch geringe Reste erhalten.

Kath. Pfarrkirche St. Maria und Michael (ehem. Klosterkirche): Mitte des 13. Jh. wurde s der alten Marienkirche eine neue

Churwalden, St. Maria und Michael mit Abthaus

roman. Kirche für die Mönche erbaut, die St. Michael geweiht war. Sie brannte 1472 nieder. Auf ihren Fundamenten entstand in mehreren Etappen bis 1511 die jetzige spätgot. Kirche. Nach dem Abgang der Marienkirche, die dem Frauenkloster und dem dazugehörigen Hospital gedient hatte, wurde die neue Kirche Maria und dem hl. Michael geweiht. Sie diente nach der Reformation beiden Konfessionen als Gotteshaus, deshalb wurde der Lettner (14), der die Laienkirche vom Klerikerchor getrennt hatte, zugemauert. Im w Teil fand ev., im ö kath. Gottesdienst statt. Als die Kirche 1968 wieder ganz den Katholiken übergeben wurde, fand eine gründliche Restaurierung mit der Aufhebung v. Kapellen und Altären, dem Abriß einiger inzwischen entstandener Anbauten, dem Einzug neuer Mauern, der Veränderung und Vermauerung v. Fenstern, dem Abbau der Kanzeln und dem Abriß der Vermauerung des Lettners statt. Bei diesen Arbeiten, die bis 1973 dauerten, erfolgten archäologische und bauhistorische Untersuchungen.

Die Kirche stellt sich heute als dreischiffiges Langhaus (A, B und C) dar, das durch einen sich in 3 Spitzbogenarkaden öffnenden Lettner (14) vom O-Chor (D und E) getrennt ist. Der Chor besteht aus dem ehem. Mönchschor (D) in der Breite des Mittelschiffs und dem anschließenden, dreiseitig geschlossenen Altarhaus (E). Vom Mönchschor (D) führt eine Vorhalle (F) zum quadratischen Turm (G). Mit Ausnahme des sechsstöckigen Turms, den ein Zeltdach krönt, liegen alle anderen Räume unter einem gemeinsamen, gebrochenen Satteldach. Die W-Fassade ist durch das profilierte Rundbogenportal (1), das darüberliegende dreiteilige Spitzbogenfenster und die beiden zweiteiligen Spitzbogenfenster in den Seitenschiffen (2 und 3) gegliedert; alle diese Fenster sind mit Fischblasenmaßwerk versehen. Vor dem S-Portal (4) befindet sich eine Vorhalle (5). Über die Formen der Fenster (8, 10, 11, 15 und 16) gibt die Zeichnung Auskunft. Die Chorfenster (10 und 11) zeigen Fischblasenmaßwerk. Die Glockenstube öffnet sich mit rundbogigen Schallfen-

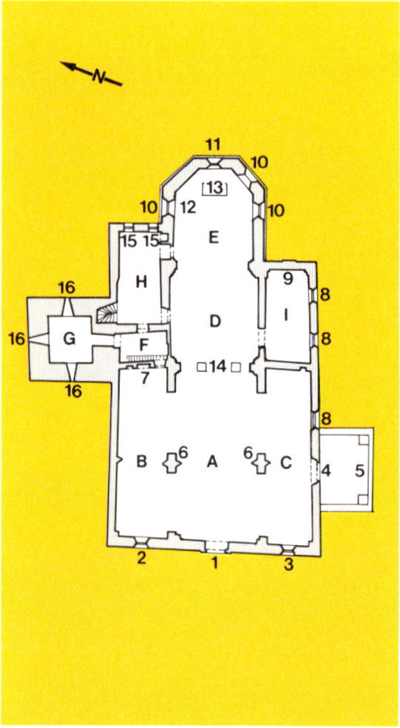

Churwalden, kath. Pfarrkirche St. Maria und Michael (ehem. Klosterkirche) A–C: ehem. Laienkirche **A** Mittelschiff **B** n Seitenschiff ehem. Katharinenkapelle **C** s Seitenschiff **D** Mönchschor **E** Altarhaus **D, E** ehem. Klerikerkirche **F** Vorhalle zum Turm **G** Turm **H** Sakristei, vorübergehend Marienkapelle **I** Seitenraum, ehem. Josephskapelle **1** W-Portal **2** n Spitzbogenfenster **3** s Spitzbogenfenster **4** S-Portal **5** Vorhalle **6** Pfeiler **7** Nische in der ehem. Katharinenkapelle **8** Rundbogenfenster **9** Kruzifix **10** Spitzbogenfenster **11** Rundfenster **12** Sakramentsnische **13** Hochaltar **14** Lettner, darüber Kruzifix **15** Stichbogenfenster **16** schießschartenähnliche Turmfenster

stern. Eine Gräberreihe an der S-Wand erinnert an den ehem. Kreuzgang.

Die Schiffe (A, B und C) und der Mönchschor (D) sind v. Netzgewölben, das Altarhaus (E) ist v. einem Sterngewölbe überspannt.

An der O-Seite des N-Schiffs befindet sich die Mensa des ehem. Katharinenaltars; in der darüberliegenden Nische (7) wurde ein *spätgot. Wandgemälde* mit der Krönung der Maria freigelegt, das dem Waltensburger Meister (um 1340) zuzuschreiben ist. Fragmente weiterer Wandgemälde, vor allem

Parpan, reformierte Kirche, Kanzel

über dem Lettner (r die Verdammten), legen eine frühere umfangreiche Ausmalung der Kirche nahe. Auch Reste roman. Malereien wurden aufgefunden.

Die *Sakramentsnische* (12) unter dem N-Fenster des Altarhauses ist heute geschlossen; in der Kielbogennische darüber Statuette eines Leidenschristus (um 1500).

Der *Hochaltar* (13) ist ein geschnitzter spätgot. Flügelaltar, den ein unbekannter Meister 1477 schuf; leider wurde er bis auf die Rückseite 1848 und 1880 neu gefaßt. Die Predella ist bemalt: auf der Vorderseite Christus zwischen den Jüngern mit den Marterwerkzeugen, daneben die Klosterwappen; auf der Rückwand finden sich die Bildnisse der 4 Hauptkirchenväter. Im viereckigen Schrein, der oben v. einem Maßwerkgesprenge abgeschlossen wird, befinden sich auf einem getreppten Postament die Figuren der sitzenden Muttergottes mit dem Jesusknaben, die v. 2 über ihr schwebenden Engeln gekrönt wird, und die der hll. Emerita und Augustinus (l) sowie Magdalena (?) und Luzius (r). Die Rückwand

Churwalden, St. Maria und Michael, Marienkrönung

des Schreins zeigt ein Gemälde mit dem Tod der Maria und dem Stifter, Abt Ludwig v. Lindau. Den Schrein krönt ein geschnitzter tabernakelförmiger Aufsatz mit den Statuetten einer Kreuzigungsgruppe, der hl. Margareta und dem Evangelisten Johannes, die außen v. je einem Engel mit den Leidenswerkzeugen flankiert sind. In der Gesprengespitze steht der hl. Michael. Die Flügel sind auf beiden Seiten bemalt: innen mit Verkündigung und Christi Geburt, außen mit einer Heimsuchung sowie dem hl. Laurentius und Johannes d. T. An der O-Wand des S-Schiffs stand früher der *St.-Luzius-Altar,* der sich jetzt in der Kathedrale v. Chur befindet.

Ref. Kirche: Sie wurde 1967 nach Plänen v. Theodor Hoffmann erbaut. Der Saal bildet eine sechseckige Pyramide, deren oberer Abschluß v. einer Dreieckspyramide durchdrungen wird, um das Dach zu bilden. Der abseits stehende Glockenturm ist durch eine rechtwinklige Halle mit dem Kirchenraum verbunden. Die dem Bergkristall entlehnte Grundform des Sechsecks wiederholt sich an der Kanzel und dem Altartisch, die mit Schnitzarbeiten v. Johann Ulrich Steiger verziert sind. Er hat auch den Figurenfries »Bergpredigt« am Portal gearbeitet. Das Rundfenster in der S-Wand füllt ein abstraktes farbiges Glasgemälde mit dem Thema Licht v. Dea Murk.

Turm des Abtes (unweit der Klosterkirche): Der frei stehende, viereckige Wohnturm hat 4 Geschosse und einen Dachraum. Er wurde im 14. oder 15. Jh. als Wohnung des Klostervorstehers errichtet, im 16. Jh. umgebaut und mit einem Treppengiebel und neuen Fenstern versehen. Urspr. trug er wohl ein Zelt- oder Walmdach, heute besitzt er ein Satteldach.

Umgebung

Malix (4 km nw): Die *ref. Kirche* wurde 1515 auf Resten einer roman. Vorgängerkirche als einschiffiger Bau mit eingezogenem

Churwalden, St. Maria und Michael, Hochaltar, Marienkopf

polygonalem O-Chor und N-Turm errichtet, den man 1883 und 1910 renovierte. Der Turm trägt einen achteckigen Spitzhelm mit Wimpergen. Der Eingang liegt im S des Schiffs, das nur durch ein einziges Fenster Licht erhält, während der Chor 3 Spitzbogenfenster aufweist. Über dem rechteckigen Schiff und dem Chor befinden sich für Graubünden einzigartige, völlig asymmetrische zweijochige Gewölbe. Zur *Ausstattung* gehören ein halbrunder Taufstein mit springendem Hirsch (um 1400), ein frühgot. und ein spätgot. Kelch sowie 2 Grabsteine aus dem 17. Jh. – Die *Burgruine Strassberg* liegt unweit der Straße. Mit ihrem Bau wurde in der Mitte des 12. Jh. begonnen, im 13. Jh. erfolgten Vergrößerung und Umbau. Der Sitz der Herren v. Strassberg wurde oft vererbt, ehe er an Österreich fiel, dessen Vögte ihn bewohnten. 1499 wurde die Feste v. bünd. Truppen erstürmt und zerstört; danach verfiel sie. Erhalten sind wenige Reste des Berings und der Vorburg sowie v. der Hauptburg die Ruine des viergeschossigen Turms und die NW-Front des Palas.

Parpan (2 km s): In der Nähe einer Quelle oberhalb des schmucken Dorfs wurde die Klinge einer Bronzeaxt gefunden, die aus dem 10. Jh. v. Chr. stammen dürfte. – Die *ref. Kirche* war ehemals der hl. Anna geweiht. Der Bau stammt vom Ende des 15. Jh. Der Anbau des Chors und die Einwölbung des Schiffs erfolgten zwischen 1510 und 1520. Der abseits auf einem Hügel stehende Turm mit Zeltdach wurde 1633 gebaut. Über Schiff und Chor liegen abgewalmte Satteldächer. Die Vorhalle vor dem Rundbogenportal im W stammt aus der Zeit der letzten Renovierung v. 1916/17. An das fast quadratische Schiff mit 2 Spitzbogenfenstern in der S-Wand schließt sich im O nach rundem Chorbogen der eingezogene, polygonale Chor an. Er erhält Licht durch 2 Spitzbogenfenster mit Glasgemälden (4 Reformatoren) und Fischblasenmaßwerk über Mittelstützen und einer Fischblasenrosette in der ö Wand. Das später eingezogene, nicht in den Fensterachsen liegende dreijochige Netzgewölbe des Schiffs stützt sich auf 4 Pfeiler; über dem Chor liegt ein zweijochiges Sterngewölbe. Zur *Ausstattung* gehören die Sakramentsnische in der N-Wand des Chors, der Taufstein mit runder Schale (1517?), die Kanzel am n Chorbogen mit Reliefschnitzerei v. 1695, 2 hölzerne Kelche (um 1700?) sowie zahlreiche Grabsteine (meist der Familie Buol) aus der Zeit zwischen 1596 und 1765. – Das *Schlössli* wurde Ende des 16. Jahrhunderts für die Familie Hartmannis erbaut, seit dem Jahre 1603 war es im Besitz der Familie Buol, die es aus- und umbauen ließ. Es ist heute noch in Privatbesitz.

Der dreigeschossige Rechteckbau trägt auf dem Kreuzfirst ein Zwiebeltürmchen. Die Gartenseite ist durch einen Mittelrisalit betont. Die Einzel- und Zwillingsfenster liegen unter gemalten Giebelarchitekturen, einige tragen – wie der Mittelbalkon – schmiedeeiserne Gitter. Alle Wohnräume sind mit Holz getäfelt, einige mit Kassettendecken versehen. Die SW-Stube ist mit Wandmalereien v. Hans Ardüser (1591) ausgeschmückt. Zur Ausstattung gehören auch 2 Turmöfen mit Reliefkacheln aus dem 17. Jh.

Tschiertschen (16 km nö): 1939 wurde hier eine Münze aus der Zeit des röm. Kaisers Hadrian gefunden. Obwohl das hübsche Dorf im Schanfigg liegt, hatte das Kloster Churwalden hier Besitz, daher gehörte es zum Gericht Churwalden.

Die *ref. Kirche* wurde um 1450 unter Verwendung der Umfassungsmauern einer Vorgängerkapelle erbaut. Der Turm entstand erst im letzten Viertel des 15. Jh. Das rechteckige Schiff mit ö anschließendem, eingezogenem quadratischem Chor liegt unter einem Satteldach, das über dem Chor abgewalmt ist. Der Turm befindet sich an der Südseite und hat ein gebrochenes Zeltdach.

Der Chor ist v. einem kuppelartigen Kreuzgewölbe, das Schiff v. einer Stichbogentonne überdeckt. An der n Außenseite des Schiffs erkennt man Reste einer *spätgot. Wandmalerei* (2. Hälfte 15. Jh.), die Maria, Sebastian, Johannes und Jakobus (?) unter dem Kreuz darstellte. Von der *Ausstattung* sind Kanzel und Abendmahlstisch (um das Jahr 1740), die Taufschale mit Relief des hl. Georg (um das Jahr 1520) und besonders die kleine, mit Posaunenengeln und Rocaillen bemalte Rokoko-Orgel (um das Jahr 1760) zu erwähnen.

CH-7270 Davos

Bez. Oberlandquart

Einw.: 12000	Höhe: 1560 m	S. 254 □ F 2

Die »Sonnenstadt im Hochgebirge« verdankt ihren Ruf der einzigartigen Lage in einem von Bergen umschlossenen Tal und dem damit verbundenen trockenen, nebelfreien Klima. Funde aus der Bronze- und Eisenzeit legen nahe, daß das Hochtal schon früh von Menschen betreten wurde, besiedelt wurde es wohl erst gegen 1100, urkundlich als *Tavaus* wird es erstmals 1160 erwähnt. Um 1260 wanderten die Walser ein und legten ihre weit auseinanderliegenden Höfe an. Ein Lehnsbrief von 1298 bestätigte ihnen die niedere Gerichtsbarkeit. 1436 wurde Davos Hauptort des Zehngerichtebunds, gelangte aber mit 7 weiteren Gerichten 1470 durch Verkauf an Österreich. 1526 sprach sich der in Davos versammelte Bundestag für die Gleichberechtigung des evangelischen und katholischen Bekenntnisses auf dem Gebiet der 3 Bünde aus, Davos schloß sich der Reformation an. 1621 brandschatzten die Österreicher Davos; Jörg Jenatsch wurde Landammann. 1624 verlor es seine Vormachtstellung im Zehngerichtebund und kaufte sich 1652 von Österreich los. 1801 wurde es Teil des Kantons Graubünden in der Eidgenossenschaft.

Nach 1853 wurde die Heilwirkung des Klimas bei Tuberkulose entdeckt; Davos entwickelte sich zum Kurort. Nach dem Bau der Rhätischen Bahn kam es zu einem enormen Bauboom. Berühmte Gäste kurten in

Davos: Robert Louis Stevenson und Sir Arthur Conan Doyle, der erste Skifahrer in Davos; Christian Morgenstern, Heinrich Lersch, René Schickele u.a. hielten sich zeitweise hier auf; Alfred Henschke, genannt Klabund, starb hier 1928; der Maler Ernst Ludwig Kirchner lebte und starb in Davos (1938). Erwin Poeschel schrieb das grundlegende Werk »Die Kunstdenkmäler des Kantons Graubünden«, nachdem er hier gesund geworden war; Davos machte ihn zu seinem Ehrenbürger. Bedeutungsvoll war ein dreiwöchiger Besuch Thomas Manns im Jahre 1912; er schrieb den Roman »Der Zauberberg«, der ihn und Davos weltberühmt machte.
Nach der Entdeckung der Antibiotika im 2. Weltkrieg verlor Davos seine Bedeutung als Luftkurort; heute widmen sich nur einige Kliniken der Erforschung und Heilung von Atemwegserkrankungen. Davos entwickelte sich zum Sommer- und Wintersportplatz sowie zum Kongreßort. Es ist heute der größte Fremdenverkehrsort der Schweiz mit über 2,5 Millionen Übernachtungen im Jahr.

Engl. Kirche St. Luke (Promenade, Ecke Scalettastr.): 1882/83 entstand nach Plänen des Londoner Architekten W. Barber das romanisierende, vierjochige Kirchlein mit eingezogenem, polygonalem Chor. Das Schiff liegt unter einem Satteldach mit spitzhelmigem Dachreiter, der Chor unter einem abgewalmten Satteldach. Die Holzkonstruktion des Dachs ist innen offen. Die Kirche wird heute v. der freien ev. Gemeinde genutzt.

Kath. Kirche Herz Jesu (Promenade nach Nr. 123): Die Pfarrkirche v. D.-Dorf ist ein 1915 im neuen Heimatstil nach Plänen v. Nicolaus Hartmann errichteter Saalbau unter einem Satteldach. Vor dem Portal steht eine gemauerte Vorhalle mit Rundbogentür. Im viereckigen Turm öffnen sich unter dem Satteldach rundbogige Schallfenster. Am Giebel, der Vorhalle und den Fensterumrahmungen finden sich ornamentale Sgraffiti. Die Ausstattung besorgte J. Stärk; 1970 wurden neue Statuen aufgestellt.

Kath. Marienkirche (Chilchaweg): Die Pfarrkirche v. D.-Platz wurde 1892–94 nach Plänen v. August Hardegger auf einer terrassierten Geländestufe am Aufstieg zur Schatzalp errichtet; sie wurde 1916, 1962 und 1983 renoviert und umgestaltet. Der romanisierende kreuzförmige Bau steht auf einem Bruchsteinsockel, der den Geländeabfall ausgleicht. Über Längs- und Querschiff liegt ein Kreuzfirst, der innen mit einer Kassettendecke in Naturholz ausgeklei-

Davos, Blick von Südwesten

det ist. Über dem erhöhten, kreuzgewölbten Chor erhebt sich der dreigeschossige Turm mit einer gezimmerten Glockenstube unter achteckigem, gebrochenem Spitzhelm. Hauptaltar und die beiden Nebenaltäre sind neuroman. Ädikula-Altäre. In jedem Querschiff befinden sich 5 Rundbogenfenster mit Glasgemälden v. H. Pfeiffer. Empore, Orgelprospekt und Bestuhlung sind in Naturholz ausgeführt.

Methodistische Pauluskirche (Bahnhofstr. 7): Für die Innere Mission wurde nach Plänen v. Heinrich Flügel und Nicolaus Hartmann auf einer Geländestufe in einem kleinen Park eine Kirche gebaut. Der neuroman. Bau steht auf einem Hausteinsockel, an dem eine bogenförmige Vorhalle mit rundbogigen Arkaden liegt. Auch vor dem Hauptportal im N befindet sich eine Vorhalle. Der NW-Turm trägt ein achteckiges Zeltdach mit Wimpergen. Im rund abgeschlossenen, eingezogenen Chor sind 3 Glasfenster mit Christus und Heiligen eingelassen.

Neuapostolische Kirche (Schiaweg): Eine unregelmäßig-sechseckige Kirche unter einem hohen, verschobenen Dach wurde 1958 für die 1922/23 in D. gegr. neuapostolische Gemeinde erbaut.

Ref. Pfarrkirche (urspr. St. Johann Baptista; Berglistutz): Urkundlich nachgewiesen ist eine Kirche in D., die Johannes d. T., Maria und dem hl. Nikolaus geweiht war, erst 1335; man nimmt aber an, daß mit ihrem Bau bereits um 1280 begonnen worden war. Gegen 1350 entstanden in Frauenkirch und Glaris (→Umgebung) die Filialkirchen, an die die Patrozinien Maria und Nikolaus übergingen. Der Reformator Andreas Fabricius führte in D. 1528 das ref. Bekenntnis ein.
4 Bauperioden lassen sich feststellen: Vom roman. Erstbau ist nur das Untergeschoß des kleinen Turms (G) erhalten. An sein ehem. Langhaus schloß sich im O eine Apsis (gestrichelt) an. 1481 wurde der große W-Turm (B) angebaut, der die Vorortstellung v. D. im Zehngerichtebund demonstrierte. Um 1500 riß man dann die Apsis nieder und ersetzte sie durch den eingezogenen, dreiseitig abgeschlossenen Chor (D) mit einfachem Sterngewölbe, der v. 4 Spitzbogenfenstern mit Maßwerk (11–14) Licht erhält. Mit dem Anwachsen des Kurortes mußte die Kirche vergrößert werden. 1909 wurde das alte roman. Schiff niedergelegt und durch einen hohen Saal (C, E und F) ersetzt, der durch säulengetragene Emporen in 2 Seitenschiffe (E und F) und ein breiteres Mittelschiff (C) geteilt zu sein scheint.

Davos, Kirchner-Museum, »Davos im Sommer« (1925)

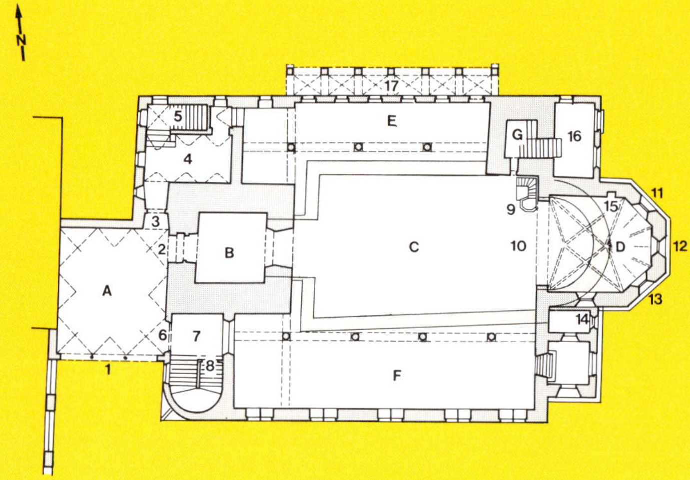

Davos-Platz, ref. Pfarrkirche (urspr. St. Johann Baptista). Die gestrichelten Linien umschreiben den Bau v. 1481, zu dem auch die beiden Türme B und G gehörten **A** Vorhalle **B** großer Turm **C** Mittelschiff **D** Chor **E** n Seitenschiff (darüber Empore) **F** s Seitenschiff (darüber Empore) **G** kleiner, älterer Turm **1** Eingang zur Vorhalle **2** Portal **3** n Nebeneingang **4** n Vorraum **5** Aufgang zur N-Empore **6** s Nebeneingang **7** s Vorraum **8** Aufgang zur S-Empore **9** Kanzel **10** Tauftisch **11** NO-Fenster des Chors **12** O-Fenster des Chors **13** SO-Fenster des Chors **14** S-Fenster des Chors **15** Wandtabernakel **16** Sakristeianbau **17** Kreuzgang

Zwischen Rathaus und Kirche wurde eine überwölbte *Vorhalle* (A) angebaut, in deren W-Wand 8 Grabplatten alter Familien aus D. eingelassen sind; gemalte Familienwappen schmücken die Vorhallenwände. Ein über dem Chor abgewalmtes gemeinsames Satteldach überdeckt alle Räume außer der Vorhalle. Den kleinen Turm (G) krönt ein gebrochener, achteckiger Spitzhelm. Im großen, 1935 renovierten Turm mit seinen auffallenden Zifferblättern liegen 2 Glokkenstuben. Viel gerätselt wurde um die merkwürdige Drehung des achteckigen, spitzen Turmhelms, der sich aus 4 Wimpergen erhebt; sie beruht auf einer wohl klimabedingten Verspannung der Konstruktion aus Tannenholz.

Von der *Ausstattung* sind die 1719 v. Johann Anton Jenatsch gestiftete Kanzel mit Schalldeckel und schönem Schnitzwerk (9), der Taufstein (10) v. 1888 und die Taufschale v. 1882, die heute in dem got. Wandtabernakel (15) im Chor aufbewahrt wird, zu nennen. Die Orgel ist modern. Die Orgeltafel der 1719 gestifteten ersten Orgel wurde 1959 aufgefunden und an der Turmwand bei der s Seitenempore aufgestellt.

Die 4 *Glasfenster* im Chor v. Augusto Giacometti (1928) sind dem Paradies gewidmet.

Die Wände der alten roman. Kirche waren außen und innen mit *spätgot. Malereien* versehen, sie wurden beim Abbruch zerstört. Fragmente und Reste befinden sich im Heimatmuseum D. Von der Wand abgelöst und 1909 an das Landesmuseum Zürich verkauft wurde eine hochgot. Kreuzigungsdarstellung.

Davos, Marienkirche, Glasgemälde (l), St. Johann (r)

Ref. Kirche St. Theodul (Dorfstr. vor Nr. 2): Wann die in D.-Dorf gelegene Kirche gegr. wurde, ist unbekannt, vermutlich Mitte des 14. Jh. als Filialkirche v. St. Johann. 1466 wird sie mit dem Patrozinium des Walser-Heiligen Theodul genannt. 1514 wurde das Schiff niedergelegt und ein nach S gerückter Neubau errichtet, dabei wurde der alte Altarraum zur Sakristei. Es entstand ein vierjochiger, v. einem Rautengewölbe überspannter Saal mit eingezogenem, dreiseitig geschlossenem Chor, den ein Netzgewölbe mit Sternschluß überspannt. In der 1. Hälfte des 18. Jh. wurde der im Winkel zwischen Chor und Schiff stehende Turm über der Sakristei durch ein achteckiges Geschoß mit Zwiebeldach erhöht. 1913 erfolgte ein Umbau, der ein Seitenschiff mit darüberliegender Empore im S anschloß und den charakteristischen, arkadenförmigen Vorbau mit Straßendurchgang schuf. Zur Ausstattung gehören: am n Chorbogen die Kanzel mit Schalldeckel (1. Hälfte 18. Jh.), an der N-Seite des Chors ein got. Wandtabernakel, das v. Rundstäben, die in einem Kielbogen mit Krabben und Kreuzblume zusammentreffen, umrahmt wird, und ein Grabmal v. 1766 an der Außenseite neben dem Kircheneingang.

1952 erfolgte eine Renovierung. Die moderne Orgel mit Gehäuse im Chor stammt v. 1970. Den neuen *Tauf- und Abendmahlstisch* aus Arvenholz schuf 1974 Sepp Däscher. 1984–87 wurden an und in der Kirche Renovierungsarbeiten durchgeführt. Dabei kamen an den Gewölberippen des Chors farbige Bemalungen und ornamentale Bandverzierungen wohl aus der Zeit des Neubaus von 1514 zum Vorschein; sie wurden restauriert und im Schiff auch ergänzt.

Im Erdgeschoß des Turms, dem Chor der roman. Vorgängerkirche, befinden sich *spätgot. Fresken* aus der Zeit um 1500, die allerdings durch spätere Tür- und Fensterdurchbrüche teilweise zerstört sind. Nach der Niederreißung einer Mauer wurden 1986 im ehemaligen Chorbogen 7 Medaillons mit den Köpfen der hll. Barbara und Magdalena (?), der Kirchenväter Hieronymus, Gregorius, Augustinus und Ambrosius

Davos, St. Theodul, Blick zum Chor

sowie dem Lamm Gottes entdeckt und wie die übrigen Fresken restauriert. Diese stellen im einzelnen dar: Fragmente eines Christus in der Mandorla mit den Evangelistensymbolen im Deckengewölbe, in der Fensternische der O-Wand oben einen Christuskopf und seitlich 2 Heilige (Leonhard und Nikolaus?), an der Wand neben dem Fenster l den Kirchenpatron St. Theodul und r den hl. Michael, im Bogenfeld eine Marienkrönung, an der N- und S-Seite das paarweise zusammengefaßte Apostelkollegium sowie an der w Innenseite des Chorbogens die Opfer Kains und Abels mit der verdammenden und segnenden Hand Gottes.

Weitere Sakralräume, **Kapellen** zumeist, finden sich in einigen Sanatorien und im **Krematorium** (Promenade 11), das 1884/85 nach Plänen v. Joseph Casimir Stein mit einem Dachreiter auf dem steilen Satteldach erbaut wurde. Im Inneren befindet sich ein Wandbild (Öl auf Leinwand) v. Augusto Giacometti (1917/18).

Rathaus (Berglistutz 1): Unmittelbar oberhalb der Kirche St. Johann bauten die Walser im 13. Jh. auch das erste Rathaus, das aber 1559 abbrannte; 1564 war der Wiederaufbau nach Plänen v. Hans Ardüser d. Ä. vollendet. Nach Um- und Ausbauten und dem Ankauf v. Nachbargrundstücken erfolgte 1903/04 ein großer Umbau; Dach, Turmdach und Fassade zeigten sich nun im Jugendstil, der aber 1930 einer weiteren Vergrößerung und Aufstockung weichen mußte. Heute präsentiert sich das Rathaus als mächtiger Block mit Turm, die beide unter je einem Flachdach liegen.
An der W-Seite zeigen moderne Plastiken v. Hermann Klöckler (1974) 4 Fahnen mit der Sonne, dem Steinbock (Wappentier des Kantons Graubünden), dem Wilden Mann (Wappenfigur des Zehngerichtebunds) und dem Wappen der Landschaft D. Die Fassade schmückt ein Wandgemälde v. Paul Held (1930): ein weißer Hirsch flieht vor einem Jäger, der einen Bär erlegt hat.
Von den Räumen ist bes. die *Große Stube* hervorzuheben. Das fast quadratische Ratszimmer ist mit Holz getäfelt und mit einer Kassettendecke versehen; die Türrahmung mit Säulen, reicher Renaissance-Ornamentik und Reliefschnitzerei und die mit Intarsien verzierte Tür sind wahre Schmuckstücke. In den Fenstern befinden sich farbige Wappenscheiben. Die Kacheln des achteckigen Turmofens (1564) zeigen blaue Renaissance-Ornamente, Wappen, Porträts, Inschriften und Initialen.

Gemeindehaus D.-Dorf (Jörg-Jenatsch-Str. 1): 1634 vom bünd. Freiheitshelden Jörg Jenatsch erbaut, 1886 zur Pension Villa Vecchia aufgestockt, 1954/55 durch vereinfachende Umbauten zum Gemeindehaus umgestaltet. Über der Tür Wappenreliefs, an der Fassade gemalte Wappen.

Großes Sprecherhaus (Promenade 159): 1642 erwarb die Familie Sprecher v. Bernegg ein älteres Haus, das sie im Laufe der Zeit zu einem stattlichen Patrizierhaus umgestaltete. Viele Zimmer waren mit Holztäfelung und Stukkaturen versehen. Die Nutzung als Kurhotel im 19. Jh. und als Sporthotel führte zu Um- und Erweiterungsbauten.

Davos, St. Theodul, Hl. Hieronymus und hl. Barbara ▷

Kongreßzentrum (Promenade 92): Der vielgestaltige Betonbau und das ihm angeschlossene Hallen- und Freibad entstanden 1963–65 nach Plänen v. Ernst Gisel. In einem Saal des Gebäudes finden auch *Konzerte und Theateraufführungen* statt.

Eissporthalle (Talstr. 41): 1979/80 wurde die v. einem großen Kuppeldach, das v. 45 m langen geleimten Holzbindern getragen wird, überspannte Halle nach Plänen v. W. Bieler erbaut.

Denkmäler und Brunnen: Im *Kurpark* steht als Erinnerung an den dt. Arzt Alexander Spengler, der die Heilwirkung des Klimas v. D. entdeckte, eine Plastik »Atmender«, die 1914 v. Philipp Modrow geschaffen wurde. Dort befindet sich auch ein Gedenkstein für den engl. Arzt, Kriminalschriftsteller und Skipionier Sir Arthur Conan Doyle. Eine *Brunnenanlage* mit Figuren v. Bär, Steinbock und Wolf schuf Wilhelm Schwerzmann. – Zwischen Rathaus und der Kirche St. Jakob steht ein *Brunnen* mit der Figur des Wilden Mannes, der hier aber außerdem durch die segnende rechte Hand gleichzeitig Johannes d. T. darstellt. Die Bronzeplastik schuf Hermann Würth 1920. – Am Platz steht ein *Knabenbrunnen* v. Wilhelm Schwerzmann, v. ihm stammt auch der *Skifahrerbrunnen* vor St. Theodul. – Am Platz ist außerdem ein *Glockenspiel* aufgestellt; es ist ein Geschenk der Niederländischen Asthmaklinik. – Dank für 75jährige Gastfreundschaft drückt auch die *Wolfsfigur* v. Gian Pedretti (1976) vor dem Kongreßhaus aus, die die dt. Hochgebirgsklinik D.-Wolfgang gestiftet hat.

Heimatmuseum D.-Dorf (Museumstr. 1): Im alten, aus dem 17. Jh. stammenden Pfrundhaus ist heute eine heimatkundliche Sammlung untergebracht. Sie zeigt möblierte Interieurs der Bauern und Patrizier der Landschaft, Hausrat, landwirtschaftliche Geräte, Werkzeuge und Dokumente über Verkehr und Sport. Vor dem Haus ist eine alte Kornmühle aus Sculms aufgebaut.

Kirchner-Museum (Promenade 43): Im 2. Stock des sgraffitogeschmückten Postgebäudes ist seit 1982 eine kleine Sammlung mit Werken Ernst Ludwig Kirchners, der v. 1917–38 in Frauenkirch bei D. lebte, auch Photos und Dokumente, untergebracht.

Bergbaumuseum Graubünden (Schmelzboden): Im Verwaltungsgebäude der ehem. Bergbaugesellschaft wird seit 1979 eine Sammlung zur Geschichte des Bergbaus in Graubünden gezeigt.

Davos, Rathaus, Große Stube mit Mittelsäule, Eingang und Turmofen

Außerdem sehenswert: Die weiträumigen, stets nach S gerichteten ehem. Liegebalkone erinnern an frühere *Sanatorien, Heilstätten und Privatpensionen*, die wegen dieser Balkone nach Thomas Mann so »löchrig und porös wie ein Schwamm« aussahen. – Das *Schweizerhaus* (Promenade 88), um 1880 erbaut, nimmt seit 1985 alle Bibliotheken v. D. auf. – An den *Arkaden* (Promenade 58) sind farbige Keramikreliefs mit Putten, die Blumen oder Sportgeräte tragen, angebracht.

Umgebung

Flüelapaß (14 km sö): Auf dem 2383 m hohen Paß steht ein Hospiz. Die beiden Seen beiderseits der Straße entwässern einerseits über Landwasser und Rhein zur Nordsee, andererseits über Inn und Donau zum Schwarzen Meer.

Frauenkirch (3 km sw): Auf einem Hügel über dem Dorf steht die *ref. Kirche*, die ehemals Unserer Lieben Frau geweiht war. Außen fällt der bergwärts gerichtete dreikantige Lawinenbrecher auf, der seit 1603 die alte, Mitte des 13. Jh. errichtete und später umgebaute Kirche schützt. Entsprechend diesem Anbau ist das Schiff innen nach W polygonal geschlossen. Über dem eingezogenen O-Chor mit polygonalem Abschluß steht der Chorturm mit gezimmerter Glokkenstube und achteckigem, gebrochenem Spitzhelm. Die Kanzel stammt v. 1745. Das Orgelgehäuse ist bemalt; zwischen Blumen und Ranken schlägt König David die Harfe. – Über dem Eingang der *Schule* befindet sich die Kopie eines bemalten Holzreliefs v. Ernst Ludwig Kirchner, Lehrer mit Schülern darstellend. Das Original befindet sich im Kirchner-Museum. – Auf dem Wildboden liegen nebeneinander ein *jüd.* und ein *christl. Friedhof*. Dort befinden sich die Gräber Kirchners und seiner Frau sowie eine Gedenktafel für den Organisator des Kurortes Davos, den holländischen Kaufmann Willem Jan Holsboer.

Glaris (6 km sw): Die *ref. Kirche* des Dorfs, ehemals St. Nikolaus geweiht, ist eine für die Gegend typische Chorturmanlage mit kleinem Schiff und gezimmerter Glockenstube unter dem achteckigen, gebrochenen Helm. Sie zeigt – wohl wegen der Lage auf einem Geländesporn – einen unregelmäßigen, verschobenen Grundriß. Der Orgelprospekt ist bunt bemalt (1832).

Laret (5 km nö): Schon zum Prättigau hin liegt das Dorf am Schwarzsee. Hier wurde 1793 eine kleine *ref. Kirche* erbaut. Die nach S gerichtete Anlage besteht aus einem kleinen, unter steilem Satteldach liegenden rechteckigen Schiff und einem eingezoge-

Davos, Heimatmuseum, Handarbeitsgerät (l), Skifahrerbrunnen (r)

Laret (Davos), reformierte Kirche

Disentis, St. Martin, Mittelschiff

nen polygonalen Chor, die beide v. Stichtonnen überwölbt sind. Auf dem Dach ein Dachreiter mit zwiebelförmiger Haube.

Monstein (11 km sw): Die meist in Strickbauweise aus Rundhölzern errichteten Bauernhäuser drängen sich – für eine Walsersiedlung untypisch – auf einer schmalen Felsterrasse zusammen. – Die *alte ref. Kirche*, 1668–70 erbaut, diente 1911–59 als Spritzenhaus. – Die *neue ref. Kirche*, 1896–98 nach Plänen v. Gaudenz Issler auf einem weithin sichtbaren Hügel errichtet, bleibt in der Tradition der Landschaft. An ein kurzes Schiff unter steilem Satteldach schließt sich der Chorturm an. Im Inneren ein gotisierendes Netzgewölbe.

Schatzalp: 200 m über dem Platz und v. dort durch eine Standseilbahn erreichbar, liegt das ehem. Sanatorium Schatzalp, heute ein Berghotel. Es wurde 1899/1900 nach Plänen der Architekten Otto Pfleghard und Max Häfeli als einer der ersten großen Eisenbetonbauten der Schweiz errichtet. Von diesen Architekten stammt auch die reiche Sgraffitodekoration in Jugendstilformen. – Ein großes *Alpinum* zeigt viele Alpenpflanzen.

Sertig-Dörfli (8 km s): Am Ende des Sertig-Tals vor der imposanten Kulisse der Ducangruppe liegt die kleine Walsersiedlung. Die *ref. Kirche* ist eine Chorturmanlage.

Wolfgang (3 km nö): Auf dem 1631 m hoch gelegenen Paß soll einmal eine *Wolfgangkapelle* gestanden haben. – Im *Hotel Kulm* weilte 1870 und 1871 Conrad Ferdinand Meyer für Studien zu seinem Jenatsch-Roman (Gedenktafel). An der Fassade stellen Sgraffiti eine Wolfsjagd dar. – Im Park der dt. *Hochgebirgsklinik*, in der im 1. Weltkrieg lungenkranke dt. Soldaten interniert waren, liegt ein Soldatenfriedhof. In der dortigen Kapelle findet sich ein Gedenkstein für den Gründer der Klinik, Konsul Hermann Burchhard. Ein Brunnen mit einem Zweitguß des Wolfs v. Gian Pedretti steht vor dem nach S ausgerichteten, breit ausladenden Bau v. 1901. Im Inneren befindet sich eine Büste des Geheimrats Dr. Friedrich Jessen, den Thomas Mann als Hofrat Behrens in seinem »Zauberberg« verewigt hat.

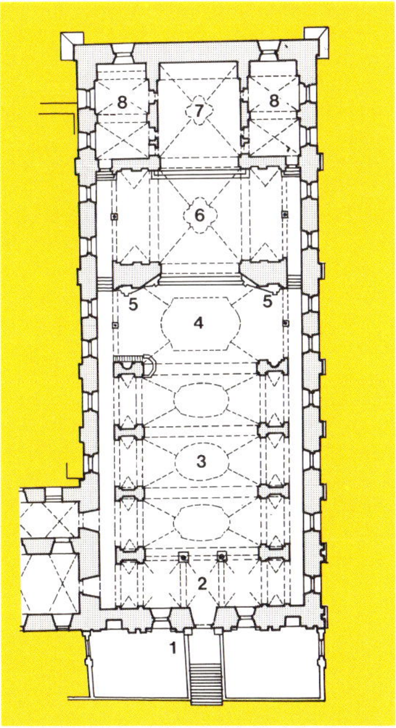

Disentis, St. Martin, Benediktaltar

Disentis, Klosterkirche St. Martin **1** Zweiturmfassade **2** Vorjoch **3** Langhaus **4** Querhaus **5** Abgeschrägte Chorbogenpfeiler **6** Vorchor **7** Altarjoch **8** Sakristeien

CH-7180 Disentis/Mustér Bez. Vorderrhein		
Einw.: 3500	Höhe: 1133 m	S. 252 □ B 3

Benediktinerkloster St. Martin: Die Abtei ist das älteste in der Schweiz bestehende Benediktinerkloster und die wichtigste in Graubünden. Mit ihren 2 Kuppeltürmen beherrscht sie das Tal. – Wohl um 700 hatte sich der hl. Sigisbert aus dem Kloster Luxeuil in den Vogesen als Eremit in die Wildnis (Desertina = Disentis) des Hochtals zurückgezogen (Fundamentreste einer bis auf diese Zeit zurückgehenden halbkreisförmigen Apsis wurden 1895 ausgegraben). Neben anderen Asketen schloß sich ihm auch der vornehme Räter Placidus an; der Überlieferung nach wurde er an der Stelle der heutigen Placiduskapelle ermordet. Über den Gräbern der beiden Heiligen wurde um 750 durch den Churer Bischof das Kloster gegründet. Nach der Zerstörung durch die Sarazenen 940 fand der Wiederaufbau des Klosters mit der Unterstützung der Sachsenkaiser statt; durch ihr Interesse an einem gesicherten Lukmanierpaß konnte sich die Abtei vom einfachen Rodungskloster zu einem reichsunmittelbaren Klosterstaat entwickeln, dessen Einflußbereich sich zeitweise bis nach Oberitalien erstreckte. In der Gegenreformation spielte das Kloster unter den Äbten Christian v. Castelburg (1566–84) und bes. unter Augustin Stöcklin (1634–41) eine große Rolle. In der 2. Hälfte des 17. Jh. wurde mit der Planung der barocken Neuanlage begonnen, der 1799 v. den Franzosen gelegte Brand und eine Feuersbrunst 1846 fügten ihr schwere Schäden zu.

Klosterkirche St. Martin: Wohl nach Plänen des Vorarlberger Baumeisters Kaspar Moosbrugger erstand der Neubau unter Abt Adalbert III. de Funs (1696–1712); der

Rohbau war 1704 vollendet. Der geschlossene, v. Lisenen gegliederte Rechteckbau in S-N-Richtung nimmt die O-Seite des breitrechteckigen Klostergevierts ein. Die dem Tal zugewandte Zweiturmfassade wird durch toskanische Pilaster und Gesimse gegliedert; ein Säulenportal mit offenem Segmentgiebel und die sich erst nach 2 Geschossen v. der Fassade lösenden Türme mit welschen Hauben sind weitere Merkmale des Äußeren. Im Inneren weist der Bau die charakteristischen Merkmale der Vorarlberger Schule auf: eingezogene Streben mit dazwischenliegenden Kapellen und offene Emporen. Nur in den kreuzgewölbten Seitenkapellen haben sich aus der Bauzeit 8 einfarbige Medaillons v. Francesco Antonio Giorgioli erhalten, Chor und Schiff zeigen moderne Gemälde v. Fritz Kunz v. 1914 bzw. 1925. Von den alten Wessobrunner Stukkaturen sind die Kompositkapitelle und Gebälkstücke der Wandpfeiler, die Verkündigungsgruppe am Chorbogen, die Ranken über den oberen Fenstern und die gesamte Dekoration der Kapellen erhalten. Der frühbarocke Hochaltar mit einer Kreuzabnahme des Johannes Selpelius entstand 1655 in Deggendorf in Bayern; er wurde 1888 für D. erworben. Der Placidus- und der Benediktaltar l und r am Chorbogen stammen aus der Werkstatt des Johannes Ritz. Die Altäre in den beiden Seitenkapellen neben dem Querschiff kommen aus der alten Kirche, den wertvollen *Michaelsaltar* r, auch Castelbergscher Votivaltar genannt, ein bes. reiches Werk der Frührenaissance, hat Sebastian v. Castelberg 1572 gestiftet, die Bilder malten Moritz und Jörg Frosch nach Stichen v. Dürer und Aldegrever. Als Gegenstück wurde 1652 der Katharinenaltar l geschaffen. Von den übrigen Altären ist die Pietà (2. Hälfte 14. Jh.) in dem Stuckaltar (1735) des Francesco Solari zu erwähnen. Die Régence-Chorgitter sind das Werk des Disentiser Bruders Josef Bäz († 1737), dem als Vorbild das Gitter v. Einsiedeln diente. Die frühbarocke Kanzel mit gewundenen Säulen und Nischenfiguren der Evangelisten schuf Bruder Peter Soler 1717. *Klostergebäude:* Den S-Flügel und den w Querflügel ließ Abt Adalbert II. de Medell 1683–95 neu erbauen, den Neubau der Marienkirche im NO-Flügel und des W-Flügels leitete August Hardegger 1895–99, der NW-Trakt wurde 1937–40 v. Walther Sulser errichtet. Äußerlich entspricht so die heutige Anlage, 2 aneinandergereihte Gevierte, den urspr. barocken Plänen des Kaspar Moosbrugger. Bemerkenswert sind u.a. die Marienkirche, in der die 3 Apsiden der frühmittelalterlichen Marienkirche als Krypta einbezogen sind und die ein beachtliches

Disentis, Marienkirche, modernes Tabernakel

modernes Tabernakel mit Dreifaltigkeit und Christi Himmelfahrt des Josef Nauer enthält; die längs der Klosterkirche angelegte Rosenkranzstiege, eine Nachahmung der Scala regia im Vatikanischen Palast in Rom, und der Kapitelsaal.
Klostermuseum: Hier sind die zahlreichen figuralen und ornamentalen, z.T. farbig bemalten Stuckfragmente aus dem 7.–8.Jh., die im Schutt des Klosterhofs gefunden wurden und die zu den ältesten Zeugnissen dieser Art in der Schweiz gehören, aufbewahrt. Ferner ma Plastik aus Graubünden und zahlreiche Bildwerke der Spätgotik, eine bemerkenswerte Textiliensammlung und volkskundliche Geräte.

Kath. Pfarrkirche St. Johannes Baptist: Die Kirche ist eine der größten Barockkirchen Graubündens, über älterem Kern 1640–43 neu erbaut, und besteht aus einem dreijochigen, nach SW gerichteten Schiff mit Seitenkapellen, einem eingezogenen, v. Streben eingefaßten polygonalen Chor und einem im Kern möglicherweise auf das 11.Jh. zurückgehenden Turm, der 1667 barockisiert wurde und seine Zwiebelkuppel wohl erst nach der Brandschatzung durch die Franzosen 1799 erhielt. Im v. einer Tonne überwölbten Inneren werden die Wände durch Pilaster und Gebälk gegliedert, im Chor v. nachgot. Maßwerkfenstern unterbrochen. Die barocken Stukkaturen über den Kapelleneingängen und die Verkündigungsgruppe über dem Chorbogen stammen aus der Bauzeit. In der N-Kapelle steht das herausragende Kunstwerk der Kirche, der *spätgot. Flügelaltar* des Memminger Bildhauers Ivo Strigel (1430–1516) v. 1489. Im Schrein ist die Muttergottes mit den hll. Sebastian und Johannes, Magdalena und Petrus dargestellt, auf den Flügeln l die hll. Katharina und Ursula, r Barbara und Margareta, in der Predella Christus und die Apostel. Die Malereien der Rückseiten werden seinem Sohn Bernhard Strigel zugeschrieben; sie zeigen auf den Flügeln Heiligenpaare und auf dem Schrein das Jüngste Gericht.

Kapelle St. Placidus: Der Überlieferung nach wurde die Kapelle am O-Rand des Dorfes im 8.–9.Jh. an der Stelle des Martyriums des hl. Placidus gegr.; Grabungen 1923 erbrachten den Nachweis einer karol. Saalkirche mit halbrunder, gerade hintermauerter Apsis. Den barocken Neubau führte 1655 Domenico Barbieri aus Roveredo durch, eine nach N gerichtete Anlage mit eingezogenem Chor und niedrigem Chorscheitelturm. Innen und außen werden die Wände mit Blendarkaden gegliedert, im Inneren erheben sich darüber ein durch-

Disentis, St. Johannes Baptist

laufendes Gebälk und ein Kreuzgewölbe. Die Malereien in den flachen Nischen stammen aus der Zeit vor 1690 und zeigen die Enthauptung des hl. Placidus und den Sturz des für seine Ermordung verantwortlichen Landesherrn Victor v. der Rheinbrükke.

Kapelle St. Agatha: Im 12. Jh. wurde die oberhalb des Rheins am alten Weg ins Medel-Tal liegende Kapelle erbaut; ein Umbau fand 1420 statt, neue S-Fenster erhielt die Kapelle im 17. Jh. Der ungegliederte Rechteckbau besitzt 3 gerade hintermauerte Rundbogennischen in der Art der karol. Dreiapsidensäle. Der N-Turm erhielt wahrscheinlich zur Zeit des Umbaus sein Glokkengeschoß mit Rundbogenfenstern und das Zeltdach. An der reichen *Ausmalung* waren verschiedene Maler beteiligt: Als Konstanzer Werk der Zeit um 1430–40 sind die schlecht erhaltenen Szenen aus dem Leben der hl. Agatha an der N-Wand anzusehen; Gemälde der Lombarden Cristoforo und Nicolao da Seregno aus der Mitte des 15. Jh. sind u. a. die Majestas Domini in der mittleren und die Krönung Mariens in der rechten Apsis sowie eine hl. Agatha, die große Epiphaniedarstellung und eine Schutzmantelmadonna an der S-Wand; die Verkündigung in der linken Apsis hat Hans Jakob Greutter um 1616 geschaffen; Reste über den Bildern der N-Wand gehen auf Jakob v. Somvix v. 1707 zurück. Der urspr. Hauptaltar, der heute an der S-Wand aufgestellte Renaissanceflügelaltar, ist ein Werk des Hans Jakob Greutter v. 1616.

Domat-Ems, St. Johann Baptist

Umgebung

Acletta (1,5 km w): Mit dem Bau der barokken, v. Pilastern und Gesimsen gegliederten *Kapelle St. Maria* wurde vermutlich 1635 begonnen, 1670 war das zweijochige Schiff mit 2 ö Seitenkapellen und leicht eingezogenem Chorquadrat sowie offenem Dachreiter vollendet. Im Inneren gute Stukkaturen ital. Gepräges aus der Zeit um 1670 und Wandmalereien mit den Kirchenvätern, Evangelisten und Szenen aus dem Marienleben v. Johann Jakob Rieg v. 1731. Sehenswert ist bes. der dreiteilige Hochaltar, urspr. um 1670 geschaffen und um 1760–70 mit Rokokodekor versehen. Das Altarbild des Carlo Francesco Nuvolone aus der Zeit um 1655 stellt die Immaculata Conceptio nach Murillo dar, es gehört zu den bedeutendsten Barockbildern Graubündens. Das Aufsatzgemälde und die seitlichen Altarblätter sind dem Vorgängeraltar v. 1657 entnommen. Die Rokokokanzel (um 1760) besteht aus rundem Korpus mit gebauchtem Fuß, geschweifter Rückwand und Schalldeckel mit Voluten und Trompetenengel. Das Chorgestühl entstand um 1670.
Disla (2 km nö): 1716 wurde die *Kapelle St. Luzius,* ein charakteristischer Zentralbau des Vorderrheintals, geweiht. An das oktogonale, mit Lisenen gegliederte Schiff schließt sich ein rechteckiger, innen dreiseitig geschlossener Chor mit in der Achse angebauter Sakristei an, überdeckt v. einem einheitlichen Kuppeldach mit offenem Dachreiter. Das Innere wurde 1695 v. Johann Christoph Guserer ausgemalt, der Altar stammt aus der Mitte des 17. Jh.
St. Benedikt (9 km nö): Die kleine malerische *Kapelle St. Benedikt* (Sogn Benedetg) wurde, wie Ausgrabungen bestätigen, wohl vor 1000 gegr. und in der 2. Hälfte des 13. Jh. neu erbaut, der ausladende Chor 1522 erneuert. Das Schiff wird v. einer barocken Holztonne überdeckt, der Chor v. einem Sterngewölbe auf Konsolen. An der N-Wand ist eine oberital. Darstellung des

Jüngsten Gerichts aus der Zeit um 1430–40 zu finden, an der S-Wand Fragmente einer Anbetung der Könige aus der Mitte des 15. Jh. Der Altar entstand um 1670, die spätgot. Figuren der hll. Sebastian und Rochus sind in das frühe 16. Jh. zu datieren.

Somvix (7 km nö): Die *kath. Pfarrkirche St. Johannes Baptist* ist ein barocker Neubau v. 1633 mit Turm v. 1670; sie wurde nach einem Brand 1785 erneuert und mit ö Seitenkapellen versehen, 1938 im W neugestaltet und in den Fenstern verändert. Rokokokanzel und Altäre entstanden um 1785, der als Reliquienvitrine ausgebildete Rokoko-Altar der N-Kapelle enthält 2 spätgot. Büstenreliquiare aus der Zeit um 1500. – Das *Maissen-Haus* (Nr. 20) wurde 1570 für den Landrichter Gilli Maissen erbaut und zeigt ländliche Fassadenmalereien, u. a. die hll. Martin, Michael und Georg, und Dekorationen v. Ende des 16. Jh.

CH-7013 Domat-Ems Bez. Imboden		
Einw.: 6200	Höhe: 584 m	S. 252 □ D2

Diluviale Ablagerungen haben zu den für die Gegend typischen kegelförmigen Hügeln geführt, die als Tumma oder Tomma bekannt sind. Hier wurden Funde aus der Bronze- und Römerzeit gemacht. Ems wird als *Amede* bereits 765 urkundlich erwähnt. Das Doppeldorf entwickelt sich heute immer mehr zum industriellen Vorort von Chur.

Alte kath. Pfarrkirche St. Johann Baptist: Auf einem zwischen Dorfkern und Rhein gelegenen Geschiebekegel entstand schon in der 1. Hälfte des 12. Jh. ein Wehrturm, der gleichzeitig als Glockenturm der dortigen Kirche diente. 1504–15 wurden Chor und Schiff der Kirche neu gebaut, auf dem Fundament des Berings entstand 1703 eine offene Vorhalle (F). Der untere, mit Schießscharten versehene Turm (A) ist roman. Ursprungs, der Aufbau mit Wimpergen und Spitzhelm spätgot. Durch den Turm führt der tonnenüberwölbte Durchgang zur Kirche. An das rechteckige Langhaus (B) schließt sich ein erhöhter, polygonaler O-Chor (C) an. Über dem Schiff liegt ein vierjochiges, über dem Chor ein zweijochiges Rautengewölbe. Mit Ausnahme des Stichbogenfensters in der N-Seite des Chors (8) sind alle Fenster (9) spitzbogig. Das einheitliche Satteldach ist über dem Chor abgewalmt und trägt einen Dachreiter. Außer dem W-Portal (1) des Turms führt noch die sog. Juxerpforte (2) in die Kirche. Unter

Domat-Ems, alte kath. Pfarrkirche St. Johann Baptist mit ihren Kapellen **I** Kirche St. Johann Baptist **II** Kapelle der schmerzhaften Muttergottes **III** Heiliggrab-Kapelle **IV** Beinhaus **A** Turm **B** Langhaus **C** Chor **D** Schiff **E** Chörlein **F** Vorhalle **1** W-Portal **2** sog. Juxerpforte **3** s Seitenaltar **4** Hochaltar **5** Treppe zur tiefer liegenden Sakristei, sog. Krypta **6** n Seitenaltar **7** Kanzel **8** Stichbogenfenster **9** Spitzbogenfenster

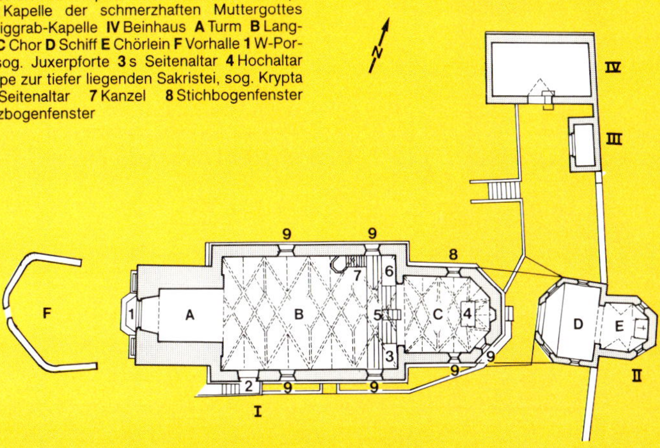

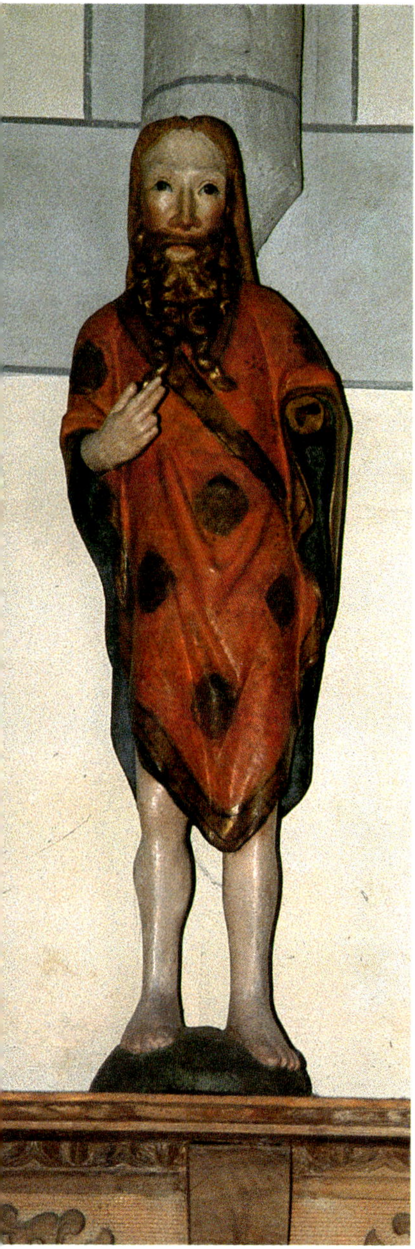

dem Chor liegt eine als Krypta bezeichnete Sakristei, zu der eine Mitteltreppe (5) herabführt.

Der *Hochaltar* (4) ist ein spätgot. Flügelaltar, der auf einem barocken Sockel steht. Sein viereckiger, in der Mitte erhöhter Schrein ist oben mit geschnitztem Laubwerk ausgefüllt. Auf gestuftem Postament stehen die Statuen v. Johannes d.T. in der Mitte und die der hll. Florinus und Katharina (l) sowie Urban und Dorothea (r). Die Reliefbilder auf der Innenseite der Flügel stellen Christi Taufe und die Enthauptung des Johannes dar. Die Rückseiten des Schreins und der Flügel sind bemalt. Im Gesprenge stehen die Figuren v. Anna selbdritt zwischen den hll. Petrus und Franziskus. Die Schnitzarbeiten werden der Werkstatt v. Syrlin d.J. zugeschrieben. Die beiden frühbarocken *Ädikula-Altäre* (3 und 6) sind der Maria und der Dreifaltigkeit geweiht. In der Sockelnische des s (3) liegt ein spätgot. Grabchristus.

Die *Kanzel* mit Schalldeckel (7) ist mit 1676 datiert. Am Chorbogen hängt ein spätgot. *Kruzifixus*. Auf dem Chorgestühl steht eine roman. (12. Jh.) *Holzplastik Johannes d. T.*

Die *Kapellen* (II und III) und das Beinhaus (IV) stammen vom Ende des 17. Jh. Die ausdrucksvolle Heiliggrab-Gruppe im Beinhaus ist die Arbeit eines einheimischen Schnitzers v. Beginn des 14. Jh.

Kath. Pfarrkirche St. Mariä Himmelfahrt: Die spätbarocke Kirche erbaute 1730–38 Giovanni Battista Berna als kapellenloses Längsschiff mit wenig eingezogenem, polygonalem Chor im NO und einem an der N-Seite des Schiffs stehenden Turm. Die Wände sind durch Streben gegliedert. Licht fällt durch Ochsenaugen und Lünetten in der Gewölbezone. Die Fassade wird durch Gesimse und Pilaster in 2 Reihen zu je 4 Feldern gegliedert. Vor dem stichbogigen Portal steht eine Vorhalle. Der Turm mit geschweiften Blenden und einem mit Lisenen besetzten Glockengeschoß trägt eine zwiebelförmige Haube mit Laterne. Ein spätgot. Auferstehungschristus (um 1510) wird in der Sakristei verwahrt.

Ref. Kirche: Als übereck gestellten Kubus

◁ *Domat-Ems, St. Johann Baptist, Johannes*

mit danebenstehendem Glockenturm errichtete Thomas Domenik 1965 diese moderne Kirche.

Tuma Casti: Am W-Rand des Dorfs finden sich auf einem Hügel Reste eines ma Berings, der zu einer wohl um 1250 erbauten und im 15. Jh. verlassenen *Burg* gehörte. Auch eine Zisterne wurde aufgefunden. – Im O des Burgbezirks steht die 1725 gebaute *Antoniuskapelle.* – Die am O-Fuß des Hügels stehende *Peterskapelle* war die erste Pfarrkirche. Sie stammt noch aus karol. Zeit (um 800), wurde aber später umgebaut. Das rechteckige Schiff schließt mit einer hufeisenförmigen, aber gerade hintermauerten Apsis. Fenster und Lünette stammen v. 1698. An der W-Seite des Satteldachs steht ein kleiner Turm mit achteckigem Obergeschoß und Zeltdach. Die Wandmalereien im Inneren stammen v. Fridolin Eggert (1698), die Holzstatuetten datieren z. T. aus dem 14. und 16. Jh.

F

CH-7477 Filisur Bez. Albula		
Einw.: 400	Höhe: 1084 m	S. 254 □ E 3

Funde aus der Bronzezeit belegen eine frühe Besiedlung des Orts. Das malerische Dorf wurde im 19. Jh. zum Knotenpunkt der Rhätischen Bahn.

Ref. Kirche: Ehe sich F. 1496 v. der Pfarrei Bergün löste, vergrößerte es seine ma Kirche durch Verlängerung des Schiffs, Neubau des Chors und Errichtung eines Turms. 1495 wurde die Kirche St. Martin und Luzius geweiht, 1590 wurde sie ref. Außer der Einwölbung des Schiffs wurden später nur Renovierungen, aber keine größeren Umbauten durchgeführt.

Filisur, Blick auf Dorf und Kirche

An das v. einem zweijochigen Kreuzgewölbe überdeckte Langhaus schließt sich im SO ein eingezogener polygonaler Chor mit Netzgewölbe an. Das gemeinsame, gebrochene Satteldach ist über dem Chor abgewalmt. Der *Turm* steht n des Chors, er trägt einen spitzen, gebrochenen Helm. Portal und Fenster sind spitzbogig. In der N-Wand des Chors liegt eine *Sakramentsnische.* Die *Kanzel* mit einfacher Reliefschnitzerei und Schalldeckel stammt v. 1746.

Wandmalereien eines ital. Meisters (um 1500) wurden 1956 freigelegt. Sie zeigen am Chorbogen eine Verkündigung, darüber Gottvater und den Hl. Geist in Taubengestalt, l unten Christi Taufe und r unten den Schmerzensmann; an der S-Wand sind die hll. Sebastian und Barbara sowie der Blut schwitzende Christus am Ölberg dargestellt.

Flims, Schlössli

Trin (Flims), Dorf mit Burg

Viele der giebelständigen **Häuser** stammen aus dem 17. und 18. Jh. Mit ihren rundbogigen Toreinfahrten, tiefliegenden Fenstern und Erkern, ihren Fassadenmalereien, Sgraffiti und schmiedeeisernen Korbgittern erinnern sie an die Häuser des Engadins. Sehenswert sind v.a. *Nr. 16, 19, 29, 49* und *92*.

Ruine Greifenstein: Im N und oberhalb v. F. liegt eine ausgedehnte Burganlage, die im ausgehenden 12. Jh. als Sitz der Herren v. Greifenstein gebaut worden war. Sie wechselte oft den Besitzer, wurde 1394 v. Bischof Hartmann erobert und wieder verpfändet, bis sie 1537 v. den Vögten verlassen wurde und verfiel. Reste eines auf hohem Felsen stehenden Turms und eines darunterliegenden Wohntrakts, in dessen Mauern sich auch eine Kapelle mit aus dem Fels gehauener Apsis nachweisen läßt, sind erhalten, außerdem Spuren einer Vorburg.

Außerdem sehenswert: Im NW v. F. überquert die Trasse der Rhätischen Bahn das Landwasser auf einem 90 m hohen, nur aus Bruchstein gemauerten *Viadukt*. – Das *Gemeindehaus* erbaute 1975/76 R. Obrist.

CH-7017 Flims-Dorf Bez. Imboden		
Einw.: 2130	Höhe: 1070 m	S. 252 □ D2

Ref. Kirche: Die Kirche findet im 9. Jh. als Besitz des Klosters Pfäfers Erwähnung, den Neubau leitete 1512 Andreas Bühler. Die unteren Geschosse des W-Turms sind roman., er wurde 1704 barock erhöht und erhielt seine doppelte Zwiebelhaube wahrscheinlich im Jahre 1779. Die Kanzel (1645) schmücken Intarsien und Reliefschnitzereien, der Schalldeckel ist 1705 datiert.

Schlössli: Der geschlossene, viergeschossige Bau mit w Wohnturm und einem s angefügten, ummauerten Garten, heute Gemeindehaus, wurde 1682 für Joh. Gaudenz von Capol errichtet; das Obergeschoß ließ man um

1730 ausbauen, n Anbau und s Giebel stammen aus dem 19. Jh. Erdgeschoß und 1. Stock zeigen gewölbte Korridore aus der Bauzeit und z. T. barocke Ausstattung, der 2. Stock wurde für Capols Schwiegersohn Herkules Dietrich v. Salis-Seewis in Formen des Rokoko gestaltet.

Umgebung

Trin (7 km ö): Unter Einbeziehung älterer Teile entstand 1491 die *ref. Kirche* als einheitlicher spätgot. Bau neu. Den Chor schmückt ein vielfältiges Netzrippengewölbe, das Gewölbe des Schiffs ist in etwas einfacheren Formen gestaltet. Die Kanzel (um 1680) zeichnet sich durch feine Reliefschnitzereien aus. – Auf Crap Sogn Parcazi, einem steilen Felsen w des Dorfes, liegt die *ehem. Kirchenburg Hohentrins,* um 750 angeblich v. Pippin III., dem Sohn Karl Martells, gegr. Nach einem Brand 1470 in Verfall geraten, wurde sie 1931 ausgegraben und ist seit 1964 in ihrem Bestand gesichert. Die Fundamente der ersten Pankratiuskirche stammen vielleicht aus der Zeit um 500, darüber erhob sich ein etwas größerer, vermutlich vorroman. Bau. Im S und W hatten Wehr- und Wohnbauten ihren Platz, im N die Zisterne. – Der viereckige *Wehrturm* wohl des 12. Jh. auf dem Hügel Canaschal diente als Vorwerk der Burg Hohentrins; er war einst mit einem zweiten Turm, der nicht erhalten ist, an der O-Seite des Hügels verbunden.

G

CH-6537 Grono

Bez. Moësa

Einw.: 830	Höhe: 332 m	S. 256 □ C5

Kath. Pfarrkirche S. Clemente: 1219 erwähnt und urspr. roman. Heute bestimmen weitgehend die barocken Veränderungen des 17. Jh. den Bau: Der Chor wurde nach 1633 neu errichtet (ein Mauerrest des Vorgängerbaus blieb an der N-Seite sichtbar), das Schiff 1666 erhöht und verlängert, der roman. Turm mit Blendnischen und Rundbogenfriesen in 3 Geschossen erhielt barokke Schallöffnungen und ein Zeltdach. Die s Außenwand weist noch Reste *spätgot. Wandmalerei* auf; das Gemälde mit Sonnenuhr und Sensenmann mit Sanduhr an der Fassade entstand im 18. Jh. Im späten 17. Jh. wurden die bemalte Balkendecke im Schiff und die Deckengemälde in den barocken Stuckfeldern des Chortonnengewölbes geschaffen. Sie zeigen neben Evangelisten und Kirchenlehrern im Mittelbild die Verklärung des hl. Klemens mit den hll. Franziskus und Filippo Neri. Die 3 Rokoko-Altäre v. Ende des 18. Jh. wurden aus farbigem Marmor gestaltet, der Hochaltar enthält ein Gemälde der Immaculata aus der Zeit um 1685.

Kapelle SS. Rocco e Sebastiano: Die Kapelle der hll. Rochus und Sebastian am malerischen Dorfplatz wurde 1615 v. Pietro Zaffo und Pietro Maffe unter Einbeziehung des Chors der Vorgängerkapelle S. Bernadino erbaut; die Sakristei am Chorabschluß entstand 1690, das Innere wurde 1715 neu ausgestattet. Deckengemälde und Gemälde am Chorbogen sowie die Bilder im stuckierten Hochaltar stammen ziemlich sicher v. Johann Balthasar Steiner; die Darstellung des hl. Felix v. Cantalice an der S-Wand trägt Steiners Signatur.

Palazzo Togni: In dem großen Herrschaftsbau v. 1721 befinden sich sehenswerte Stuckdecken mit dekorativem Rahmenwerk, mit Nixen, Putten und mythologischen Szenen. Der Saal des Obergeschosses zeigt ein gemaltes Deckenfeld mit Josef und

Potifar sowie Eckmedaillons. Heute ist hier das Kulturzentrum des Misox untergebracht.

Torre Fiorenzana: Der fünfgeschossige Turm mit Satteldach und Zinnenbekrönung war vermutlich urspr. Sitz der Herren v. G., seit 1314 im Besitz der Herren v. Sax.

Außerdem sehenswert: Die *Kapelle S. Girolamo* am S-Rand des Dorfes wurde 1605 erbaut und vermutlich im frühen 18. Jh. vergrößert; aus dieser Zeit stammen auch die Stukkaturen. – *Casa di Sacco,* um 1660 erbaut, *Casa Schenoni* v. 1710.

Umgebung

Arvigo (9 km nw): Die 1453 genannte und im 17. Jh. umgestaltete *kath. Pfarrkirche S. Lorenzo* besteht aus dem nach N gerichteten Schiff mit querrechteckigem Chor und einem W-Turm mit erneuertem Zeltdach. Der kreuzgratgewölbte Chor ist mit Stukkaturen und ausgemalten Kartuschen aus der Zeit um 1656 geschmückt, die Kassettendecke im Schiff ist neu. Die Gemälde der Kreuzigung und der Muttergottes mit Heiligen über den Seitenaltären malte Mathis Chefeler 1635. – Südlich unterhalb der Kirche steht die barocke *Kapelle Madonna Addolorata* v. 1700.
Buseno (5 km nw): Den Außenbau der v. Giuseppe Pelini 1776 umgebauten *kath. Pfarrkirche SS. Pietro e Antonio Abate,* einer kreuzförmig angelegten Barockkirche, charakterisieren Pilaster und ein Turm mit Zeltdach. Merkmale des Inneren sind die Kolossalordnung und das reich verkröpfte Gebälk; das Schiff ist kreuzgewölbt, den Chor überspannt eine Pendentifkuppel, und die Seitenkapellen zeigen Quertonnen. – Die barocke *Kapelle S. Carlo Borromeo* v. 1630 besitzt ein Gemälde des Mathis Chefeler aus der Zeit um 1635.
Cama (3 km nö): Die nach W gerichtete barocke *kath. Pfarrkirche S. Maurizio* wurde wahrscheinlich vor 1611 neu erbaut (Chor) bzw. vergrößert (Schiff), die Seitenkapelle und der Turm mit 2 Glockengeschossen und achtseitigem Aufbau mit Pyramidenhelm entstanden um 1656–62, die Schiffsgewölbe um 1860. Der dreiteilige Hochaltar aus Stuck (um 1660–70) ist mit einem Segmentgiebel bekrönt, die Ädikulafigur stellt den hl. Luzius dar, begleitet v. den hll. Franziskus und Antonius.
Cauco (12 km n): Das Langhaus der *kath. Pfarrkirche S. Antonio Abate* aus dem 15. Jh. mit flacher Decke und großen Seitenkapellen wurde in der 1. Hälfte des 17. Jh. verlängert, der hohe N-Turm entstand 1683. Im Chor mit Hängekuppel findet man ein tempelförmiges Tabernakel und eine Kreuzigungsgruppe aus der Zeit um 1660, in der n Kapelle eine süddt. Statue der Muttergottes aus dem 17. Jh. und in der s Kapelle eine Kreuzigungsdarstellung des Martinus Gerinus v. 1654. – Im Weiler *Lasciallo* steht die um 1620 errichtete barocke *Kapelle S. Antonio di Padova,* deren Chor sich durch reichen Stuck am Gewölbe und den mit 4 Säulen und der Figur des hl. Antonius ausgestatteten Altar auszeichnet, beides datiert aus der Zeit um 1660–70.
Leggia (2 km nö): Der Neubau der *kath. Pfarrkirche SS. Bernardo e Antonio* wurde 1513 geweiht und 1610 umgestaltet, die Gewölbe entstanden wohl nach 1686. Das Kreuzgewölbe des Chores ist mit barocken Stukkaturen und Darstellungen v. Evangelisten geschmückt; die Stuckkartuschen mit Grisaillen an den Längswänden schuf Francesco Antonio Giorgioli 1686. Ungefähr aus der gleichen Zeit stammen auch die guten Stuckaltäre mit Säulen und gesprengten Segmentgiebeln. – Die Fenster der 1219 erwähnten ma Kapelle S. Remigio hat man an der ö Bergflanke im 17. Jh. erneuert, damals wurden auch die Eckquader gemalt. Im Altarschrein (Mitte 17. Jh.) befindet sich ein Gemälde der Taufe Chlodwigs durch den hl. Remigius.
Rossa (17 km n): Das hübsche Dorf besitzt in beherrschender Lage eine *kath. Pfarrkirche S. Bernardo,* deren Neubau schon kurz nach der Weihe v. 1656 erneut umgebaut wurde (1682–84) und 1693 die Vorhalle erhielt. Aus der Zeit des Umbaus datieren auch die Glockengeschosse und das Zeltdach des N-Turms. Die Kirche ist kreuzgewölbt, das Chorgewölbe mit Stukkaturen (1685) des Pietro Giuliani überzogen; er schuf wahrscheinlich zur gleichen Zeit auch das Rosenkranzgemälde des Hochaltars. Dieser sowie auch die Seitenaltäre sind einheitlich aus Stuck gestaltet. Vom Kirchenschatz ist eine klassizistische Münchner Monstranz des Peter Steissel († 1813) zu

Grono, SS. Rocco e Sebastiano (l), Torre Fiorenzana (r)

nennen. – In der 1684–91 neu erbauten *Kapelle S. Carlo* findet sich über dem Choraltar ein Gemälde der Muttergottes des Francesco Antonio Giorgioli aus der Zeit um 1685. – Weitere barocke Kapellen gegen das Ende des Calancatals zu sind die *Kapelle S. Maria Maddalena al Calvario,* die 1691 geweiht wurde, und im schon nicht mehr ganzjährig bewohnten *Valbella* (3 km n v. Rossa) die *Kapelle S. Maria della Neve* aus der Zeit um 1683.

Santa Domenica (14 km n): Vom 1414 geweihten Vorgängerbau der *kath. Pfarrkirche S. Domenica* ist als Sakristei der urspr. Chor erhalten, auch der W-Turm daneben ist in seinen unteren Teilen noch ma. Der nach N gerichtete Neubau mit eingezogenem Rechteckchor entstand 1664–71. Im Schiff gliedern die Wandvorlagen Kapellen aus, über dem umlaufenden Gebälk erhebt sich ein Tonnengewölbe. Der ebenfalls tonnengewölbte Chor ist mit Stukkaturen und Deckenmedaillons geschmückt; die Schilderungen der Evangelisten und der Dreifaltigkeit dürfte Francesco Antonio Giorgioli 1676 gemalt haben. Die Kapellennischen sind mit vorzüglichen Stukkaturen des Giovanni Broggio v. 1674–79 geschmückt. Den als Ädikula aufgebauten Hochaltar v. 1679 zieren reiche Schnitzereien. Den Priester- und den ehem. Levitensitz hat Francesco Antonio Giorgioli mit Kapuzinerheiligen bemalt, das Chorgestühl entstand 1681. Zur reichen Ausstattung der Kirche gehören auch die Kapellenaltäre, der Taufbrunnen v. 1582 und eine Reihe v. Gemälden des 17.–18. Jh. – Südlich des Dorfes steht die *Kapelle Madonna Addolorata* (vermutlich aus der 2. Hälfte des 17. Jh.) mit Vorhalle auf Rundpfeilern, Glockenjoch und bemalter Holzdecke im Schiff sowie einer Pietà aus der Zeit um 1700.

Selma (10 km n): Die im 16. Jh. erbaute *kath. Pfarrkirche SS. Giacomo e Pietro* wurde durch eine Lawine zerstört und als barocker Saalbau v. Giovanni Maria Regesono 1662–67 neu errichtet. Dabei erhielt auch der im Unterbau noch spätmittelalterliche Turm seine Glockengeschosse.

Verdabbio (4 km n): Die barocke Anlage der

Guarda, Haus Nr. 25

kath. Pfarrkirche S. Pietro besteht aus dem 1631–32 neu gebauten, fast quadratischen Chor, dem 1668 errichteten Langhaus und dem wohl gleichzeitigen N-Turm mit rundbogigen Schallöffnungen und Zeltdach. Das Schiff erhielt 1855 eine korbbogige Gipstonne, der Chor ist kreuzgewölbt. Vorgestellte gewundene Säulen auf halbfigurigen Atlanten und eine Draperiebekrönung über dem Gebälk charakterisieren den Hochaltar aus Stuck (frühes 18. Jh.). Taufstein (1592) mit achteckigem Holzaufbau, balusterförmiges Weihwasserbecken (1631).

CH-7545 Guarda Bez. Inn		
Einw.: 200	Höhe: 1653 m	S. 254 □ G 2

Guarda, eines der schönsten Dörfer der Schweiz, liegt hoch über dem Inntal im Unterengadin. Der 1160 erstmals aufscheinende Name *Warda* (Warte = Guarda) ist eine treffende Bezeichnung der Siedlung an der alten Durchgangsstraße. Das ausgesprochene Straßendorf hat sich sein altes, malerisches Ortsbild vortrefflich bewahrt, die ausgezeichnete stilreine Erneuerung in den Jahren 1939–45 unter der Leitung des Architekten Johann Ulrich Könz ließ es zu einer besonderen Kostbarkeit Graubündens werden. Eindrucksvoll sind die zahlreichen dekorativen Sgraffiti, die romanischen Inschriften und Sprüche und die Wappensteine der Engadiner Häuser, deren weitverbreitete Form (Wohnhaus, Scheune und Stall unter einem Dach) sich im 17. Jh. entwickelte. Kennzeichnend ist der Sulèr (Söller) hinter dem Rundbogentor, der einerseits als Durchfahrt in die Scheune, andererseits als Vorraum des Wohntraktes dient. Dieser besteht aus holzverkleideter Stüva (Wohnraum), Chadafö (Küche mit offener Feuerstelle), Chaminada (Speisekammer) und der darüberliegenden Chambra (Schlafzimmer).

Ref. Kirche: Der kreuzgewölbte Chor der 1483 errichteten Kirche wurde wahrschein-

Giarsun (Guarda), Reformierte Kirche

lich um 1494 erweitert, die gewalmte Leistendecke des Langhauses im 18. Jh. und die Fenster 1933 erneuert. In der nö Schiffsecke erhebt sich der Turm mit rundbogigen Schallfenstern und einem spitzen Helm über Wimpergen. Bei der Renovierung 1828 entstanden das Portal, die geschweifte Empore, die Bestuhlung und die Kanzel.

Bemerkenswerte Häuser: *Nr. 25,* 1717 erbaut, mit bes. reichen Sgraffiti mit Blumen- und Blattranken. – *Nr. 34,* Haus Jecklin aus dem 1. Viertel des 17. Jh., im 18. und 19. Jh. ausgebaut, mit Erdgeschoßerker, Wappen und getäfelten Stuben. – *Nr. 43* v. 1705, Sulèrportal mit gesparrten Gevierten. – *Nr. 46* mit 2 Wappensteinen und Erker. – *Nr. 47* mit Rokokobalkon. – *Nr. 50,* Sgraffitohaus vermutlich noch des 16. Jh. – *Nr. 51* v. 1646. – *Nr. 54* v. 1682 mit erneuerten Sgraffiti und Wappen. – *Nr. 55* mit aufgemalten Barockdrolerien. – *Nr. 56* v. 1728 mit bunten Fensterumrahmungen. – *Nr. 57* v. 1641 mit großflächiger Buntmalerei. – *Nr. 61* aus der 1. Hälfte des 17. Jh. – *Nr. 66,* mehrmals verändert, an der Fassade 2 Sgraffitosteinböcke v. 1577 und Rest eines spätgot. Wandgemäldes aus der Zeit um 1500. – *Nr. 67* v. 1706. – *Nr. 68* v. 1645, um 1800 ausgebaut. – *Nr. 74* v. 1706, Wappenstein und Erker mit geschnitzten Fensterrahmen. – *Nr. 79* v. 1648 mit Sgraffiti und Wappen. – *Nr. 86–87,* ein langes, 1725 erneuertes Doppelhaus mit sehr reichen und dekorativen Sgraffiti. – *Nr. 88* v. 1771 mit Architektursgraffiti. – *Nr. 94* v. 1775 mit Dekorationsmalereien.

Umgebung

Giarsun (2 km s): Das Dach des Saalbaus der *ref. Kirche* mit halbrunder, gewölbter Apsis aus dem frühen 13. Jh. wurde im 17. Jh. erhöht; r vom First entstand ein barockes Glockenjoch über der Fassade. – Das *Haus* hinter der Kirche v. 1606 ist mit schönen Sgraffiti versehen, auch am Haus *Nr. 128* sieht man Sgraffiti und Malereien. – Der prähistorische *Steinwall* oberhalb des Weilers ist 9 m hoch und 120 m lang.

Lavin (Guarda), Reformierte Kirche, außen (l), Blick vom Chor zum Schiff (r)

Lavin (4 km w): Die ungegliederte *ref. Kirche* mit eingezogenem, dreiseitig geschlossenem Chor und N-Turm (das Zeltdach ist neu) entstand um 1500; das Langhaus ist mit einer modernen Holzdecke versehen, den Chor überdeckt ein rippenloses Gewölbe mit spitzbogigen Kappen. Die den gesamten Chor überziehenden Wandmalereien wurden wahrscheinlich v. einem oberital. Maler um 1500 geschaffen: am Chorbogen Verkündigung, darunter als Altarbild l der hl. Georg mit 2 Heiligen und r der hl. Antonius Abt mit den hll. Sebastian und Barbara, an der Chorbogenlaibung Propheten, an der Innenseite die Klugen und Törichten Jungfrauen, an den Wänden über einer Apostelreihe Szenen aus dem Leben des hl. Georg, an der N-Wand Ecce-Homo, an der O-Wand das Schweißtuch der Veronika, am Gewölbe Majestas Domini mit Dreifaltigkeitssymbol, umgeben v. den Evangelistensymbolen, den Evangelisten und den 4 lat. Kirchenvätern an Schreibpulten, außerdem Engel, Wappen und Symbole der 4 Elemente. Den Abendmahlstisch mit einer Intarsienplatte schuf Töni Zanet 1667. – Die *Casa del Giardin* im W des Dorfes besitzt eine klassizistische Gartenanlage mit schmiedeeisernem Hoftor. – Das *Haus Nr. 46* v. 1722 schmücken schöne Sgraffiti und Schnitzereien. – Weitere Sgraffitodekorationen aus der 2. Hälfte des 17. Jh. sind zu sehen an den Häusern *Nr. 29, 32* und *42.*

H

Lavin (Guarda), Reformierte Kirche, Dreigesichtiger Christus als Dreifaltigkeitssymbol

CH-7032 Haldenstein Bez. Unterlandquart		
Einw.: 700	Höhe: 566 m	S. 254 □ E 2

In der Mitte des 12. Jh. hieß das Dorf noch »Lenz«, später nahm es den Namen von Burg Haldenstein an. Es wurde oft durch Brände zerstört, so 1678, 1717, 1738 und 1835; noch 1943 zerstörte ein Brand große Teile des Gemeindewalds. Haldenstein, das sogar einmal das Münzrecht besaß, war als eigene Freiherrschaft bis 1803 keinem der Drei Bünde angeschlossen. In letzter Zeit erfährt das Dorf als ruhiger Wohnort Zuzug von Chur.

Ref. Kirche: Mitte des 12. Jh. wird eine St. Gereon geweihte (Reliquienspende aus Köln?) Kirche urkundlich erwähnt. Bis auf den Turm wurde die kleine ma Kirche 1732 abgerissen und durch einen Neubau ersetzt. 1764/65 erneuerte man den Dachstuhl des abgewalmten Satteldachs, zog eine hölzerne Leistendecke ein und erhöhte den Turm um ein oktogonales Obergeschoß mit Zwiebelhaube. In den dreiseitig geschlossenen Predigtsaal fällt Licht durch je 3 Stichbogenfenster in den Längsseiten. Das Portal ist rundbogig. In einem Seitenraum der Vorhalle steht ein *spätgot. Taufstein.* Die polygonale *Kanzel* stammt wohl v. 1732.

Schloß Haldenstein: Urspr. als Residenz für Johann Jakob Castion, den französischen Gesandten bei den Drei Bünden, und Kaserne für seine Söldner 1544–48 gebaut. Gubert v. Salis-Maienfeld ließ die Anlage 1731–35 ausbauen und um einen Stock erhöhen. 1763–71 war das Schloß Sitz eines Erziehungsinstituts, des Philanthropin, dann wechselte es die Besitzer und gehört heute einer Stiftung.
Zum Rhein hin erstreckt sich eine große, zinnenbesetzte Terrassenmauer mit runden Ecktürmen. Auch die unregelmäßig rechteckige, dreistöckige Schloßanlage wird an den Ecken durch runde Treppentürme betont. Alle Geschosse des S-Trakts weisen zum großen Innenhof hin Korridore auf,

Haldenstein, Schloß, Eckturm

während in den urspr. einbündig angelegten Seitenflügeln im 2. Stock später angebaute, vorkragende Fachwerkkorridore verlaufen.
Gewölbe überspannen die Räume des Erdgeschosses und einen Saal über der s Durchfahrt. Im W-Flügel liegt ein Festsaal mit ausgezeichneten Rokokostukkaturen, im N-Flügel ist eine Decke mit Régencestukkatur versehen. Möbel, Kamine, Kachelöfen und Gemälde gehören zur Ausstattung.

Ruine Haldenstein: Auf einem mächtigen, v. der Calanda abgestürzten Felsblock erbaute man Mitte des 12. Jahrhunderts eine mächtige Burg, die um 1200 erweitert und um 1300 noch einmal vergrößert wurde. Hier saßen die Herren v. H. bis ans Ende des 14. Jh. In der Folge fiel die Feste an verschiedene Herren. Vögte verwalteten die bis 1695 bewohnte Burg. Ende des 18. Jh. zerstörten Bergstürze und Erdbeben die Anlage, v. der noch die imponierende Ruine des dreieckigen Bergfrieds, Teile der Wohntrakte und Wirtschaftsgebäude sowie der ehem. Zufahrtsrampe erhalten sind.

Ruine Grottenstein: Über der Burg H. liegt im Fels der Calanda eine Höhle, die v. einer mächtigen Mauer verschlossen war. Von dieser Frontmauer ist noch ein stattlicher Rest v. 22 m Länge und 1,7 m Stärke erhalten.

Ruine Lichtenstein: Hoch über dem Rhein, der Calanda vorgelagert, liegt ein Felskopf, der nach Funden bereits in der Jungsteinzeit besiedelt war; eine Wehrmauer der Bronzezeit und ein Ofen aus der Eisenzeit konnten festgestellt werden. 1000 Jahre lang war die Stelle dann offenbar unbesiedelt, bis man im 12. Jh. hier eine Burg baute; sie wurde im 15. Jh. verlassen und verfiel. Erhalten sind die Ruinen des Palas mit Rundbogentür, Schießscharten und Fenstern, die Zisterne und Teile des Berings.

Umgebung

Trimmis (5 km nö): Die *kath. Pfarrkirche St. Carpophorus* wird bereits vor 800 erwähnt. Der heutige Bau geht auf Neubauten im 14. Jh. zurück; er besteht aus einem Langhaus mit Kreuzgewölbe und einem eingezogenen, polygonalen Chor mit Rippengewölbe im O. Auf dem viereckigen Turm an der N-Seite des Schiffs erhebt sich ein achteckiges Obergeschoß mit Zwiebelhaube. Die Altäre sind modern. Die Kanzel (um das Jahr 1764 entstanden) ist in den Kartuschen bemalt.
Die *ref. Kirche* wird als St.-Leonhards-Kirche in der 2. Hälfte des 12. Jh. erwähnt. Im 14. Jh. wurde das Langhaus umgestaltet und der Chor angebaut; der heutige Turm mit achteckigem Aufsatz und Zwiebelhaube ist 1687 oder 1764 errichtet worden. An das flachgedeckte Langhaus schließt sich im SO ein erhöhter, polygonaler Chor ohne Einzug mit Rippengewölbe an. Die Spitzbogenfenster sind mit Maßwerk ausgefüllt. An der Chorwand Grabsteine aus dem 18. Jh.
Auf dem Gebiet der Gemeinde Trimmis liegen die Ruinen von insgesamt drei Burganlagen: *Altaspermont, Ober-Ruchenberg* und *Trimmis*. Nur von Ober-Ruchenberg sind größere, sehenswerte Ruinen des Turms und des Palas erhalten geblieben.

I

CH-7131 Igels/Degen

Bez. Glenner

Einw.: 270	Höhe: 1122 m	S. 252 □ C3

Kath. Pfarrkirche St. Mariä Himmelfahrt: Die schon 831 erwähnte, 1504 neu geweihte Kirche stellt sich als harmonischer spätgot. Bau mit einem v. Strebepfeilern umgebenen Chor und Turm an der sö Ecke des Langhauses dar. Den modernen Turmabschluß schuf Georg Berther. Vor der w Front steht ein alter, möglicherweise spätroman. Taufstein mit einer Rundschale über einem Ringwulst. Langhaus und Chor überdecken Rautengewölbe auf Runddiensten. An der s Chorwand sind 2 Wandgemälde zu unterscheiden, die thronende Muttergottes mit den hll. Luzius und Florinus und einem knienden Priester ist in einer Inschrift 1568 datiert, die Marienkrönung darüber, die Wappen Jochberg und Capol und die Darstellung des zwölfjährigen Jesus im Tempel hat Hans Jakob Greutter 1624 geschaffen.
Der 1520 datierte *spätgot. Flügelaltar* ist ein schwäbisches Werk; im kleeblattförmig geschlossenen Schrein sind nur die beiden äußersten Figuren der hll. Katharina und Ursula alt. Auf den Flügelreliefs sieht man die hll. Luzius und Barbara sowie Martin und Dorothea, in der Predella Christus und die Apostel, im Gesprenge die Muttergottes mit den hll. Mauritius und Antonius, darüber eine Kreuzigungsgruppe. Die bemalten Rückseiten stellen am Schrein Getsemani dar, an der Predella das Schweißtuch mit den hll. Luzius und Florinus, an den Flügeln Mariä Verkündigung. Die Standflügel zeigen die hll. Emerita, Agatha, Lorenz und Leonhard. Die guten Seitenaltäre aus der Werkstatt Ritz datieren aus dem frühen 18. Jh., Chorgestühl und Pietà aus der 2. Hälfte des 17. Jh. Die Kanzel entstand 1693.
Im Kirchenschatz befinden sich ein frühgot. Vortragekreuz (Mitte 14. Jh.), ein Kelch aus der Zeit um 1710–20 und Meßgewänder des 18. Jh.

Kapelle St. Sebastian: Südwestlich des Dorfes liegt die vielleicht im späten 13. Jh. errichtete Kapelle idyllisch inmitten v. Wiesen. Bei der spätgot. Umgestaltung 1494 wurden der Chor neu gebaut und das Schiff erhöht. Die W-Fassade und der eingezogene, dreiseitig geschlossene Chor zeigen Eckstreben. Der Turm an der S-Seite des Schiffs datiert aus dem 14. Jh., die Mittelstützen der gekuppelten Fenster sind got. gefast, den Abschluß bilden ein Rundbogenfries und die barocke Zwiebelhaube. Die flache Leistendecke des Langhauses ist eine Kopie nach dem Original v. 1495, der Chor zeigt ein übermaltes Rautengewölbe auf stumpfen Anfängen.
Die 3 Schnitzaltäre des Antoni Sigristen v. 1741 sind harmonisch aufeinander abgestimmt, der barocke *Hochaltar* enthält Teile eines bemerkenswerten spätgot. Schnitzaltars, laut Signatur am Sockel des Schreins ein Werk des Ivo Strigel v. 1506. Der Schrein zeigt die Muttergottes mit den hll. Johannes d. T. und Sebastian, Georg und Rochus, die Predella Christus mit den Aposteln. Im Giebel findet man die ehem. Flügel mit Reliefs der hll. Magdalena und Verena, Katharina und Barbara, an der Rückseite des Schreins eine Getsemani-Darstellung. Die Kapelle birgt ferner 5 Gemälde des Hans Jakob Greutter aus der Zeit um 1630.

Außerdem sehenswert: Das *Pfarrhaus*, 1696 erbaut, enthält im erkerartigen Türmchen des Giebels eine Kapelle mit einem kleinen Stuckaltar aus der Bauzeit. – Der barocke Neubau der *Kapelle St. Viktor* (Sogn Vetger) s des Dorfes wurde 1704 geweiht. Im Hochaltar (um 1704) befindet sich ein Gemälde in der Art des Hans Jakob Greutter aus der Zeit um 1630. Die Glocken entstanden um 1200 und in der Mitte des 14. Jh.

Umgebung

Vigens/Vignogn (2 km sw): In die Zeit um 1500 ist der spätgot. Neubau der *kath. Pfarrkirche St. Florinus* zu datieren. Eine Renovierung mit gleichzeitiger Verlängerung des Langhauses nach W und Erneuerung der Fenstermaßwerke fand 1906 statt. Der Turm an der S-Seite des eingezogenen, polygonalen Chors besitzt eine hölzerne Glockenstube und einen achteckigen Helm. Chor und Schiff der vollständig sterngewölbten Kirche sind mit Strebepfeilern versehen. Die Wandmalereien v. 1595 im Chor stellen den hl. Matthäus, die Madonna im Wolkenkranz, den Gnadenstuhl sowie die hll. Florinus, Markus und Johannes dar. Einst in der Pfarrkirche Platta stand der spätgot. Flügelaltar v. 1516 mit der Signatur des Jörg Kändel v. Biberach. Das kleeblattförmig abgeschlossene Gehäuse zeigt eine schöne vollplastische Muttergottes mit etwas steifen Relieffiguren anbetender Heiliger. Im Predellarelief sind die Halbfiguren Christi und der Apostel zu sehen. Auf den bemalten Flügelrückseiten findet man Verkündigung und Heimsuchung, auf der Predella das Schweißtuch mit den hll. Petrus und Paulus. Die Reste einer got. Holzkanzel werden seit 1967 als Ambo (Lesepult) verwendet.

CH-7206 Igis-Landquart

Bez. Unterlandquart

Einw.: 5400	Höhe: 526 m	S. 254 □ E2

Funde aus der Bronze-, Eisen- und Römerzeit sind Zeugnisse einer frühen Besiedlung. 841 wird eine Kirche in *Ovine* erwähnt, womit wohl das heutige Dorf Igis gemeint war. 1635 lag in der Nähe das Lager des Herzogs von Rohan. Nachdem 1858 mitten in der offenen Riedlandschaft an der Mündung der Landquart in den Rhein der Verschiebebahnhof Landquart gegründet worden war, entstand hier eine wachsende Industriesiedlung, die aber heute noch mit dem Dorf Igis zusammen eine Gemeinde bildet.

Ref. Kirche in Igis: Reste der karol. Kirche lassen sich nicht nachweisen. Die um 1300 erwähnte roman. Kirche wurde 1486 wahrscheinlich v. Steffan Klain vergrößert und mit einem got. Chor versehen. Um- und Anbauten stellten den heutigen Zustand her. An das Rechteckschiff schließt sich ein eingezogener, dreiseitig geschlossener O-Chor an. Über dem Schiff liegt eine flache Holzdecke, über dem Chor eine gewölbte Gipsdecke. Den Viereckturm an der N-Seite krönt ein Spitzhelm mit Wimpergen. Vor dem Portal steht eine hölzerne Vorhalle, im

Igis-Landquart, Reformierte Kirche, außen (l), Christus vor Pilatus (r)

n Anbau befindet sich der Aufgang zur Empore.
Wandmalereien in 2 übereinanderliegenden Streifen sind die Reste eines Passionszyklus aus der 1. Hälfte des 15. Jh. Die erhaltenen Bilder stellen Christus vor Pilatus, Geißelung und Dornenkrönung (oben) sowie Schutzmantelmadonna (teilweise zerstört), Kreuzigung und Grablegung (unten) dar. Ein achteckiger *Taufstein* (2. Hälfte 17. Jh.), die *Kanzel* mit Reliefschnitzereien (1681 datiert) und der Rokokoprospekt der *Orgel* (1770) ergänzen die Ausstattung.

Die meisten alten **Häuser** des Dorfs zerstörte 1863 ein Dorfbrand. Erhalten blieb das »Großhaus«, ehem. Haus zum Steinbock, heute Stiftung »Gott hilft«, mit markanter Fassade v. 1592. – Das ehem. **Schloß Salis**, 1630 gebaut, dient heute als Gemeindehaus.

Außerdem sehenswert: Auf einem exponierten Felsen über Igis liegen die Ruinen (Palas mit Bering) der im 12. Jh. erbauten *Burg Falkenstein*.

Landquart: Mit dem Wachsen des Industrieorts wurde der Neubau v. Kirchen notwendig. Otto Schäfer und Martin Rich errichteten 1908 die *kath. Kirche St. Fidelis* und 1925 die *ref. Pfarrkirche*.

Schloß Marschlins: Im O der Doppelgemeinde liegt das einzige Wasserschloß v. Graubünden. Nachdem eine aus dem 13. Jh. stammende Burganlage niedergebrannt war, entstand 1462 ein Neubau, der nach 1633 bedeutend erweitert und aufgestockt wurde. 1771 wurde die Erziehungsanstalt Philanthropin v. Haldenstein hierher verlegt. 1905 erfolgte ein letzter gründlicher Umbau. Der große Innenhof ist v. einem Rechteckbau mit runden Ecktürmen umgeben, v. denen nur der im SO vollständig rund ist, die anderen öffnen sich zum Hof hin.
Die bedeutende barocke Innenausstattung (Stuben mit kunstvoller Holztäfelung, Turmöfen, Glasgemälde, Familienbildnisse und Möbel) ist der Öffentlichkeit nicht zugänglich; das Schloß befindet sich seit 1934 in Privatbesitz.

Umgebung

Malans (3 km nö): Im N v. I.-L., jenseits der Landquart (also schon auf dem Gebiet der bünd. Herrschaft), wurde eine Siedlung aus der frühen Eisenzeit ausgegraben. In dem am S-Hang gelegenen, stattlichen Dorf wird nachweislich seit 956 Wein angebaut. – Die *ref. Kirche* (Teile des Turms stammen wohl

Igis-Landquart, Schloß Marschlins, Westfassade

noch v. einem Vorgängerbau aus dem 12. Jh.) wurde 1469 errichtet, im 17. Jh. erweitert und 1773 renoviert. Die Innenausstattung stammt v. 1920. An das v. 2 getrennten Kreuzgewölben überdeckte Langhaus schließt im O ein eingezogener, polygonaler Chor mit Rippengewölbe an; alle Gewölbekappen sind mit Rocaillestukkatur versehen. Die Glasgemälde in den Chorfenstern entwarf Jakob Gubler 1931. Als Altartisch dient ein Taufstein aus rotem Marmor v. 1670; aus dieser Zeit stammt auch die Kanzel. Von den Kirchengeräten ist eine *Taufschale* aus Messing mit einem getriebenen Relief des Sündenfalls hervorzuheben. - Sehenswert ist die holzgetäfelte *Ratsstube* mit Turmofen (1690) v. David Pfau. - Außerdem sind viele stattliche *Herren- und Bürgerhäuser* aus dem 17., 18. und 19. Jh. erhalten. - Oberhalb des Dorfes liegt in einem Barockgarten *Schloß Bothmar*. In der 1. Hälfte des 16. Jh. entstand der heutige Mitteltrakt, der nach 1575 ausgebaut wurde. Von 1716 bis 1753 erfolgte dann etappenweise der Anbau der Seitentrakte und der Aufbau des Turms, schließlich 1770 der Innenausbau mit Holztäfelung und Stukkaturen. Das Schlößchen befindet sich heute noch in Privatbesitz. - Im N v. Malans liegt die *Ruine Wynegg*. Es handelt sich dabei um Reste eines dreigeschossigen Palas, der zu einer Burg aus dem 14. Jh. gehörte, die Ende des 16. Jh. durch Andreas v. Salis ausgebaut worden war, im 18. Jh. aber aufgegeben wurde. - Die *Burg Klingenhorn*, etwas ö v. Wynegg, verfiel schon Ende des 15. Jh. Erhalten sind Reste v. Bergfried und Bering.

Mastrils (2 km w): Jenseits des Rheins auf der Höhe liegt das 1450 erstmals erwähnte Dörfchen. - 1613/14 wurde die *ref. Kirche* gebaut, 1624 als der Maria zum Sieg geweihte Kirche den Katholiken übergeben, 1634 aber wieder v. den Reformierten übernommen. Sie besteht aus einem rechteckigen Schiff und einem eingezogenen, polygonalen O-Chor. Über dem Schiff liegt eine flache Gipsdecke, den leicht verschobenen Chor überspannt ein unregelmäßiges Sterngewölbe. Portal und Fenster sind spitzbogig. Auf dem abgewalmten Chordach sitzt ein kleiner Viereckturm mit achteckigem Spitzhelm. - Die *kath. Pfarrkirche St. Antonius v. Padua* wurde 1686/88 errichtet und 1932/33 vergrößert und umgebaut. Das Schiff mit flacher Decke geht im O unmittelbar in den dreiseitig geschlossenen Chor über. Der Turm steht an der N-Seite. Sehenswert ist der barocke *Taufstein* aus schwarzem Marmor, dessen Holzdeckel eine geschnitzte Taufe Christi zeigt.

CH-7130 Ilanz
Bez. Glenner

Einw.: 2120	Höhe: 702 m	S. 252 □ C2

Der Ort am Rhein wird schon 765 genannt, als Stadt erstmals 1289. Seit dem Zusammenschluß des Grauen oder Oberen Bundes 1424 war sie einer seiner Zentralorte. Übertritt zur Reformation 1526 nach den Ilanzer Artikeln. Zur Zeit des Bündner Freistaates spielten die Ilanzer Familien Schmid von Grüneck und von Castelberg eine bedeutende politische Rolle.

Ref. Pfarrkirche St. Margarethen: Die einheitliche spätgot. Anlage mit eingezogenem Chor und Maßwerkfenstern wurde nach einem Brand 1483 neu erbaut und 1500 geweiht. Die Einwölbung v. Schiff (Rautengewölbe auf Runddiensten) und Chor (vielgestaltiges Netzgewölbe) erfolgte 1518. Die schönen Gewölbemalereien im Schiff zeigen Rankenwerk mit Renaissancemotiven (u. a. Vasen, Füllhörner und Fratzen), die 4 Evangelisten und Todesbilder in den Zwickeln der Stichkappen. Der got. Taufstein mit achteckiger Schale datiert wahrscheinlich aus dem 14. Jh. Die polygonale Kanzel entstand 1699, die Orgelempore im Chor um 1700 und das reichverzierte Mittelstück des Orgelprospekts um das Jahr 1760.

Ehem. Pfarrkirche St. Martin: Oberhalb der Straße ins Lugnez liegt die 765 und 831 erwähnte Kirche, wohl um 1000 durch eine kreuzförmige Anlage ersetzt, die nach 1300 als dreischiffige Säulenbasilika zur heutigen Breite vergrößert wurde und im 15. Jh. die Seitenkapellen und die Chornische erhielt. Schließlich wurde die Kirche 1662 in einen saalartigen Raum umgewandelt. In der NW-Ecke befindet sich der 1448 erhöhte Turm mit maßwerkartig bekrönten Flachnischen, gezimmerter offener Glockenstube und Zeltdach. Die w Turmwand enthält

Malereifragmente wahrscheinlich aus der 1. Hälfte des 14. Jh.; aus dieser Zeit stammen auch die Kreuzigung und die Ölbergszene an der n Schiffswand. Das Schiff ist mit einer Leistendecke des 17. Jh. gedeckt, das Sterngewölbe v. 1448 im Chor ruht auf Konsolen. Die Seitenkapellen sind kreuzgratgewölbt; v. der Chornische führt eine Treppe in das tonnengewölbte Beinhaus, das 1662–63 unter dem Chor eingebaut wurde.

Stadtanlage und Befestigung: Ein ehem. Großhof der Viktoriden bildete den Kern der ma Stadt, die alte Anlage in Form eines unregelmäßigen Fünfecks ist noch an den erhaltenen Mauerzügen im W und SW der Stadt zu erkennen. Bereits im 13. Jh. befestigt, wurden die Stadtmauern nach den Schäden v. 1352 und 1483 um 1513 wiederaufgebaut und mit Hilfe der Städte Zürich und Bern 1715–17 erweitert. Aus dieser Zeit datiert das sog. *Rote Tor*, ein ungegliederter Bau mit geschweiftem Giebel.

Oberes Tor: Das Erdgeschoß mit Rundbogen hat laut Inschrift Peter Stachius 1513 erbaut, den zweigeschossigen Oberbau mit Walmdach ließ Joh. Gaudenz Schmid v. Grüneck zu Ehren der Züricher und Berner 1717 aufsetzen. An der Außenseite trägt der Bau die Wappen der Stadt und der Drei Bünde.

Haus Schmid: Den an das Obere Tor anstoßenden, im Kern got. Bau erwarb 1594 der Landrichter Hans Jakob Schmid v. Grüneck; er ließ den w Renaissancevorbau mit den v. Sgraffitorahmen geschmückten Fenstern errichten. Sein Sohn Joh. Jakob Schmid v. Grüneck erbaute um 1670 den schlanken S-Flügel mit beachtlichem Festsaal; auch das Rustikaportal der Stadtseite entstand unter ihm.

Casa Gronda: Joh. Ant. Schmid v. Grüneck war der Erbauer des kubischen Hauses (1677) mit Satteldach, Quergiebel zur Gasse und Turm mit Zwiebelhaube an der w Langseite. Reiche Barockornamente schmücken v. a. den zweigeschossigen Erker der NO-Ecke und das Rustikaportal, dessen gesprengter Giebel den Wappenstein des Bauherrn und seiner Frau trägt.

Außerdem sehenswert: Die *kath. Pfarrkirche Mariä Himmelfahrt*, 1879 v. Ferdinand Näscher erbaut, enthält einen Rokokohochaltar und Seitenaltäre v. 1744. – Der frei stehende *Burgturm* nahe St. Margarethen ist ein ehem. Wohn- und Wehrturm der mittelalterlichen Burganlage, seit 1483 Kampani-

Ilanz, Obertor (l), Blick auf das Dorf (r)

le. – Sehenswerte *Häuser* sind das 1624 für Pankraz v. Caprez erbaute Haus, der Reliefschmuck eines Bogenfensters ist 1699 datiert; *Haus Nr. 69* mit Resten einer Grisaillebemalung (1. Hälfte 17. Jh.); *Haus Nr. 113* mit Tür- und Fensterreliefs aus der Zeit um 1700; *Haus Nr. 152* mit gesprengtem Giebel über dem Portal v. 1710. – In der *Casa Carniec* befindet sich ein *volkskundliches Museum*. – *Burg Grüneck* über dem linken Rheinufer entstand vermutlich im 12. Jh. und war bereits im 16. Jh. verfallen; erhalten sind die W- und NW-Wand eines Wohnturms mit fünfeckigem Grundriß.

Umgebung

Castrisch/Kästris (2,5 km ö): Schon 831 stand hier eine Kirche; der Neubau der heute *ref. Kirche* wurde im 12.–13. Jh. hochgezogen, im späten 15. Jh. der rippengewölbte, quadratische Chor errichtet und später das Langhaus gegen W verlängert. Den roman. Turm an der N-Seite gliedern Rundbogenfriese zwischen Lisenen, die rundbogigen Schallöffnungen dürften aus dem 14. Jh. datieren, die Zwiebelhaube aus dem 18. Jh. Die Kirche mit moderner Kassettendecke im Schiff enthält einen spätgot., achteckigen Taufstein und eine got. Grabplatte des Grafen Joh. v. Sax v. 1427. – Von der *Kirchenburg Kästris* ö des Dorfes, im 12. und 13. Jh. im Besitz der Herren v. Kästris, später der Belmont, Rhäzüns und v. Sax, im 16. Jh. zur Ruine geworden, sind nur Fundamentreste erhalten.

Pitasch (6 km s): *Ref. Kirche*. Zwischen 831 und 960 gegr.; die heutige Anlage entstand in der Mitte des 12. Jh., der Turm vor der W-Front, mit Zwiebelhaube des 18. Jh., ist nachmittelalterlich. Die halbrunde Apsis gliedern Lisenen, denen Halbsäulen vorgelegt sind, und Blendbogen. Die Wandmalereien des frühen 15. Jh. wurden nach ihrer Aufdeckung 1920 wieder zugetüncht, sind aber z. T. noch zu erkennen: Christus in der Mandorla, umgeben v. den 4 Evangelistensymbolen, Apostelreihe, Kluge und Törichte Jungfrauen. Der Taufstein datiert ebenfalls aus dem frühen 15. Jh., die Kanzel v. 1686.

Sevgein (2 km sö): 4 Vorgängerkirchen gingen dem barocken Neubau (1687–91) der *kath. Pfarrkirche St. Thomas* voraus. Der Chor stammt vom got. oder vorgot. Bau, die heutige Sakristei am Chorscheitel war der sterngewölbte Chor des 1491 geweihten spätgot. Baues. Die unteren Teile des N-Turms entstanden vermutlich im 14. Jh., Glockengeschoß und Spitzhelm 1706. Ein Portal mit toskanischen Säulen und Volu-

Jenaz, Haus Bardill

tengiebel schmückt die in 6 Kompartimente unterteilte Giebelfassade. Im Innern findet man aufgemalte Heilige wohl aus der Zeit um 1700 an den Wänden und im Gewölbe. Der Hochaltar wurde im frühen 18. Jh. gestaltet, die Seitenaufbauten um 1730, das Rokokotabernakel um 1750. Die Stuckaltäre in den Seitenkapellen entstanden um 1694, Kanzel und Chorgestühl 1696. - Die barocke *Wallfahrtskapelle zum Hl. Grab* ist ein Bau v. 1679, der 1736 verlängert wurde und 1774 durch Giovanni Antonio Baroggi aus Dardin eine Erhöhung der Schiffsmauern und eine Verkürzung des Chores erfuhr. Im Innern Tonnen- und Kreuzgewölbe über umlaufendem Gebälk und eine Heiliggrabnische mit ländlich barocken Figuren des 17. Jh. an der N-Wand des Chores. Hochaltar und s Seitenaltar datieren aus der Zeit um 1775, Pietà und n Seitenaltar aus der Zeit um 1680. - Der kubische Bau des *Hauses Cadalbert,* 1790 v. Joh. Christian Nuttli mit Mansarddach erbaut, ist mit einem doppelt geschweiften Giebel über dem Portal und dekorativen Rokokomalereien geschmückt.

J

CH-7233 Jenaz
Bez. Oberlandquart

Einw.: 1000	Höhe: 726 m	S. 254 □ E 2

Auf der Alp Arflina liegt ein fast kreisrunder Stein von 1,20 m Durchmesser mit einer ebenfalls kreisförmigen Vertiefung, der vermutlich ein Opferstein war.

Ref. Kirche: In der 2. Hälfte des 12. Jh. wird eine St.-Peters-Kirche in »Jenaze« erstmals urkundlich erwähnt, ab 1511 war sie St. Peter und St. Paul geweiht. Der Unterbau des Turms und die w Schiffsmauern stammen

Fideris (Jenaz), Haus Donau mit got. Glockentürmchen

noch vom roman. Bau; 1483 erfolgte der Neubau des Chors, 1485 der Um- und Neubau des Schiffs und die Erhöhung des Turms. Renovierungen wurden 1837, 1855 und 1904 durchgeführt.
Das Schiff ist nicht ganz regelmäßig rechteckig, die S-Wand springt vom Turm an etwas vor; im O liegt der eingezogene, polygonale Chor. Der Turm steht vor der S-Wand. Ein gemeinsames Satteldach ist über Chor und Sakristei abgewalmt, den Turm krönt über gezimmerter Glockenstube ein achteckiger, gebrochener Spitzhelm. Das Schiff überspannt eine leicht stichbogige Gipsdecke, den Chor ein zweijochiges Netzgewölbe. In der N-Wand liegt ein Wandtabernakel mit Gittertür. Der Taufstein stammt v. 1483, die Kanzel v. 1837.

Einige **Häuser** im Dorf entsprechen gut dem Prättigauer Schema. Auf steinernem Unterbau steht giebelständig der in Strickbauweise ausgeführte hölzerne Wohntrakt und dahinter der gemauerte Küchentrakt; der Balkon liegt an der Traufseite. Die ältesten Häuser sind *Haus Saluz* (Nr. 130) v. 1566, *Haus Valär* (am Platz) v. 1728 sowie das *Haus Valär-Rieder* v. 1728. Das *Schlößli* (am Kirchweg) wurde 1822 gebaut, es ist ein ganz gemauerter Kubusbau unter einem Walmdach. 2 Zimmer sind mit der seltenen klassizistischen Arventäfelung versehen. In ihnen stehen 2 graue Fayence-Öfen.

Umgebung

Fideris (3 km sö): Im Tal steht eine große Holzfaserfabrik, das Dorf liegt auf einer Terrasse darüber. Es hat seinen urtümlichen Charakter erhalten können. – Die *ref. Kirche,* als St. Gallus geweiht und 1443 erwähnt, erfuhr 1461 einen Um- und Neubau; der Turm erhielt 1740 seine Zwiebelhaube. Das Schiff ist unregelmäßig rechteckig, der O-Chor nur im S eingezogen und dreiseitig geschlossen; ihn überspannt ein zweijochiges Netzgewölbe. 1938 kamen an der N-Seite des Chors *Wandmalereien* (um 1460) zutage. 3 Streifen liegen übereinander; sie zeigen oben den Gnadenstuhl, in der Mitte Johannes d. T. zwischen den Heiligen Erasmus und Gallus vor dem Hintergrund einer Landschaft mit Stadt und unten Mariä Tod sowie Christus inmitten der Apostel. – Sehenswert sind die mit alten Möbeln ausgestatteten *Häuser Valär, Planta, Gujan, Haus Donau,* »Zithus« genannt wegen seines got. Glockentürmchens, und das *Schulhaus* mit einem Türmchen, in dem die aus dem 13. Jh. stammende »Spendglocke« hängt. – Reste eines zweigeschossigen Wohnturms, des Wohntrakts und des Berings der ehem. *Burg Strahlegg* im O des Dorfs sind in einen modernen Chaletbau integriert.
Furna (6 km nw): Die *ref. Kirche* (1509 genannt, 1806 und 1860 renoviert) weist im Rechteckschiff eine spätgot., teilweise geschnitzte, trapezförmige Leistendecke und über dem polygonalen Chor ein Netzgewölbe zu 2½ Jochen auf.

CH-7250 Klosters

Bez. Oberlandquart

Einw.: 3600	Höhe: 1200 m	S. 254 □ F 2

Der Name kommt wahrscheinlich von einer ehemaligen Prämonstratenser-Propstei St. Jakob, die sich 1526 auflöste, nachdem der damalige Propst zum Protestantismus übergetreten war.
Das Dorf hat sich zu einem beliebten Sommer- und Winterkurort und Sportplatz entwickelt.

Kath. Kirche St. Joseph: 1922 wurde in K. wieder eine kleine kath. Kirche gebaut, die man aber 1963 abriß, um einem größeren Neubau, der auch den Fremden Raum bieten konnte, Platz zu machen. Nach Plänen

v. Willy Schuchter entstand ein moderner Bau, der durch den hohen, sich eckig-spiralig nach oben öffnenden Turm mit vergoldetem Kreuz bestimmt wird. Im Innern befindet sich nach einer Vorhalle, die auch als Taufkapelle dient, ein rechteckiger, v. einer aufsteigenden Decke überdachter Raum, der den leicht erhöhten Altarraum einbezieht. Im Erdgeschoß des Turms liegt die Sakramentskapelle. Die Glasfenster entwarf Walter Burger.
Auf dem Kirchplatz steht eine Eisenplastik: das Kreuz hält auseinanderstrebende Elemente fest. Sie ist ein Werk v. Joseph Rikkenbacher, der auch den Altarraum gestaltete und die Basaltskulptur schuf, die den gekreuzigten und den zum Himmel auffahrenden Christus in sich vereinigt. Eine barocke Büste des Kirchenpatrons und eine Madonna (15. Jh.) gehören zur weiteren Ausstattung.

Ref. Kirche: Der unverputzte Turm stammt noch aus der Zeit der Propsteigründung (um 1220), Schiff und Chor, 1493 neu errichtet, wurden nach einem Brand 1634 erneuert, das Schiff 1723 vergrößert. Die Kirche erfuhr 1922 eine gründliche Renovierung, bei der u.a. die Vorhalle mit der Orgelnische im W, die kleine Vorhalle im S und die Sakristei im N angebaut wurden. Das rechteckige Langhaus überzieht eine trapezförmige Kassettendecke. Nach spitzem Chorbogen schließt sich im O der eingezogene, polygonale Chor an, den ein sternförmiges Netzgewölbe zu 3 Jochen überspannt. Den viereckigen Turm krönt ein vierseitiges Zeltdach mit Bruch. Das Schiff liegt unter einem tief herabgezogenen Satteldach, der Chor unter einem abgewalmten Satteldach.
Wandmalereien. Fast alle Zwickel im Chorgewölbe sind mit Figuren ausgemalt: Majestas Domini mit 2 Engeln, die Erzväter Abraham und Mose, Könige und Propheten, die 4 Evangelisten an Schreibpulten mit ihren Symbolen, die 4 Hauptkirchenväter und die Apostel. An der S-Wand bildet ein Auferstehungsbild den Rest eines größeren Zyklus.
Die *Glasgemälde* in den spitzbogigen, mit Maßwerk ausgefüllten Chorfenstern stam-

Klosters, St. Joseph, Rickenbacherplastik ▷

Klosters, Reformierte Kirche

men v. Augusto Giacometti (1928); sie stellen Josefs Traum dar.
Von der weiteren Ausstattung sind der *Abendmahlstisch* aus schwarzem Marmor (1779), die *Kanzel* auf gemauertem Fuß (1633) mit Schalldeckel (1775) und im Chor die Fronten des ehem. *Gestühls* (1634, 1636 und 1703) hervorzuheben.

Im sogenannten **Doktorhaus** (1680) befinden sich holzgetäfelte Stuben und reichgeschnitzte, teilweise mit Intarsien versehene Büfetts.

Museum: Im Nutli-Hüschi an der Montbieler Str., einem Mitte des 16. Jh. erbauten kleinen Walserhaus mit Vorhaus, Küche, Keller und Stube, befindet sich ein Heimatmuseum, das u. a. Werkzeuge, Möbel, Keramik- und Zinngegenstände aus dem 17., 18. und 19. Jh. aufbewahrt.

Außerdem sehenswert: In den kleinen bei K. liegenden Weilern *Mezzaselva, Montbiel* und *Selfrage* stehen noch *alte Bauernhäuser*, teils in Strickbauweise, aus dem 16., 17. und 18. Jh.

Umgebung

Serneus (4 km nw): Das Dorf ist heute Fraktion der Gemeinde K. – Eine Kirche wird 1480 erwähnt. Sie wurde 1718 als *ref. Kirche* umgebaut und erweitert sowie 1929 renoviert. Die SO-Seite des Schiffs schließt mit dem nicht eingezogenen, dreiseitig geschlossenen Chor. Der Turm steht an der N-Seite. Die Kanzel ist mit 1674 datiert. – Das *Haus Florin* (1743) erhebt sich über gemauertem Erdgeschoß in 3 in Holzbauweise aufgeführten Stockwerken. Seine Fassade ist mit tief eingeschnittenen Sprüchen verziert. – Die in der Nähe entspringende Schwefelquelle spendet das Wasser für das Schwimmbad des Hotels *Bad-Serneus*.

CH-7240 Küblis
Bez. Oberlandquart

Einw.: 900	Höhe: 813 m	S. 254 □ F 2

Als *Cüblins* wird das Dorf 1351 urkundlich erwähnt. Der Übertritt zur Reformation erfolgte 1530.

Ref. Kirche: Die erste, dem hl. Nikolaus geweihte Kirche war 1462 einem Erdrutsch zum Opfer gefallen, der Wiederaufbau erfolgte 1472. Steffan Klain baute 1487 einen neuen Chor an und überwölbte das Schiff. Weitere Erneuerungsarbeiten erfolgten 1531, 1741 und 1921.
Über dem einschiffigen Langhaus liegt ein Rautengewölbe zu 3 Jochen. Den eingezogenen, dreiseitig geschlossenen Chor überspannt ein Netzgewölbe zu 2½ Jochen. Die mit erneuertem Fischblasenmaßwerk ausgefüllten Fenster im Chor weisen Glasgemälde (12 Apostel) v. Augusto Giacometti v. 1921 auf. Das gemeinsame Satteldach ist über dem Chor abgewalmt. Der Turm mit Wimpergen und achteckigem Spitzhelm steht an der N-Seite des Chors. An der N-Seite des Chorbogens findet sich eine *Wandmalerei* v. 1491, die den Engel der Verkündigung darstellt. Ein spätgot. *Taufstein* und die *Kanzel* v. 1641 gehören zur Ausstattung.

Schlößli: Das Patrizierhaus wurde im Jahre 1642 gebaut und 1687 nach O hin vergrößert; dieser Osttrakt wurde im 19. Jahrhundert aufgestockt. Ein kleiner Turm mit Zeltdach krönt das Treppenhaus. Im Inneren sind ein holzgetäfeltes Zimmer mit Einbaubüfett und die Küche mit einem alten Kamin erhalten.

Burgruine Kapfenstein: Die auch unter dem Namen Ober-Sansch bekannte Burg aus dem 12. Jh. n. v. K. wurde im 15. Jh. verlassen und verfiel. Erhalten sind nur Reste der Umfassungsmauern.

Außerdem sehenswert: *Sprecherhaus* in der Klus, 1666 erbaut. – Eine große Zahl sehr schöner älterer *Bauernhäuser* in Strickbauweise, die oft mit geschnitzten Fratzen an den Konsolen geschmückt sind.

Umgebung

Conters im Prättigau (2 km sö): Das kleine Dorf liegt in 1100 m Höhe auf einer Bergterrasse. – Die *ref. Kirche* erhielt im Jahre 1516 einen neuen, eingezogenen polygonalen Chor mit einem zweijochigen Netzgewölbe, das alte Schiff im Jahre 1518 ein dreijochiges Netzgewölbe. Der Turm an der N-Seite des Chors trägt eine gezimmerte, vorkragende Glockenstube mit Spitzhelm. Die mit Reliefschnitzereien versehene *Kanzel* ist mit 1688 datiert. Eine *Kabinettscheibe* im Chor mit der hl. Magdalena ist um das Jahr 1516 entstanden.

Saas im Prättigau (2 km ö): Die *ref. Kirche* ist ein Neubau v. Anfang des 16. Jh. Nach dem Dorfbrand v. 1735 wurde er verändert wiederhergestellt. Auffallend ist bes. der weithin sichtbare Turm an der N-Seite des Chors: Auf viereckigem Unterbau steht ein achteckiges Obergeschoß mit Eckpilastern und einer Zwiebelhaube. Das gemalte Zifferblatt (1831) trägt das Wappen der Drei Bünde. Ein achteckiger *Taufstein* mit profiliertem Fuß (um 1500) und die *Kanzel* (1735) gehören zur Ausstattung.

Im *ehemaligen Rathaus*, das heute als Gasthaus genutzt wird, sind noch heute schöne Arventäfelungen und Decken mit Stukkaturen zu bewundern.

Küblis, Ref. Kirche, Glasbild im Chorhaupt ▷

L

CH-7031 Laax/Lags

Bez. Glenner

Einw.: 830	Höhe: 1050 m	S. 252 □ D2

Das Dorf war früher als Markt und Gerichtsstätte von Bedeutung, heute bildet vor allem der Wintersport die wirtschaftliche Grundlage.

Kath. Pfarrkirche St. Otmar und Gallus: Die barocke Saalkirche mit eingezogenem Rechteckchor wurde 1675–78 v. Domenico Barbieri aus Roveredo neu erbaut. Der Turm ist mit zweigeschossiger Glockenstube und geschweifter Haube versehen. Im Inneren finden sich Kreuzgratgewölbe auf Pilastern mit durchlaufendem Gebälk und 2 Lichtgeschosse. Der Hochaltar (1708) enthält ein Gemälde v. Johann Beromayer, den s Seitenaltar (1764) schuf Plazidus Schmid. Kanzel und Chorgestühl entstanden im Jahre 1677.

Außerdem sehenswert: *Beinhaus* v. 1685. – Sog. *Casa liunga* v. 1609 und 1615–16 mit Dreieckerker. – *Kapelle St. Jakob* (vermutlich 1503) am Weg nach Sagogn. – *Kapelle St. Sebastian* aus der Zeit um 1520 an der alten Straße nach Ilanz.

Umgebung

Falera/Fellers (2 km sw): Auf einer schönen Aussichtsterrasse s des Dorfes liegt die *Alte kath. Pfarrkirche St. Remigius* (765 erwähnt). Der roman. Turm entstammt dem 13. Jh., der eingezogene Chor mit Sterngewölbe wurde 1480–90 neu erbaut, Vorhalle und Beinhaus sind in der Mitte des 17. Jh. entstanden. An den Wandmalereien im Chor sind 3 Epochen zu unterscheiden: hl. Jodokus neben dem Sakramentshäuschen vom Ende des 14. Jh., 4 Medaillons mit

Falera (Laax), St. Remigius

Halbfiguren vom Ende des 16. Jh. und die reiche Gesamtausmalung, 1623 datiert. Dargestellt sind die Passion Christi, Himmelfahrt und Heilige. An der n Wand des Kirchenschiffs ist ein großes Abendmahl aus dem frühen 17. Jh. zu sehen. Den Hochaltar schuf Jodok Ritz um 1738. – Die *Neue Pfarrkirche Herz Jesu* erbaute August Hardegger 1903. – Nur noch in der Anlage erkennbar ist die *ehem. Burg* der Herren v. Wildenberg sw unterhalb des Dorfes; sie war wohl schon im 16. Jh. in Verfall geraten.

Sagogn/Sagens (2 km s): Unter Beibehaltung des großen got. Turms (1449) mit Spitzbogenfriesen und gebrochenem Achteckhelm wurde die *kath. Pfarrkirche Mariä Himmelfahrt* 1639–40 vollständig barock umgebaut, wohl durch einen Tessiner oder Misoxer Baumeister. In dem durch Pilaster gegliederten Schiff erhebt sich über einem reichgestalteten Gebälk ein Tonnengewölbe, im Querschiff finden sich 2 nach O gerichtete Kapellen, der quadratische Chor ist kreuzgewölbt. Die *Decken- und Wandmalereien* sind Werke des Giovanni Battista Macholino v. 1639: Im Schiffsgewölbe 9 Bilder der Passion und Himmelfahrt Christi, an den Wänden Beweinung und Christus in der Vorhölle, die Hl. Familie und der hl. Martin, im n Querhaus Szenen aus dem Leben des hl. Karl Borromäus, im s Querhaus marianische Andachtsbilder und Reste spätgot. Malereien, in der Vierung Immaculata, Taufe im Jordan und Versuchung, im Chor Evangelisten, Heilige und Szenen aus der Kindheit Jesu. Der Hochaltar und die Stuckaltäre in den Querarmen entstanden um 1640, seitlich des Chorbogens finden sich reichgeschnitzte Rokoko-Altäre. Die polygonale Kanzel wurde 1626 geschaffen, das Familiengestühl mit geschnitzten Wappen v. Mont und Castelli um 1670. – In der 1743 v. Jakob Krättli erbauten *ref. Kirche*, einem rechteckigen, flachgedeckten Saal mit Zwiebeltürmchen, befindet sich eine Rokoko-Orgel (1772). – *Haus Castelli* im Ortsteil Vigt Dado dürfte mit seinem turmartigen O-Teil auf den um 1400 erwähnten Meierhof Aspermont zurückgehen; um 1539 ausgebaut. Um 1670 ließ Joseph Ludwig Castelli den w Wohnteil anbauen, Veränderungen fanden um 1720 statt. Eine getäfelte Stube und eine Tür mit Intarsien sind 1672 datiert. – In der 1965 ausgegrabenen frühmittelalterlichen *Kirchenanlage Bregl de Haida* hat man wohl die im Testament des Bischofs Tello 765 genannte Columbanskirche zu sehen; Grundmauern einer Saalkirche mit N-Annex des 5. Jh. und karol. Apsis. – 1968 wurden auf dem Hügel v. Schiedberg Reste einer großen, bis in die

Sagogn (Laax), Mariä Himmelfahrt, Christus in der Vorhölle

Lantsch, St. Maria

Spätantike zurückreichenden *Burganlage* ausgegraben; die ehem. Sperrstellung am Lukmanierweg war im späten MA aufgegeben worden.

Schleuis/Schleim (3,5 km sw): Der barocke Neubau (1715) der *kath. Pfarrkirche St. Peter* ist außen mit Lisenen, Pilastern und Gesimsen gegliedert, im tonnengewölbten Inneren findet man Deckenmedaillons des Jakob Soliva v. 1715 und ein Hochaltarblatt des Judas Thaddäus Sichelbein. – *Haus Caninga* (Nr. 97) ist ein spätgot. Steinbau v. 1560. – *Haus Nr. 61* v. 1770 schmücken rustikale Grisaillemalereien.

CH-7083 Lantsch/Lenz Bez. Albula		
Einw.: 400	Höhe: 1300 m	S. 254 □ E 3

Auf einem Hügel im Südosten von Lantsch wurden Häuserreste, Feuerstellen, Tierknochen und Kleinfunde ausgegraben, die eine Besiedlung seit dem Ende der älteren Eisenzeit bis zur Römerzeit belegen. Von der »oberen Straße« Chur-Julierpaß zweigt hier eine Straße ab, die über Brienz zum Albulapaß oder nach Davos führt; daher bestanden hier schon im 9. Jh. Gasthäuser.

Alte kath. Pfarrkirche St. Maria (heute Begräbniskirche): Die weithin sichtbare Kirche liegt außerhalb des Dorfs. Sie wird bereits 831 urkundlich erwähnt. Der Turm wurde im 12. Jh. errichtet. Meister Petrus v. Bamberg führte dann 1504/05 einen Chorneubau unter Verwendung alter Teile einer Einwölbung des Schiffs und die neue Fensterdisposition mit Maßwerk durch. 1626, 1911–14 und 1930 wurden Restaurierungsarbeiten ausgeführt. Das einschiffige Langhaus und der im O anschließende eingezogene, erhöhte, dreiseitig geschlossene Chor liegen unter Satteldächern. Das Schiff wird v. Streben gestützt. Der roman. Turm steht an der S-Seite, er trägt ein Zeltdach.

Die äußere O-Wand des Chors ist mit einem *monumentalen Christophorus* (14. Jh.) bemalt. Das W-Portal befindet sich unter einem Kielbogen. Über dem Schiff liegt ein dreijochiges Netzrippengewölbe mit Rautenfiguration. Das Sakramentshäuschen im Chor (1504) ragt aus der Wand hervor.

Wandmalereien finden sich im Inneren an der w und s Wand. Anfang des 14. Jh. wurde wohl der Christophorus gemalt, in der letzten Hälfte des 14. Jh. der v. einem got. Fenster teilweise zerstörte Bildstreifen über dem Portal mit den Resten einer Anbetung durch die Hll. Drei Könige, Johannes d. T., Jakobus d. Ä. und Petrus sowie der Rest eines weiteren Heiligen (Matthäus?). An der S-Wand sind die beiden w Joche mit einem teilweise zerstörten biblischen Bilderzyklus des Meisters v. Rhäzüns (letztes Drittel 14. Jh.) in 3 Streifen ausgemalt. Erkennbar sind in den oberen Feldern Teile der Schöpfungsgeschichte, die Vertreibung aus dem Paradies und Szenen aus dem Leben v. Adam und Eva mit ihren Söhnen Kain und Abel; in den Mittelstreifen Fragmente einer Epiphanie und einer Flucht aus Ägypten, Darstellung im Tempel, Christi Taufe und Versuchung sowie eine Figur v. der Erwekkung des Lazarus (?), in den unteren Streifen Reste v. Geißelung und Kreuztragung, Grablegung, Kreuzigung, Kreuzabnahme und Fragment einer Auferstehung.

Der *spätgot. Flügelaltar* ist auf der Predella mit einer Entstehungsinschrift, den Initialen h. h. (Hans Huber?) und der Jahreszahl 1479 bemalt. Im Viereckschrein stehen unter geschnitztem Maßwerk auf einem Stufenpodest 5 Statuetten: Die Muttergottes in der Mitte wird v. den hll. Katharina und Florinus (l) sowie Barbara und Nikolaus (r) begleitet. Die Rückseite zeigt ein Ölberggemälde. Im Gesprenge aus Fialen, Laubwerk und Ranken steht eine Kreuzigungsgruppe zwischen 2 urspr. v. einem anderen Altar stammenden Apostelfiguren, darüber der Leidenschristus. Die Flügel sind bemalt; innen sind die hll. Georg, Antonius Abt, Johannes d. T. und Luzius abgebildet; 3 Wappen weisen auf die Legende hin, Luzius sei ein britannischer König gewesen; außen auf den Flügeln Mariä Verkündigung und Heimsuchung.

Die beiden *Nebenaltäre* sind mit 1640 datiert. Am Chorbogen hängt ein Kruzifixus (um 1475). Auf dem Friedhof stehen schmiedeeiserne Grabkreuze.

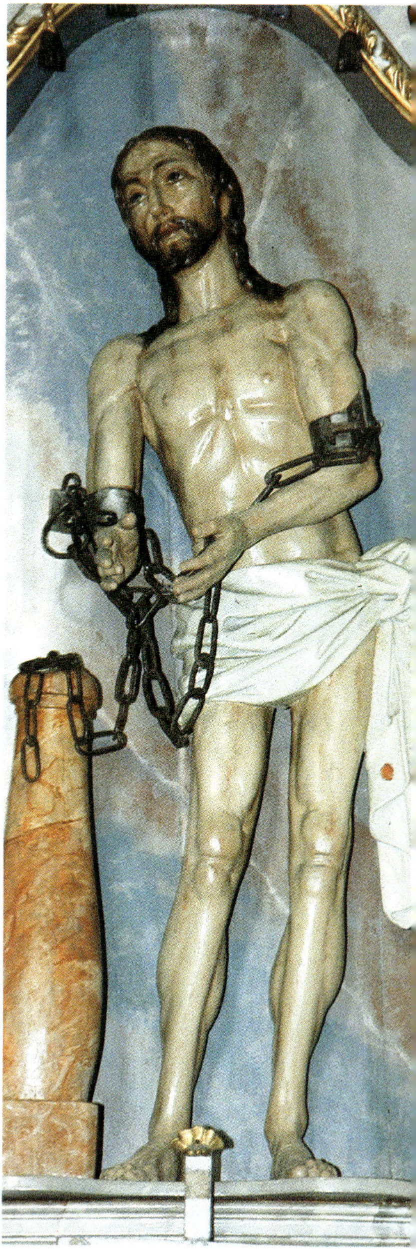

Lantsch, St. Antonius v. Padua, Gegeißelter ▷

Neue kath. Pfarrkirche St. Antonius v. Padua: Der Kapuzinerpater Paul aus Bienno erbaute 1658–60 eine nach W gerichtete barocke Kirche über dem Grundriß eines Kreuzes. 1856 legte man den O-Arm nieder und baute ihn nach Plänen v. Andrea Pedrini als verbreitertes und verlängertes Schiff zu 3 Jochen wieder auf. Das ehem. Querschiff wurde zum Vorchor. Der Turm an der SO-Ecke der Kirche erhielt 1880 statt der v. Blitz zerstörten Zwiebelhaube eine spätklassizistische Glockenstube. Bei der Innenrenovierung v. 1902 wurde der Kirchenraum neu ausgemalt und z. T. mit Holz getäfelt. 1983–85 erfolgte eine gründliche Renovierung unter Leitung v. Rudolf Fontana. Die äußere, in Ockertönen gehaltene Bemalung mit Quaderlimitationen und Marmorierung der Pilaster wurde erneuert. Im Inneren wurde die urspr. helle Farbgebung wiederhergestellt. Im Gewölbe des Altarhauses entdeckte der Restaurator Jörg Joos im 19. Jh. übertünchte *Deckengemälde* v. 1660: Die Hl. Dreifaltigkeit, umgeben v. den 4 Evangelisten und den hll. Franziskus, Antonius, Luzius und Karl Borromäus, eingefaßt v. Eierstäben in stuckimitierender Grisaillemanier. Sie wurden freigelegt und retuschiert. An der Chorbogenwand befinden sich noch Darstellungen der hll. Luzius und Karl Borromäus des Malers Johannes Rizzi v. 1855. Auch die *Altäre* wurden restauriert, dabei fand man eine Holzplastik (Christus an der Geißelsäule, eine Nachbildung des Wallfahrtsbildes in der Wies in Bayern) und stellte sie wieder auf. Die Wiederherstellung der alten Altarfassungen ergab für die 5 Altäre aus 3 Epochen eine farbliche Abstimmung: bunt und golden die beiden hochbarocken Seitenaltäre im Schiff, weiß-blau-gold die beiden spätbarocken Altäre im Vorchor und pastellfarben braun-gold der Hochaltar v. 1864/65. Weitere Restaurierungsarbeiten galten den Bänken, der Orgel und der Beleuchtung. Die *Altarzone* gestaltete Ludwig Stocker in weißem Marmor und grauem Sandstein.

Kapelle St. Cassian: Unmittelbar an der Straße nach Lenzerheide steht die kleine Kapelle, ein vorgot. Bau mit eingezogenem, gerade abgeschlossenem Chor. Die Gewölbe stammen aus dem Jahre 1513. Das S-Portal liegt unter einem Kielbogen. Über den Satteldächern erhebt sich ein Glockenjoch. Auf der gegenüberliegenden Straßenseite sind die Grundrisse v. 2 Vorgängerbauten aus dem frühen Mittelalter durch Steinplatten markiert.

Haus Beeli v. Belfort: Das viergeschossige Haus mit Sgraffitorahmen an Tor und Fen-

Lantsch, Schmiedeeiserne Grabkreuze (l), St. Antonius v. Padua (r)

stern wurde 1694 gebaut; im Inneren befinden sich Räume mit Holztäfelung und Kassettendecke.

Haus Nr. 104: In der w und der s Wand dieses am W-Rand des Dorfs gelegenen Hauses sind die 1,2 m dicken Wände eines mittelalterlichen Wohnturms integriert; der jüngere O-Anbau soll als Rasthaus gedient haben.

Außerdem sehenswert: Die *Häuser Nr. 11* und *14* im unteren Dorf mit Resten einer Bemalung (1592 und 1601) von Hans Ardüser.

Umgebung

Lenzerheide/Lai (6 km n): Im letzten Jahrhundert hat sich der bis dahin unbedeutende Ort zu einem beliebten Luftkurort und Wintersportplatz entwickelt. Daher war die *kath. Kirche S. Carlo Borromeo* v. 1884 zu klein geworden und wurde profaniert. Der Neubau v. 1928 wurde 1971 renoviert. Auf die Vorhalle folgt ein Rechtecksaal, an den sich ein eingezogener, dreiseitig geschlossener Chor anschließt. Von der modernen Ausstattung sind bäuerliche Schnitzereien (Kreuzweg, Hl. Familie bei Zimmerarbeiten) und das Glasfenster im Chorhaupt erwähnenswert.

Vazerol (2 km sö): Ein *Denkmal* an diesem Ort erinnert an die »ewige Vereinigung« der Drei Bünde, die hier im Jahre 1471 erfolgt sein soll.

CH-7131 Lumbrein

Bez. Glenner

Einw.: 420	Höhe: 1410 m	S. 252 □ L3

Kath. Pfarrkirche St. Martin: Die 1345 genannte Kirche wurde als schlanker, nach S zum Tal gerichteter Barockbau 1646 neu errichtet, mit eingezogenem, dreiseitig geschlossenem Chor und darunter einem gewölbten Beinhaus. Der Turm mit zweigeschossiger Glockenstube an der O-Seite des Langhauses erhielt seine Zwiebelhaube 1654. Im Inneren tragen Pilaster das Kreuzgewölbe, der Chorbogen ist mit Stukkaturen ital. Art versehen. Das Gemälde des Jüngsten Gerichts an der W-Wand schuf Nicolao Giuliani v. Roveredo (1694), die figurale und ornamentale Malerei des Gewölbes geht auf Johann Rudolf Sturn (1661) zurück. Das tempelförmige Tabernakel datiert aus der Zeit um 1700, das Elfenbeinkruzifix darüber aus der Zeit um 1750. Die Stucksei-

Lantsch, St. Antonius v. Padua, Chor, Deckengemälde

tenaltäre (mit späteren Holzanfügungen) entstanden um 1647, die Immaculata (Mitte des 17. Jh.) des Erasmus Kern stammt aus dem Rosenkranzaltar. Taufstein in Becherform vom Anfang des 15. Jh. Der Kirchenschatz enthält u.a. einen Prager Kelch (1580), ein got. Vortragekreuz (2. Hälfte 14. Jh.) und Kelche des 17. Jh. und v. 1782.

Kapelle Mariä Schmerzen: In der 1844 erbauten Kapelle steht ein *spätgot. Flügelaltar* in der Art des Ivo Strigel, 1490 datiert. Er befand sich urspr. in der Pfarrkirche, dann in Songt Andriu. Der Schrein zeigt die Muttergottes mit den hll. Johannes d.T. und Martin, die bemalten Flügel die hll. Magdalena und Barbara, Dorothea und Margareta; auf der Rückseite ist der thronende Christus zwischen Maria und Johannes (Deesis) dargestellt.

Kapelle St. Rochus: Im ehem. Pestfriedhof w des Dorfes wurde der kleine gewölbte Barockbau 1628-29 errichtet, mit dreiseitig geschlossenem Chor und zwiebelbehelmtem Dachreiter. Das Altarbild malte um 1630 Hans Jakob Greutter.

Schloß: Vermutlich Anfang des 13. Jh. erbauten die Herren v. L. unterhalb der Pfarrkirche ihr Schloß, seit dem frühen 16. Jh. ist es im Besitz der Familie Capol. Der s Teil des Turmes wurde nach teilweiser Zerstörung vermutlich im 18. Jh. in Strickbauweise neu errichtet.

Umgebung

Silgin (2 km s): Die vielleicht im 16. Jh. erbaute *Kapelle St. Sebastian* hat man 1643 umgestaltet; die moderne Vorhalle schuf Georg Berther. Den ungegliederten Barockbau krönt ein Dachreiter mit Zwiebelhelm. Die Fassadenmalereien aus der 2. Hälfte des 18. Jh. zeigen ein Ecce-Homo, die Immaculata, den hl. Georg und andere Heilige. Die Wandmalereien im flachgedeckten Schiff und kreuzgewölbten Chor entstanden in der 2. Hälfte des 17. Jh. An den Schiffswänden ist eine Apostelreihe mit Artikeln des Credo dargestellt, am Chorbogen die Rosenkranzgeheimnisse in Medaillons und die hll. Katharina und Dominikus. Im Chor findet man die hll. Antonius v. Padua, Paulus, Ursula und Franziskus und im Gewölbe die Evangelisten. Die Schiffsdecke wurde im frühen 18. Jh. bemalt. Der anmutige Rokoko-Altar datiert v. 1785.

Songt Andriu (2 km sw): Um 1660 wurde die barocke *Kapelle St. Andreas* mit quadratischem Chor und kuppelbehelmtem N-Turm erbaut. Die Ausmalung des mit einem Kreuzgewölbe versehenen Inneren ist das Werk des Johann Christoph Guserer aus Dingolfing (1695). Die n Chorwand zeigt die hll. Placidus und Sigisbert mit einer Darstellung des Benediktinerklosters Disentis vor dem Neubau, im Gewölbe findet man Kirchenväter, am Chorbogen Mariä Verkündigung, im Schiffsgewölbe Passionsszenen und an den Wänden die 12 Apostel. Der Hochaltar wurde um 1750 geschaffen, die 2 Figuren der hll. Katharina und Barbara in den Seitennischen kommen aus einem Altar v. 1475. Seitenaltäre mit üppigen Akanthusrahmen (um 1720).

Vrin (6,5 km sw): Die ausgezeichnete *kath. Pfarrkirche Mariä Geburt und Johannes Bapt.* erbaute 1689-94 Antonio Berogio aus Roveredo. Den barocken Bau kennzeichnen eine dreiachsige, durch Lisenen und vertiefte Felder unterteilte Fassade, die querschiffartigen Seitenkapellen und der schwach eingezogene, dreiseitig geschlossene Chor, an der N-Seite ein polygonales Beinhaus mit Fries aus Totenschädeln unter dem Dachansatz sowie der frei stehende Kampanile mit 2 Glockengeschossen und geschweiftem Helm. Das Innere zeigt Pilaster, ein reichprofiliertes, umlaufendes Gebälk und ein Tonnengewölbe mit Gurten und Stichkappen. Die Kapellengewölbe sind mit prächtigen Stukkaturen ital. Art versehen, den Chorbogen schmückt eine stuckierte Verkündigungsgruppe, die Kartusche im Scheitel trägt die Jahreszahl 1693. Den zweigeschossigen Hochaltar schuf wahrscheinlich Johannes Ritz 1710, die Seiten- und Kapellenaltäre aus Stuck entstanden im späten 17. Jh. Der Altar der N-Kapelle enthält ein schwäbisches Vesperbild der Spätgotik um 1504, der der S-Kapelle die Predella eines Altars der Strigel-Werkstatt. Die polygonale Kanzel v. 1709 ist architektonisch gegliedert, der Orgelprospekt datiert aus der Zeit um 1800 (das Werk ist neu). Zum Kirchenschatz gehören u.a. ein got. Kelch (15. Jh.), ein Vortragekreuz (um 1400) und 2 Meßgewänder (18. Jh.).

Luzein, reformierte Kirche, außen (l), Drachenkampf (r)

CH-7241 Luzein Bez. Oberlandquart		
Einw.: 1000	Höhe: 800 m	S.254 □ F2

Das Dorf wird im 12.Jh. urkundlich erwähnt, ist aber wohl älter, wie die Funde römischer Münzen nahelegen. Es liegt am Eingang des Sankt-Antönier-Tals.

Ref. Kirche: Das Kloster Churwalden besaß hier 1222 eine Kirche. Ein v. Steffan Klain errichteter spätgot. Neubau wurde 1487 geweiht. Er besteht aus einem Rechtecksaal mit bemalter Leistendecke und einem eingezogenen, polygonalen Chor im O, den ein zweijochiges Sterngewölbe überspannt; es ist mit Blattwerk und Blumen und in den Zwickeln mit den Figuren der Evangelisten und ihren Symbolen ausgemalt. Neben dem spitzen Chorbogen stellt ein Wandgemälde den Drachenkampf des hl. Georg dar. Andere Wandgemälde konnten nicht erhalten werden. Der Turm an der N-Seite des Chors trägt einen Achteckhelm mit Bruch. Die geschnitzte und mit Löwenreliefs verzierte Tür im Spitzbogenportal ist eine Kopie des im Rätischen Museum in Chur aufbewahrten Originals. In allen Spitzbogenfenstern stützen Mittelpfosten Fischblasenmaßwerk. Die Kanzel stammt v. 1694, der Orgelprospekt mit Rokokoschnitzereien v. 1792.

Außerdem sehenswert: Am O-Rand des Dorfs liegt die *Burgstelle Stadion;* v. der kleinen ma Anlage sind nur noch Mauerreste erkennbar. – 8 große *Häuser* im Dorf baute nach 1590 die Familie Sprecher v. Bernegg.

Umgebung

Pany (2 km n): Die *ref. Kirche* v. 1705 in dieser typischen Walsersiedlung ist 1907 abgebrannt; lediglich der alte Chor konnte in den Neubau v. 1909 einbezogen werden. – Im W des Weilers liegt die *Burgstelle Rosenberg,* v. der nur Mauerreste mit einem Tordurchbruch freigelegt wurden.

Putz (2 km nw): Hoch über der Landquartschlucht lag auf einem Felsvorsprung s des Weilers die *Burg Castels*, die wohl um 1200 gebaut und bis ins 16./17. Jh. immer wieder erweitert und umgebaut wurde. Im 16. Jh. war sie Sitz der österreichischen Vögte und Zentrum der habsburgischen Verwaltung im Prättigau. 1622 mußte sie sich den belagernden Bündnern ergeben, die sie nach dem Frieden v. Lindau jedoch wieder aufbauen mußten. Nach dem Rückkauf der 8 Gerichte zerstörten die Talleute die Burg aber endgültig. Erhalten sind große Teile des Berings, Teile des Zwingers mit einem Schalenturm und die Untergeschosse des viereckigen Hauptturms. - Sehenswert sind das *Haus Disch-Luck* v. 1633 mit geschnitzten Tragbalken und gedrehten Dachstützen sowie das alte *Schulhäuslein* v. 1869.

Sankt Antönien (8 km nö): Die Walsersiedlung in 1420 m Höhe war stets v. Lawinen bedroht, ehe man die heutigen Verbauungen anlegte; daher finden sich an manchen aus dem 17., 18. und 19. Jh. stammenden Holzhäusern bergseits keilförmige Schutzmauern. - Ende des 18. Jh. entstand hier eine *Töpferwerkstatt*, die bis 1880 das Tal mit ihren Produkten versorgte. Das Dorf wird in letzter Zeit als Luftkurort und Wintersportplatz beliebt. - Die St. Antonius Abt geweihte Kirche gab Dorf und Tal den Namen. Ältester Bauteil der jetzt *ref. Kirche* ist der unverputzte Viereckturm, der 1493 mit achteckigem Spitzhelm und Wimpergen versehen wurde. Unter gemeinsamem, über dem Chor abgewalmtem Satteldach liegen das Rechteckschiff und der eingezogene, polygonale O-Chor. Alle Fenster sind spitzbogig und mit Fischblasenmaßwerk ausgefüllt. Über dem Schiff liegt eine hölzerne Spitzbogentonne, deren Bretter und Leisten bemalt und mit Fischblasen in Flachschnitt verziert sind. Über dem Chor liegt ein Sterngewölbe zu 2½ Jochen. Der Taufstein ist eine Kopie eines spätgot. Die Kanzel ist mit 1643 datiert. Die Holztäfelung in Chor und Schiff stammt wohl aus dem 17. Jh.; die Empore wurde 1705 eingebaut. Die 1968 aus Klosters hierhergebrachte Orgel baute um 1732 Johann Konrad Speissegger.

Maienfeld, Schloß Brandis

M

CH-7304 Maienfeld
Bez. Unterlandquart

Einw.: 1700	Höhe: 504 m	S. 254 □ E 1

Funde aus der Jungstein-, Bronze- und Eisenzeit belegen, daß die sich hier treffenden Straßen vom Bodensee und vom Walensee schon in vorgeschichtlicher Zeit begangen wurden. Am alten Rheinarm legten die Römer die Brückenstation *Magia* an, von der aus Schiffe direkt stromabwärts fahren konnten.

In karolingischer Zeit lag hier der Königshof »curtis lupinus«, aus dem sich im Mittelalter ein Dorf und schließlich im 14. Jh. die befestigte, von einem ovalen Mauerring mit 3 Tortürmen umschlossene Stadt entwickelte, die erstmals 1434 in einer Urkunde erwähnt wird. Die Herrschaft Maienfeld wechselte oft die Besitzer (vergleiche unten Schloß Brandis), bis sie 1509 die Drei Bünde loskauften. Stadtbrände (1458, 1622 und 1720) vernichteten die alte Bausubstanz, so daß die danach entstandenen Bürgerhäuser bis heute das Bild der »Stadt in den Weinbergen« prägen.

Kath. Kapelle Bruder Klaus: Der 1967 verstorbene Pfarrer und Arzt Emmenegger hat im Untergeschoß seines Wohnhauses die Kapelle gestiftet, in der heute kath. Gottesdienst abgehalten wird.

Maienfeld, Rathausplatz, Speicherhaus mit Brunnen

Ref. Kirche: Die alte, teilweise aus karol. Zeit stammende Amanduskirche wurde 1720 beim Stadtbrand zerstört, weil das in ihrem Turm aufbewahrte Pulver explodierte. Der Neubau wurde als querliegender Rechtecksaal mit Mittelgängen und dem Taufstein im Zentrum erbaut. 1968 hat man allerdings die Kanzel unter die Orgelempore an der nö Schmalseite versetzt und die Bänke in diese Richtung gestellt. Ein Walmdach deckt den Saal, an dessen SO-Seite der Viereckturm mit achteckigem Obergeschoß und Zwiebelhaube steht. Die flache Decke ist mit Régencestukkaturen, 3 Medaillons in Rahmenwerk und Blattranken v. 1734 verziert. Zur Ausstattung gehören der auch als Abendmahlstisch genutzte Taufstein (1721), die Kanzel (1721) und der Orgelprospekt (1725) für die 1879 umgebaute Orgel. Ein klassizistisches Epitaph erinnert an den 1810 in Rußland gefallenen Johann Rudolph Gugelberg v. Moos.

Schloß Brandis: Eine urspr. fast quadratische Burg mit eigenem Bering lag im SO vor der ma Stadt. Nach 1250 erbaut, erfuhr sie zwischen dem 14. und 15. Jh. Erweiterungen. Zu Beginn des 15. Jh. erfolgte der Neubau des »Neuen Schlosses« und 1465 die Errichtung der Kapelle; es folgten weitere Um- und Neubauten. Urspr. durch die Herren v. Aspermont angelegt, fielen der Besitz und die Herrschaft M. an die Meier v. Windegg, die sie 1355 an die Toggenburger verkauften. Bei einer Erbauseinandersetzung im Jahre 1437 kam M. an die Herren v. Brandis, die 1466 auch einen dem Herren v. Aarburg gehörenden Anteil erwerben konnten. 1477 schloß der Zehngerichtebund mit den Brandis ein Bündnis; diese ließen aber 1499 die Kaiserlichen in M. ein. Stadt und Schloß wurden geplündert. Nach langen Auseinandersetzungen kauften 1509 die Drei Bünde Stadt, Schloß und Herrschaft M. In den Bündner Wirren v. 1622 blieb das Schloß vom Brand verschont, wurde aber 1624 v. den abziehenden österreichischen Truppen gebrandschatzt. Nach notdürftiger Wiederherstellung saßen hier wieder die Vögte der Drei Bünde. 1799 verbrannten die im Schloß einquartierten franz. Truppen große Teile des Holzwerks. 1807 kaufte die Gemeinde das Gebäude; 1860 wurde der Bering mit Toren und Türmen geschleift. Heute in Privatbesitz.

Die Baulichkeiten bestehen aus 2 durch einen Hof getrennten, zueinander parallel liegenden rechteckigen Komplexen. Den N bestimmt der viereckige *Hauptturm* mit 6 Geschossen und einem 1906 rekonstruierten Walmdach. Im SW des 5. Stocks war ein Raum wohl vollständig mit Quaderimitation und abschließendem Zinnenkranz ausgemalt. In seiner SO-Ecke befinden sich noch figürliche *Malereien,* die eine Turnierszene (?), eine Minneszene, die Weinlese, eine Wirtshausszene mit Rauferei und Anzapfen eines Fasses sowie 5 Ereignisse aus dem Leben Simsons und 2 Kampfszenen aus der Dietrichsage (?) darstellen.
Im SW des Turms liegen Reste des »Alten Schlosses«, im NW steht ein als Restaurant genutzter neuzeitlicher Anbau wohl auf ma Fundamenten.
Der sw davon gelegene Gebäudetrakt, das »Neue Schloß«, besteht aus einer Ruine mit den Resten der Kapelle im 1. Stock, die über eine gedeckte Außentreppe zugänglich ist, und dem neuzeitlichen Wohnbau, in dessen Mauern noch ma Substanz steckt.

Rathaus: Ein ehem. Bürgerhaus wurde 1447 v. der Gemeinde angekauft und 1589 erweitert. Nach einem Brand v. 1622 wurde der Bau erneuert, erfuhr aber noch weitere Umbauten. An dem dreigeschossigen Haus fallen bes. der achteckige Treppenturm und die mit Figuren bemalte Fassade auf. Über dem Rundbogenportal befindet sich das in Stein gehauene Stadtwappen (1593). Im 1. Stock liegt die holzgetäfelte Ratsstube mit einem Turmofen v. 1724.

Von den weiteren **Bürger- und Patrizierhäusern** sind u.a. sehenswert: das Sprecher-Haus, Haus im Winkel, das Marschall-Haus, Haus Schnell, Salis-Haus, die Kuoni-Häuser und das Valentin-Haus. In den meisten v. ihnen finden sich holzgetäfelte Räume mit alten Möbeln und Öfen; einige weisen auch Stukkaturen auf.

Schloß Salenegg: In den Weinbergen oberhalb der Stadt liegt das 1604 erbaute, im 17. und 18. Jh. mehrmals erweiterte Herrenhaus. An der Rückseite des dreigeschossigen Baus ist das Treppenhaus, in der SO-Ecke steht ein Turm. Das Schlößchen ist im Besitz der Familie Gugelberg v. Moos und der Öffentlichkeit nicht zugängig.

Außerdem sehenswert: Im Steigwald wurde zur Erinnerung an Heidi, die Titelfigur der hier spielenden Romane v. Johanna Spyri, ein *Brunnen* errichtet und ein *Rundweg* angelegt.

Umgebung

Fläsch (3 km nw): An den Hängen des Fläscherbergs wurden Siedlungsreste aus der mittleren und späten Bronzezeit freigelegt; weitere Funde aus der Umgebung stammen aus der älteren Eisenzeit und der Römerzeit. - Die *ref. Kirche*, ehem. St. Nikolaus, bestand schon 1480; aus dieser Zeit stammen wohl die mächtigen Mauern des Chors, über dem sich der Turm mit achteckigem Obergeschoß und Zwiebelhaube erhebt. Das Schiff überdeckt eine flache Putzdecke. - Einmalig in Graubünden sind die traufständigen Reihenhäuser. - Das *Große Haus*, 1750 gebaut, ist ein schönes frei stehendes Bürgerhaus mit dem Adank-Wappen über der Tür und schöner Holztäfelung im Inneren. - Von der ehem. *Burg Grafenberg*, auch Mörderburg genannt, liegen w der Straße nach Luzisteig noch spärliche Reste einer Palaswand und der Umfassungsmauer. Von hier aus überspannte eine *Letzi*, eine Sperrmauer, das Tal, v. der ebenfalls geringe Reste erhalten sind.

Jenins (2 km sö): Aus der Jungstein- und Bronzezeit stammen Funde, die in dieser Gegend gemacht wurden. - Grabungen legten Reste einer frühmittelalterlichen Saalkirche mit halbrunder, aber gerade hintermauerter Apsis frei. Eine wohl roman. Kirche wird 1209 erwähnt. Der heutige Bau der *ref. Kirche* besteht aus dem 1470 errichteten Chor und dem 1745 vergrößerten Langhaus sowie dem Turm mit achteckigem Obergeschoß und Zwiebelhaube aus dieser Zeit. Der polygonale O-Chor mit Kreuzrippengewölbe ist nach S verschoben. Das noch roman. Untergeschoß des Turms steht an der N-Seite des Chors und ragt zur Hälfte in das flachgedeckte Langhaus. Der Verschiebung des Chors paßt sich das gemeinsame, gebrochene Satteldach an. Kanzel und Taufstein stammen v. 1745. An der s Außenwand des Schiffs sind Grabsteine aus dem 17., 18. und 19. Jh. aufgestellt. - *Patrizierhäuser* aus dem 17. und 18. Jh. sind die beiden Sprecher-Häuser und das Haus des Obersten Salis mit Holztäfelung und alten Öfen. - Die *Burgruine Neu-Aspermont* im O des Dorfs besteht aus den imposanten Ruinen des siebengeschossigen Turms, des Palas, zweier Zwinger und des Berings, die zusammen einen dreieckigen Grundriß bilden. Die bereits 1120 erwähnte Burg war Stammsitz der Herren v. Aspermont. 1536 kauften sie die Drei Bünde mit der Herrschaft Aspermont, ehe sie gegen Ende des 17. Jh. verfiel.

Sankt Luzisteig (3 km n): Funde aus der Jungstein- und Bronzezeit sowie zahlreiche röm. Funde belegen die frühe Besiedlung des wichtigen Passes, der im MA stark befestigt war. Die heute hier sichtbaren Festungsbauten stammen allerdings aus dem 18. und 19. Jh. - Die kleine *Kirche St. Luzius* wird bereits 831 urkundlich erwähnt und war die Mutterkirche der Gesamtgemeinde M.-Fläsch. Der Bau v. 1457 wurde 1621 v. Truppen des kaiserlichen Obersten Baldiron verwüstet, aber 1645 wiederhergestellt. An das einschiffige Langhaus schließt sich im S der eingezogene, polygonale Chor an. An der W-Seite des Schiffs erhebt sich der Turm, dessen mit einem Satteldach versehenes Obergeschoß nach außen vorkragt. Ein Treppengiebel schließt die N-Fassade ab. Chor und Schiff liegen unter einem Satteldach. Den Chor überspannt ein Netzgewöl-

Maienfeld, Schloß Salenegg

be mit Rauten- und Sternfiguration, seine 3 Spitzbogenfenster sind maßwerkverziert. Fragmentarische *Wandmalereien* des 14. Jh. fanden sich im Turm und in einer Nische an der n Schiffswand.

CH-7451 Marmorera Bez. Albula		
Einw.: 50	Höhe: 1722 m	S. 258 □ E 3

In der Umgebung wurden mehrere Eisenverhüttungsanlagen aus der Eisenzeit gefunden.
Der alte, bereits 831 erwähnte Ort liegt am Grund des 1954 aufgestauten Sees.

Kath. Kapelle: In Neu-M. erbaute Anton Guetg 1963–64 das kleine Kirchlein. Der Barockaltar ist aus den Seitenaltären (um 1700) der versunkenen Kirche zusammengesetzt. Eine Mosaikwand v. Johann Jakob Zemp schildert Szenen aus dem Leben des hl. Florinus.

Burgruine Marmels: Über dem w Ufer des jetzigen Stausees, urspr. also hoch über dem Juliatal, lag auf 2 Felsstufen der Sitz der Herren v. Marmels. Die Grottenburg war im 11. Jh. (?) gebaut worden und wurde erst Ende des 16. Jh. verlassen. Erhalten sind mit Ausnahme der Kapellenruine nur geringe Mauerreste, darunter spärliche Teile des Wohntrakts.

Umgebung

Mulegns im Oberhalbstein (3 km nw): Von einer 1520 in Mühlen, so der dt. Ortsname, erwähnten Kirche ist nichts mehr erhalten. Die jetzige *kath. Pfarrkirche St. Gaudentius* geht auf einen Neubau v. 1602 zurück, der 1643, 1663 und 1666 z. T. durchgreifende Umbauten erfuhr. An das Langschiff schließt im O der dreiseitig geschlossene Chor ohne Einzug an. 2 Seitenkapellen im N und S des Schiffs wirken wie ein Querschiff. Das ehem. Beinhaus an der S-Seite des Schiffs dient heute als Mater-dolorosa-Kapelle. Der Turm steht an der Chor-N-Seite; er hat eine mit Pilastern besetzte Glokkenstube, ein achteckiges Obergeschoß und eine kuppelartige Haube. Der zweigeschossige Hochaltar mit den Statuetten der hll. Gaudentius und Franziskus ist mit 1727 datiert, sein Tabernakel hat die Form eines Tempels. Die Seitenaltäre stammen aus der Zeit um 1740. – Unterhalb des Dorfs befindet sich ein *Bildstock*, ein weiterer am Eingang des Val da Faller, in dem weiter oben

Mulegns (Marmorera), St. Gaudentius

Sur (Marmorera), Ruine Spliatsch

bei **Tga** (8 km nw) die *Barockkapelle Mariä Heimsuchung* steht. Sie besteht aus einem tonnengewölbten Schiff und einem eingezogenen, gerade geschlossenen Chor mit Kreuzgewölbe. Das beachtenswerte Altarblatt (um 1760) stellt die Heimsuchung dar.
Rona (8 km n): Die Verlegung der Paßstraße im 19. Jh. hat zur Bildung zweier Ortsteile geführt, dem Altdorf am alten Paßweg und dem Neudorf an der heutigen Autostraße. - Die *kath. Kirche St. Anton und Leonhard* wurde nach Niederlegung eines ma Baus 1626 errichtet. An das Schiff schließen sich im N der quadratische Chor und in der Mitte der W-Seite eine rechteckige Seitenkapelle an. Der mit Ecklisenen besetzte Viereckturm trägt ein Zeltdach. Die Fassade ist durch Pilaster in 6 rechteckige Felder und das dreieckige Giebelfeld gegliedert. Den Chor überspannt ein Kreuzgratgewölbe, das Schiff ein dreijochiges Tonnengewölbe, in das die Tonne über der Kapelle einschneidet. Der Hochaltar mit Rocailledekor und den Statuetten der hll. Antonius Abt, Franziskus und Blasius stammt v. 1760, der seitliche Ädikula-Altar aus Stuck v. 1660; der Kapellenaltar ist modern.
Sur im Oberhalbstein (5 km n): Die *kath. Pfarrkirche St. Katharina* ist ein barocker Neubau v. 1663, der ma Unterbau des Turms stammt vielleicht v. einer Vorgängerkirche. In der Anlage ist sie ein Spiegelbild der Kirche v. Rona; Schiff mit Seitenkapelle im S, quadratischer Chor im O, dazu kommt ein Sakristeianbau v. 1787 an der S-Seite v. Chor und Schiff. Der Turm trägt über der Glockenstube einen achteckigen Aufbau mit Zeltdach. Der hölzerne Hochaltar stammt v. 1663, die beiden Seitenaltäre datieren v. 1700. Das Altarblattgemälde in der Kapelle zeigt das Jüngste Gericht. - Die *Alp Flix* liegt auf fast 2000 m Höhe. Im 17. und 18. Jh. wurde die *kath. Kapelle St. Plazidus und St. Rochus* gebaut. An das rechteckige Schiff schließt sich im O ein eingezogener quadratischer Chor an, beide liegen unter Tonnengewölben. An die Kapelle angebaut ist eine Pfarrerwohnung. Auf dem w Giebel des Satteldachs steht ein offenes Glockenjoch. Der Altar mit einer Darstellung der beiden Patrone und der v. Engeln begleiteten Muttergottes auf dem Blatt stammt v. 1660. - An der Brücke v. *Furnatsch* sw v. Sur steht eine offene *Wegkapelle* mit einer Statuette des hl. Rochus aus der Zeit um 1515. - Von der *Burg Spliatsch*, 1160 erstmals erwähnt und im 16. Jh. aufgegeben, ist außer wenigen Resten des Berings und eines Torbaus noch die Ruine des dreigeschossigen Wohnturms mit Hocheinstieg erhalten.

CH-6563 Mesocco/Misox
Bez. Moësa

Einw.: 1140	Höhe: 791 m	S. 256 □ C4

Der Hauptort des oberen Misox setzt sich aus mehreren Siedlungskomplexen zusammen. Erst nach dem Ausbau der San-Bernardino-Paßstraße im frühen 19. Jh. entwikkelte er sich zum Straßendorf.

Kath. Pfarrkirche SS. Pietro e Paolo: Die Pfarrkirche der ausgedehnten Gemeinde erhebt sich in herrlicher Höhenlage im Ortsteil Cremo. Nachdem sie 1611 zur Pfarre erhoben worden war, fand eine weitgehende barocke Erneuerung statt: Anbau der s Seitenkapelle 1611, Neubau des Chores 1626, Umgestaltung des Langhauses 1638, n Seitenkapelle 1773-83. Grabungen haben als Kernbau der heutigen ungegliederten Barockkirche eine v. 2 Apsiden begleitete Saalkirche wahrscheinlich des 13. Jh. nachge-

Mesocco, SS. Pietro e Paolo, Treppe

Mesocco, SS. Pietro e Paolo

wiesen. Der schlanke Turm zwischen Langhaus und N-Kapelle ist im Unterbau noch ma, der Aufbau mit 2 Glockengeschossen wurde in der 1. Hälfte des 17. Jh. ausgeführt, die Zwiebelhaube datiert aus der Zeit um 1720–30.

Im Schiff findet man eine Balkendecke v. 1459, unter der Empore auf Arkaden ein Zwillingsgewölbe. Den Chor schmücken süddt. Régencestukkaturen und Bildreliefs: Am Kreuzgewölbe die Evangelisten und Szenen aus der Geschichte der Apostelfürsten, an der N-Wand das Abendmahl, am Chorbogen eine Verkündigungsgruppe. Die *spätgot. Wandmalereien* hinter den Seitenaltären sind vielleicht Werke des Meisters Lombardus aus Lugano aus dem 3. Viertel des 15. Jh. (Heilige, Engel, thronende Muttergottes und Gnadenstuhl). Weitere Malereien in der S-Ecke und in einer seitlichen Apsidiole (Schmerzensmann, die hll. Sebastian, Katharina und Barbara, Geburt Christi) datieren aus dem frühen 16. Jh. Der Stuckhochaltar aus der Zeit um 1720 enthält ein Gemälde der Befreiung Petri (um 1620), die Stuckseitenaltäre entstanden um 1620–30, das Chorgestühl mit geschraubten Dorsalsäulen um 1680.

In den tonnengewölbten Seitenkapellen stehen Altäre aus der Mitte des 19. Jh., die N-Kapelle besitzt ein Gemälde der Muttergottes v. Antonio de Rastellini. Gerippter Taufstein aus weißem Marmor (um 1610–20), Gemälde der Dornenkrönung v. 1610. In der Sakristei befinden sich eine Breslauer Monstranz (1717) sowie ein reicher Barockkelch (Anfang 18. Jh.) und ein voller Ornat (um 1730).

Kath. Kirche S. Rocco: Die vermutlich im frühen 16. Jh. erbaute, ungegliederte Barockkirche ist seit 1668 Kapuzinerhospiz. Die beiden vorderen Kapellen wurden 1671 errichtet, um 1720–30 verlängerte man das Schiff und erbaute die beiden hinteren Seitenkapellen. Der halbrund geschlossene Mönchschor entstand in neuerer Zeit. An der w Langhausseite erhebt sich ein Turm mit achteckigem Aufsatz und Pyramidenhelm. Das Kreuzgewölbe des Chores zeigt stark übermalte Deckengemälde des Francesco Antonio Giorgioli (†1725): Hl. Dreifaltigkeit mit Heiligen und Szenen aus dem Leben des hl. Rochus. Der Stuckhochaltar (um 1700) mit Säulengruppe und Segmentbogen wird v. Kapzineremblemen bekrönt, das Gemälde der Muttergottes mit den hll. Rochus und Antonius datiert v. 1677. Die Stuckaltäre im vorderen Kapellenpaar schuf Giulio Broggio 1673–74, in den beiden hinteren Kapellen befinden sich Régence-Altäre. Die Sakristei bewahrt ein altes Altarbild (1639) des Mathis Chefeler.

Kath. Pfarrkirche S. Maria del Castello: Vermutlich anstelle einer frühmittelalterlichen Anlage wurde die ehem. Pfarrkirche unterhalb der Burg vielleicht um 1100 neu erbaut. 1627 führte Giovanni Battista Viscardi die Verlängerung des Langhauses nach O und den Neubau des Chores durch. Die Fassade zeigt ein großes Christophorusgemälde (um 1459). Den sechsgeschossigen roman. Turm mit Zeltdach an der S-Seite des Schiffs gliedern Rundbogenfriese zwischen Ecklisenen und gekuppelte Rundbogenfenster. An seiner S-Seite befindet sich ein got. Arcosolium (Senkgrab in der Wand mit bogenüberwölbter Nische) mit Johanniterkreuz im Scheitelstein; es diente später als Beinhaus. Die Leistendecke des Langhauses dürfte v. 1627 datieren, sie wurde 1727 v. Johannes Sepp bemalt. Das Kreuzgewölbe des Chores schmücken Stukkaturen mit Medaillonreliefs und Régence-Ornamenten (um 1720).
Die bedeutenden *spätgot. Wandgemälde* bestehen an der N-Wand des Schiffs aus 3 Bilderstreifen v. 1459, möglicherweise v. Cristoforo und Nicolao da Seregno: oben Passionsszenen, in der Mitte Heiligendarstellungen und unten 12 Monatsbilder. An der S-Wand ist der Rest eines Abendmahls aus der Zeit um 1570–80 zu sehen. Den Stuckhochaltar wahrscheinlich aus der 1. Hälfte des 19. Jh. ziert ein Muttergottesbild (1634) des Mathis Chefeler. Das Chorgestühl mit gewellten Pilastern datiert aus der Zeit um 1730. Die beiden Altäre neben dem Chorbogen entstanden um 1630–40, im linken, dem Dreikönigsaltar, ein Epiphaniebild vielleicht des Mathis Chefeler, im rechten, dem Johannesaltar, eine Taufe im Jordan. Direkt auf die Wand über dem s Kreuzaltar wurden in der

San Bernardino (Mesocco), kath. Kirche

2. Hälfte des 16. Jh. die Muttergottes und die hl. Katharina v. Siena gemalt. Kanzel mit Intarsienranken v. 1730.

Castello Mesocco: Heute eine der eindrucksvollsten Ruinen des Landes. Die frühmittelalterliche Burg – herrlich auf einem Felsen, den die Moësa in einer Schleife umfließt, gelegen – wurde im 11. und 12. Jh. v. den Herren v. Sax ausgebaut. Die Anlage diente als Sperrfort zur Überwachung des San Bernardino und wurde im frühen 15. Jh. wehrtechnisch erneuert. 1483 verkauften die nunmehrigen Grafen v. Sax-Misox die Festung an die mailändische Familie Trivulzio, um die gleiche Zeit ging die Talschaft an die Drei Bünde (Graubünden) über, die 1525 die Räumung und planmäßige Schleifung der Burg durchsetzten (sie befürchteten hier einen Stützpunkt der Mailänder). Den Bergfried hat erst 1835 ein Blitzschlag zerstört.
Die Ruine, in ihrem Bestand seit 1925–26 gesichert, besteht aus 3 Wehrabschnitten: Vom Vorwerk mit einbezogener Kirche

S. Maria sind nur wenige Mauerreste erhalten; den großen Burghof umschloß eine starke Ringmauer mit 5 verschiedenen Türmen; an seiner SW-Seite befand sich die teilweise erhaltene »Rocca«, ein selbständiges, bewehrtes Gebäudeviereck mit Bergfried, Palas, Nebengebäuden und Zisterne. Nördlich des Palas stehen noch die Umfassungsmauern der Kirche S. Carpoforo; dem kleinen Saal des 11. Jh. mit flach hintermauerter, hufeisenförmiger Apsis war im 8. Jh. oder früher ein Vorgängerbau vorausgegangen. Zu sehen ist noch das Fundament der n Schiffswand. Der in der Nähe der NW-Ekke des Schiffs frei stehende Kampanile vermutlich des 11. Jh. ist im Unterbau mit Blendfeldern und dreiteiligen Rundbogenfriesen, in den 5 Obergeschossen mit gekuppelten Rundbogenfenstern gegliedert und schließt mit einem stumpfen Zeltdach.

Außerdem sehenswert: *Haus Nr. 75* könnte um 1500 v. den Trivulzio erbaut worden sein, später kam es in den Besitz der à Marca. Den ungegliederten Bau mit Holzlauben in den Obergeschossen schmückt an der Fassade ein Gemälde der Muttergottes v. 1666. – Die *Casa di Maggiorasca* oder das *obere à-Marca-Haus* (Nr. 93) wurde 1597 vermutlich für Giovanni à Marca erbaut; es ist ein dreiachsiger kubischer Bau mit rundbogigem Rustikaportal und bekrönenden Balustern. – Das *untere à-Marca-Haus* erbaute 1668 wahrscheinlich Hauptmann Carlo à Marca.

Umgebung

San Bernardino (14 km n): In weiten Schleifen und über formschön gespannte Viadukte führt die prachtvoll ausgebaute N 13 zu dem über 1600 m hoch gelegenen Dorf, dessen *Kapelle S. Bernardino* Ort und Paß den Namen gab. Sie wurde um 1450 unmittelbar nach der Heiligsprechung des Bernardino da Siena erbaut. Die Einwölbung erfolgte wohl im 17. Jh., in der 1. Hälfte des 18. Jh. fand eine Verlängerung nach W statt. An der N-Seite des Schiffs erhebt sich ein nie-

Müstair, Benediktinerinnenkloster

derer Turm mit Zeltdach, an die S-Seite schmiegt sich eine kleine Sakristei. Das w Schiff überspannt eine flache, dekorativ bemalte Holzdecke, das ö Schiff deckt eine Tonne, den Chor ein Kreuzgewölbe. Innen an der S-Wand sind die Figuren der hll. Sebastian und Bernardino heute stark übermalt. – Die *kath. Kirche S. Bernardino* wurde 1867 als imposanter Rundbau nach dem Vorbild v. S.Carlo in Mailand errichtet. – Der *San-Bernardino-Paß* wurde schon zur Römerzeit benützt; um 1820, als die Straße v. Richard Lanicca neu angelegt wurde, entstand in 2063 m Höhe das Hospiz, ein kubisches Steinhaus ital. Gepräges.

CH-7537 Müstair/Münster
Bez. Münstertal

Einw.: 700	Höhe: 1248 m	S. 254 □ H3

Die kleine Stadt mit dem wegen seiner Wandmalereien äußerst bedeutsamen Kloster gab dem ganzen Tal den Namen.

Benediktinerinnenkloster St. Johannes Baptist: Der Tradition nach gründete hier Karl d. Gr. um 780–90 einen Benediktinermännerkonvent. Das Kloster wird 805 erstmals urkundlich mit dem Namen »Tuberis« erwähnt, der als Taufers bzw. Tubre später auf das nahe gelegene Südtiroler Grenzdorf überging. 881 v. Karl dem Dicken dem Bischof v. Chur überlassen; seit 1163 ist ein Frauenkloster nachweisbar. Ein Hostienwunder führte im 13. Jh. zu einem neuen Aufschwung, Schwierigkeiten waren zur Zeit der Reformation und des Franzoseneinfalls 1799 zu überwinden; seit 1819 nur noch Priorat.
Klosterkirche: Die aus der Gründungszeit datierende Kirche war urspr. ein flachgedeckter, einschiffiger Saal mit 3 Apsiden, wurde 1489–92 in eine spätgot. dreischiffige Halle unterteilt und nach Brandschaden des Daches 1499 neu geweiht 1502. 1758 wurde die Heiligblutkapelle neu erbaut, 1878–79 erhielten die Apsiden, die S- und W-Wand neugot. Spitzbogenfenster. 1947–52 leiteten Linus Birchler und Walther Sulser die Ab-

Müstair, Klosterkirche, romanische Wandmalereien in der Nordapsis

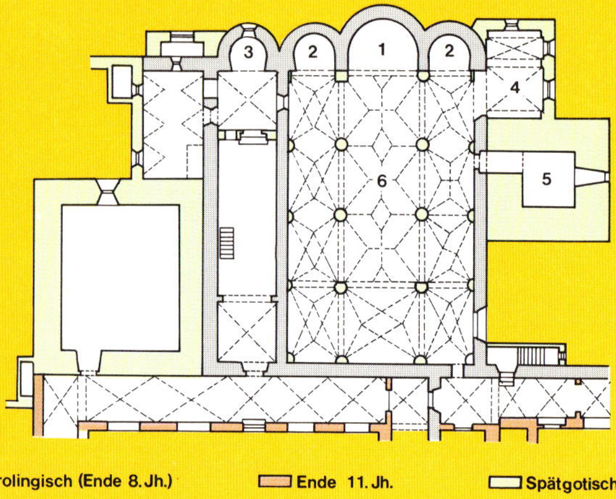

Müstair/Münster, Klosterkirche **1** Mittelapsis **2** Seitenapsiden **3** Seitenschiffähnlicher Nebenraum mit Apsis **4** Heiligblutkapelle **5** Turm **6** Dreischiffige Halle

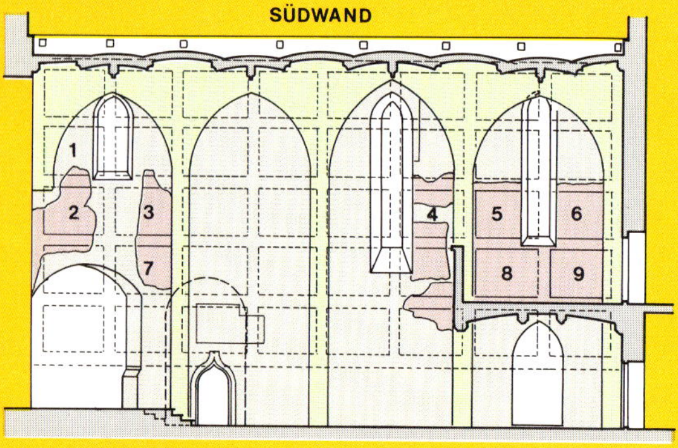

Müstair/Münster, erhaltene Fresken an der S-Wand der Klosterkirche **1** Verkündigung **2** Christus und Johannes d. T. **3** Taufe Christi **4** Auferweckung des Lazarus (?) **5** Wunder Christi im Kreise der Apostel **6** Heilung des Knechts des Hauptmanns **7** Erweckung des Jünglings v. Naim (?) **8** Abendmahl **9** Fußwaschung

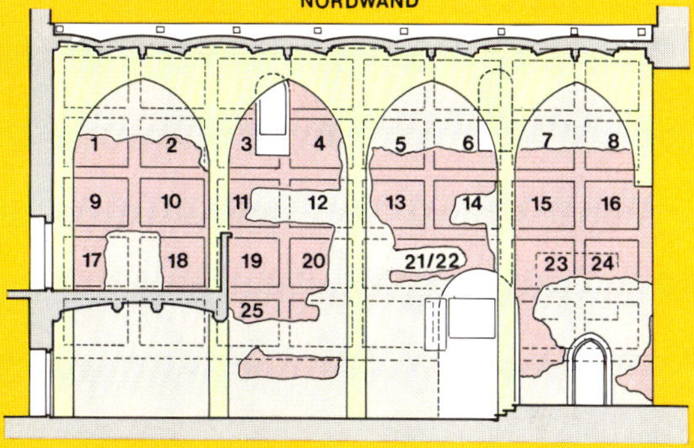

Müstair/Münster, erhaltene Fresken an der N-Wand der Klosterkirche **1** Rückkehr der Drei Könige **2** Darstellung im Tempel **3** Traum Josefs **4** Flucht nach Ägypten **5** Kindermord **6** Christus unter den Schriftgelehrten **7** Auffindung im Tempel (?) **8** Predigt des Johannes **9** Heilung der beiden Blinden **10** Heilung des Taubstummen **11** Brotvermehrung **12** Verklärung Christi **13** Heilung des blutflüssigen Weibes **14** Sturm auf dem Meer **15** Christus und die Kinder **16** Christus und die Ehebrecherin **17** Christus am Ölberg **18** Judaskuß und Gefangennahme **19** Christus vor Hannas und Kajaphas **20** Christus vor Pilatus **21/22** Kreuzigung **23** Christus in der Vorhölle **24** Auferstehung (Engel am Grab) **25** Gekreuzigter (Petrus oder Andreas)

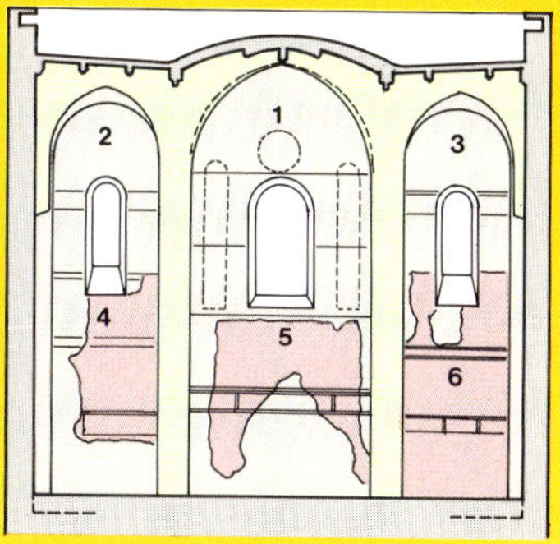

Müstair/Münster, erhaltene Fresken an der W-Wand der Klosterkirche **1** Jüngstes Gericht

Müstair/Münster, erhaltene Fresken an der O-Wand der Klosterkirche **1** Majestas Domini **2** Gesetzesübergabe an Petrus und Paulus **3** Gemmenkreuz mit Rundbildern, in der Mitte Christus, r und l Petrus und Paulus, oben Engel, unten Maria (Ecclesia?), darunter die Evangelistensymbole **4** Szenen aus dem Leben der Apostel Petrus und Paulus **5** Szenen aus dem Leben Johannes' d. T. **6** Szenen aus dem Leben des Erzmärtyrers Stephanus

deckung und Restaurierung der karol. und roman. Fresken. – Die halbrunde Mittelapsis flankieren 2 leicht zurücktretende, hufeisenförmige Seitenapsiden. Im N gehört eine 4. Apsis zu einem heute unterteilten Nebenraum entlang der ganzen Kirche, anstelle des s entsprechenden Raumes stehen heute die Heiligblutkapelle und der spätmittelalterliche viergeschossige Turm mit flachem Satteldach aus der Zeit um 1557. Das Äußere ist mit einfachen Blendbogenarkaden gegliedert, die an den Schiffswänden wegen der ehem. seitenschiffähnlichen Anbauten erst in den oberen Teilen zutage treten. An den Apsiden und der N-Seite haben sich Reste des ehem. Traufgesimses erhalten. – Im *Inneren* teilen 3 spätgot. Rundpfeilerpaare den Raum in eine dreischiffige vierjochige Halle. Das Mittelschiff besitzt ein Rautengewölbe, die Seitenschiffe Sterngewölbe, die Apsiden sind mit Halbkuppeln eingewölbt. Die gesamte spätgot. Gewölbemalerei entstand kurz nach dem Umbau v. 1492 und zeigt in den Zwickeln Rankenwerk und Blüten, in der mittleren Gewölbekappe Stifterwappen. – Der außerordentlich umfangreiche Zyklus der *karol. Wandmalerei* stammt vermutlich v. einem Meister aus einer oberital. Schule wohl aus der Zeit um 800; er wurde wahrscheinlich um 1498 erstmals übertüncht und erst 1947–52 freigelegt. Alle Wände, die Apsiden, wahrscheinlich auch die Decke waren völlig mit Malereien überzogen. Die Langhauswände sind durch ein System v. blattumwundenen Stäben gleichmäßig in rechteckige Bildfelder geteilt, die W-Wand und die Apsiden in Bildstreifen. Der Erhaltungszustand ist unterschiedlich, die oberste Farbschicht und damit die feine Modellierung ist bei den meisten Bildern verlorengegangen, bis auf geringe Reste auch die in weißer Schrift gemalten Bildlegenden (tituli). Farblich werden die Darstellungen heute v. Rottönen beherrscht, erweitert durch Dunkelgrün, Okker und ein jetzt stark verblaßtes Blau. Eindrucksvoll sind die schwungvolle, großzügige Pinselführung und die klare, spannungsreiche Komposition. Der christologische Zyklus ist v. der S-Wand, die W-Wand überspringend (nur der oberste, heute im Schweiz. Landesmuseum in Zürich befindliche Fries mit der Davidsgeschichte war ringsum geführt), zur N-Wand in Streifen von l nach r zu lesen, dann wird mit der

nächsten Reihe an der S-Wand die Erzählung weitergeführt. Die je 4 Bilderreihen an den beiden Langhausseitenwänden schildern das Leben Jesu v. der Verkündigung bis zur Himmelfahrt. Die Chorpartie feiert den Triumph Christi und seiner Kirche, an einigen Stellen in den Apsiden z. T. unter hervorragenden roman. Malereien aus dem 3. Viertel des 12. Jh. verborgen, die aber dieselben Themen behandeln. Die W-Wand wird v. einer Darstellung des Jüngsten Gerichts eingenommen, der ältesten monumentalen Gestaltung dieses Themas, die erhalten ist. – Neben den Wandmalereien verdienen einige *Stuckarbeiten* Beachtung, die neuerdings auch in karol. Zeit datiert werden, aber doch wesentlich später entstanden sein dürften. Die lebensgroße Stuckstatue Karls d. Gr. (unter einem spätgot. Baldachin v. 1488) könnte um 1165, der Zeit seiner Heiligsprechung, geschaffen worden sein; das Stuckrelief der Taufe Christi an der N-Wand datiert vermutlich aus der Zeit vor 1087. – Die Kirche besitzt ferner einen schönen frühbarocken *Hochal-*

Müstair, Klosterkirche, Martyrium v. Petrus und Paulus

tar (um 1630) mit der Rosenkranzübergabe an Ordensleute, umgeben v. den Reliefs der Rosenkranzgeheimnisse, im Schrein; In der 1758 neu erbauten Heiligblutkapelle befindet sich ein *Rokoko-Altar* (1767), der als Antependium eine karol. Marmorplatte, eine außerordentlich qualitätvolle Flechtwerkplatte, enthält. Sie dürfte aus der Gründungszeit des Klosters datieren und war wahrscheinlich einst Teil einer Altarschranke.

Klostergebäude: Die Anlage am O-Rand des Dorfes besteht aus 2 vor der W-Front der Kirche nebeneinander liegenden Klosterhöfen und einem w Vorhof, der trapezförmig v. Mauern, Tortürmen und Nebengebäuden umgeben ist. Wohl auf einen Neubau nach dem Brand v. 1079 zurückgehend, wurden im S karol. Gebäude nachgewiesen, im S vermutet. Im Spät-MA, bes. unter Angelina v. Planta (1479–1510) und Barbara v. Castelmur (1511–29), fand die bauliche Erneuerung statt: Türme, Einwölbung des Kreuzgangs, Anlage der oberen Stockwerke, Ausbau des N-Flügels. Vom 17. bis zum 19. Jh. wurde das Innere weiter ausgebaut, man errichtete Abtei und Refektorium neu und erbaute das Töchterpensionat an der S-Seite. Der sog. Planta-Turm an der N-Seite der Kirche und die n und s Tortürme (diese mit roman. Kern) datieren aus der Spätgotik. Den W-Trakt schmücken ein malerischer Erker und eine Freitreppe. – Die *Doppelkapelle St. Ulrich und Nikolaus* im W-Flügel der Klausur ist möglicherweise 1087 (oder früher) erbaut worden, die Einwölbung fand um 1626 statt. Die untere Ulrichskapelle ist im Schiff kreuzgratgewölbt, die hervorragenden *Gewölbestukkaturen* des Chores mögen um 1160 entstanden sein (auch hier wird neuerdings eine karol. Datierung vorgeschlagen). Sie zeigen Engelreliefs und antikisierende Ornamentbänder aus Akanthus, Trauben und Palmetten. – Die unter der Äbtissin Ursula III. Karl v. Hohenbalken (1639–66) im gleichen Trakt entstandene *Bischofswohnung* ist z. T. mit Wandmalereien geschmückt und besitzt 2 spätgot. Holzreliefs der Verkündigung und der Heimsuchung aus der Zeit um 1520

Müstair, Klosterkirche, karolingische Malerei in der Mittelapsis

in der Art des Jörg Kändel. - *Klostermuseum* mit karol. Marmorfragmenten.

Heiligkreuzkapelle: An der Straße s der Klosterkirche erhebt sich der malerische Bau aus der Zeit um 1160, die einzige noch erhaltene roman. Kreuzkonchenanlage der Schweiz, mit hufeisenförmigen Konchen über kleeblattförmigem Grundriß. 1499 beschädigt und 1520 wiederhergestellt; die Umwandlung in eine Doppelkapelle fand wohl erst um 1700 statt. Rundbogige Blenden, tiefer und schmäler als die der Klosterkirche, gliedern den Außenbau, über der W-Front erhebt sich ein gemauertes Glockenjoch. Die Oberkirche ist durch eine ungewöhnlich phantasievolle spätgot. Felderdecke v. 1520 abgeschlossen, mit reizvollen Flachschnitzereien aus Akanthus, geometrischen Formen und Narrenkopf mit Schellenkappe.

Außerdem sehenswert: Der hohe ungegliederte Giebelbau des *Kapuzinerhospizes* an der Straße w des Klosters wurde 1709 v. Kapuzinern aus der Provinz Brescia, die seit 1696 die Seelsorge in M. übernommen hatten, gegr. Im Erdgeschoß befindet sich die rechteckige Kapelle Sta. Maria v. Caravaggio, deren modernisierter Altar Figuren nach dem Vorbild des Wallfahrtsbildes der Madonna v. Caravaggio (Brescia) enthält. - Die spätgot. *Kapelle St. Sebastian* im Oberdorf wurde 1510 errichtet und erhielt den Turm mit Zeltdach an der Eingangsseite vielleicht 1726. Die spätgot. Wandmalereien mit dem hl. Christophorus und den Pestheiligen Rochus und Sebastian liegen z. T. unter dem heutigen Bodenniveau; sie dürften um 1513 geschaffen worden sein. - Der Hausname der *Chasa Chalavaina* (Nr. 24) erinnert an die Schlacht am Calven (1449), wo die Bündner ein österreichisches Heer besiegten. Das heutige Aussehen des im Kern ma Giebelhauses mit Altan und offenem Dachstuhl geht auf einen Umbau um 1500 zurück. - *Haus Nr. 55* schmücken spätgot. Fassadenbilder (die Muttergottes zwischen den hll. Jakobus und Sebastian sowie eine Kreuzigung) v. 1467, stark übermalt. -

Das *Salis-Haus* (Nr. 86) im Oberdorf wurde um 1690 erbaut.

O

CH-7134 Obersaxen Bez. Glenner		
Einw.: 620	Höhe: 1302 m	S. 252 □ C3

Die Hochterrasse südlich des Vorderrheins wurde möglicherweise schon im 12. Jh. von Walsern besiedelt. Zu der ausgedehnten Gemeinde gehören die für die Walser charakteristischen verstreut liegenden Höfe und Weiler.

Kath. Pfarrkirche St. Peter und Paul (Meierhof): Die 831 erwähnte Kirche wurde 1904 v. Balthasar Decurtins im neuroman. Stil erbaut, unter Beibehaltung des roman. Turms mit Blendbogen und gekuppelten Schallfenstern; der achteckige Spitzhelm über Wimpergen war 1689 entstanden. Im Inneren ist der Bau neubyzantinisch ausgestattet. In der Sakristei wird eine thronende Muttergottes aus der Zeit um 1400 aufbewahrt.

Kapelle St. Georg (Meierhof): Die im frühen 17. Jh. erbaute Kapelle enthält einen ausgezeichneten *spätgot. Flügelaltar* der Strigel-Werkstatt aus der Zeit um 1489 (aus der Pfarrkiche); im Schrein die Muttergottes mit den hll. Katharina und Magdalena, auf den bemalten Flügeln die hll. Barbara und Margareta sowie die beiden Johannes.

Müstair, Klosterkirche, Karl der Große

Umgebung

Miraniga (0,5 km sö): Die *Kapelle St. Sebastian*, ein Saalraum mit Holztonne und dreiseitig geschlossenem, eingezogenem Chor, wurde laut Inschrift im Jahre 1705 erbaut. Aus der Bauzeit datieren auch die schönen Wandmalereien des Johann Jakob Rieg. Das Altarblatt malte Fridolin Eggert im Jahre 1688.

Sankt Martin (3 km w): Ein um 1500 neu errichteter Chor, das 1874 verlängerte Langhaus und der barocke Turm v. 1768 mit Zwiebelhaube charakterisieren die *kath. Filialkirche*. Das Schiff überdeckt eine stichbogige Gipstonne, das spätgot. Chorpolygon besitzt ein Sterngewölbe aus Tuff, die Anfänger sind mit Schildchen und Fratzen verziert. Der Hochaltar datiert aus der Zeit um 1740, das Tabernakel aus der Zeit um 1760. Rosenkranzaltar und n Altar entstanden um 1720, die Kanzel um 1770. Das Kruzifix am Chorbogen wurde im 17. Jh. geschaffen.

P

CH-7417 Paspels Bez. Heinzenberg		
Einw.: 300	Höhe: 780 m	S. 252 □ D2

Aus römischer Zeit wurden Münzen gefunden. Erstmals erwähnt wird das Dorf als *villa Pacuals* 1237; es gehörte den Herren von Vaz. Mit 7 anderen Orten des äußeren Domleschg wurde Paspels 1596 eine selbständige Gemeinde.

Kath. Pfarrkirche St. Johann Baptista: 1662 wurde die erste Kirche im Dorf gebaut. 1846 errichtete man im rechten Winkel zu ihr einen Neubau. Dabei wurde das ehem. Schiff zum Chor und der ehem. Chor zur Sakristei. Der 1770 erhöhte oder neu gebaute Vierecktürm mit Wimpergen und Spitzhelm steht an der S-Seite des Chors. Renovierungen wurden 1923 und 1962 durchgeführt.
Der *Hochaltar* stammt wohl v. 1662; sein Altarblatt zeigt Johannes d. T. und den hl. Antonius v. Padua anbetend vor der in den Wolken schwebenden und v. Engeln begleiteten Muttergottes. Das vorzügliche Gemälde (um 1670) stammt aus Oberitalien. Der *Rosenkranzaltar* mit einem Bild des hl. Aloysius wurde aus Compadials, der *Altar der Mater dolorosa* mit den hll. Petrus und Paulus vor Maria aus Truns erworben; beide Altäre stammen vom Ende des 17. Jahrhunderts.

Kirchenkastell Sogn Lorengn (St.-Lorenz-Kapelle): Außerhalb des Dorfs, auf einem nach 2 Seiten steil abfallenden Felskopf, befand sich eine *Fluchtburg*. Teile ihrer Ringmauer konnten freigelegt werden. Eine roman. zweischiffige Hallenkirche mit Apsis aus dem 11. Jh. war die Mutterkirche der rechten Talseite des Domleschg. Sie erfuhr im 13. Jh. einen gründlichen Umbau. Dabei wurden die Gewölbe ausgebrochen, die Apsis wurde durch einen querrechteckigen Chor ersetzt und der Turm vor der S-Seite errichtet. Schiff und Chor liegen heute unter Flachdecken, jedoch sind die ehem. Pfeiler und Vorlagen im Schiff noch zu erkennen. Neben dem Vierecksturm befinden sich an der Außenseite des Schiffs noch 2 Bogen einer Blendarkade vom Vorgängerbau. Durch das Untergeschoß des v. einem Zeltdach bekrönten Turms führt ein Eingang zur Kirche. Chor und Schiff liegen unter Satteldächern. *Spätroman. Wandmalereien* befinden sich im Chor. Sie zeigen die Majestas Domini mit den Symbolen der 4 Evangelisten und die Apostel, in der Laibung des ö Chorfensters die Opfer Kains und Abels sowie in der Sockelzone Reste einer Epiphanie und Szenen aus dem Leben des hl. Laurentius.

Paspels, Kirchenkastell Sogn Lorengn

Paspels, Sogn Lorengn, Wandmalereien

Malspuren am Chorbogen sind nicht zu deuten. Im Altarsepulcrum fand man u.a. ein silbernes Reliquiar (5. Jh.?) und eine Reliquienbüste aus Hirschhorn (8. Jh.), die im Dommuseum in Chur aufbewahrt werden. An der W-Wand hängt der Abguß eines röm. Marmorgrabsteins; das Original (heute im Rätischen Museum in Chur) diente im 5. oder 6. Jh. als Altarplatte.

Schloß P.: Das für J. V. Travers v. Ortenstein 1695 gebaute Schloß wurde 1730 v. dessen Sohn völlig umgebaut. 1892/93 erfolgte eine weitere Umgestaltung. 1911 kam das Schloß in Besitz des Ministers A. v. Salis-Soglio, seit 1973 dient es als »Haus für Yoga«. Sehenswert sind die Freitreppe mit schmiedeeisernem Geländer, das Treppenhaus, ein holzgetäfeltes Zimmer mit Régencemalereien (um 1730), die Rokoko-Stucksupraporten (um 1760) im Obergeschoß sowie Porträts v. Mitgliedern der Familie Salis-Soglio, darunter das des Bundespräsidenten Anton v. Salis, das 1757 v. der Churer Malerin Angelika Kauffmann gemalt wurde.

Burgruine Alt-Süns: Im W des Dorfs wurde im ausgehenden 12. Jh. eine Burg erbaut, die im Besitz der Herren v. Vaz und später in dem der v. Werdenberg-Sargans war. Sie wurde nach ihrer Zerstörung im Jahre 1451 wiederaufgebaut, aber im 16. Jh. verlassen. Erhalten sind stattliche Reste des vierstöckigen quadratischen Wohnturms mit Aborterker und eine anschließende Mauer vom ehem. Bering.

Burgruine Neu-Süns/Canova: Im SO des Dorfs ließen die Herren v. Vaz nach 1250 eine neue Burg bauen; auch sie fiel nach deren Aussterben an die v. Werdenberg-Sargans. Erhalten sind der Rest eines runden Turms mit dem Ansatz eines Küchenkamins und einem Aborterker sowie Teile des Berings, der auch die Zisterne (oder Sodbrunnen?) umschloß.

Umgebung

Almens (3 km sö): Das Dorf wird als »lumi-

Dusch (Paspels), St. Maria Magdalena, Magdalenenzyklus an der westlichen Nordwand

nius« in einer Urkunde König Heinrichs I. erwähnt; 1410 ist es bereits Pfarrei, es bestand also damals eine Kirche, die 1451 als *kath. Pfarrkirche St. Andreas* genannt wird. Sie wurde vor 1497 umgebaut. Von 1599 bis 1694 diente die Kirche mit kurzer Unterbrechung beiden Konfessionen. Dann erfolgte ein zur ma Kirche im rechten Winkel liegender barocker Neubau, 1702 wurden Turm und Beinhaus angebaut. An das kapellenlose Langhaus schließt sich im NO der eingezogene, dreiseitig geschlossene Chor an; über ihm liegt ein Gewölbe, das sich aus einer Halbkugel und einer Tonne zusammensetzt; über dem Schiff befindet sich ein Kreuzgewölbe zu 2 Jochen. Der Turm steht an der O-Seite des Chors, er ist viereckig und v. Wimpergen und einem Spitzhelm bekrönt. An der O-Seite des Schiffs liegt das Beinhaus, darunter die Taufkapelle. Die Fassade ist durch Gesimse und Pilaster in 6 Felder und das darüberliegende Giebelfeld gegliedert. Die Fassadenmalerei stammt aus dem 19. Jh. Ältere *Wandmalereien* finden sich an den Außenwänden der Sakristei, also des ehem. Schiffs; sie zeigen an der W-Wand die hll. Christophorus, Georg und Andreas in einem Maßwerkbaldachin sowie ein Bischofswappen (1497) und an der S-Wand ein Votivbild (um 1600): die hll. Margareta (?) und Luzius als Fürbitter vor der v. Engeln begleiteten Muttergottes in einem Rahmen aus Renaissancemotiven. Nach dem Verkauf eines spätgot. Schnitzaltars wurde ein vom Anfang des 18. Jh. stammender Altar aus Lumbrein erworben und als *Hochaltar* aufgestellt. Die beiden *Seitenaltäre* stammen aus der Zeit um 1710. – Die *ref. Kirche* wurde 1694 auf Kosten des Bischofs v. Chur gegen Überlassung der Andreaskirche an die Katholiken gebaut. An den barocken Saal schließt sich im O ein nur wenig eingezogener, polygonaler Chor an. Die Kreuzgewölbe liegen auf massigen Vorlagen, die außen als Lisenen erscheinen. Der Viereckturm trägt einen achteckigen Spitzhelm mit Wimpergen. – In das Haus Nr. 32 sind Reste eines *ma Wohnturms* eingebaut worden, deren Umrisse sich noch an der Fassade abzeichnen.

Dusch (1,5 km nö): Der Weiler gehört zur Gemeinde P. Keramikfunde wurden aus der jüngeren Eisenzeit und der Römerzeit gemacht. – Die *kath. Kapelle St. Maria Magdalena,* eine kleine Saalkirche mit halbrunder Apsis und gemauertem Glockenjoch aus dem 1. Jtd. (?), beherbergt *frühgot. Wandmalereien* des Waltensburger Meisters aus dem 2. Viertel des 14. Jh. An der N-Wand im Schiff sind Szenen aus dem Leben der Maria Magdalena dargestellt. Am linken Chorbogenzwickel ist der Verkündigungsengel, am rechten Maria mit der Taube des Hl. Geistes abgebildet. In der Apsis finden sich Fragmente einer Majestas Domini und der Evangelistensymbole. An der s Außenwand des Schiffs erkennt man die Reste eines monumentalen Christophorus. – Das *Haus Buol* mit einem holzgetäfelten Zimmer im 1. Stock ist auf trapezförmigem Grundriß gebaut worden.

Pratval (2,5 km s): Die *Burgruine Hasensprung* liegt w des Dorfs. Nur eine Ecke des Turms erinnert noch an die 1451 zerstörte Burg. – Das *Schloß Rietberg,* im NW des Dorfs auf steilem Felsen gelegen, wurde wohl Ende des 12. Jh. durch die Herren v. Rietberg erbaut. Es wechselte häufig den Besitzer. Hier ermordete Jörg Jenatsch 1621 den Führer der österreichisch-spanischen Partei, Pompejus v. Planta-Wildenberg. Unter Einbeziehung des ma Bergfrieds wurde das heute bestehende Schloß hauptsächlich im 17. und Anfang des 18. Jh. ausgebaut. Im Hof steht ein interessanter Zisternenturm. Das Schloß ist in Privatbesitz und für die Öffentlichkeit nicht zugänglich.

Rodels (2 km s): Eine dem hl. Christophorus geweihte Kirche wird bereits im 12. Jh. erwähnt. Sie wurde 1520 umgebaut. Als *kath. Kirche St. Christophorus und Jakobus d. Ä.* ist sie seit 1636 belegt. 1725 erfolgten weitere Umbauten, 1846 und Ende des 19. Jh. Renovierungsarbeiten; dabei wurden die Fenster modernisiert. An das v. einer trapezförmigen Holzdecke überspannte Schiff schließt sich im O der eingezogene, flach geschlossene Chor mit einem Tonnengewölbe an. An der N-Seite steht der noch roman., auffallend schlanke Turm mit einem zwiebelförmigen Barockhelm. Im modernen *Hochaltar* steht ein 1688 v. Meister Hilarius Sigron verfertigter zweigeschossiger Tempeltabernakel. Beide *Seitenaltäre* stammen v. 1727. Schlichte *Malereien* finden sich in den Feldern der Decke: Hl. Dreieinigkeit und die Symbole der 4 Evangelisten (um 1720), über dem Chorbogen (1846) und auf der Emporenbrüstung Christus und die 4 Evangelisten. – 2 Bürgerhäuser sind hervorzuheben: *Haus v. Jecklin* (1598) mit schönen schmiedeeisernen Korbgittern und *Haus v. Blumenthal* (1680) mit holzgetäfelten Zimmern und geschnitzten Türgewänden.

Trans (3 km nö): An den Berghang schmiegt sich die *ref. Kirche,* die auf einen Neubau v. 1518 zurückgeht. An das schiefrechteckige, v. einer Leistendecke überspannte Schiff schließt sich im O ein eingezogener polygonaler Chor mit Sterngewölbe an. Den Turm an der N-Seite krönt eine zurückspringende, gezimmerte Glockenstube mit Zeltdach.

CH-7504 Pontresina/Puntraschigna

Bez. Maloja/Maloggia

Einw.: 2000	Höhe: 1800 m	S. 258 □ F 3–4

Seit dem Beginn unseres Jahrhunderts ist Pontresina nördlich unterhalb des Berninapasses ein bedeutender Ferienort, dessen herrliche Bergwelt sowohl im Winter als auch im Sommer große Anziehungskraft hat.

Ref. Begräbniskirche St. Maria: Die hochgelegene alte Pfarrkirche wird erst 1450 genannt, der nachroman. Bau zeigt einen flachgedeckten Saal und eine gewölbte halbrunde Apsis. Der roman. Turm könnte im 12. Jh. erbaut worden sein, er wird v. Blendbogennischen und gekuppelten Rundbogenfenstern gegliedert. Sein oberstes Geschoß und das Zeltdach wurden im 18. Jh. umgestaltet. Der Turm war Teil eines älteren Baues, v. dem auch noch die W- und N-Wand sowie ein Mauerstück der S-Wand stammen (die nachroman. Vergrößerung erfolgte nach S und O). Das Wandgemälde über dem S-Portal entstand um 1495 und zeigt die thronende Muttergottes mit dem hl. Petrus und einem hl. Bischof, darüber den hl. Georg, den Drachen tötend.

Im Inneren findet man eine spätgot. Holzdecke mit geometrisch bemalten Leisten und der Datierung 1497 auf der runden Mit-

1

2

4

Pontresina, ref. Begräbniskapelle St. Maria. Ausschnitte aus dem Maria-Magdalena-Zyklus (1495): Maria Magdalena betet für das Fürstenpaar v. Marseille, damit diesem das langersehnte Kind geschenkt werde (1), das Fürstenpaar verabschiedet sich von Maria Magdalena, um nach Rom zu pilgern, nachdem sein Wunsch in Erfüllung gegangen und die Fürstin schwanger geworden ist (2); während eines schweren Sturms gebiert die Fürstin einen Sohn, Mutter und Kind sterben (3), der Fürst legt die Toten auf einer Felseninsel nieder, in Rom prophezeit der Papst, er werde Frau und Kind auf der Heimreise wieder lebendig finden (4); auf der Rückreise findet der Fürst seine Frau und seinen Sohn lebendig vor (5).

3

5

telplatte. An den bedeutenden *Malereien* an allen Wänden sind 2 Epochen zu unterscheiden: Hervorragende, leider nur in Fragmenten erhaltene spätroman. Wandmalereien vermutlich aus der Zeit um 1200 und umfangreiche Fresken eines oberital. Meisters vom Ende des 15. Jh. Die spätroman. Darstellungen der Anbetung der Könige, der Taufe im Jordan, des Abendmahls und der Gefangennahme Christi befinden sich an der zum Vorgängerbau gehörenden W-Wand. Die spätgot. Malereien, die v. der gleichen Hand wie in S. Gian in Celerina stammen, zeigen in der Apsis über Stoffgehängen die 12 Apostel, Schmerzensmann und Majestas Domini mit den 4 Evangelistensymbolen und den 4 abendländischen Kirchenvätern, an der Apsisbogenlaibung 12 Prophetenbüsten unter Rundbogen. An der Apsisbogenwand sind die Verkündigung und die hl. Maria Magdalena sowie darunter Muttergottesbilder dargestellt. Der Streifen entlang der Schiffsdecke schildert 25 Szenen aus dem Neuen Testament, unterteilt durch Säulen. Der Gnadenstuhl an der S-Wand darunter ist mit 1495 datiert, hier auch ein Jüngstes Gericht und der hl. Michael mit dem Drachen. An der W- und N-Wand befindet sich der ausführliche Zyklus der Magdalenenlegende. Anläßlich der Restaurierung 1962–76 wurden 7 Bilder v. der W-Wand abgelöst und unten an die N-Wand übertragen.

Ref. Kirche: Nach dem Dorfbrand v. 1718 wurde die 1640 erbaute barocke Kirche 1720–21 neu eingedeckt; zu der Zeit entstand auch die geschnürte Zwiebelhaube des in der Chorachse stehenden Turms. Im Inneren eine Pilastergliederung, ein v. den s Fenstern unterbrochenes Gebälk und ein Tonnengewölbe mit Stuckmedaillons. Der spätgot. Taufstein (aus der Kirche St. Maria) datiert aus dem 1. Viertel des 16. Jh., die Kanzel aus der Zeit um 1650 ist mit Pilastern, Intarsien und einem kassettierten Schalldeckel versehen.

Burgturm Spaniola: Im 12. Jh. ließen die Herren v. P. den fünfeckigen Wohnturm mit Hocheinstieg, Aborterker und Zinnenbekrönung bei der Kirche St. Maria erbauen, sie haben ihn wohl im 14. Jh. verlassen.

Außerdem sehenswert: Die *kath. Kirche zum Hl. Geist* entstand 1924 als Notkirche, der Umbau und die Errichtung des Chores fanden 1955–56 statt. – Die ehem., um 1490 erbaute *Heiliggeistkapelle* im Dorfteil San Spiert wurde 1941 im Keller des Hauses an der Abzweigung zum Spaniola-Turm wiederentdeckt; erhalten sind die stark verbauten Umfassungsmauern und Reste v. Wandmalereien des späten 15. Jh. – Durch den großen Brand v. 1718 blieben nur einige der alten Engadiner Häuser bewahrt.

CH-7742 Poschiavo
Bez. Bernina

Einw.: 3500	Höhe: 1014 m	S. 258 □ G4

Poschiavo ist der Hauptort des Puschlavtals. Die langgestreckte Haufensiedlung war ein bedeutender Umschlagplatz an der Berninaroute, die Gegend wurde im frühen Mittelalter von Süden her besiedelt und wird 824 als *Post Clave* des Bistums Como erwähnt. Seit dem frühen 13. Jh. eine politische Gemeinde. Die weltliche Herrschaft lag von 1350 bis 1406 bei den Visconti in Mailand, bis 1494 beim Bischof von Chur, danach war die Gemeinde als Mitglied des Gotteshausbundes unabhängig. 1547 zum neuen Glauben übergetreten; nach der gewaltsamen Rekatholisierung (Veltliner und Puschlaver Mord 1620 und 1623) blieb nur eine Minderheit reformiert.

Stiftskirche S. Vittore: Wohl im frühen MA gegr. Der hohe roman. Turm an der S-Seite des Schiffs wurde in der 1. Hälfte des 13. Jh. erbaut, den Neubau des Chores leitete 1497 Andreas Bühler aus Gmünd in Kärnten, wohnhaft in Thusis. Sebold Westolf vollendete mit der Verlängerung und Einwölbung des Langhauses 1503 die spätgot. Anlage. Das Innere wurde um 1653 barockisiert und 1902–04 im Sinne der Neugotik umgestaltet. Das Langhaus (die Schiffsmauern dürften hochmittelalterlich sein) und der dreiseitig geschlossene, eingezogene Chor zeigen außen abgetreppte Streben; der roman. Turm mit gekuppelten Rundbogenöffnungen besitzt ein wahrscheinlich spätgot. oberstes Geschoß mit Kreuzbogenfries und Zeltdach. Das profilierte W-Portal v. 1503 kennzeichnen ein blinder Kielbogen und die Rechteckrahmung nach ital. Vorbildern;

Pontresina, St. Maria, Westwand, Christi Taufe im personifizierten Jordan

die ausgezeichnete barocke Tür mit figürlichen Schnitzereien entstand um 1700. Das Rundbogenfenster darüber ist mit einer in Maßwerk gestalteten Windrosette ausgefüllt.
Im Langhausinneren findet sich ein regelmäßiges Rautengewölbe, für das 1503 in Spitzbogen schließende Wandvorlagen v. verschiedener Tiefe eingebaut wurden, und dreiteilige Maßwerkfenster, der Chor besitzt ein Sterngewölbe und zweiteilige Maßwerkfenster. Die Langhauswand beim n Seitenaltar trägt Reste einer Ausmalung aus der Zeit um 1520. Die neugot. Ausstattung schuf Theodor Schnell aus Ravensburg 1902–04. An den Flügelaußenseiten des Hochaltars sind spätgot. Figurenreliefs aus der Zeit um 1500 erhalten.

Oratorio S. Anna: Der v. Häusern flankierte Bau s der Stiftskirche geht in seiner heutigen Gestalt auf einen Kapellenneubau der Sakramentsbruderschaft v. 1732 zurück. Er besteht aus den aufeinanderfolgenden Raumeinheiten Vorhalle, quadratisches Schiff, querrechteckiges Altarhaus und quadratischer, leicht eingezogener Retrochor. Die 3 toskanischen Säulenarkaden der Vorhalle werden durch schöne Régencegitter geschlossen; Schiff und Altarraum, beide überkuppelt, zeigen übereck gestellte Pilaster und ein reich profiliertes, geschwungenes Gebälk. Die illusionistische *Gewölbemalerei* aus der Zeit um 1770, 1879 übermalt, stellt im Schiff die Anbetung des apokalyptischen Lammes und im Altarhaus den hl. Elija, vom Engel gespeist, sowie Christus in Emmaus dar. Carlo Peirani aus Turin bemalte 1810 die Chorgewölbe mit den Weltteilen. In der Art eines Lettners wird der Chor vom Altar aus der Zeit um 1770 abgetrennt.

Klosterkapelle S. Maria Presentata: Die Kapelle des 1629 ö der Stiftskirche gegr. Frauenklosters (nun in einem Neubau in der Nähe v. S. Maria Assunta) wurde im letzten Drittel des 17. Jh. erbaut, mit 3 kreuzgratgewölbten Jochen einschließlich des gerade geschlossenen Chores. Die beachtliche

Kanzel aus der 2. Hälfte des 17. Jh. schmükken Statuetten und reiche Ajourschnitzerei.

Kath. Kirche S. Maria Assunta: Am S-Ende v. P. steht der bes. schöne barocke Bau, eine kreuzförmige Kirche mit Chor v. 1692 (1711 wegen schlechter Fundamentierung erneuert) sowie Schiff und Seitenkapellen v. 1708–09. Die Anlage wirkt aufgrund der beherrschenden achteckigen Vierungskuppel wie ein Zentralbau. Nördlich des flach geschlossenen Chores erhebt sich der Turm mit achtseitigem Aufbau und Laterne. Der Außenbau ist mit olivgrünen Lisenen und Gesimsen einfach gegliedert, die Giebelfassade flankieren Pilaster.
Im Gegensatz zum schlichten Äußeren bietet das *Innere* einen festlichen Anblick. Das Tonnengewölbe des kurzen Schiffs, die Vierungskuppel und das Kreuzgratgewölbe des Chores ruhen auf ionisierenden Pilastern mit ringsumlaufendem Gebälk. Das prunkvolle illusionistische *Kuppelgemälde* schuf Giovanni Prina aus Como (1719). Dargestellt ist die Himmelfahrt Mariens, begleitet v. alttestamentlichen Szenen und Allegorien. Den Hochaltar mit tempelartigem, verglastem Aufbau hat laut Inschrift 1720 Giovanni Battista Parino geschaffen. Das Gemälde der Himmelfahrt Mariens hinter dem Hochaltar ist ein Werk des Carlo Marni v. 1652, die Darstellungen an den Chorwänden (Himmelfahrt Christi und Mariens, Pfingsten und Verklärung) datieren aus der 2. Hälfte des 17. Jh. Die n Seitenkapelle schmücken Stukkaturen und ein Altar aus der Zeit um 1700; die Stuckdekoration (um 1700) der s Seitenkapelle besteht aus Voluten und hängenden Tüchern, das Holzretabel mit geschraubten Säulen und geschnitztem Giebel entstand um 1720. Die Renaissancekanzel (um 1634) ist ein Meisterwerk eines möglicherweise Veltliner Bildhauers und stammt aus der Stiftskirche, die Muschelnischen des architektonisch gegliederten Korpus füllen Heiligenfiguren.

Kapelle S. Pietro: Der früh- oder hochmittelalterliche Saalbau am w Talhang, bereits 767 genannt, besitzt einen offenen Dachstuhl im Schiff, rekonstruierte roman. Fenster und eine gestelzte Apsis mit *Wandmalereien* eines oberital. Meisters v. 1538. Dargestellt sind u. a. eine Beweinung Christi durch Heilige, die Wappen des Gotteshausbundes (Steinbock) und des Oberen Bundes (Kreuz), Medaillons mit Gottvater, den Evangelisten sowie den hll. Georg und Viktor und s des Altars eine Muttergottes.

Weitere Sakralbauten: Ein hoher Turm, dessen achteckiger Aufsatz mit Haube und La-

Poschiavo, Straße mit Rathaus und Turm von S. Vittore (l), S. Maria Assunta (r)

terne 1677–85 entstand, charakterisiert die barocke *ref. Kirche* v. 1642–49 n des Rathauses. Die polygonale Kanzel mit Ranken und Reliefs entstand 1649, der Schalldeckel 1665. – An der Straße zur Kirche S. Maria Assunta steht die *Kapelle S. Rocco* mit einem kreuzgewölbten Rechtecksaal vermutlich v. 1516 und einem polygonalen Chor mit rippenlosem Sterngewölbe. – Die *kath. Kirche S. Antonio di Padova* im Ortsteil Cologna ist ein kleiner Barockbau v. 1665 mit quadratischem Chor, Seitenkapellen und Turm v. 1672.

Hotel Albrici: Der 1682 für Bernardo Masella erbaute behäbige Bau mit Wappenstein Masella (Mohrenkopf) ist seit 1848 Hotel. Die tonnengewölbten Querkorridore sind mit Deckenmedaillons aus der Bauzeit verziert. Der reich ausgestattete »Sibyllensaal« im 1. Stock besitzt eine Kassettendekke und 12 Gemälde mit Sibyllendarstellungen aus der Zeit um 1700. Die Sammlung holländischer Meister kam im frühen 18. Jh. durch Heirat mit einer niederländischen Baronesse ins Haus.

Landolfi-Häuser: Die *Häuser Nr. 130* und *153* s der ital. anmutenden Piazza, dem Zentrum des Ortes, entstanden um 1565 für Mitglieder der Familie Landolfo. Ein gewölbter Saal in Nr. 153 ist mit Frührenaissancemalereien (Ranken, Girlanden, Grotesken) aus der Mitte des 16. Jh. geschmückt.

Casa Mengotti: Im Ortsteil Surcà auf der anderen Flußseite steht der breit gelagerte Bau mit S-Trakt aus der Zeit um 1655, N-Trakt des frühen 18. Jh. und W-Anbau wohl ebenfalls des 18. Jh. Zur Straßenseite flankieren 2 Rustikaportale mit gesprengten Giebeln eine gewölbte Durchfahrt. In den reich ausgestalteten Innenräumen ist heute das *Museo Valligiano Poschiavino* mit Sammlungen zur Geschichte des Tales untergebracht.

Rathaus mit ehem. Wehrturm: Den Hauptplatz beherrscht der urspr. wahrscheinlich als Sitz der Familie Olzate dienende, vermutlich 1548 als Rathaus eingerichtete Komplex, dessen Umfassungsmauern mit vermauerten Rundbogenfenstern sowie der Turm aus geschichtetem Bruchsteinmauerwerk und Eckbossen wohl auf die Romanik zurückgehen. Der Turm dürfte einst 4 Geschosse und einen Wehrgang besessen haben, er wurde 1668 erhöht und erhielt 1911 das Spitzbogenportal.

Spaniolenviertel: Um 1830 wurde das Vier-

Poschiavo, Spaniolenviertel

tel am S-Rand des Ortes v. einer Gruppe nach Spanien emigrierter und wieder heimgekehrter Puschlaver erbaut. Die Häuserzeile besticht durch teils vieleckig vorspringende Fassaden mit maurisch-biedermeierlichen Schmuckelementen.

Umgebung

San Carlo-Aino (2 km n): Die Einwohner mit eigenem Dialekt sind nach einer alten Überlieferung sarazenischen Ursprungs, Aino wird vom arabischen »ain« = Quelle abgeleitet.

Der nachgot.-frühbarocken Anlage der *kath. Pfarrkirche S. Carlo Borromeo* v. 1613 wurde 1636 eine s Seitenkapelle angefügt, im Jahre 1638 stiftete der Priester Domenico Mengotti die Passionskapelle, und 1740 wurde die n Seitenkapelle angebaut. 1937 ließ man das Schiff verlängern, 1941 wurde die Kirche zur Pfarrkirche erhoben. Der Turm mit klarer Geschoßeinteilung und gekuppelten Schallfenstern datiert v. 1616, die Eckquaderimitation und das Dach erhielt er 1910. Im Inneren des vierjochigen Langhauses und des dreiseitig geschlossenen, eingezogenen Chores sieht man ein umlaufendes Gebälk auf Wandvorlagen, im Schiff erhebt sich darüber ein Kreuzgewölbe mit Gurtbogen. Beeindruckend ist die einheitliche Ausstattung mit schwarz- und rotmarmornen Altären und Schranken. Das Altarblatt des Retabels an der Chorscheitelwand entstand um 1680 und stellt den hl. Karl Borromäus vor Christus und Maria dar, der davor frei stehende Altar v. 1765 besitzt einen pavillonartigen Aufbau v. 1808, Büsten aus der Zeit um 1640 und 2 Leuchterengel aus der Zeit um 1680. Die s Seitenkapelle ist mit Stukkaturen aus der 2. Hälfte des 17. Jh., einem Altar v. 1793 und einer Figur der Schmerzensmutter des Giorgio di Giorgi v. 1802 ausgestattet. Die NW-Kapelle enthält Régencestuck und einen Altar aus der Zeit um das Jahr 1740. Die rechteckige Renaissancekanzel, mit einem Beichtstuhl kombiniert, datiert v. 1622. Am neuen Taufstein befindet sich ein tempelförmiger Aufbau aus der Zeit um das Jahr 1700; an der neuen Empore sieht man Apostelbilder aus der 2. Hälfte des 17. Jh. Die bemerkenswerte sechseckige Passionskapelle mit sechsteiliger Kuppel liegt an der N-Seite des 4. Jochs, vom Schiff durch den Heiliggrabaltar (1760) abgetrennt. Die 5 Außenwände sind in Nischen aufgeteilt, mit geschnitzten lebensgroßen Statuen, die 5 Szenen der Passion darstellen. Die Folge setzt sich an der Rückseite des Altars mit einer Beweinungsgruppe fort. Die *Ausmalung* der Passionskapelle durch

La Punt-Chamues-ch, Casa Mereda

einen ital. Künstler in der Mitte des 17. Jh. ist in ihrer ausgezeichneten Gestaltung den Decken- und Wandgemälden des Carlo Nuvolone in St. Martin in Savognin vergleichbar. In den Deckenfeldern erscheinen in kühnen Verkürzungen 6 Engel mit den Leidenswerkzeugen, die Lünetten zeigen kleinfigurige Szenen, die v. der Fußwaschung bis zum Urteil des Pilatus führen. An den Wandpfeilern, die die 5 Nischen trennen, sind die hll. Hieronymus, Petrus, Nikodemus, Josef v. Arimathäa, Magdalena und ein röm. Hauptmann dargestellt. Die Passionsszenen in den 5 Nischen zeigen, ohne chronologische Reihenfolge, Christus am Ölberg, Geißelung, Dornenkrönung, Kreuztragung mit Veronika und Kreuzabnahme. Die hier urspr. nur aufgenommenen, etwas bäurischen Bildwerke der Passion wurden vom Maler später in die Nischenbilder einbezogen.

CH-7522 Punt-Chamues-ch. La

Bez. Maloja/Maloggia

Einw.: 400	Höhe: 1700 m	S. 254 □ F 3

Die Doppelgemeinde besteht aus La Punt, einem typischen Brückendorf in Paßfußlage, und Chamues-ch, einem Straßendorf.

Ref. Kirche (La Punt): Über dem eingezogenen Chor der stimmungsvollen barocken Kirche v. 1680 (1801 renoviert) erhebt sich eine innen nicht sichtbare achteckige Kuppel mit gebrochenem Pyramidendach und Zwiebeltürmchen. Die Barockfassade gliedern toskanische Pilaster und ein Portal mit aufgelöster Segmentverdachung. Im Schiff entsteht durch Abschrägung der Ecken ein langgestrecktes Oktogon, über dem reichen Gebälk steigt ein Muldengewölbe, v. Stuckmedaillons mit Akanthusranken verziert, auf; im polygonalen Chor eine Tonne. Die gemauerte Kanzel ist auf Konsolen aus der Wandfläche kragend errichtet.

Ref. Kirche (Chamues-ch): Der Neubau der 1370 erwähnten Kirche wurde 1505 durch Bernhard v. Poschiavo ausgeführt, und zwar als spätgot. Anlage mit abgetreppten Strebepfeilern am Schiff und einem eingezogenen, im Inneren dreiseitig, außen gerade schließenden Chorrechteck, für das wohl die Umfassungsmauern des roman. Vorgängerbaues stehen blieben. Der sehr schlanke Turm seitlich vor der W-Front ist im Unterbau roman., Glockengeschosse, Wimperge und Pyramidenhelm wurden in der Zeit um 1500 geschaffen. Das spätgot. Rundbogenportal wird v. einem Schachbrettband nach roman. Vorbild umgeben, im Scheitel findet

La Punt Chamues-ch, Häuser Albertini

man das Monogramm Christi. Die kassettierten Türflügel entstanden um 1505. Im Schiff ruht das vierjochige Netzgewölbe auf runden Wanddiensten, die Rippen des zweijochigen Netzgewölbes im Chor wachsen direkt aus der Wand. In der Kirche befinden sich neben dem Taufstein aus der Zeit um 1505 und einer polygonalen Kanzel v. 1651 mit Pilastern und Intarsienfüllungen Grabtafeln des 17.–18. Jh., v. a. für Mitglieder der Familie Albertini.

Casa Mereda (La Punt Nr. 22): Der herrschaftliche Bau, 1642 für Hauptmann Ulrich Albertini errichtet, vereinigt unter einem gemeinsamen Satteldach den w Wohnteil und die ö Heutenne. Die beiden Giebelfronten des langgestreckten Hauses schmücken Zinnen. Von der hervorragenden *Innenausstattung* sind der gewölbte Raum im Erdgeschoß mit dem Wappenstammbaum des Johann Baptist Albertini und der Lucrezia Planta aus der Zeit um 1730–40 sowie im Obergeschoß ein getäfeltes Zimmer mit architektonischer Gliederung und Kassettendecke aus der Zeit um 1650 hervorzuheben.

Außerdem sehenswert: *Haus Steinbock* (La Punt Nr. 18–18 a) wurde 1623 für Andreas Bernardi-Albertini errichtet und um 1635 ausgebaut; aus dieser Zeit datieren das Alkovenzimmer und die getäfelte Stube im Obergeschoß. – *Haus La Punt Nr. 15* mit Balkongitter an der Straßenfront wurde 1758 v. Conradin Pirani erbaut. – Die *Albertini-Häuser* (La Punt Nr. 1–3) an der Ausmündung der Albulastr. bestehen aus einem vorderen Haus mit geschweiftem Giebel v. 1728 und dem dahinter liegenden Pächterhaus, 1665 durch Jak. Albertini erbaut. – Das *Ferienheim Sandoz* (La Punt Nr. 24–25) wurde um 1600 errichtet und durch Jak. Albertini 1694 zum Doppelhaus erweitert.

Umgebung

Madulain (2 km nö): Die kleine spätgot. *ref. Kirche,* 1510 erbaut, besitzt einen schwach eingezogenen, quadratischen Chor und einen barockisierten Turm mit Zwiebelhaube v. 1745 an der N-Seite. Die polygonale Kanzel entstand im Jahre 1666, der Predigerstuhl 1651. – *Haus Romedi* ist ein dreigeschossiger Bau aus der Zeit um 1790 mit klassizistischer Freitreppe und Balkon sowie einem geschlossenen Garten mit geschweiftem Tor. – Von der *Burg Guardaval,* 1251 unter Bischof Volkhard v. Neuenburg erbaut, im Jahre 1377 als Lehen an die Planta übergegangen und seit dem späten 15. Jh. verlassen, sind Reste des Bergfrieds mit Bering und Fundamente eines Wohnhauses erhalten.

R

CH-7556 Ramosch/Remüs
Bez. Inn

Einw.: 500	Höhe: 1236 m	S. 254 □ H2

Ref. Kirche St. Florinus: Die Grabstätte des hl. Florinus, eine der ältesten Pfarrkirchen des Tals, wird 930 erwähnt. Nach der Zerstörung im Schwabenkrieg 1499 entstand der heutige ausgezeichnete Bau des Bernhard v. Poschiavo 1522; eine Renovierung durch Jakob Johann Walser fand in der Mitte des 18. Jh. statt. Bei Grabungen 1966–67 stieß man auf den Grundriß des anscheinend bis 1499 bestehenden Vorgängerbaus; die Abmessungen des karoling. Dreiapsidensaalbaus mit Vorhalle sowie N- und S-Annexen wurden wohl in etwa v. spätgot. Neubau übernommen, wodurch sich die für die Entstehungszeit etwas ungewöhnliche Breite des Schiffs und die Gedrungenheit des Chores erklären. Den Außenbau umziehen abgetreppte Strebepfeiler, das rundbogige Hauptportal besitzt einen blinden Kielbogen. Südlich der Fas-

Ramosch, Dorf mit St. Florinus

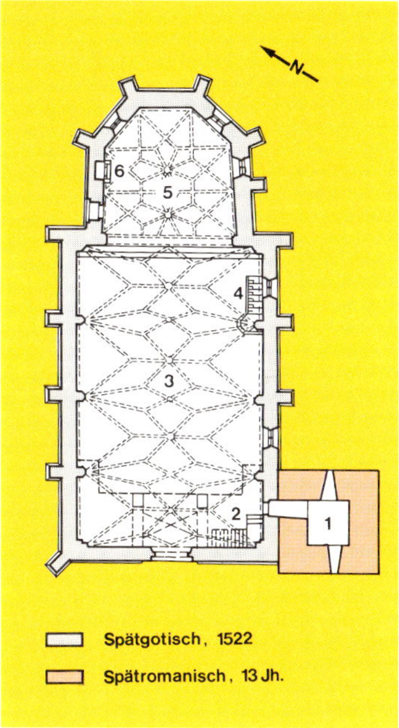

Ramosch/Remüs, Ref. Kirche St. Florinus 1 Turm **2** W-Empore **3** Langhaus **4** Kanzel **5** Chor **6** Wandtabernakel

sade erhebt sich der unverputzte Turm mit unteren Geschossen vermutlich des 13. Jh. und 2 obersten Geschossen vielleicht des 16. Jh.; das Zeltdach datiert v. 1926.
Das reiche Sterngewölbe in Schiff und Chor ruht auf Wanddiensten, die bemalten Schlußsteine zeigen u.a. ein Brustbild des hl. Florinus, das Haupt Christi und Rosen. Die Gewölbezwickel sind mit Ranken und Blumen bemalt, im Chorgewölbe findet man das Wappen der Familie Moor v. 1522. Die Empore im W-Joch, deren Brüstung mit Maßwerk verziert ist, ruht auf 3 Arkaden, die Orgel ist im Louis-seize-Stil gestaltet. Das vorzügliche spätgot. *Wandtabernakel* bekrönt eine im Stil der Frührenaissance gemalte Ädikula mit einer Darstellung des Abendmahls nach Dürer, darüber erhebt sich der triumphierende Christus, flankiert v. 2 Engeln mit Marterwerkzeugen. Die polygonale Maßwerkkanzel aus Stein entstand 1522, der Schalldeckel datiert v. 1706. Der Dreisitz im Chor ist mit Flachschnitzereien und den Wappen des Gotteshausbundes, vermutlich des Oberen Bundes, und der Familie Scher geschmückt; weitere Familienstühle datieren v. 1670, 1679 und 1701.

Burgruine Tschanüff: Die Burg am Eingang des Sinestratales wurde 1256 durch Nannes v. Remüs erbaut, und kam 1394 an den Bischof v. Chur. Die Anlage wurde im Lauf der Jahrhunderte mehrmals zerstört, aber erst 1780 aufgegeben und stellt heute eine der »imposantesten Ruinen Graubündens« dar. Um einen Hof gruppierten sich u. a. der Bergfried mit Hocheinstieg und Wohnbauten, gegen W war der Komplex mit massiven Eckpylonen geschützt.

Umgebung

Strada (6 km nö): Die *ref. Kirche* vermutlich aus der Mitte des 18. Jh. ist ein einfacher,

Ramosch, Burgruine Tschanüff

mit Lisenen gegliederter barocker Bau mit Frontturm und schwach eingezogenem Chor, Tonnengewölbe im Schiff und einer buntbemalten, polygonalen Kanzel des 18. Jh. - Seit dem 19. Jh. als Bauernhaus eingerichtet ist die *ehem. Kirche St. Nikolaus* aus dem 12. Jh., ein roman. Saal mit gewölbter Rundapsis, der 1718 eingewölbt wurde. Der unverputzte Turm mit gekuppelten Schallfenstern und Zeltdach enthält an seiner W-Seite ein stark beschädigtes Wandgemälde mit den hll. Christophorus und Antonius Abt aus der Zeit um 1500.

Tschlin (7,5 km nö): Unter Beibehaltung der ma Schiffsmauern wurde die *ref. Kirche* möglicherweise v. Bernhard v. Poschiavo 1515 neu erbaut. Die spätgot., mit Dreikantstreben gegliederte Anlage besitzt einen nach N gerichteten polygonalen Chor, der nur an der w Langseite eingezogen ist. Der roman. Turm an der O-Seite ist mit Blendnischen, Rundbogenfriesen, zwei- und dreiteiligen Schallfenstern sowie einem Zeltdach versehen. Die Sterngewölbe v. Schiff und Chor wurden 1805 ornamental bemalt. Die bedeutenden spätgot. *Wandgemälde* des frühen 16. Jh. zeigen an der S-Wand des Chores Maria Magdalena, gegenüber einen hl. Bischof, an der O-Wand des Schiffs wie bei einem geschlossenen Flügelaltar die hll. Sebastian und vermutlich Blasius, darüber Jakobus. Der Chorbogenscheitel enthält das Schweißtuch der Veronika, die W-Wand des Schiffs in hochrechteckigen Feldern Szenen aus dem Leben des hl. Blasius. In den Wandschilden sind Nereidenpaare und Vasen im Stil der Frührenaissance dargestellt. Die polygonale Kanzel v. 1709 ist architektonisch gegliedert und mit Schnitzereien dekoriert. Die Empore mit Balusterbrüstung entstand 1668. - Der *Brunnen* vor der Kirche wurde 1960 zur Erinnerung an Donna Lupa, Heldin des Schwabenkriegs 1499, errichtet. - Von der *ehem. Pfarrkirche St. Johannes Baptista* wurde nach dem Dorfbrand v. 1856 nur der barocke Turm des Anastasius Pfeyffer v. 1768 wiederhergestellt; er erhielt dabei die geschweifte Haube.

Vnà (2 km nw): Die *ref. Kirche,* im Kern ein

Rhäzüns, St. Georg, Erschaffung Evas und Sündenfall

roman. Apsisbau, wurde 1671 eingewölbt und erhielt einen neuen, nur an der S-Seite eingezogenen Chor und eine Vorhalle; die Schallfenster des vielleicht spätmittelalterlichen Turms unter Zeltdach wurden erneuert. Die gotisierenden Gewölbe des Inneren erfuhren um 1800 eine dekorative Ausmalung in ländlichem Stil. Das spätgot. Wandgemälde aus der Zeit um 1500 an der S-Wand zeigt eine thronende Muttergottes zwischen den hll. Bartholomäus und Sebastian. Die Empore über der Vorhalle datiert v. 1727, die Brüstung ist mit Rankenreliefs, Rosetten und Masken geschmückt. – *Haus Nr. 162* am n Dorfende ist 1777 datiert und mit Rankenmalereien geschmückt.

CH-7403 Rhäzüns

Bez. Imboden

Einw.: 800	Höhe: 658 m	S. 252 □ D2

Einige Funde lassen auf eine bronzezeitliche Siedlung schließen; Münzfunde wurden aus römischer Zeit gemacht, darunter die älteste in Graubünden gefundene Münze (um 230 v. Chr.)
Der Name des bereits in karolingischen und ottonischen Urkunden genannten Ortes leitet sich wahrscheinlich von *Raetiodunum,* Räterburg, ab. Hier war der Sitz der Herren von Rhäzüns. Das alte Dorf wurde um 1900 durch Brände weitgehend zerstört, daher hat der jetzige, durch sein Mineralwasser bekannte Ort einen modernen Charakter.

Ehem. Pfarrkirche St. Paul: Ende des 15. Jh. wurde w des Dorfs unter Verwendung eines älteren Kirchenbaus der heutige Zustand hergestellt. An ein verschobenes Rechteckschiff stößt im O der kaum eingezogene, querrechteckige Chor. Beide sind v. flachen Leistendecken überspannt und liegen unter einem gemeinsamen Satteldach. Der Turm an der N-Seite des Chors wurde im 14. Jh. unter Verwendung v. Teilen eines niedergelegten roman. Turms errichtet, ihn krönt ein gezimmertes Obergeschoß mit achteckigem, gebrochenem Spitzhelm. Neben der offenen Vorhalle an der W-Seite liegt das ehem. Beinhaus.

Wandmalereien finden sich innen und außen: An der w Außenwand ein überlebensgroßer Christophorus (wohl vom Waltensburger Meister, 2. Viertel 14. Jh.) und an der s Außenwand eine segnende Hand. Im Chor lassen sich 4 Etappen unterscheiden: 1. An der S-Wand lebensgroße Einzelfiguren (wohl vom Waltensburger Meister, 2. Viertel 14. Jh.), 2. diese teils überschneidend 4 gerüstete Ritter mit 2 Wappen v. R. und der Rest einer Auferstehung (frühes 15. Jh.), 3. an der O-Wand die hll. Agnes, Petrus, Paulus und Barbara sowie 2 weitere, nicht näher erkennbare Figuren (Anfang 16. Jh.) und 4. an der O-Wand Kampf des hl. Georg mit dem Drachen und wieder an der S-Wand eine Epiphanie sowie ein lat. Trauergedicht, außerdem in der Laibung des Chorbogens ornamentales Rankenwerk sowie die hll. Katharina und Matthäus (mit »Chaluri« signiert). Im Schiff sind nur 2 Etappen vertreten: 1. An der N-Wand unter der Decke ein Zyklus aus dem Neuen Testament mit Verkündigung, Heimsuchung, Christi Geburt, Beschneidung, Jesus im Tempel (?), Getsemani, Geißelung und Dornenkrönung (Ende des 16. Jh.) und 2. an der O-Wand eine Verkündigung und an der W-Wand in ornamentaler Umrahmung die hll. Andreas und Faustina sowie die mit 1647 datierte Stifterinschrift und außerdem an der S-Wand Allianzwappen Planta und Salis, flankiert v. Mater dolorosa und der hl. Agnes, sowie an der Decke die Bekehrung des hl. Paulus, alle wohl v. der Hand Chaluris.

Der *Hochaltar* mit einer spätgot. Paulusfigur stammt v. Anfang des 16. Jh., die beiden *Seitenaltäre* aus dem 17. Jh. Die *Kanzel* ist mit 1625 datiert, die *Empore* wurde Anfang des 18. Jh. für die neue Pfarrkirche gebaut. Im Chor liegen 8 z. T. bis zur Unkenntlichkeit ausgetretene *Grabplatten* aus dem 16., 17. und 18. Jh.

Neue kath. Pfarrkirche St. Mariä Geburt: Der 1697 begonnene Barockbau wurde 1701 geweiht. Der Grundriß stellt ein Achteck mit einander abwechselnden kürzeren und längeren Seiten dar. Die s längere Seite ist durch das Portal betont, an die beiden im O und W schließen sich Kapellen und an die N-Seite der polygonale Chor an. Das Schiff überspannt ein Kuppelgewölbe mit Stichkappen, die Kapellen jeweils ein Tonnengewölbe und den Chor ein aus Tonne und Halbkuppel kombiniertes Gewölbe. Der Lichteinfall betont den Chor, dort liegen Stichbogenfenster sowohl in der Wand- wie in der Gewölbezone; nur in der Gewölbezone dagegen liegen die beiden Lünetten in den Kapellen und das Rechteckfenster in der S-Front. Eine halbrunde Taufnische liegt in der sö Schmalseite des Schiffs. Die Fassade ist durch Gesimse und Pilaster in 2 Zonen zu je 3 Feldern und ein dreieckiges Giebelfeld gegliedert. In den 4 seitlichen Feldern sind Halbrundnischen eingelassen, die wie der Giebel modern ausgemalt sind. 2 Steinsäulen neben dem Portal tragen einen mit 1719 datierten Architrav. Das gemeinsame Satteldach ist über dem Chor abgewalmt. Den viereckigen, durch Ecklisenen gegliederten Turm schließt ein Sims ab, über dem zwischen 4 kleinen Pyramiden das achteckige, ebenfalls mit Ecklisenen versehene Obergeschoß mit barocker Laternenhaube steht.

Der *Hochaltar* (1703) zeigt auf dem Altarblatt Maria als Rosenkranzkönigin zwischen den hll. Dominikus und Katharina. Darüber befindet sich das Wappen des Hauses Österreich. Im Frontispiz, das die Form des Altars verkleinert wiederholt, zeigt ein Bild vom Beginn des 18. Jh. Mariä Geburt. Die beiden *Kapellenaltäre,* dem hl. Josef bzw. Michael geweiht, stammen v. 1708, Kanzel und Taufstein v. 1700. In zugemauerten Fensternischen des Chors stehen Figuren der Apostelfürsten aus der Mitte des 17. Jh. *Gemälde* (um 1720) an den Chorlängsseiten stellen die hl. Apollonia und einen Bischof, das an der Schmalseite r vom Chor den hl. Johannes v. Nepomuk dar.

Die *Kapelle St. Apollonia,* hinter der Kirche gelegen, wiederholt verkleinert, vereinfacht und umgekehrt deren Bau: achteckiges Schiff mit polygonalem S-Chor. Das Kuppeldach krönt eine Laterne.

Kath. Kirche St. Georg: Eine örtliche Legende berichtet, daß der hl. Georg im 4. Jh. die Räter bekehrt habe; auf der Flucht vor heidnischen Verfolgern habe er an dieser Stelle den Hinterrhein zu Pferde übersprungen.

Rhäzüns, St. Georg, Schutzmantelmadonna ▷

Rhäzüns, St. Georg, Nordwand, Feiertagschristus

Eine karol. Saalkirche mit gestelzter Apsis wurde durch Grabungen nachgewiesen; v. ihr stammen Teile des heutigen roman. Baus; an ein schiefrechteckiges Schiff stößt im O ein wenig eingezogener, querrechteckiger Chor. Der Turm an der S-Seite des Chors wurde erst im 14. oder 15. Jh. gebaut und im 16. erhöht. Die einfache Leistendekke im Schiff ist mit M. J. Mor signiert und mit 1731 datiert; in dieser Zeit wurden auch die Stichbogenfenster ausgebrochen. Sonst hat sich der ma Zustand mit seinen *hochgot. Wandmalereien* erhalten; sie stammen vom Waltensburger Meister (um 1350) und vom nach diesem seinem bedeutendsten Werk benannten Rhäzünser Meister (2. Hälfte-Ende 14. Jh.)

Im und am Chor befinden sich die Malereien des Waltensburger Meisters, die im einzelnen darstellen: in den Kappen des Gewölbes Christus und die 4 Evangelisten, an der Chor-N-Wand unten Epiphanie und im Bogenfeld darüber Verkündigung an Maria, an der Chor-O-Wand unten Beginn einer Apostelreihe mit den hll. Nikolaus und Oswald sowie darüber eine Kreuzigung, an der Chor-S-Wand Fortsetzung der Apostelreihe und darüber Marienkrönung; an der Chorbogenwand unten l eine Schutzmantelmadonna mit den hll. Anna und Margareta an der n Schiffswand und schließlich an der rechten Chorbogenwand unten Johannes d. T. und darüber der Kampf des hl. Georg mit dem Drachen. Den oberen Teil der Chorbogenwand füllt in 3 übereinanderliegenden Streifen die Darstellung der weiteren Georgslegende aus: oben v. l nach r: vor dem König erhebt eine Frau (die Königin?) ihre Hände, die Königin wird aufgewunden und gepeitscht, Georgs Marter im Kessel, Enthauptung der Königin, Georg wird dem König vorgeführt, der König zeigt Georg die Marterinstrumente, dann das Blütenwunder; in der mittleren Reihe l vom Chorbogen: die Zauberkünste des Athanasios und Georgs Räderung, r v. Chorbogen: die Abführung des verurteilten Georg und seine Speisung im Haus der Witwe; in der unteren Reihe l: Georg wird aufgehängt und geschunden, r: die Enthauptung des Heiligen.

Rhäzüns, St. Georg, Gregoriusmesse, Nordwand

Außerdem sind an der äußeren S-Wand des Schiffs Fragmente v. Georgs Drachenkampf und an der des Chors Reste eines Christophorus v. der Hand des Waltensburger Meisters erhalten.
Die jüngeren Malereien des Meisters v. R. befinden sich an den inneren Schiffswänden, soweit sie nicht vom Waltensburger Meister bemalt sind. Sie sind in 3 Streifen aufgeteilt und stellen einen v. einigen Heiligen unterbrochenen Zyklus aus dem Alten und dem Neuen Testament dar, der an der W-Wand oben l beginnt. Die Bilder stellen im einzelnen dar: an der W-Wand Erschaffung der Welt, Erschaffung Adams, Erschaffung Evas, Sündenfall, Vertreibung aus dem Paradies, Buße der Stammeltern und ihrer Kinder, Opfer Abrahams, Opfer Abels, Opfer Kains und Brudermord, dann folgt an der N-Wand die Sintflut mit Noahs Arche, dem trunkenen Noah und des Herrn Erscheinung im Feuerbusch vor Mose; wieder an der W-Wand aber im mittleren Register folgen: Zurückweisung v. Joachims Opfer, ein Engel verkündet Joachim die Geburt Mariens, Joachim begegnet Anna, Geburt Mariens, Maria begegnet Elisabet, Christi Geburt, Verkündigung an die Hirten und Beschneidung Christi; im Mittelstreifen der N-Wand folgen: die Anbetung der Hll. Drei Könige, Flucht nach Ägypten und Kindermord zu Betlehem, dann wieder an der W-Wand, diesmal im unteren Streifen: Darbringung im Tempel, Jesus inmitten der Tempelschüler, und Jesus wird v. seinen Eltern aus dem Tempel geholt, Taufe Christi, Versuchung Jesu, Auferweckung des Lazarus, Gastmahl mit Salbung der Füße Jesu durch Maria Magdalena, dann Einzug in Jerusalem; an der N-Wand folgen im untersten Streifen: Fußwaschung, Abendmahl und Kreuzigung, Michael als Seelenwäger, Tod Mariens, Bestattung Mariens; im Mittelstreifen der N-Wand: Feiertagschristus, Gregoriusmesse mit einer Reihe v. Heiligen, im oberen Streifen der N-Wand: St. Nikolaus rettet 3 Jungfrauen vor der Schande, Sprung des hl. Georg zu Pferde über den Rhein; an der S-Wand im oberen Streifen: Jesus am Ölberg, Gefangennahme Jesu, Je-

Rhäzüns, St. Georg, linke Chorbogenwand (l), rechte Chorbogenwand (r)

sus vor Pilatus, Geißelung, Dornenkrönung, Kreuztragung, Entkleidung Jesu, Annagelung ans Kreuz, Kreuzaufrichtung und Spiel um Jesu Rock; im Mittelstreifen der S-Wand: Kreuzigung, l davon Jesus in der Vorhölle, Auferstehung und Christi Erscheinung vor Magdalena, darunter im unteren Streifen: Christi Himmelfahrt und das Pfingstwunder; r v. der Kreuzigung im Mittelstreifen: Jüngstes Gericht, darunter Darstellung der Hölle; im unteren Mittelfeld endlich die hll. Florinus, Luzius und Antonius.

Schloß R.: Die ma Burg, 1288 erstmals erwähnt, war Sitz der mächtigen Herren v. R., die sie um 1400 vergrößerten. 1458 fiel sie durch Erbschaften an die Habsburger. Unter ihnen erfolgten weitere Um- und Anbauten; um 1770 endlich fand der Ausbau zum heutigen Schloß statt. Es wurde 1809 an Frankreich abgetreten, fiel 1819 Graubünden zu und befindet sich heute in Privatbesitz, ist daher der Öffentlichkeit nicht zugänglich. Berühmt sind *Wandgemälde* in seinem Inneren vom Ende des 14. Jh., die die Tristansage und eine Bärenjagd darstellen.

CH-7405 Rothenbrunnen

Bez. Heinzenberg

Einw.: 300	Höhe: 628 m	S. 252 □ D2

Funde aus der Gegend stammen aus der Jungstein-, Bronze- und Römerzeit. Der Ortsname bezieht sich auf die Farbe jodeisenhaltigen Wassers einer hier entspringenden Quelle.

Ref. Kirche: Für die gegen Ende des 16. Jh. zur Reformation übergetretene Gemeinde wurde 1741 die Kirche gebaut; sie wurde 1802 und 1955 renoviert. Über dem rechteckigen Saal mit w Eingang und Stichbogenfenstern liegt eine flache Felderdecke unter einem Satteldach. Der viereckige Turm mit vierkantiger Zwiebelhaube steht an der N-Seite.

Burgruine Hochjuvalt (fälschlich Niederjuvalt genannt): Der Name leitet sich v. lat. *iugum altum* (hohes Joch) ab und deutet auf das steile Felsenjoch hin, auf dem im 12. Jh. die Burg als Sitz der Herren v. Juvalt erbaut wurde. Sie wechselte oft den Besitzer. 1451 in der Schamserfehde wurde sie teilweise beschädigt, wiederhergestellt, aber um 1500 verlassen. Erhalten sind am Fuß des Felsens Mauerreste des äußeren Berings und auf dem Felssporn Reste des inneren Berings, die w Ecke des ehemals fünfstöckigen Turms sowie Reste eines Anbaus auf trapezförmigem Grundriß.

Burgruine Innerjuvalt (fälschlich Oberjuvalt genannt): Im O und oberhalb v. R. gelegen, ebenfalls auf einem schroffen Felsen, wurde eine jüngere Burg der Herren v. Juvalt gebaut. Auch sie wechselte häufig den Besitzer und wurde gegen 1500 aufgegeben. 1980 wurden die erhaltenen Ruinen restauriert; Mauerreste der Vorburg, Spuren eines Berings der Hauptburg und Reste eines älteren Palas sowie die stattliche Ruine des Turms mit einem jüngeren Palasanbau sind erhalten.

Außerdem sehenswert: *Haus Tscharner* (Nr. 10) v. 1546 mit Wappen Capol im spätgot. Türgewände und Fassadenmalereien v. Hans Ardüser (1584): Abendmahl, hl. Georg mit dem Drachen, Adam und Eva sowie ein auf einem Elefanten reitender Trompeter. – *Gasthaus Zur Traube* v. 1725 mit Wappenstein.

Umgebung

Feldis/Veulden (12 km n): St. Hippolytus war die gegen Ende des 13. Jh. erbaute *Dorfkirche* geweiht. Umbauten erfolgten 1497 und nach dem Brand v. 1508 mit Einzug neuer Gewölbe. Die seit 1583 ref. Kirche besteht aus einem einschiffigen Langhaus mit eingezogenem, polygonalem Chor im O, über dem ein Fächergewölbe liegt; über die beiden ungleichen Joche des Schiffs spannen sich Kreuzgewölbe. Der viereckige Turm an der N-Seite trägt einen vierkantigen, geschweiften Helm v. 1774. – Das *Museum Songt Hippolytus* besitzt eine kleine heimatkundliche und heimatgeschichtliche Sammlung.

Rothenbrunnen, Burgruine Innerjuvalt

Scheid (5 km nö): Das Dorf besteht aus 2 Häusergruppen, Unter- und Oberscheid. – Die *ref. Kirche* hat noch einen roman. Turm mit achteckigem, gebrochenem Spitzhelm. 1523 baute man einen dreiseitig geschlossenen Chor mit zweijochigem Sterngewölbe neu und erhöhte 1524 das roman. Schiff, das nun ein dreijochiges Kreuzgewölbe überspannt.

Tumegl/Tomils (2 km sö): Der Dorfname leitet sich v. lat. *tumbiculus*, Hügelchen, ab, auf das sich auch der Name des ganzen Tals, Domleschg, bezieht. Ausgrabungen legten mehrere Gräber, bronzezeitliche Keramik und Mauerzüge eines frühen Kirchenbaus frei.

Die *kath. Pfarrkirche St. Mariä Krönung* wurde 1486 geweiht. Das rechteckige Schiff überspannt ein dreijochiges Kreuzrippengewölbe, den polygonalen, eingezogenen O-Chor ein zweijochiges Sterngewölbe. Der viereckige Turm steht an der S-Seite des Schiffs, sein Glockengeschoß mit Wimpergen und gebrochenem Spitzhelm wurde wohl 1678 aufgestockt. – *Wandmalereien:*

Aus spätgot. Zeit (um 1490) stammt die verblaßte Darstellung der Hl. Familie an der N-Wand in der Nähe des Chorbogens. Über die gesamte N-Wand zieht sich ein Gemäldezyklus mit Szenen aus dem Alten und Neuen Testament, der mit 1597 datiert ist. Im Schild des 3. Jochs Jüngstes Gericht mit den aus den offenen Gräbern steigenden Seligen und Verdammten, den 12 Aposteln und darüber zwischen Maria und Johannes der auf einem Regenbogen thronende Christus. Darunter – und neben dem spätgot. Gemälde – ist in einem gerahmten Feld der hl. Mauritius zu Pferd mit einer Fahne vor einer Landschaft mit dem Dorf, Schloß Ortenstein und Paspels mit Alt-Süns dargestellt. – Der *Hochaltar* ist ein spätgot. Flügelaltar v. 1490. Im Schrein Marienkrönung in Vollrelief und die beiden Johannes. Die Innenseiten der Flügel tragen je 2 Figurenreliefs: l oben Verkündigung, r oben Heimsuchung, l unten Christi Geburt und r unten Anbetung der Hll. Drei Könige. Die Außenseiten der Flügel sind mit Bildern v. verschiedenen Heiligen bemalt. Auf dem Dach des Schreins stehen die Figuren v. Maria und Johannes neben einem jüngeren Kruzifixus. Die Rückseite des Schreins wurde übermalt. Die Predella zeigt vorn eine leere, maßwerkverzierte Nische, die Seitenteile und die Rückseite sind bemalt. Das barocke polygonale Tempeltabernakel ist zweigeschossig und stammt aus der Zeit um 1680. Die beiden *Seitenaltäre* wurden wohl 1678 errichtet. Ein spätgot. *Taufstein* und die polygonale geschnitzte *Kanzel* (1678) gehören zur weiteren Ausstattung. Innerhalb und außerhalb der Kirche befinden sich *Grabsteine* aus dem 17. und 18. Jh.

Schloß Ortenstein liegt auf einem nach 3 Seiten steil abfallenden Felsen über dem Hinterrheintal. Die um 1250 für die Herren v. Vaz erbaute Burg fiel später an die v. Werdenberg-Sargans. Sie brannte im Schamser Krieg nieder, wurde aber wieder aufgebaut. Um 1500 erfolgte der Einbau einer spätgot. Kapelle mit sternförmigem Gewölbe. Unter wechselnden Besitzern erfuhr die Burg weitere Um- und Anbauten, die sich alle um den ma Bergfried scharen. Heute ist das Schloß Privatbesitz der Familie v. Juvalta und Tscharner und für die Öffentlichkeit nicht zugänglich. Von der Ausstattung sind Stukkaturen, Kamine und Öfen, Möbel und eine gute venezianische Kopie (Mitte 18. Jh.) des verschollenen Gemäldes »Susanna im Bade« v. Peter Paul Rubens zu erwähnen.

Am Fuß des Felsens steht die *Kapelle St. Viktor,* die an einen nach der Legende hier enthaupteten Presbyter v. Tomils namens Viktor erinnern soll; sie wurde 1643

Tumegl (Rothenbrunnen), St. Mariä Krönung, Wandmalerei (l), Schloß Ortenstein (r)

anstelle einer älteren Kapelle erbaut. Unter dem Satteldach mit Glockenjoch über dem w Giebel liegen das tonnengewölbte, querrechteckige Schiff und der rechteckige Chor, den ein halbes Klostergewölbe deckt. Das Altarblatt (nach 1716) zeigt den Märtyrer, der sein Haupt in den Händen trägt, vor einer Landschaft mit der Kirche v. Tomils, Schloß Ortenstein und der Kapelle.

CH-6535 Roveredo Bez. Moësa		
Einw.: 2000	Höhe: 297 m	S. 256 □ C5

Roveredo umfaßt mehrere Siedlungskerne beiderseits der Moësa, seine Bedeutung als mittelalterliches Handelszentrum ergab sich aus seiner Lage am Fuß des zum Comer See führenden, heute unwichtigen Joriopasses.

Kath. Kirche S. Antonio Abate: 1419 erwähnt. Das Schiff wurde vor 1632 verlängert, der barocke Turm mit Zeltdach 1647–48 v. Giulio Rigaia und Giacomo Rampino und die fünfseitige Kapelle an der S-Front 1733 v. Domenico Tini erbaut. Das Innere bietet mit schwerer Balkendecke im Schiff, Spiegelgewölbe im Chor und Fächergewölbe in der Seitenkapelle ein abwechslungsreiches Bild. An der W-Wand w des Seiteneingangs ist das Fragment eines Wandgemäldes mit einer weiblichen Heiligen aus der 2. Hälfte des 14. Jh. erhalten, am S-Pfeiler des Chorbogens findet man einen hl. Rochus v. 1520. Das Abendmahl nach Leonardo da Vinci aus dem späten 16. Jh. an der N-Wand wurde 1937 v. Jeanne Bonalini übermalt, sie hat auch den Wunderbaren Fischzug an der S-Wand geschaffen. Die Stuckaltäre datieren aus der Zeit um 1690–1700. Das Hochaltarblatt mit dem hl. Antonius und dem auferstandenen Christus malte Alfieri Matteo Ferrario 1743, die Matthäus-Darstellung des n Seitenaltars ist ein Werk des Pietro Toscano v. 1693, den hl. Gotthard am s Seitenaltar schuf Nicolao Giuliani 1692. Die aus Marmor imitierendem Stuck bestehenden Antependien gestaltete Giuseppe Maria Pancaldi 1748 und 1774. In der Kapelle findet man zierlichen Régencestuck und in einer v. Pilastern umrahmten Nische das Gnadenbild der Muttergottes vom Berge Karmel (1733).

Kath. Pfarrkirche S. Giulio: Die große ma Kirche wird 1219 erwähnt; der eingezogene roman.-got. Chor entstand um 1300, der nachroman. Turm mit Flachnischen und Rundbogenfriesen wurde vor 1430 erbaut, die Kapellen vielleicht im späten 15. Jh. Das

Roveredo, S. Antonio Abate (l), S. Giulio (r)

Schiff verlängerte man vor 1643, das v. Pilastern flankierte Giebelportal ist mit 1643 datiert. Das Langhaus ist mit einer Balkendekke abgeschlossen, im Chor ruht ein Kreuzfächergewölbe auf kleinen Spitzkonsolen.

Der Chor erhielt 1545 durch Hieronymus Gorla eine einheitliche *Renaissance-Ausmalung:* Im n Wandschild sind die lat. Kirchenväter und S. Giulio dargestellt, an der Abschlußwand der Schmerzensmann, im s Wandschild die hll. Barbara und Antonius. Das Gewölbe zeigt eine Darstellung der Majestas Domini, der Chorbogen Propheten und die Chorbogenwand eine Verkündigung, darüber ein Renaissancefries in Grisaille. Von einer Sebastiansdarstellung des Cristoforo da Seregno v. 1479 an der S-Wand des Langhauses blieb nur ein Fragment bewahrt. 2 kleine Fenster in der s und n Schiffswand sind mit frühgot. Spiralranken bzw. Quaderwerk des frühen 14. Jh. bemalt.

Der Hochaltar trägt ein tempelförmiges Barocktabernakel, die 2 Kerzenleuchter mit Puttenträgern entstanden um 1650. Die mit halbfigurigen Karyatiden aus Stuck gestalteten Seitenaltäre datieren aus der Zeit um 1630, der linke enthält eine spätgot. Muttergottesstatue (um 1500) aus der Strigel-Werkstatt, der rechte ein Gemälde der Schutzmantelmadonna (um 1630–40) des Mathis Chefelder. Die Tonnengewölbe der Kapellen sind barock stuckiert, die Stuckaltäre schuf Domenico Pacciorini 1634. Die Galeriebrüstung des Oratoriums der Sakramentsbruderschaft über der Taufkapelle an der N-Seite ist mit 26 Bildern der Sakramentsverehrung geschmückt, 1690 v. Nicolao Giuliani gemalt. In der Sakristei werden eine Augsburger Monstranz, wahrscheinlich 1692 v. Balthasar v. Salis gestiftet, und ein Augsburger Barockkelch (um 1700) bewahrt.

Kath. Kirche Madonna del Ponte chiuso oder S. Anna: Die schöne barocke Kirche liegt am Eingang zur Traversagnaschlucht. Der Neubau v. 1656 vielleicht des Baumeisters Giovanni Serro stellt ein frühes Beispiel für das barocke Wandpfeilersystem dar, das im süddt. Barock unter Mithilfe v. Misoxer Meistern zu höchster Entwicklung gelangte. Das Äußere des Längsbaues schmücken flache Lisenen und architektonische Sgraffiti, vom Vorgängerbau wurde ein ausgezeichnetes *Renaissanceportal* (1604) übernommen, mit kannelierten Pilastern, Putten im gesprengten Giebel und einer Immaculatafigur (1691–92) des Simone Giuliani in der Nische darüber. Im Kirchenschiff mit Kreuzgewölbe bilden die eingezogenen

Roveredo, S. Anna, Portal (l), St.-Franziskaskapelle (r)

Strebepfeiler je 3 miteinander verbundene Seitenkapellen mit barock stuckierten Tonnengewölben. Licht erhält das Schiff durch Lünettenfenster über dem ringsumlaufenden Gebälk auf gestuften Pilastern. Die Rokokostukkaturen des Chorkreuzgewölbes schuf Rocco Pisone 1731, das Medaillongemälde der Himmelfahrt Mariens Giuseppe Chicherio; die Wandbilder dürften erst 1851 durch Giovanni Andriazzi entstanden sein.
Der *Hochaltar* (1731) des Rocco Pisone ist mit einem eleganten Stuckretabel in die Wandgliederung eingebunden, das Bild der Immaculata malte Giuseppe Chicherio, der klassizistische Schrein für den Leib des Katakombenheiligen Doreto entstand 1815. Zur weiteren *Ausstattung* gehören eine polygonale Kanzel (1680) mit tabernakelartigem Aufbau, Chorgestühl (um 1695) und Chorbogenkruzifix (um 1700). In der Josephskapelle an der N-Seite findet man einen klassizistischen Altar (1815) mit einem Gemälde der Rückkehr der Hl. Familie aus Ägypten nach Rubens; am Gewölbe sind die Verkündigung, Josefs Traum und die Flucht nach Ägypten dargestellt. Über dem reichen Stuckaltar mit Gemälde (1694) des Pietro Toscano schmücken 3 Szenen aus dem Leben des hl. Luzius das Gewölbe der Luziuskapelle; die Darstellung des Ungläubigen Thomas (1700) im Stuckaltar der Thomaskapelle stammt v. Nicolao Giuliani. Die Kapelle der Madonna v. Loreto an der S-Seite ist mit einem Wandgemälde des Gnadenbildes (kurz vor 1524) und Wand- und Gewölbemalereien aus der Zeit um 1660 geschmückt (Geburt Mariens und Heimsuchung, Geburt Christi, Himmelfahrt Mariens und Krönung). Die Muschelnischen der Franziskuskapelle sind mit Heiligen (um 1700) bemalt, das Gewölbe schildert Szenen aus dem Leben des hl. Franziskus. Die Kapelle St. Antonius v. Padua besitzt im Altar ein Gemälde des Titelheiligen (um 1700), an der linken Seitenwand findet man die Stigmatisation des hl. Franziskus, im Gewölbe Szenen aus dem Leben des hl. Antonius.

Kapelle S. Rocco: Der hoch am n Talhang gelegene Bau mit flachgedecktem Schiff und kreuzgratgewölbtem Chor wurde vermutlich 1549 und im 17. Jh. umgebaut; Turm mit Zeltdach an der S-Seite des Chores. Im Stuckaltar (1756) des Carlo Papa sind die spätgot. Figuren der Schutzmantelmadonna und der hll. Rochus und Sebastian (um 1512) aus der Strigel-Werkstatt erhalten.

Außerdem sehenswert: Am *Marktplatz*, dem ma Handelszentrum des Tales, stehen das *Haus des Giovanni Pietro Mazio* v. 1568, die *Casa della Grida* (Gerichtshaus) des 17. Jh. und die *Casa Zuccalli* (Nr. 179), das Geburtshaus des Baumeisters Enrico Zuccalli (1642–1724). – Der *ehem. Palazzo Trivulzio* am linken Ufer der Moësa war urspr. Sitz der Herren v. Sax und wurde um 1480–90 v. Gian Giacomo Trivulzio ausgebaut; v. der einst vielgerühmten Wasserburg sind nur wenige Reste erhalten. – Der *Palazzo Comacio*, um 1670 für Tomaso Comacio erbaut, ist ein stattlicher Viereckbau mit 4 turmartigen Eckrisaliten und Galerien. – Die *Torre di Beffeno* im gleichnamigen Dorfteil und die *Torre di Boggian* über dem O-Eingang der Traversagnaschlucht sind Turmruinen des 12. bzw. 15. Jh.

S

CH-7105 Safien
Bez. Heinzenberg

Einw.: 300	Höhe 1350 m	S. 252 □ D3

Ref. Kirche: Die Pfarre wurde vermutlich kurz nach der Einwanderung der Walser in der Mitte des 14. Jh. gegr. Den Neubau der in Safien Platz am Eingang zur Schlucht mit dem Carnusafall liegenden Kirche leitete

1510 Andreas Bühler im Auftrag der Patronatsherrin Klara v. Reitnau, Äbtissin v. Cazis. Die spätgot. Anlage mit eingezogenem, dreiseitig geschlossenem Chor wurde 1757 und nach einem Brand 1886 erneuert. Von einer wahrscheinlich roman. Vorgängerkirche (1958 konnten die Fundamente ausgegraben werden) stammt noch der Unterbau des Turms an der S-Seite; das gezimmerte Glockengeschoß und der Spitzhelm sind spätgot. Die Schlußsteine der Rauten- und Sterngewölbe auf Wanddiensten sind mit Wappen und dem Monogramm Christi verziert. Der erst kugelförmige und dann achteckige Taufstein datiert aus der Zeit um 1510, die polygonale Kanzel entstand 1690, die Empore 1757.

Umgebung

Tenna (9,5 km n): Die *ref. Kirche* der hoch gelegenen Walsersiedlung wurde um 14. Jh. erbaut, 1504 hat man das Schiff verlängert und den Chor neu erbaut. Die Anlage besteht aus einem langen, sehr niedrigen Schiff, einem hoch aufragenden polygonalen Chor und einem S-Turm mit got. gefasten Zwillingsöffnungen und einem achtekkigen Spitzhelm. Die spätgot. Leistendecke des Schiffs zeigt flachgeschnitzte und gemalte Ornamente, der ö Teil ist 1504 datiert, der w Teil der Verlängerung 1733 (zu dieser Zeit erhielt die Kirche auch neue Fenster). Im Chor findet man ein Sterngewölbe auf Wanddiensten und ein spätgot. Wandtabernakel mit Rahmenprofil. Die hervorragenden *Wandmalereien* aus der Zeit um 1400 wurden 1957 im Schiff entdeckt, an der N-Wand schildern 2 in gleiche Felder geteilte Bildstreifen die Leidensgeschichte Christi, an der S-Wand sind eine Anbetung der Könige und ein hl. Bischof dargestellt. Auch der Taufstein datiert aus der Zeit um 1400, die polygonale Kanzel entstand 1669.

Salouf, St. Georg, Flucht nach Ägypten

Thalkirch (6,5 km s): Die gedrungene *ref. Filialkirche*, 1441 geweiht, erhielt 1503 einen neuen, schwach eingezogenen Chor. Den S-Turm beschließt ein Zeltdach. Die abgesetzte, gemauerte Vorhalle entstand 1757, gleichzeitig erhielt das Schiff die trapezförmige Leistendecke und der Chor ein kuppeliges Gewölbe mit ornamentalen Grisaillemalereien. Der Taufstein wurde um 1503 geschaffen, Kanzel und Pfarrstuhl 1789, die Empore 1712.

CH-7462 Salouf
Bez. Albula

Einw.: 200	Höhe: 1258 m	S. 258 □ E3

Die Motta Vallac, ein quer zum Tal liegender Hügel, riegelt das Oberhalbstein gegen Norden hin ab. Grabungen legten hier Spuren einer Besiedlung in der Bronzezeit und Befestigungsanlagen aus römischer oder frühmittelalterlicher Zeit frei. Ein Gräberfeld des 6.–9. Jh. n. Chr. wurde ebenfalls aufgefunden. Aus den letzten Jahrhunderten ist der alte Schmelzofen für Eisen- und Manganerze noch recht gut erhalten.

Kath. Pfarrkirche St. Georg: Vom roman. Vorgängerbau stammen noch die unteren Teile des Turms und die Umfassungsmauern des Schiffs. Ein Neubau des Chors war 1498 beendet, 1501 das Schiff neu eingewölbt; um diese Zeit erhielt der viereckige Turm eine neue Glockenstube und darüber Wimperge und Spitzhelm. 1615 wurde die an der N-Wand angebaute Rosenkranzkapelle geweiht. 1880 verlängerte man das Schiff nach W um ein Joch und baute eine kleine Vorhalle an. Über Schiff und Chor liegen Sterngewölbe, über der Kapelle 2 Kreuzgewölbe.

Wandmalereien finden sich aus 2 Epochen: Spätgot. (letztes Drittel 14.Jh.) sind die Fragmente an der N-Wand; die z.T. erst 1968 freigelegt wurden; sie umfassen 3 Friese, v. denen der obere der Jugend Jesu (Geburt, Anbetung der Könige, Beschneidung, Darstellung im Tempel, Kindermord und Flucht nach Ägypten), die beiden unteren seiner Leidensgeschichte (Fußwaschung, Ölberg, Gefangennahme, Geißelung, Dornenkrönung, Kreuztragung?, Kreuzigung und Grablegung) gewidmet sind. Weitere got. Fresken zeigen verschiedene Heilige. Barocke Malereien (um 1632) in der Rosenkranzkapelle schildern 7 Szenen aus dem Marienleben.

Der *Hochaltar* ist ein spätgot. Schnitzaltar aus der Ulmer Schule (um 1500). Der viereckige Schrein ist in der Mitte erhöht und v. Laubwerkschnitzereien gekrönt. Auf getrepptem Postament steht eine Muttergottesfigur, flankiert v. den hll. Katharina und Georg (l) sowie Barbara und Mauritius (r). Die Rückseite des Schreins ist mit einem Jüngsten Gericht bemalt. Die Flügel zeigen auf den Innenseiten Reliefs: l der Drachenkampf des hl. Georg, r die Enthauptung des Kirchenpatrons. Außen sind die Flügel bemalt: l Christi Geburt, r Epiphanie. Bei geschlossenen Flügeln werden die mit den hll. Ursula und Luzius bemalten Nebenflügel sichtbar. Den Schrein krönt eine Kreuzigungsgruppe zwischen Rautenwerk. Die Vorderseite der Predella ist mit Geißelung, Christus vor Pilatus und Kreuztragung bemalt.

Der s Seitenaltar ist ein aus got. Elementen (um 1520) zusammengesetzter Flügelaltar. Der n Seitenaltar wurde entfernt; an seiner Stelle steht heute die got. Figur einer thronenden Muttergottes (um 1250). Hier hat auch der alte Taufstein Aufstellung gefunden.

In der Rosenkranzkapelle stehen ein Flügelaltar (Flügel bemalt) mit den Figuren der hll. Florinus, Rochus und Luzius (v. l nach r) sowie der ehem. Hochaltar v. Marmorera aus der Mitte des 18. Jh. und ein Tabernakel aus der Zeit um 1660.

Ehem. Kapuzinerspital (heute Pfarrhaus): Im Untergeschoß dieses nach 1726 erbauten und 1830 nach W erweiterten Hauses befindet sich eine querrechteckige *Kapelle* mit einer v. einer Halbkugel überwölbten Apsis. Die beiden Obergeschosse setzen sich im O durch eine Zahnschnittkonsole ab. Das Haus liegt unter einem mächtigen Satteldach.

Salouf, ehemaliges Kapuzinerspital

Außerdem sehenswert: *Haus Nr. 28* mit Resten v. Dekorationsmalereien aus dem 17. Jh. – *Haus Nr. 36* mit Holzstatue der thronenden Muttergottes in einer Nische (2. Hälfte 13. Jh., neu gefaßt). – Noch betriebene *Wassermühle* und noch benutzter *Holzbackofen*.

Umgebung

Del (2 km n): Die *kath. Kapelle St. Rochus* besteht aus 3 hintereinanderliegenden Räumen: im O ein dreiseitig geschlossener Chor (erbaut 1595) mit Fächergewölbe und viereckigem Fenster, dann als Vorchor das ehem. Schiff mit Tonnengewölbe und Spitzbogenfenster und schließlich das heutige Schiff mit Kreuzgewölben und Stichbogenfenster, das wie der Turm mit Zeltdach vor 1638 erbaut wurde. *Wandmalereien* im Chor stellen Christus, Maria, die 12 Apostel sowie die hll. Paulus, Rochus und Sebastian dar. Der *Hochaltar* trägt ein Blatt mit der Muttergottes und den hll. Rochus und Sebastian v. 1736; an der S-Wand hängt ein Bild gleichen Inhalts vom Anfang des 17. Jh. Der n Seitenaltar zeigt die Muttergottes (1711), der s die hll. Josef und Petrus.

Ziteil (6 km sw): Auf dem Paß zwischen Piz Curvér und Piz Toissa erinnert die *kath. Wallfahrtskapelle St. Mariä Heimsuchung* an die Legende, daß an dieser Stelle 1580 einem Hirtenknaben die Muttergottes erschienen sein soll. Den Neubau errichtete 1959 Venantius Maissen, die Skulpturen stammen v. Albert Wider.

CH-7503 Samedan

Bez. Maloja/Maloggia

Einw.: 2600	Höhe: 1709 m	S. 254 □ F3

In dem stattlichen Engadiner Bauerndorf nahe der Einmündung des Berninabachs in den Inn wurde Graubündens Freiheitsheld Jörg Jenatsch (1596–1639) geboren. 1637 gelang es ihm, die Franzosen aus Graubünden zu vertreiben und so das Land vom Joch der Besatzer zu befreien.

Ref. Begräbniskirche St. Peter: Die ehem. Pfarrkirche ist eine der 3 alten Hauptkirchen des Oberengadins (1139 erwähnt). Der alleinstehende spätgot. Bau an der alten Talstraße wurde v. den »besten Bündner Baumeistern der Zeit« errichtet: Steffan Klain (Chor, 1491) und Andreas Bühler (Schiff, 1492). An der N-Ecke der Fassade steht ein unverputzter roman. Turm aus der Zeit um 1100 mit 3 Geschossen gekuppelter Rundbogenfenster; das gezimmerte Glokkengeschoß und das Zeltdach entstanden vermutlich erst im 18. Jh. Das Sterngewölbe ruht im dreijochigen Schiff auf Runddiensten (in den O-Ecken zu Stümpfen verkürzt), im zweijochigen Chor auf zugespitzten Anfängern. Das Wandtabernakel mit Rahmenprofilen, bekrönendem Kielbogen und Maßwerk zeigt das Steinmetzzeichen Andreas Bühlers. Der spätgot. Taufstein besitzt einen geflochtenen Schaftring, die gemauerte Kanzel entstand 1655. Wappen der Familien Planta und Salis zieren die Reste einer alten Bestuhlung (17. Jh.) an der W-Wand. Für Mitglieder dieser beiden Familien wurden auch die meisten der 33 Grabplatten (17.–18. Jh.) im Chor- und Schiffsboden gestaltet.

Ref. Kirche: In den Mauern der um 1682 erbauten Kirche blieben Teile der früheren St.-Antonius-Kapelle erhalten; ein Umbau fand 1760 statt, den Turm schuf Antonio Gironimo 1771. Bestehenden Raumverhältnissen angepaßt, erhebt sich der kubische Barockbau mit flacher Apsidiole über trapezförmigem Grundriß. Ungewöhnlich hoch steht an der SO-Ecke der elegante Turm mit rustiziertem Unterbau und gequaderten Ecklisenen. Über einem kräftigen Gesims erhebt sich das mit ionischen Pilastern gegliederte Glockengeschoß mit breiten rundbogigen Schallöffnungen, darüber ein breit ausladendes, geschweiftes Kranzgesims und der achteckige Aufsatz mit eingeschnürter Zwiebelhaube. Die reizvolle dreiachsige *Fassade* mit Monumentalpilastern beleben ein Portal mit Volutengiebel und ein Rundgiebel mit getreppter Gegenschwingung, v. 3 schmiedeeisernen Sträußen bekrönt. Die Stuckrahmungen der Fenster entstanden 1897, der Giebelstuck 1932.

Der festliche *Innenraum* mit Schirmgewölbe auf umlaufendem Gebälk ist an 3 Seiten v. Steinemporen auf Säulen umgeben. Die Orgelempore der schmaleren Eingangsseite besitzt eine geschweifte Brüstung und eine

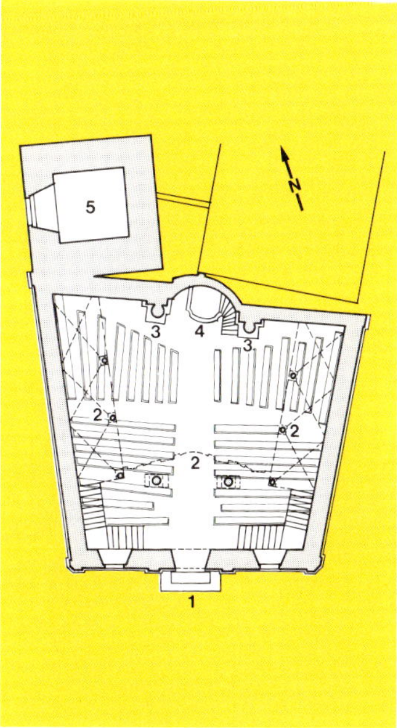

Samedan, St. Peter

Samedan, Ref. Kirche 1 Fassade mit Portal und Rundgiebel **2** Steinemporen **3** Kolossalsäulen **4** Rokokokanzel **5** Turm

anmutige Rokoko-Orgel, 1772 v. Jacob Fretschini gestiftet. Die Apsidiole der gegenüberliegenden Seite mit der Rokokokanzel wird v. einem kolossalen ionischen Säulenpaar aus Stuccolustro gerahmt, die darauf sitzenden Putten fungieren als Gebälkträger. Der Abendmahlstisch ist eine vermutlich ital. Arbeit aus der Zeit um 1700 und zeigt vorzügliche Intarsien mit Sonne, Mond und Weltkugel sowie Adam, Eva und der Ehernen Schlange.

Gemeindehaus: Das Äußere des ehem. Planta-Hauses aus der Zeit um 1750 charakterisieren Freitreppe, rundbogiges Portal und Balkon in der mittleren Achse des insgesamt fünfachsigen Baues. Das Innere zeichnet sich durch anmutigen Rokokostuck aus, das heutige Sitzungszimmer schmückt eine bemalte Rokokotäfelung.

Haus Krone: Das durch Landeshauptmann Johann v. Salis um 1650 erbaute Haus besitzt im 1. Obergeschoß einen Raum, dessen reich gestaltete Täfelung (1652) das Wappen des Bauherrn und der Anna Jenatsch, Intarsien und applizierte Ornamente aufweist.

Planta-Haus: Das große Doppelhaus, urspr. Stammsitz der Familie Salis-Samedan am »Plazett«, ist Sitz der Planta-Stiftung mit bedeutender *rätoroman. Bibliothek*. Der N-Flügel wurde um 1595 ausgebaut, der S-Flügel 1760. An der Gartenseite wird es v. einem Mittelgiebel geschmückt, an der O-Front v. einem Salis-Wappen des späten 16. Jh. Im Erdgeschoß findet man eine Täfelung mit Landschaftsmalereien (1760) des Johann Petraz aus Sondrio sowie eine getäfelte Prunkstube mit Schnitzereien (1723) aus Sent. Den buntbemalten Turmofen (um 1678) schuf möglicherweise Hans Heinrich Graf; er stammt aus dem ehem. Zisterzienserinnenkloster Tänikon in Thurgau, das 1848 aufgehoben wurde und in den Besitz der Nina v. Planta gelangte.

Samedan, Planta-Haus

Außerdem sehenswert: *Haus Nr. 143,* 1594 v. Johann v. Bufrun erbaut, zeigt über der Sulèrtür einen Wappenstein v. 1615. – *Haus Nr. 148* v. 1660 besitzt einen kreuzgewölbten Sulèr. – *Haus Pianto* (Nr. 159) wurde 1624 durch die Familie Planta erbaut, der breite Sulèr ist mit einer Stichkappentonne gewölbt und mit Stuckmedaillons verziert. – Der *Gefängnisturm* ist ein ehem. Wohnturm der Herren v. S., vermutlich im 12. Jh. erbaut.

Umgebung

Bever (2 km nö): Die *ref. Kirche* wurde 1665–67 v. Giovanni Caserin und Francesco Pancera als barocker, durch Lisenen gegliederter Bau mit Walmdach neu errichtet. Der hohe Turm mit achteckigem Obergeschoß und Zwiebelhaube mit Laterne entstand 1669–73. Von der Vorgängerkirche (1370 genannt) stammen das Portal und die W-Wand mit Resten spätgot. Malerei (ein hl. Georg und die Vorzeichnung für einen hl. Christophorus) aus dem späten 14., frühen 15. Jh. – Bemerkenswerte Häuser sind das *Gasthaus zum weißen Kreuz* (1770) mit Freitreppe, Rundbogenportal und Balkon an der großflächigen Giebelfassade, das ähnliche *Haus Gritti* (1786) mit klassizistischen Gittern und das stattliche *Orlandi-Haus* (1810) am N-Rand des Dorfes.

CH-7563 Samnaun

Bez. Inn

Einw.: 600	Höhe: 1846 m	S. 254 □ H2

Das Samnauntal ist das abgeschlossene unterste Seitental des Engadins; das Zollausschlußgebiet war bis 1905 nur mit Österreich durch eine Straße verbunden.

Kapelle Maria Hilf: Die roman. Kapelle mit trapezförmig geschlossenem Chor wurde um 1500 spätgot. umgestaltet. Dabei entstanden u. a. die Dreikantstreben am Chor und an den Kapellenlangseiten. Der Dachreiter datiert v. 1887. Der kleine Altar aus der 2. Hälfte des 17. Jh. besitzt eine Kopie des Innsbrucker Gnadenbilds Maria Hilf.

Umgebung

Compatsch (5 km nö): Die spätgot. *kath. Pfarrkirche St. Jakob* entstand um 1500 und erfuhr im 18. Jh. eine Gewölbeerneuerung. Im 19. Jh. wurde das Schiff verlängert und eine Doppelempore eingebaut. Nördlich des eingezogenen, polygonalen Chores erhebt sich der spätgot. Turm mit kreuzgewölbter Sakristei; Schiff und Chor sind tonnengewölbt.

CH-7500 Sankt Moritz

Bez. Maloja/Maloggia

Einw.: 6000	Höhe: 1810 m	S. 258 □ F 3

Der Ort war im Mittelalter durch seine schon in der Bronzezeit benutzte kohlensäurehaltige Eisenquelle Ziel einer Wallfahrt. Erstmals schriftlich erwähnt wird Sankt Moritz 1525 von dem berühmten Arzt Paracelsus, der die Heilkraft der Quelle rühmt. Die Entwicklung zum Weltkurort im 19. Jh. ist aber nicht der Quelle zu verdanken, sondern der damals aufkommenden Begeisterung für die Bergwelt und den Wintersport. Der Ort besteht aus Sankt Moritz Dorf und dem tiefer gelegenen Sankt Moritz Bad am Ufer des Sankt Moritzer Sees. Zahlreiche Hotelpaläste des späten 19. und frühen 20. Jh. sowie moderne Hotelbauten bestimmen heute weitgehend den Charakter des bedeutenden Kur- und Wintersportortes.

Schiefer Turm: Die ehem. ref. Kirche St. Mauritius (1139 genannt) war eine der 3 Altpfarreien des Oberengadins. 1856 wurde der Chor abgebrochen, 1893 das Schiff. Die N-Seite des seit dem 19. Jh. aus dem Lot geratenen, 1928 gesicherten Turms besitzt noch die roman. Blendnischen mit Bogenfriesen aus dem frühen 13. Jh. Die übrigen Blendnischen wurden barockisiert; die Stützen der vermauerten roman. Schallöffnungen sind im Inneren noch sichtbar. Die

Bever (Samedan), Reformierte Kirche ▷

Glockenstube und der achtseitige Aufsatz mit Kuppelhaube entstanden 1672.

Kirchen in S. M. Dorf: 1932 wurde die *ref. Kirche* v. 1785–87 v. Nicolaus Hartmann vollständig umgebaut und vergrößert; v. der alten Kirche blieben nur Teile der S-Wand und des Chores erhalten. Den neugot. Turm schufen die Architekten Alfred Chiodera und Theophil Tschudy 1896–97. – In der *kath. Kirche St. Mauritius,* 1866–67 v. Ferdinand Näscher erbaut und 1910 verlängert, befindet sich ein Altargemälde v. Paul Deschwanden. Er malte im 19. Jh. unzählige Altarbilder für Schweizer Kirchen.

Kirchen in S. M. Bad: In der *ev. Badkirche,* der ehem. engl. Kirche, einem neuroman. Bau v. Ende des 19. Jh., steht der zehneckige Taufstein aus der Zeit um 1500 aus der alten Mauritiuskirche. – Die *kath. Kirche St. Karl,* eine basilikale Anlage in lombardischer Romanik, erbaute Nicolaus Hartmann d. Ä. 1885–86. Das Innere des Chores wurde 1965–66 v. Albert Schilling neu gestaltet.

Musée engiadinais (Badstr.): Das Engadiner Museum in dem Museumsbau des Nicolaus Hartmann v. 1906 veranschaulicht an bedeutenden kulturhistorischen und volkskundlichen Beispielen die Geschichte des Engadins. Es enthält u. a. zahlreiche beachtliche »Täferstuben« mit Einrichtung aus dem 16.–18. Jh. sowie vor- und frühgeschichtliche Lokalfunde.

Segantini-Museum (Suvrettastr.): 1908 wurde das Museum mit der umfassenden Ausstellung v. Gemälden Giovanni Segantinis gegr. Der 1858 in Arco in Südtirol geborene Maler ließ sich 1886 in Savognin nieder und lebte v. 1894 bis zu seinem Tod 1899 in Maloja. Sein Hauptwerk, das große »Triptychon der Alpenwelt«, später als »Werden-Sein-Vergehen« gedeutet, entstand 1898/99 für die Pariser Weltausstellung.

Außerdem sehenswert: Den 1910 aufgestellten *Mauritiusbrunnen* auf dem Dorfplatz gestaltete Wilhelm Schwerzmann. – Von den Hotelbauten des 19. Jh. ist bes. das *Palace-Hotel* (1892–94) v. Alfred Chiodera und

◁ *Sankt Moritz, Schiefer Turm*

Sankt Moritz, Blick vom Bad mit katholischer Kirche auf das Dorf

Theophil Tschudy zu erwähnen, v. denen des 20. Jh. das *Carlton-Hotel* (1912–13) der Architekten Koch und Seiler. – Neben historisierenden Gebäuden findet man in S. M. auch Hotels und Privathäuser, die Nicolaus Hartmann um 1900 im Engadiner Stil erbaute. – Von der modernen Architektur sei nur das *Hallenbad* (1966–67), ein Beton-Glas-Bau der Architekten Obrist und Theus, genannt.

Umgebung

Silvaplana (6 km sw): In dem am ö Fuß des Julierpasses gelegenen Dorf steht eine 1356 erwähnte, heute *ref. Kirche,* deren Chor 1491 v. Steffan Klain neu erbaut wurde. Vermutlich gleichzeitig wurden das Schiff eingewölbt und der Turm erhöht. Die Rundbogenfenster stammen v. 1873, der Einbau der Empore fand 1906 statt. Im gleichen Jahr erhielt der schlanke Turm vor der S-Ecke der Fassade seinen spitzen Helm, sein Unterbau mit teilweise vermauerten Rundbogenfenstern ist spätroman., die Glockengeschosse sind spätgot. Im Inneren des strebenlosen spätgot. Baues mit eingezogenem polygonalem Chor findet man ein zweijochiges Schiffsgewölbe (eine Kombination v. Stern-und Kreuzgewölbe) auf Vorlagen und im Chor ein zweijochiges Sterngewölbe auf Dienstenstümpfen. Das spätgot. Wandgemälde aus der Zeit um 1490 an der N-Wand des Schiffs zeigt die thronende Anna selbdritt, die hl. Magdalena und den Sturz eines Reiters mit Muttergotteserscheinung (möglicherweise ein Votivbild). Bemerkenswert ist das schwarzmarmorne Grabmal für Pfarrer Lukas Bansi († 1792), unter der Kanzel aus der Zeit um 1740.

CH-6549 Santa Maria in Calanca

Bez. Moësa

Einw.: 150	Höhe: 967 m	S. 256 □ C4

Kath. Pfarrkirche S. Maria Assunta: Die bes. schön gelegene Mutterkirche des Calancatales wurde erst in der 1. Hälfte des 16. Jh. zur selbständigen Pfarre erhoben; davor gehörte sie zu S. Vittore. Erstmals ist sie 1212 urkundlich genannt, der Chor wurde 1385 oder 1416 neu erbaut, das Schiff 1606 verlängert. Das langgestreckte, saalartige Schiff verbreitert sich zum annähernd quadratischen Chor mit Blendbogenfriesen. Nördlich am Chor erhebt sich der got. Turm mit Blendnischen und Spitzbogenfriesen, dessen achtseitiger Aufsatz mit Pyramidenhelm barocke Zutat ist. Die toskanische Vorhalle entstand in der 2. Hälfte des 17. Jh. Das rundbogige Steinportal (1606) des Giovanni Andriolo begleiten Hermenpilaster: Der Prophet Jesaja und die tiburtinische Sibylle sind hier einander gegenübergestellt.

Das *Innere* zeigt im Schiff eine reich bemalte Renaissancekassettendecke (um 1606) mit vollplastischen Rosetten, im Chor ein Kreuzgewölbe mit polychromen Stukkaturen und gemalten Medaillons (1628) des Alessandro Gorla: Krönung Mariens und Evangelisten. Im Chorbogen sind neben Passionsszenen die Wappen v. Calanca, Grono, S. Vittore und des Grauen Bundes dargestellt, in den Gewölbeschilden l ein Triptychon mit der Himmelfahrt Mariens, Josefs Traum und der Flucht nach Ägypten, r über der Fensterlünette die Rosenkranzgeheimnisse. Das Gemälde an der Abschlußwand schuf Michele Carmine um 1888. Von den spätgot. Wandmalereien des späten 15. Jh. blieben Reste neben der Kanzel und an der S-Wand gegenüber erhalten (Abendmahl und Himmelfahrt Mariens). Die dreiachsige Empore über Kreuzgewölben ist das Werk des Giovanni Andriolo v. 1618, das Wandgemälde mit Geburt und Tod Mariens sowie dem Tod Josefs schuf Agostino Duso 1727.

Als Hochaltar besaß die Kirche einst einen spätgot. Schnitzaltar (1512) des Ivo Strigel (jetzt im Historischen Museum in Basel), der heutige *Hochaltar* enthält einen pavillonartigen Aufbau mit bekleideter Muttergottesstatue (1724), ein Rokokotabernakel und ein Expositorium. Die stuckierten Arkadenbaldachine über den Seitenaltären wurden 1646 v. Georg Wilhelm Gräsner ausgemalt, der Kreuzaltar (l) trägt ein geschweiftes Rokokogehäuse mit Kruzifix aus dem frühen 18. Jh., der Rosenkranzaltar (r) ist aus einem dreiteiligen Halbtempel (um 1665) aufgebaut. Die darin enthaltenen spätgot. Figuren der Muttergottes und der hll. Sebastian und Rochus entstanden um 1512 in der Strigel-Werkstatt. An der N-Wand steht ein Franziskusaltar mit schwerem Stuckaufbau (1684), daneben ein spätklassizistisches Säulenretabel (1851). An der

Silvaplana (Sankt Moritz), reformierte Kirche, spätgot. Wandgemälde

S-Wand ein Holzretabel in süddt. Formen; das Gemälde der Auferweckung des Lazarus schuf Georg Wilhelm Gräsner 1644. Ein Régencestuckaltar ist mit einer Figur des hl. Antonius aus dem Jahre 1734 geschmückt. Unter der rechteckigen Kanzel (1650) mit Posaune blasenden Engeln und Kapuzineremblemen befindet sich eine bemalte Doppeltreppe für die Karfreitagsliturgie. Die Kirche besitzt ferner 3 großformatige Gemälde des Georg Wilhelm Gräsner, »Schlacht bei Lepanto« (1649), ein Pestbild (1651) und »Erteilung des Portiunkula-Ablasses« (1653).
In der *Sakristei* sind Monstranz und Kelch (2. Hälfte 17. Jh.), 2 Régence-Ampeln, 4 Standleuchter (um 1680), Reliquiare (um 1670), ein getriebenes Antependium (um 1730–40) und Paramente (18. Jahrhundert) zu finden.

Torre di S. Maria: Der dreigeschossige, fünfeckige (im Inneren rechteckige) Turm, der oberhalb der Kirche aufragt, wurde vermutlich im Zuge der Talbefestigung unter den Herren v. Sax im 13.–14. Jh. errichtet. Er besitzt eine in die Außenmauer integrierte Treppenanlage, Kamine mit kegelförmiger Haube, ringsumlaufende Steinbänke und Schachtaborte sowie eine Wehrplatte mit Wasserrinnen.

Umgebung

Castaneda (1 km s): In der Nähe des Dorfes wurde ein *Gräberfeld* der Eisenzeit (500–250 v. Chr.) ausgegraben. Die über 100 Gräber waren z. T. mit Schmuckgegenständen, Keramikbeigaben und Bronzegefäßen (darunter eine Schnabelkanne mit etruskischer Inschrift) reich ausgestattet. Die Bodenfunde sind teilweise im Schulhaus zu besichtigen. – Die *kath. Pfarrkirche S. Stefano*, 1544 erwähnt und nach einem Umbau 1633 neu geweiht, ist ein schmuckloser Barockbau mit einem Gemälde (Christus als Salvator) des Mathis Chefeler v. 1636 über dem Hochaltar.

CH-7536 Santa Maria im Münstertal
Bez. Münstertal

Einw.: 400	Höhe: 138 m	S. 254 □ H3

Ref. Kirche: Der aus Gmünd in Kärnten stammende Andreas Bühler errichtete 1492 den Neubau der Kirche als ungegliederten spätgot. Saalbau mit eingezogenem, dreiseitig geschlossenem Chor. Der hohe Turm an der S-Seite des Schiffs dürfte um 1400 unter Einbeziehung roman. Mauerreste erbaut

Santa Maria in Calanca, Torre di S. Maria und S. Maria Assunta

Tschierv (S. Maria im Münstertal), Ref. Kirche

worden sein. Die 2 Glockengeschosse besitzen dreiteilige Rundbogenfenster, der steile Pyramidenhelm erhebt sich über Wimpergen. Ein Südtiroler Meister war der Maler des großen Christophorusgemäldes (1513) an der nö Außenwand des Chores und der Darstellung v. Christus am Ölberg an der W-Front.
Von der Vorhalle (1933) führt ein doppelt gekehltes, spitzbogiges Tuffsteinportal in das zweijochige, rautengewölbte Schiff; die Schlußsteine des zweijochigen Sterngewölbes im Chor zeigen Rosetten und das Haupt Christi. Chor und N-Wand des Schiffs besitzen Maßwerkfenster, die S-Wand 2 höher liegende Fenster (das w ist neu). Aus der Zeit kurz nach der Erbauung der Kirche datieren die 7 gemalten Halbfiguren der Apostel über bewegten Schriftbändern an den Wänden v. Chor und Schiff; der Maler kam aus Deutschland. Der Abendmahlstisch aus Tuffstein zeigt nachgot. Formen und dürfte 1643 entstanden sein, die achteckige Nußbaumdeckplatte mit reichen Intarsien ist 1716 datiert. Polygonale Kanzel (1649) und wappenverzierter Predigerstuhl (1779). Die architektonisch gegliederte Empore mit schabloniertem Muster in der Art v. Flachschnitzereien trägt die Signatur Thomas Stupan und die Jahreszahl 1653. An der W-Front und an der Friedhofsmauer findet man zahlreiche interessante *Grabtafeln* des 17.-19. Jh.

Haus Nr. 50: Das Haus enthält einen getäfelten Raum (Täferstube) mit einer Inschrift des Bauherrn Dominikus Ritter v. 1680 (in diese Zeit ist der Umbau des Hauses zu datieren) sowie Reste v. *Wandmalereien* des späten 17. Jh. mit Bildnissen Kaiser Josephs I. und seiner Frau sowie des Prinzen Eugen v. Savoyen als Sieger über die Türken. In einem gewölbten Raum ist ein Truppenaufmarsch vor 2 Feldherrenzelten dargestellt.

Hotel Chasa Capol: Der 1199 erwähnte Bau war urspr. Propstei des Klosters Müstair, der NO-Anbau mit zwiebelbekröntem Dachreiter und Kapelle war einst Hospiz. Im Vorderhaus wohnte die Familie Capol; über dem Portal befindet sich das Wappen v. Podestà Oswald v. Capol (1651). Ausgebaut wurde der Komplex 1677 durch Sebastian v. Capol-Planta, die Krüppelwalmdächer und Medaillonfenster in den Giebeln entstanden erst nach dem Dorfbrand v. 1774.

Außerdem sehenswert: An der *Fassade* des Hauses am ö Dorfeingang findet man in Buntmalerei die Wappen der Drei Bünde, signiert und datiert »Peter Paul Pingera 1761«. – *Haus Nr. 70* war einst im Besitz der Familie Caratsch und besitzt einen Balkon aus Stabeisen sowie getäfelte Stuben des späten 18. Jh. – In der Gaststube des *Hotels Piz Umbrail* ist ein Intarsienwappen der Pinggera v. 1830 zu sehen. – Die Eingangshalle v. *Haus Nr. 40* besitzt Kreuzgewölbe und Gurtbogen über rundem Mittelpfeiler; am Gewölbe die Datierung 1538 (?). Die Stuckdecken mit dünnen Akanthusranken und Wappen im 1. und 2. Stock datieren aus der Zeit um 1720.

Umgebung

Tschierv (7,5 km nw): Die um 1465–70 er-

Santa Maria im Münstertal, Hotel Chasa Capol

baute, heutige *ref. Kirche* wurde im 17. Jh. erhöht und eingewölbt. Der ungegliederte spätgot. Bau besitzt einen der im Münstertal üblichen trapezförmigen Chöre ohne Einzug. Der Turm an der N-Seite des Schiffes erhielt in neuerer Zeit ein Zeltdach, unter dem Glockengeschoß befinden sich vermauerte spätgot. Schallöffnungen. Die Spitzbogenfenster der Kirche sind leer, nur an der W-Front sitzt ein rundes Maßwerkfenster. Das Tonnengewölbe des Inneren ist mit Stichkappen über Vorlagen gestaltet, die Kämpfergesimse zeigen Zahnschnittmuster. Der Abendmahlstisch auf Balusterfuß und die architektonisch gegliederte Emporenbrüstung entstanden in der Mitte des 17. Jh. – Die Fassade v. *Haus Nr. 17* ist im ländlichen Stil dekoriert, die Architektursgraffiti datieren v. 1733, die Buntmalerei v. 1812. – An der Hausecke v. *Nr. 52* findet man einen zweigeschossigen, vom Boden auf gemauerten Polygonalerker des 17. Jh.

Valchava (1,5 km w): Die spätgot. *ref. Kirche* mit trapezförmigem Chorschluß, 1460 erwähnt, dürfte im 17. Jh. Kreuzgrat- und Stichkappengewölbe erhalten haben. Die oberen Geschosse und die stark eingeschnürte Zwiebel des Turms an der S-Seite des Schiffs stammen aus der 2. Hälfte des 18. Jh. Der Abendmahlstisch datiert v. 1745; die Barockorgel aus der 1. Hälfte des 18. Jh. zeigt auf den gemalten Flügeln David und Engel. Die Grabplatte im Chorboden (vermutlich 1812) wurde wahrscheinlich für Thomas Melcher und Eva v. Planta geschaffen; an der Friedhofsmauer befindet sich ein weißmarmornes Renaissance-Epitaph aus der 2. Hälfte des 16. Jh. für den Freiherrn Hendl v. Goldrain. – In der *kath. Kirche* v. 1896 wird ein aus dem Kloster Müstair stammender Augsburger Rokokokelch (1757–59) des Franz Christoph Mäderl aufbewahrt. – Das *Gemeindehaus* (Nr. 17) erbaute im 17. Jh. möglicherweise die Familie Capol. Es wurde 1724 renoviert und besitzt einen zweigeschossigen Polygonalerker, putzgerahmte Fenster und zeigt die gemalten Wappen der Drei Bünde und der Capol. – Das *Münstertalmuseum* ist in der sog. Chasa Jaura des 18. Jh. untergebracht.

CH-6534 San Vittore Bez. Moësa		
Einw.: 600	Höhe: 275 m	S. 256 □ C5

Stiftskirche SS. Giovanni e Vittore: Früher mit einem Chorherrenstift verbunden war die im MA gegr. Mutterkirche des Mesolcina- und Calancatals (1219 erwähnt). Im 13. Jh. als Hallenkirche errichtet, wurde sie 1713 durch Erhöhung des Mittelschiffs v. Bernardo Ferrario in eine dreischiffige Pfeilerbasilika umgewandelt. An der S-Seite erhebt sich ein roman. Turm mit Blendbogenfriesen; Glockengeschoß und Pyramidenhelm entstanden vermutlich im 17. Jh. Das Äußere ist mit Lisenen gegliedert, unter den Traufen der Seitenschiffe und des eingezogenen, dreiseitig geschlossenen Chores findet man Bogenfriese. Der untere Teil des großen Christophorus-Gemäldes v. 1521 an der S-Seite wurde 1931 ergänzt. Die nachgot. Zwillingsfenster mit Renaissance-Ornamenten über dem Hauptportal v. 1498 schuf Giovanni Andriolo 1615.
Der Innenraum mit den 1512 eingewölbten Seitenschiffen wurde 1731 barockisiert und 1830 stuckiert. Veränderungen nahm man 1931 vor; aus dieser Zeit sowie v. 1954 datieren die Glasgemälde des August Wanner. Der Hochaltar entstand 1805, die Stuckaltäre seitlich des Chorbogens wurden 1643 geschaffen, der linke v. Giovanni Battista Recia, der rechte mit Marienfigur (1870) v. Giovanni Zuccali. An der rechten Wand hängt das ehem. Altarbild des Bernardo Serodine, eine Steinigung des hl. Stephanus nach Giulio Romano. Das auf die Wand gemalte Frührenaissanceretabel v. 1498 über dem Altar l wurde 1931 stark übermalt. Die polygonale Kanzel v. 1728 ist mit reichen Schnitzereien versehen. 2 Wandgemälde der Kirchenpatrone v. 1632 befinden sich an der Arkadenempore, die Brüstungsgemälde aus der Zeit um 1660 schildern die Sakramentsverehrung und die Rosenkranzgeheimnisse. Aus der Kapelle S. Lucio kam das abgelöste Wandgemälde mit einer vorzüglichen Darstellung des hl. Luzius (um 1450) in die Kirche.

Kapelle S. Lucio: Der fast quadratischen, flachgedeckten Kapelle vermutlich des 17. Jh. im Dorfteil Pala ist an der SO-Ecke ein vorspringender, 3,30 m höher auf einem Felsblock liegender Rundbau angefügt, der mit der Kapelle durch einen Einlaß verbunden ist. Dieser eigenartige Rundbau dürfte aus karol. Zeit stammen; die flachen, rundbogigen Blendarkaden und die hochsitzenden Schartenfenster weisen darauf hin. Über dem Eingang zum Rundbau befindet sich ein offenes Glockenjoch, dessen Glokke aus der Zeit um 1200 v. einem Vivianus Stemadius signiert ist.

Kapelle S. Croce: Die im späten MA gegr. Kapelle s des Dorfes bildet heute den Chor, ihr kleiner rechteckiger Chor eine Seitenkapelle an der N-Seite. Das barocke Schiff mit Lisenengliederung und flacher Holzdecke entstand 1653, kurz darauf dürfte die Vorhalle mit Rundbogenöffnungen gebaut worden sein.

Palazzo Viscardi: 1548 errichtet; der Neubau neben der Kirche entstand um 1680–90 durch Giovanni Antonio Viscardi, seit 1685 kurfürstlicher Oberbaumeister in Bayern. Über dem Portal besitzt der stattliche Bau ein got. Fenster vom Ende des 15. Jh. aus dem Palazzo Trivulzio in Roveredo. Das Gebäude beherbergt heute das *Museo Moesana*, ein kleines Talmuseum mit einem reichen Bestand an spätgot. Bildwerken und Goldschmiedearbeiten.

Außerdem sehenswert: Im *Pfarrhaus* aus der 2. Hälfte des 17. Jh. befindet sich ein bemerkenswertes niederländisches Gemälde, eine Darstellung des Gastmahls des Herodes aus der 1. Hälfte des 17. Jh. – Die *Cà del Gerbo* nahe der Tessiner Grenze ist das ehem. Zollhaus, mit 2 Loggiengeschossen im frühen 17. Jh. erbaut. – Oberhalb des Ortes erhebt sich die *Torre di Pala*, ein Turm mit 5 Geschossen und Zinnengiebeln. Er gehörte einst zu einem Sitz der Herren v. Sax; die Ruine des Wohngebäudes ist durch eine Felsspalte abgetrennt.

Umgebung

Monticello (3 km w): Die Kapelle S. Maria della Neve wurde 1513 geweiht; den Neubau des flachgedeckten Schiffs errichtete 1621–26 Bartolomeo Viscardi, seine Außenwände sind mit Lisenen und Rundbogenfriesen nach roman. Vorbildern gegliedert.

Der Chor wurde 1647 erhöht und mit einem Kreuzgewölbe versehen, die Stukkaturen hier und im Schiff schuf vermutlich Giovanni Battista Recia um 1656. Das Wandgemälde der Madonna v. Loreto an der S-Wand des Chores entstand um 1524. Die 3 Altäre aus Stuck sind Werke des Pietro Giuliani v. 1683–84, der s Seitenaltar enthält eine süddt. got. Muttergottesstatue aus der 2. Hälfte des 14. Jh. Die polygonale Kanzel wurde mit Schuppenpilastern und Kruzifix im 17. Jh. gestaltet.

CH-7460 Savognin

Bez. Albula

Einw.: 1000	Höhe: 1200 m	S. 258 □ E 3

In dem Hügel Padnal s des Dorfs fand man beim Kiesabbau Kulturschichten, die auf eine kontinuierliche Besiedlung von der frühen bis zur späten Bronzezeit hinweisen. In den Maiensäßen Rudnal wurden Trockenmauern mit Brandrötung und Schlacken entdeckt, die man als Spuren vorgeschichtlicher Kupfergewinnung deutet.

Der Hauptort des Oberhalbsteins war früher ein bedeutender Umschlagplatz auf dem Weg über den Septimer- und Julierpaß. Savognin besteht aus 3 Dorfkernen, die sich jeweils um eine Barockkirche scharen: Son Mitgel an der Straße, Sot-Curt und Sur-Curt jenseits der Julia. In letzter Zeit entwickelt sich Savognin immer mehr zu einem sportlichen Zentrum und Fremdenverkehrsort.

Alte kath. Pfarrkirche St. Martin (in Sur-Curt): Aus dem 12. Jh. stammt noch der in die NO-Ecke der Fassade eingebaute roman. Turm (A); eine spätgot. Kirche mußte dem barocken Neubau weichen, der 1677 geweiht wurde. Sein Grundriß bildet ein griech. Kreuz mit verbreiterten Querarmen (C, D, E) und einem dreiseitig geschlossenen W-Chor (F). Die Vierung überwölbt eine ovale Hängekuppel, die 4 Kreuzarme überspannen Stichkappengewölbe. Ein ausladendes Gebälk trennt im ganzen Raum die durch Pilaster mit Kompositkapitellen gegliederte Wandzone v. der Gewölbezone mit Viereckfenstern. Die Ecken des Kreuzes sind mit dem barocken Turm im SO (B), der Sakristei (G) und einem Abstellraum (H) ausgefüllt. Der Turm trägt eine flache, kuppelförmige Haube. Die Fassade ist durch Pilaster und Gesimse gegliedert. In der Mittelachse liegen das überdachte Portal (1) und darüber ein dreigeteiltes Fenster.

Die Vierungskuppel (über C) ist mit dem monumentalen *Kuppelgemälde* (1681) v. Carlo Nuvolone, genannt Panfilo, einer

Savognin, Juliabrücke mit St. Michael und Haus Amilkar

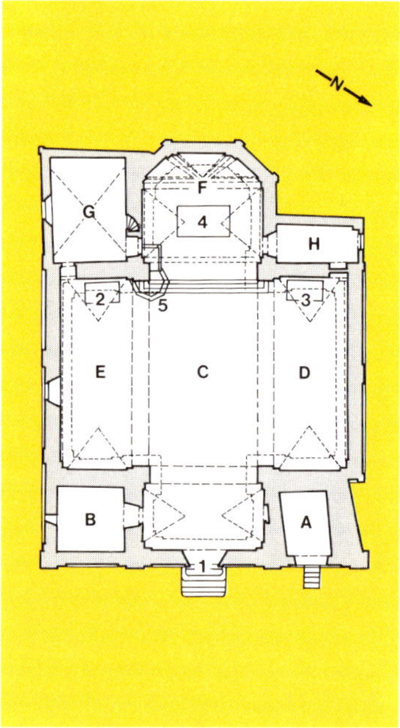

Savognin, alte kath. Pfarrkirche St. Martin in Sur-Curt **A** roman. Turm **B** barocker Turm **C** Mittelschiff mit Kuppelmalerei **D** n Seitenschiff **E** s Seitenschiff **F** Chor **G** Sakristei **H** Abstellraum **1** Portal **2** Gnadenbild Mariä und Heilige **3** Kreuzigungsbild **4** Hochaltar **5** Kanzel

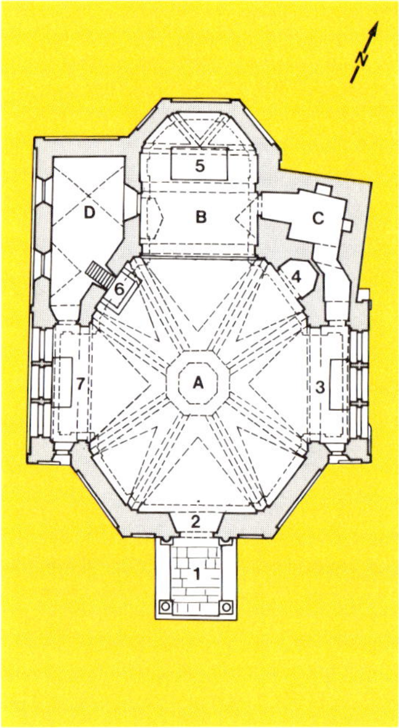

Savognin, kath. Pfarrkirche St. Michael in Son Mitgel **A** Oktogon **B** Chor **C** Turm **D** Sakristei **1** nachträglich angebaute Vorhalle **2** Portal **3** ö Seitenkapelle **4** Taufnische **5** Hochaltar **6** Kanzel **7** w Seitenkapelle

Darstellung des Paradieses in 7 Kreisen, umrahmt v. den Toren zum himmlischen Jerusalem, ausgemalt.
Der zweigeschossige *Hochaltar* (4) v. 1738 mit gedrehten Säulen trägt spätgot., barocke und moderne Figuren. Hinter den Seitenaltären (2 und 3) befinden sich noch Wandgemälde v. Nuvolone, l Maria und Heilige, r Kreuzigung. Die geschnitzte, bunt bemalte Kanzel (5) am s Chorbogen stammt aus der Zeit um 1617, das spätgot. Kruzifix am Chorbogen aus der um 1350.

Kath. Pfarrkirche Mariä Empfängnis (in Sot-Curt): An der O-Wand des Chors sind die Baudaten abzulesen: 1629 Stiftung des Bauplatzes, 1632 Grundsteinlegung, 1641 Vollendung und Benediktion, 1643 Konsekration. Umbauten aus dem 19. Jh. wurden durch die 1941 erfolgte Restaurierung wieder beseitigt.
An das Längsschiff schließt sich im SO der eingezogene, polygonale Chor an, 2 Kapellen wirken wie ein Querschiff. Über dem Chor liegt ein Stichkappengewölbe, das Schiff überspannen 3 Joche des Kreuzgewölbes, die Kapellen Tonnengewölbe. Stichbogenfenster liegen in den Wänden v. Schiff und Chor, in den Kapellenwänden Lünetten. Ein hohes, steiles, über dem Chor abgewalmtes Satteldach wirkt fast got. Der Viereckturm mit Wimpergen und Spitzhelm steht an der N-Seite des Chors.
Wand- und Deckenmalereien v. 1633 befinden sich in Chor und Schiff: Könige, Propheten und Szenen aus dem Marienleben an den Schiffswänden, im Gewölbe Freuden und Schmerzen der Maria; im Chor

Savognin, St. Martin

4 Patriarchen, Immaculata, marianische Symbole und Paradies mit Adam und Eva, außerdem Blumenranken und Fensterumrahmungen.
Der sechssäulige, mit Rokokodekor versehene *Hochaltar* (um 1750) bildet eine Nische, in der die Statue der Immaculata (Ende 17. Jh.) steht. Im geschweiften Aufsatz ein Bild Gottvaters. Die beiden *Seitenaltäre* datieren v. 1750, die *Kapellenaltäre* tragen Figuren aus der Zeit um 1650, Teile ihrer Architektur stammen aus der Zeit um 1680, Teile des Dekors aus der um 1710. Die rechteckige *Kanzel* mit Schalldeckel entstand 1640, die *Bänke* mit schön geschnitzten Wangen datieren aus der Zeit um 1710.

Kath. Pfarrkirche St. Michael (in Son Mitgel): Die unteren Teile des Turms (C) stammen v. einem roman. Vorgängerbau, der dem Neubau v. 1663 weichen mußte. Sein Grundriß ist ein Achteck (A) mit polygonalem Chor (B) im NW und 2 flachen, rechteckigen Kapellen im NO (3) und SW (7). Über dem Schiff befindet sich eine Kuppel mit Laterne, über dem Chor ein Stichkappengewölbe und über jeder Kapelle ein Tonnengewölbe. Alle Fenster – Viereckfenster und dreigeteilte Lünetten – liegen in der Gewölbezone mit Ausnahme je eines Fensters in den Wänden des Chors und der Kapellen. Der Turm (C) an der O-Seite des Chors trägt ein mit Pilastern besetztes Glokkengeschoß und über Wimpergen einen achteckigen Spitzhelm. Die Wasserspeier sind als Drachenköpfe ausgebildet. Vor dem Portal (2) steht auf 2 glatten Säulen eine neuere Vorhalle (1), die ein Wandgemälde des hl. Michael teilweise verdeckt.
Aus der Bauzeit stammen *Wand- und Dekkengemälde;* sie stellen in der Kuppel die 4 Evangelisten und Kirchenväter, im Chor Gottvater mit Engeln, St. Michael, den Zug der Israeliten durch das Rote Meer, die Befreiung Petri und das Jüngste Gericht dar; in den Kapellen die Verherrlichung der hll. Franziskus und Katharina. Der stuckierte *Hochaltar* (5) mit Karyatiden und gebrochenem Giebel (1693) trägt ein Altarblatt mit dem hl. Michael als Sieger über den

Teufel. Auch beide *Seitenaltäre* (1694) sind aus Stuck.
In der Wand r vor dem Chor ist die Taufnische (4) mit einem *Taufstein* aus rotem Marmor eingelassen, vor der linken Wand vor dem Chor befindet sich die breite, rechtekkige, bunt bemalte *Kanzel* (6) mit Schalldekkel. Am Chorbogen hängt ein frühgot. Kruzifix aus Arvenholz (um 1350).
In der St.-Michaels-Kirche findet auch ev. Gottesdienst statt.
Im *Pfarrhaus* werden ein Passionskreuz (um 1375) und 2 Ölgemälde (um 1600; hl. Magdalena und Verzückung des hl. Franziskus) aufbewahrt.

Museum regional: Dieses Regionalmuseum ist in einem alten Bauernhaus untergebracht und gibt Einblick in die Lebens- und Wohnverhältnisse einer bäuerlichen Familie aus dem Tal im 18. Jh.; außerdem finden Wechselausstellungen verschiedenen Inhalts statt.

Außerdem sehenswert: *Haus Amilkar* mit Unterbau v. 1638, darauf ein in dieser Gegend fremdartig wirkender Fachwerkaufbau mit steilem Walmdach aus der Zeit um 1750. – *Haus Peterelli* mit Treppenturm und dem habsburgischen Adler auf der Tür, innen Holztäfelung mit Barockdekor, heutige Gestalt nach einem Um- und Ausbau um 1760. – *Haus Segantini* mit Erinnerungstafel an den Maler Giovanni Segantini, der hier 1886–94 gearbeitet hat. – *Burgruine Padnal* auf dem eingangs erwähnten Hügel mit spärlichen Mauerresten einer ma Burganlage.

Umgebung

Cunter (2 km n): Die *kath. Pfarrkirche S. Carlo Borromeo* ist ein barocker Neubau v. 1677 mit fünfjochigem Langhaus, 2 Seitenkapellen und eingezogenem, polygonalem O-Chor, an dessen N-Seite der Turm mit Spitzhelm über Wimpergen steht. Die Altäre stammen aus der Bauzeit, jedoch trägt der Hochaltar ein neuzeitliches Blatt. – Die beiden um 1800 erbauten *Häuser Scarpatetti* fallen durch ihre Treppenhausvorbauten an der Schmalseite auf. – Im *Weiler Burvagn* fand man 1786 einen Schatz mit Gold- und Silbermünzen sowie Schmuck. Er wurde bis auf einige Münzen, die heute im Rätischen Museum in Chur aufbewahrt werden, eingeschmolzen. – Die *kath. Kapelle St. Valentin* wurde 1662 gebaut; sie besteht aus einem Schiff mit eingezogenem, gerade abgeschlossenem Chor mit Kreuzgewölben.

Savognin, St. Martin, Kuppelmalerei (Das Paradies)

Parsonz (3 km nw): Die *kath. Pfarrkirche St. Nikolaus* wurde 1663 anstelle einer Kapelle aus dem 15. Jh. erbaut. Sie besteht aus einem rechteckigen Schiff mit 2 Seitenkapellen und einem auffallend tiefen, wenig eingezogenen, polygonalen Chor im SW. Der Turm steht an der N-Seite des Chors, er trägt über dem Glockengeschoß zwischen 4 Pyramiden einen achteckigen Aufbau mit Pilastern und einer geschweiften Haube. 1969 wurde die Kirche renoviert, dabei wurden *barocke Fresken* (1690 datiert) freigelegt: im Chorgewölbe Legende des hl. Nikolaus und verschiedene Heilige; am Eingangsbogen zur rechten Seitenkapelle Gottvater, in den Lünetten Ölberg und Kreuzigung sowie an den Kapellenwänden Anbetung der Hirten und Vermählung v. Maria und Josef; über dem Eingangsbogen zur linken Seitenkapelle Verkündigung, in der Lünette die Stigmata des hl. Franziskus. An der Außenwand der linken Seitenkapelle hängt jetzt die fast lebensgroße *Muttergottes* ohne Kind in der Orans-Stellung (um 1670), die früher auf dem Hauptaltar stand. Dieser ist nun wieder ein reiner, zweigeschossiger Tabernakelaltar (um 1770) mit den Statuen der hll. Nikolaus (r) und Petrus (l) sowie anderen Figuren. Bemerkenswert ist das reichgeschnitzte *Chorgestühl* (um 1660). – Im *Weiler Salaschigns* steht die *kath. Kapelle St. Bartholomäus*, die 1595 hier errichtet wurde. Sie besteht aus einem rechteckigen Schiff mit quadratischem Chor und einem kleinen Turm mit Zeltdach. Die ländlichen *Wandgemälde* (1662 datiert) im Chor stellen Evangelisten, Maria und Christus sowie die Marter des hl. Bartholomäus und eines Kapuzinerpaters dar. In einer Nische steht eine Holzplastik des hl. Bartholomäus (um 1510), die aus der an anderer Stelle stehenden Vorgängerkapelle stammt. – Die *Burgruine Ruschenberg* liegt am N-Rand des Dorfs auf einem Moränenhügel; v. der ma Burg sind nur noch spärliche Mauerreste erhalten.

Riom (2,5 km nw): Unweit des Dorfs wurde 1975 Keramik aus der jüngeren Eisenzeit gefunden, die mit einer prähistorischen Eisenverhüttungsanlage in Verbindung gebracht wird. Nach Funden aus röm. Zeit wurden 1980–83 aus dem 1. Jh. n. Chr. stammende Gebäudereste ausgegraben, die wahrscheinlich zu einer röm. Mutatio, einer Herberge mit Pferdewechselstation, die hier auch einen Gutshof betrieb, gehört haben. Holzhütten aus dem 5., 6. und vielleicht 7. Jh. machen es wahrscheinlich, daß sich das Dorf aus der röm. Siedlung entwickelt hat. – Dorf und Kirche werden schon 831 urkundlich erwähnt. Riom war wohl die älteste Pfarrei des ganzen Oberhalbsteins. –

Parsonz, St. Nikolaus, Mutter Gottes

Parsonz (Savognin), St. Nikolaus, barocke Fresken im Chorgewölbe

Die *kath. Pfarrkirche St. Laurentius* wurde 1677 neu erbaut, brannte aber 1864 z. T. aus. 1926 erfolgte eine Restaurierung und 1955/56 die Renovierung des Inneren. Das dreijochige Langhaus mit kurzem Querschiff geht im O in den polygonalen Chor über. Der Viereckturm an der N-Seite des Chors trägt einen viereckigen Aufbau mit Eckpilastern und Gesimsen und darüber zwischen Pyramiden ein kegelförmiges Zeltdach. Von der alten Ausstattung stammen noch die *Stuckaltäre* v. 1677 im Querschiff; der *Hochaltar* (1768) stand urspr. in Büsserach (Solothurn), sein Altarblatt zeigt den Triumph des hl. Petrus, im Oberblatt der hl. Hieronymus. – Unterhalb des Dorfs liegt die gut konservierte *Burgruine Reams*. Die Tiroler Freiherrn v. Wangen bauten im 12. Jh. die Burg, die dann aber bereits 1258 an das Bistum Chur fiel , das sie durch Vögte verwalten ließ. Einer dieser Vögte war Benedikt Fontana, der in der Schlacht an der Calven 1499 fiel (vgl. Chur: Denkmäler). 1552 übernahm das Gericht Oberhalbstein den Besitz, im 18. Jh. diente die Anlage zeitweise als Rathaus, im 19. als Gefängnis, dann verfiel sie. Erhalten sind der 6 Stockwerke hohe Turm, große Teile des dreigeschossigen Palas mit gekuppeltem Rundbogenfenster, Kamin- und Backofenanlage, sowie Teile des Berings. Die Dächer über Turm und Palas sind moderne Rekonstruktionen nach ma Vorbild.

Tinizong (2 km sö): Röm. Münzfunde und die Eintragung als Tinnetio in einer röm. Straßenkarte aus der Zeit um 300 n. Chr. belegen die verkehrspolitische Bedeutung dieses Ortes, der bis zum 1387 erfolgten Ausbau des Septimerwegs die Endstation für Wagen war. Das Dorf zieht sich längs der Straße hin. – Eine 1180 erwähnte Kirche war nach dem Dorfbrand v. 1610 baufällig und wurde niedergelegt, um dem Neubau der *kath. Pfarrkirche St. Blasius* v. Paolo Torello Platz zu machen, die 1663 geweiht wurde. Das dreijochige Mittelschiff schließt im W der eingezogene polygonale Chor ab. Im N und S liegt neben dem Mittelschiff je eine Kapelle; beide wirken wie ein Querschiff. In der N-Wand des O-Jochs ist eine

Riom (Savognin), St. Laurentius, Westfassade (l), Burgruine Reams (r)

polygonale Taufnische eingelassen. Über dem Chor liegt ein aus Tonne und Halbkuppel kombiniertes Gewölbe, über dem Schiff ein durch Gurte geteiltes Stichkappengewölbe und über jeder Kapelle ein Tonnengewölbe. Der untere Teil des Viereckturms an der N-Seite des Schiffs ist noch roman. Ursprungs, die Glockenstube mit Eckpilastern, vorkragendem Gesims und einem zwischen 4 Pyramiden stehenden achteckigen Aufsatz mit Halbsäulen unter flachem Zeltdach wurde 1671 aufgebaut. Reiche ital. *Stukkaturen* (um 1663) betonen den Chor; am Chorbogen Kapuzinerwappen und Verkündigungsgruppe in Halbrelief, die Stuckkartuschen im Chorgewölbe sind mit Szenen aus dem Leben des hl. Blasius, einem Abendmahl und der Enthauptung des hl. Pankratius sowie der Stigmatisation des hl. Franziskus ausgemalt. Der *Hochaltar* ist ein spätgot. Flügelaltar auf barockem Unterbau. Im Schrein steht in der Mitte die Figur der Muttergottes auf dem Halbmond zwischen den hll. Blasius und Katharina (l) sowie Pankratius und Barbara (r). Die Innenseiten der Flügel tragen je 2 Relieffiguren, l die hll. Luzius und Magdalena, r Florinus und Emerita. Auf den Giebeln des barocken Unterbaus stehen die Statuetten der hll. Blasius und Luzius. *Nebenaltäre* stehen zu seiten des Chors und in den Kapellen, v. denen bes. der Marienaltar in der N-Kapelle in Pavillonform hervorzuheben ist. 2 Kruzifixe gehören zur Ausstattung: an der S-Seite des Schiffs ein roman. (1. Hälfte 12. Jh.) und im Chorbogen ein got. (15. Jh.); das Chorgestühl stammt aus der Zeit um 1700, die Kanzel aus der um 1760. – Ins *ehem. Pfarrhaus* (Nr. 57) ist ein dreigeschossiger ma Wohnturm aus dem 13./14. Jh. (?) integriert.

CH-7220 Schiers

Bez. Unterlandquart

Einw.: 2400	Höhe: 634 m	S. 254 □ E2

Auf Montagna, 120 m über dem Talgrund, wurde das Depot mit Bronzebarren und

Schiers, Blick auf das Dorf

Gußkuchen eines Bronzehändlers oder Gießers aufgefunden. Weitere Funde aus der mittleren Bronzezeit, der römischen und der Völkerwanderungszeit machen eine kontinuierliche Besiedlung sehr wahrscheinlich. Urkundliche Erwähnungen sind von 1101, aus der Mitte und vom Ende des 12. Jh. und dem Jahr 1200 zu verzeichnen. 1122 erhielten die Chorherren von Chur hier einen Kapitelhof geschenkt, dem ein Leprosenhaus angeschlossen war. Erst nachdem sich die Bürger von Schiers 1565 der Reformation angeschlossen hatten, verließen die Chorherren den Ort. 1622 brandschatzten die Österreicher das Dorf, das auch 1767 durch einen Brand stark zerstört wurde. Schiers ist heute eine kleine Schulstadt mit Gymnasium, Lehrerseminar und einer Erziehungsanstalt.

Ref. Kirche St. Johann: Erste Vorgängerbauten wurden 1956 ausgegraben, ihre Grundrisse sind im Pfarrgarten durch Steinplatten markiert: ein kleiner, rechteckiger Saal mit Altarstipites und Anbauten, sowie ein kleiner, rechteckiger Saal mit ö, halbrunder Apsis, Anbau und Vorhalle. Beide Anlagen entstammen spätestens dem 5. Jh.
1101 wird eine Kirche erwähnt, ein got. Neubau wurde 1519–22 ausgeführt, dessen Gewölbe 1622 durch eine Pulverexplosion zerstört wurde. Er konnte 1641 wiederhergestellt werden, mußte aber nach dem Brand 1768 abermals erneuert werden; weitere Renovierungen und Umbauten folgten 1844, 1886, 1926 und 1971.
Langhaus und eingezogener, polygonaler O-Chor werden außen durch abgetreppte Streben gestützt. Der Turm steht an der N-Seite des Chors, er trägt seit 1926 eine Zwiebelhaube. Über dem Chor liegt ein Netzgewölbe zu 3 Jochen, über dem Schiff eine Holzdecke, die wie die Empore 1926 eingezogen wurde. Die Ausstattung ist mit Ausnahme der Kanzel (um 1768) modern.

Ehem. Wehranlage Monta/Montatsch: Von einer urkundlich nicht nachweisbaren ma Burg sind oberhalb v. S. nur spärliche Mauerreste erhalten.

Schuders (Schiers), Reformierte Kirche, Strahlenkranzmadonna (l), hl. Katharina (r)

Salginabrücke: 3 km nö des Dorfs überspannt die 1929-30 v. Robert Maillart erbaute Brücke mit einer Spannweite v. 90 m das tiefe Salginatobel.

Umgebung

Schuders (5 km nö): In 1270 m Höhe liegt der Weiler am Ende des Tals, in dem bis ins 16. Jh. Bergbau betrieben wurde. Daher war die heute *ref. Kirche* der hl. Anna geweiht. Die Kirche wird 1508 erstmals urkundlich erwähnt. Über dem rechteckigen Schiff liegt eine reich bemalte spätgot. Leistendecke in Trapezform. Den eingezogenen ö, polygonalen Chor überspannt ein Netzrippengewölbe. Eine kleine Vorhalle steht vor dem spitzbogigen Portal im W. Die Fenster in Schiff und Chor dagegen sind rundbogig und weisen teilweise Maßwerk auf. In der Mitte des über dem Chor abgewalmten Satteldachs erhebt sich ein viereckiger Dachreiter mit achteckigem Spitzhelm und vergoldeter Kugel.

1983/84 wurde das Kirchlein restauriert. Dabei wurden an den beiden dem Schiff zugewandten Wänden neben dem Chorbogen 2 *spätgot. Wandbilder* freigelegt. Sie zeigen l die Muttergottes im Strahlenkranz mit dem Jesusknaben auf dem Arm und r die hl. Katharina mit Schwert und Rad. Jede der beiden gekrönten Figuren umrahmt ein krabbenbesetzter Kielbogen-Baldachin. Eine neue kleine Orgel steht im Chor.

CH-7550 Scuol/Schuls
Bez. Inn

Einw.: 1800	Höhe: 1244 m	S. 254 □ H2

Die Ortschaft besteht aus Ober- und Unterschuls, beide mit malerischen Gassen und typischen Unterengadiner Häusern. Das Dorf ist seit dem 16. Jh. durch seine Glaubersalzquellen bedeutsam.

Ref. Kirche: Die spätgot. Kirche mit abgetreppten Streben und eingezogenem, drei-

Schuders (Schiers), Reformierte Kirche

seitig geschlossenem Chor wurde 1516 durch Bernhard v. Poschiavo neu erbaut. Der im Unterbau roman. S-Turm wurde 1564 erhöht und erhielt dabei Wimperge und den spitzen Helm. An der W- und S-Seite befinden sich Portale mit Rundstäben, alle Fenster sind mit schönem Maßwerk versehen. Die Sterngewölbe in Schiff (vierjochig) und Chor (zweijochig) ruhen auf Wanddiensten, die Steinempore im 1. w Joch besitzt eine Brüstung mit spätgot. Maßwerk. Die Orgel schuf 1792 Johann Heinrich Giezendanner, die Kanzel mit flammenförmigem Maßwerk entstand 1516.

Sog. Kloster Chà Granda: Das Gebäude stammt im Kern vielleicht aus dem frühen 16. Jh. und wurde wahrscheinlich nach 1622 und 1702-04 ausgebaut. Die 2 gemauerten Lauben und darüber die hölzerne Laube (1704) an der schönen Fassade zum Brunnenplatz gaben dem Bau den Namen »Kloster«. Heute beherbergt es ein *Unterengadiner Museum* mit kleiner kulturhistorischer Sammlung.

Außerdem sehenswert: *Haus Nr. 356*, laut Wappen und Inschrift 1613 erbaut und 1640 umgestaltet, besitzt einen loggienartigen Treppenaufgang. – *Haus Nr. 362* v. 1679 wurde beim Ausbau 1750 mit einem schmiedeeisernen Rokokobalkon geschmückt, die Halle im Obergeschoß mit einer Stuckdecke versehen.
Weitere beachtliche Häuser in Oberschuls, meist aus dem 17. Jh., sind *Nr. 356, 365* und *371*.
Die Dorfplätze am Fuß des Kirchhügels in Unterschuls säumen zahlreiche stattliche *Engadiner Häuser* mit Sgraffiti, Malereien, Wappensteinen, schmiedeeisernen Balkonen, Fenstergittern und reichverzierten Sulèrtüren, z. B. *Nr. 65* v. 1696, das klassizistische Haus *Nr. 89* aus der Zeit um 1830, *Nr. 90* (17. Jh.) mit Malereien v. 1806, *Nr. 120* v. 1693, *Nr. 122* mit klassizistischem Balkon und Erker und *Nr. 124* v. 1670 mit einem malerisch geschweiften Giebel des frühen 19. Jh. Der bürgerliche Wohlstand, der sich in diesen Häusern ausdrückt, ist wohl mit dem Badebetrieb in Zusammenhang zu bringen.
Über dem rundbogigen Durchlaß des *Brükkenturms*, vor 1572 erbaut und 1661 erneuert, befindet sich die Wächterstube.

Umgebung

Ftan (6 km w): Nachdem die *ref. Kirche* (1492 erwähnt) bei dem Dorfbrand v. 1622 zerstört worden war, wurde sie 1633–34 v. Hans Span als v. Streben eingefaßter Bau mit eingezogenem, leicht nach S abgewinkeltem, polygonalem Chor wieder aufgebaut. Im einschiffigen, tonnengewölbten Langhaus ist der Ansatz der ehemals flachen Decke an der Chorbogenwand noch sichtbar. Im N der Kirche erhebt sich der frei stehende Turm, der Unterbau dürfte spätmittelalterlich sein, die Obergeschosse sind 1660 entstanden, die welsche Haube gestaltete Joseph Sigeli 1795. – *Haus Nr. 84* im w Dorfteil wurde 1674 unter Pfarrer Jakob Anton Vulpius († 1706) erbaut. Er hat zusammen mit Pfarrer Jakob Dorta 1679 die Bibel ins Ladinische übersetzt. Das Haus charakterisieren eine abgesetzte Giebelfront, die hölzerne Freitreppe zum Hoch-

Scuol, Inntalbrücke ▷

Seewis, Reformierte Kirche

eingang über dem Sulèr, Erker und Quadersgraffiti.

S-charl (12 km sö): Das einsam und hoch im Val S-charl liegende Dorf war durch seine Silbergruben einst ein Bergbauzentrum. - Die *ref. Filialkirche* ist ein roman. Saalbau aus dem 11.-12. Jh. mit halbrunder gewölbter Apsis. Sie wurde 1515, 1734 und 1949 renoviert.

CH-7188 Sedrun Bez. Vorderrhein		
Einw.: 1350	Höhe: 1441 m	S. 252 □ B3

Kath. Pfarrkirche St. Vigilius: Die urspr. Kirche wird 1250 genannt. Der unverputzte roman. Turm, dessen 2. Geschoß Blendnischen mit Rundbogenfriesen schmücken, erhielt 1617 die Wimperge und den Spitzhelm. 1691 wurden das kreuzförmig angelegte Schiff (mit Kapellen als Querschiffansätze) und der eingezogene, dreiseitig geschlossene Chor mit Sängerloge und Taufnische neu erbaut. Die ebenfalls mit 2 Querarmen ausgestattete Vorhalle ist kreuzgewölbt und enthält einen Totenaltar aus der Mitte des 17. Jh. mit den Statuen der hll. Dominikus und Katharina sowie eine Glocke des Johann Baptist Ernst v. 1628. Die Innenwände sind mit Pilastern und umlaufendem Gebälk gegliedert, darüber erhebt sich eine Tonne mit Stichkappen.

Zur reichen barocken *Ausstattung* gehören Seitenaltäre aus der Werkstatt des Johann Ritz und der von ihm selbst 1702 geschaffene prächtige *Hochaltar,* der sich durch gewundene Säulengruppen, ein eigenwilliges Tabernakel mit den Abendmahlsfiguren in einem offenen Tempel und die Reliquienaufbauten über den seitlichen Durchgängen auszeichnet. Das Altarblatt malte Sigisbert Frey (1703). In der N-Kapelle steht ein Rokoko-Altar aus Stuck aus der Zeit um 1691, die S-Kapelle enthält einen *spätgot. Flügelaltar* aus der Zeit um 1515: Im Schrein wird die Muttergottes v. den hll. Vigilius und Sebastian, einem hl. Bischof und dem hl. Luzius begleitet, der rechte Flügel zeigt die

hll. Ursula und Brigitta, der linke Flügel die hll. Barbara und Katharina, die neue Predella Christus und die Apostel. Die Rückseiten v. Schrein und Flügeln wurden mit Darstellungen des Ölbergs und der Anbetung der Könige bemalt.

Umgebung

Camischolas (1 km w): Bemerkenswert in der barocken *Kapelle St. Anna* v. 1658 ist der spätgot. Flügelaltar v. 1515. Im neuen Schrein v. 1916 ist die Muttergottes mit den hll. Konrad und Nikolaus dargestellt, die Flügel zeigen die hll. Georg und Magdalena, im Gesprenge ein Ecce-Homo mit Maria und Johannes. Die Außenseiten sind mit Darstellungen der hll. Katharina und Ursula bemalt. Auf der Mensa steht eine spätgot. Statue der hl. Anna selbdritt.
Tschamut (6 km sw): Die oberste Siedlung des Tavetschtals, 1667 m hoch gelegen, besitzt eine *St.-Nikolaus-Kapelle* aus der Zeit um 1500, die in der 1. Hälfte des 17. Jh. umgebaut wurde. Das spätgot. Schiff überdeckt eine spätgot., teilweise erneuerte Leistendecke, in den Gewölbeschilden des barocken, polygonalen Chores sind Szenen aus dem Leben des hl. Nikolaus dargestellt (1658). Das Wandgemälde mit dem hl. Johannes (r v. Chorbogen im Schiff) datiert aus der Mitte des 16. Jh., die Darstellung aus der Legende der hll. Karl Borromäus und Paulus an der S-Wand wurde zur Zeit des Umbaus geschaffen. Der kleine Altar birgt eine Muttergottesstatue des Johann Ritz aus der Zeit um 1710, an der n Chorwand befindet sich eine spätgot. Nikolausstatue aus der Zeit um 1500.

CH-7212 Seewis

Bez. Unterlandquart

Einw.: 1000	Höhe: 1000 m	S. 254 □ E 2

Das wegen seiner im Frühjahr mit blühenden Narzissen übersäten Wiesen bekannte Dorf liegt auf einer Terrasse hoch über dem Tal. In den Jahren 1622 und 1863 wurde der Ort durch Brände stark in Mitleidenschaft gezogen.

Ref. Kirche: Aus der Zeit um 1300 stammen noch die unteren Geschosse des Turms der ehemals dem hl. Lorenz geweihten Kirche. Das Schiff wurde 1487 angebaut und mit einem neuen Chor versehen. 1756–58 verlängerte man das Schiff um die Breite des Turms und wölbte es ein. 1913 stützte man die Umfassungsmauern durch Strebepfeiler ab. Das um den Chor laufende Dachgesims begleitet ein mit Fischblasen und Maßwerk bemalter got. Fries. Der Turm an der NW-Ecke trägt über den Glockengeschossen v. 1487 Wimperge und einen Spitzhelm v. 1645. Im Schlußstein des rundbogigen W-Portals liegt das Wappen des Gerichts S. v. 1758. Über dem Schiff befindet sich ein Stichkappengewölbe mit Stukkaturen v. Hans Georg Ludwig (1758), über dem Chor ein Netzgewölbe. Die Kanzel mit Rokokoschnitzereien und gemaltem Wappen der Salis datiert wie der achteckige Taufstein v. 1758. An der S-Wand des Schiffs befindet sich ein Epitaph für den Dichter und Bundeslandammann Johann Gaudenz v. Salis-Seewis (1762–1834) mit Leier und Helm sowie der 3. Strophe seines Morgenpsalms.

Burgruine Fracstein: In der Klus – einer tief eingeschnittenen Schlucht der Landquart – befand sich eine ma Grottenburg, die aus dem Hauptbau, einer dem hl. Aper geweihten kleinen Kirche und dem Haus des Burggeistlichen bestand. Zu ihr gehörte eine Letzi, eine das Tal absperrende Wehrmauer; sie wird in einer Urkunde v. 1345 erwähnt. Erhalten sind von der Sperrmauer nur spärliche Reste, ein Mauerwinkel des Palas mit in den Putz eingeritzten Zeichnungen (verschiedene Wappen und eine Burg) und eine Ecke des Hauses des Burggeistlichen.

Burgruine Solavers: Oberhalb v. Grüsch lag auf einem Felsen eine frühmittelalterliche Kirchenburg, die wohl im 11. Jh. als Sitz der Grafen v. Bregenz ausgebaut wurde. Nach häufigem Besitzerwechsel gehörte sie zuletzt den Habsburgern. Im 15. Jh. verfiel sie. Erhalten sind die Ruinen der *ehem. Liebfrauenkirche,* die als Pfarrkirche v. S. im 15. Jh. erwähnt wird. Reste der langen Schildmauer mit 2 Toren und Teile des Palas sowie Spuren eines Viereckturms.

Gemeindehaus: Der massige Bau mit Kreuzfirst wurde 1863 errichtet, nachdem das 1630 gebaute und 1690 renovierte Schloß der Herren v. Salis abgebrannt war; v. ihm ist das Portal an der N-Seite erhalten.

Grüsch (Seewis), Haus zum Rosengarten

Außerdem sehenswert: An vielen *Häusern* lassen sich im Obergeschoß waagerechte Holzgitter herausziehen, auf denen im Herbst das Obst gedörrt wird.

Umgebung

Fanas (5 km ö): Die *ref. Kirche* wurde 1754/55 auf Fundamentresten eines Vorgängerbaus errichtet. Über dem Rechtecksaal liegt ein Stichkappengewölbe. Der Turm mit achteckigem Aufsatz und Zwiebeldach steht vor der Talseite. Kanzel und Taufstein entstanden 1755. – Sehenswert ist das *Pfarrhaus,* das für J. v. Sprecher 1677 als Doppelhaus mit teils gemauerten, teils holzgestrickten Wänden gebaut wurde. An beiden Traufseiten Holzlauben.

Grüsch (3 km sö): Das 1370 erstmals beurkundete Dorf liegt im Tal und an der Bahnlinie, wird aber neuerdings v. der Autostraße umgangen. – Von der ehem. St. Jodokus geweihten *Kirche* ist nur noch der alleinstehende Turm erhalten. Die Kirche wurde abgebrochen. Auf der anderen Straßenseite erbaute man 1720 eine neue *ref. Kirche* als rechteckigen Saal mit Vorbau und einer fünfteiligen, polygonalen Holzdecke. – Im Haus Rosengarten, einem Mitte des 17. Jh. erbauten und 1738 renovierten Doppelhaus mit schmiedeeisernen Gittern an der Freitreppe und Mittelbalkon, befindet sich seit 1981 das *Heimatmuseum Prättigau.* Die heimatkundliche Sammlung zeigt Geräte und Möbel des Tals; eine besondere Ausstellung ist der Töpferei aus St. Antönien gewidmet. Alljährlich stellt sich hier eine Gemeinde des Prättigaus selbst dar. – Stattliche *Herrenhäuser* sind ferner das *Hohe Haus* (1590 errichtet und im 17. Jh. ausgebaut) sowie das *Gasthaus zur Krone* mit dem v. einer Zwiebelhaube gekrönten Treppenturm (1676 gebaut und 1965/66 renoviert). In ihnen finden sich Stukkaturen, Holztäfelungen, alte Möbel und Öfen.

Pardisla (2 km s): Die *kath. Pfarrkirche St. Joseph und Fidelis* wurde im neuroman. Stil 1897–99 v. Karl Moser gebaut.

Schmitten im Prättigau (2 km sw): Die *ref. Kirche* wurde 1696 erbaut. Das Krüppelwalmdach mit dem eine Zwiebelhaube tragenden Dachreiter überspannt einen kleinen rechteckigen Saal mit einer Holzkanzel aus dem Baujahr.

Valzeina (8 km sw): Die ehem., dem hl. Michael geweihte, 1512 erwähnte Kirche wurde im 19. Jh. abgerissen und durch einen einfachen Saalbau ersetzt. Erhalten blieb im Untergeschoß des Turms der *ref. Kirche* lediglich die ehem. halbrunde, gerade hintermauerte Apsis, die möglicherweise noch aus dem 1. Jtd. stammt. - Das Dorf ist eine typische Walsersiedlung mit verstreut liegenden Häusern in Strickbauweise.

CH-7554 Sent

Bez. Inn

Einw.: 700	Höhe: 1440 m	S. 254 □ H2

Das auf einer Terrasse hoch über dem Inn gelegene Unterengadiner Dorf hat sich trotz mehrerer Dorfbrände - der schwerste 1823, der letzte 1921 - seinen ganz eigenen Charakter bewahren können.

Ref. Kirche: Andreas Bühler hatte die Bauleitung beim Neubau der im Mittelalter gegründeten Kirche. Den schönen spätgot. Bau v. 1496 umgeben abgetreppte Strebepfeiler am Schiff und am eingezogenen, polygonalen Chor. Den neugot. Turm errichtete im Jahre 1899 Nicolaus Hartmann d. Ä. Das vierjochige Schiff und der zweijochige Chor sind mit Sterngewölben auf Wanddiensten versehen, die Gewölbezwickel zieren spätgot. Rankenmalereien. Die 3 Chorfenster sind mit Fischblasenmaßwerk gefüllt. Das spätgot. Wandtabernakel im Chor weist Stabprofile, Blendmaßwerk und eine Zinnenbekrönung auf. Die polygonale Kanzel mit Flachschnittdekor aus dem Jahre 1712 stammt aus der abgebrochenen Sebastianskapelle in Samedan.

Kirchenruine St. Peter: Auf einem Felsen über dem w Dorfeingang erheben sich die Reste der urspr. bewehrten Anlage, im 12. Jh. neu erbaut und wahrscheinlich seit dem 17. Jh. nicht mehr in Verwendung. Erhalten sind die Umfassungsmauern einer roman. Saalkirche und der einzigen halbrunden Apsis mit Quaderkonstruktion in Graubünden; ihre Gewölbekalotte steigt über einem Hausteinwulst auf. Vollständig bewahrt blieb der Turm mit Zeltdach an der N-Seite; über einem ungegliederten Unterbau befinden sich 2 Geschosse mit Blendnischen und Rundbogenfriesen, darüber gekuppelte Rundbogenfenster und im obersten Geschoß je eine Rundbogenöffnung. Daneben findet sich das Fundament eines großen, quadratischen *Wehrturms* und Reste des *Berings*, möglicherweise aus dem 11. Jh.

Sent, Senter Giebel am Haus Nr. 41

Häuser: Die malerischen *Bauernhäuser* an den Dorfplätzen *Sala, Platz, Curtin* und *Saglina* stammen im Kern meist aus dem 16. und 17. Jh.; ihre reizvolle Erscheinung bestimmen vielfach die Umbauten aus der Zeit nach dem großen Dorfbrand v. 1823, v.a. die kleeblattförmig geschweiften »Senter Giebel« und die in der Mittelachse heraustretenden kleinen Balkone. Beispiele dafür sind das *ehem. Haus Gianom* (Nr. 223) v. 1823, *Haus Augustin* (Nr. 41 a) v. 1828 und die *Chasa dals spus* (Nr. 15), 1823 umgebaut. An diesem Haus findet sich auch eine eigenwillige Bemalung mit der Darstellung eines Brautpaares. – Weitere beachtliche Häuser sind *Nr. 71* v. 1828, dessen klassizistische Fassade ionische Pilaster aufweist, *Nr. 69* v. 1697, *Nr. 142* v. 1632, *Nr. 147* mit Treppenloggia, *Nr. 222* v. 1709 und die Post (Nr. 134) mit zwiebelbekröntem Eckerker.

CH-7411 Sils im Domleschg Bez. Heinzenberg		
Einw.: 900	Höhe: 638 m	S. 252 □ D 3

Auf der Maiensäß Carschenna fand man 1965 in einen vom ehemaligen Rheingletscher glattgeschliffenen Felsen eingeritzte Zeichnungen mit konzentrischen Kreisen, Schälchen, Tierdarstellungen und dem Sonnenmotiv, die aus noch nicht genau bestimmbarer vorhistorischer Zeit stammen.

Begräbniskapelle St. Cassian: Im NO des Dorfs liegt auf einem Hügel die ehem. Pfarrkirche, ein wohl ma Bau mit quadratischem Schiff, querrechteckigem, achsenverschobenem O-Chor und viereckigem Turm vor der NW-Ecke, der ein Zeltdach trägt. Über dem Chor liegt ein Tonnengewölbe, über dem Schiff eine Leistendecke. Die einfache Kanzel stammt aus dem 17. Jh.

Ref. Kirche: An der nw Längsseite des urspr. einfachen Saalbaus v. 1619 wurde 1700 der Turm errichtet. 1776 erweiterte man die Kirche um einen kaum eingezogenen, polygonalen Chor im SW. 1888 erhielt der Turm seinen jetzigen Spitzhelm. Über dem Chor liegt ein flaches Tonnengewölbe, über dem Schiff eine Leistendecke.

Sog. Palazzo: Der 1740 für Conradin Donath, Generalmajor in piemontesischen Diensten, erbaute Herrensitz dient heute nach vorbildlicher Restaurierung als *Gemeindehaus.* Der querrechteckige Bau zu 2½ Geschossen mit Ecklisenen und in strenger Achsensymmetrie angeordneten Rechteckfenstern, den die Mittelachse betonen-

Sent, Haus Nr. 35

Sils i. D., Begräbniskapelle St. Cassian

den korbbogigen Portalen, Balkongittern und Volutengiebeln liegt unter einem hohen Walmdach. Ein Gartensaal und das gewölbte Vestibül liegen in der Querachse, daneben das nach r verschobene Treppenhaus. Die gewölbten Räume im Erdgeschoß und der obere Saal sind mit profilierten Stukkaturen versehen. Der Terrassengarten im ital. Stil endet mit 2 Eckpavillons.

Haus Salis (an der Abzweigung der Straße nach Fürstenau): Der spätgot. Bau wurde 1739 umgebaut und nach dem Dorfbrand v. 1887 wieder aufgebaut.

Burganlage Baldenstein: 1 km sö der Mündung der Albula in den Hinterrhein erhebt sich auf einem steil abfallenden Geländesporn die 1877 nach einem Brand wiederhergestellte Anlage, deren vierstöckiger Turm im wesentlichen aus dem MA stammt; seine Zinnenkrone erhielt er jedoch 1877. An ihn schließt sich w ein neugot. rechtwinkliger Wohntrakt an. Der große Flügel ist zweigeschossig und liegt unter einem Satteldach, der kleinere, ein ehem. 2. Turm, weist 3 Stockwerke auf und liegt unter einem Kreuzfirst. Die Innenausstattung stammt aus dem 17. und 18. Jh. Im Erdgeschoß befindet sich ein gewölbter Saal mit Deckengemälden in Stuckrahmen; in einem holzgetäfelten Raum des 1. Stocks stehen ein geschnitztes Büfett (1677) und ein Turmofen (um 1670).

Burgruine Campell/Campi: Über dem Albulatal im O v. S. liegt die stattliche Ruine einer aus dem 13. Jh. stammenden und in mehreren Etappen erbauten, im 17. Jh. aber verfallenen Burg. Erhalten sind die sechsgeschossige Ruine des quadratischen Hauptturms, Teile jüngerer Wohntrakte, Reste des Berings und hinter einer schützenden Mauer die Zisterne.

Burg Ehrenfels: Im S v. S. lag eine ma Burg, die seit 1320 im Besitz der Herren v. Schauenstein-Ehrenfels war, bis sie im 18. Jh. verfiel. Sie wurde 1934 wiederhergestellt und zur *Jugendherberge* ausgebaut. Vom ma Bestand sind der viergeschossige Turm und Teile der Ringmauer erhalten.

Burgruine Hohenrätien/Hochrialt: Hoch über dem Ausgang der Via Mala im SO v. S.

Sils im Domleschg, Burgruine Hohenrätien/Hochrialt **A** innerer Wehrbezirk **B** äußerer Wehrbezirk **1** Bergfried **2** vermutlicher Wohntrakt **3** Nebenbau **4** innerer Bering **5** vermutliche Lage des Tors **6** Reste des äußeren Berings **7** Kirche St. Johann Baptista mit Nebenbauten **8** n Wohnturm **9** sö Wohnturm **10** Gebäudereste

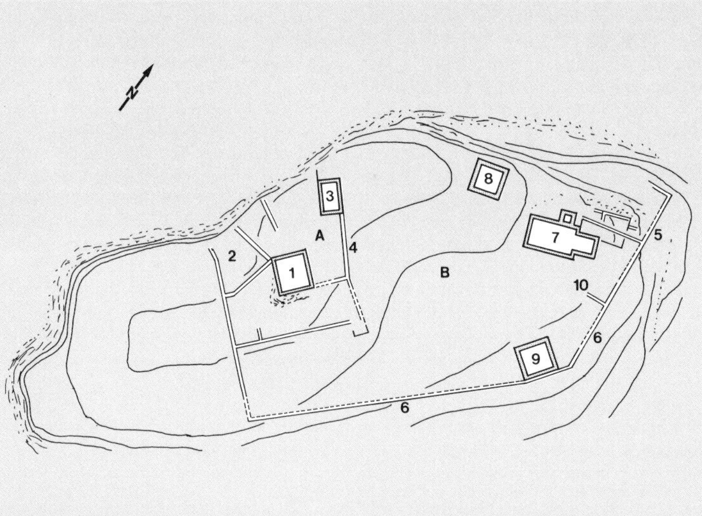

Sils i. D., Hohenrätien, St. Johann

liegt die weitläufige ma Wehranlage, die sich in einen inneren (A) und einen äußeren (B) Bezirk gliedert, v. denen der jüngere innere einen mehr feudal-wehrhaften, der ältere äußere einen mehr sakralen Charakter besaß. Beide umschloß ein gemeinsamer Bering (6), die eigtl. Kernburg wurde v. einer eigenen Mauer (4) geschützt. Mittelpunkt des inneren Bezirks war der quadratische Bergfried (1); er hatte 5 Geschosse, v. denen die oberen 3 später aufgestockt wurden. An ihn schlossen sich ein Wohntrakt (2) und ein Nebengebäude (3) an. Den sakralen Bereich betrat man durch das im O gelegene Tor (5). Die Johannes d. T. geweihte *Kirche* (7) bestand aus einem rechteckigen Schiff und einem gerade abgeschlossenen O-Chor sowie einem sechsgeschossigen Glockenturm an der N-Seite; nö der Kirche lagen weitere Gebäude, möglicherweise die Wohnung des Burggeistlichen. Außerdem befanden sich noch 2 Wohntürme (8 und 9) in diesem Bezirk.
Die heutige Forschung vermutet eine Entwicklung, die in prähistorischer Zeit (Fluchtburg?) begonnen hat und über eine frühmittelalterliche Kirchenburg zur Feudalburg im 12. und 13. Jh. führte. Die Burg wurde bereits im 14. oder 15. Jh., die Kirche nach einer Erneuerung spätestens im 16. Jh. aufgegeben. 1880 erfolgte der moderne Ausbau des Gebäudes (9) und des s Wohnturms (8), weitere konservierende Maßnahmen werden bis heute durchgeführt.

Umgebung

Fürstenau (2,5 km n): Der hoch auf dem Felsen liegende ma Ort wurde 1272 befestigt und erhielt 1354 die Stadtrechte. 1742 brannte er völlig nieder und wurde im dörflichen Charakter wiederaufgebaut. – Die *ref. Kirche* liegt ö des Städtchens. Teilweise noch got. Bauteile sind im 1715 errichteten Neubau integriert. Über dem Schiff liegt ein Kreuzgratgewölbe, über dem nur wenig eingezogenen polygonalen O-Chor ein rippenloses Gewölbe. Das gemeinsame Satteldach ist über dem Chor abgewalmt. Der Turm mit Wimpergen und Spitzhelm steht an der N-Seite des Chors. Außer der Kanzel v. 1700 ist die Ausstattung modern. – Das *untere, ehem. bischöfliche Schloß* geht auf einen Wehrbau v. 1272 zurück. Nach einer Erweiterung v. 1635 erfolgte 1709–11 ein Neubau v. Battista Perdotti, der 1742 abbrannte und v. Benedikt v. Rost wieder aufgebaut wurde. 1876 und 1898 kam es zu weiteren Umbauten. Der langgestreckte Bau erhebt sich auf einem trapezförmigen Grundriß. In 2 Sälen befinden sich bemerkenswerte Rokokostukkaturen. – Das *obere, ehem. Schauensteinsche Schloß* wurde 1667–69 erbaut, ebenfalls unter Verwendung ma Teile. Nach dem Brand v. 1742 wurde nur der O-Flügel der rechtwinkligen Anlage wieder herrschaftlich aufgebaut. 1910–12 erfolgte eine Renovierung. Der in Terrassen angelegte Barockgarten setzt sich bis über die Straße fort. Beide Schlösser sind heute im Besitz der Emser Werke.
Scharans (2 km n): Am Hügel Spundas konnten 1977/78 Spuren einer Besiedlung in der mittleren oder späten Bronzezeit und in der jüngeren Eisenzeit festgestellt werden. Aus röm. Zeit wurden Münzen gefunden. – Die seit 1512 *ref. Kirche* war ehemals der Jungfrau Maria geweiht. Ihr Turm könnte noch roman. Ursprungs sein. 1490

war der Neubau v. Schiff und Chor vollendet. Der Turm an der S-Seite des Schiffs ist viereckig, vom 2. Stockwerk an ist er durch Ecklisenen und rundbogige Blendarkaden gegliedert; darüber liegt eine gezimmerte Glockenstube unter einem achteckigen Spitzhelm. Das einschiffige Langhaus v. Andreas Bühler überdeckt ein Rautengewölbe zu 4 Jochen. Den leicht eingezogenen, polygonalen O-Chor v. Steffan Klain überspannt ein Netzgewölbe. Fenster, Chorbogen und Portal sind spitzbogig. Nur im Turm finden sich Rundbogenfenster. Das spätgot. Wandtabernakel trägt die Inschrift »Meister Steffan« (Klain?). - Unter einem gemeinsamen Dach liegen die beiden *Häuser Gees*, die um 1540 und 1615 anstelle eines bischöflichen Meierhofs errichtet wurden. Ihre Fassadenmalerei stammt v. Hans Ardüser. - An der Fassade des *sog. Pfarrhauses* v. 1627 erkennt man Reste einer verblaßten Malerei (Adam und Eva im Paradies) und einer Inschrift. - Sehenswert sind die gut erhaltenen Häuser *Nr. 42* (1618), *Nr. 48* (1668), *Nr. 123* (1682) und *Nr. 133* (1673) mit Wappen, Inschriften und Malereien. - Das *Gemeindehaus* erbaute 1978 die Architektin Monika Brügger.

Sils i. E., Ortsteil Baselgia, St. Lorenz

CH-7514 Sils im Engadin Bez. Maloja/Maloggia		
Einw.: 450	Höhe: 1815 m	S. 258 □ E 4

Die Oberengadiner Gemeinde zwischen dem Silser und Silvaplaner See besteht aus den zwei Dorfteilen Sils Baselgia (= basilica, Kirche) und Sils Maria (= maioria, Meierhof).

Ref. Kirche St. Lorenz (Sils Baselgia): Die alte Pfarrkirche, 1356 erwähnt und im Kern wohl eine ma Anlage, besteht aus einem breiten Rechtecksaal (mit neuer Holzdecke), dem leicht nach S abgewinkelten, eingezogenen Chorquadrat mit Kreuzgewölbe aus dem späten 17. Jh. und einem ungegliederten Turm mit gemauertem Kegeldach im N-Einzug des Chores. Die Ausstattung ist modern, nur die polygonale Kanzel mit architektonischer Gliederung datiert aus der 2. Hälfte des 17. Jh.

Ref. Kirche (Sils Maria): Die Kirche (1496 erwähnt) mit rechteckigem Saal wurde 1597 neu erbaut und 1764 umgestaltet. Der Turm an der n Schmalseite erhielt um das Jahr 1665 den achteckigen Aufsatz und die Kuppelhaube.

Haus Castelmur (Sils Baselgia): Wahrscheinlich in der Mitte des 17. Jh. wurde das mächtige Doppelhaus mit Freitreppe und eigener Scheuneneinfahrt erbaut, um 1800 das Innere neu ausgestattet. Der Sulèr ist tonnengewölbt.

Nietzsche-Haus (Sils Maria): Hier verbrachte der Philosoph Friedrich Nietzsche (1844-1900) in den Jahren v. 1881 bis 1889 regelmäßig den Sommer. Heute ist darin ein *Museum* mit Erinnerungsstücken eingerichtet.

Außerdem sehenswert: Die *ehem. Post* ist ein kubischer Bau v. 1793 mit Freitreppe und Dreieckerker. - Das *Hotel Margna* v. 1817, später umgebaut, besitzt Balkon und Auffahrtsrampe mit klassizistischem Geländer.

Fex-Crasta (Sils), reformierte Kirche

Umgebung

Fex-Crasta (3 km s): In dem Ort im herrlichen Val Fex dient eine roman. Kapelle mit halbrunder gewölbter Apsis als *ref. Kirche.* Über der n Hälfte des O-Giebels wurde im 17.-18. Jh. ein Glockenjoch aufgemauert; Leistendecke und Fenster entstanden im 17. Jh. Das künstlerisch bedeutende Wandgemälde in der Apsis datiert aus dem späten 15. Jh., dargestellt sind eine Majestas Domini und darunter eine Apostelreihe mit der hl. Anna selbdritt in der Mitte. Die Kanzel entstand 1721, die Empore 1665.

Isola (3 km sw): Das *Haus Gadina* wurde um 1672 vermutlich für Landeshauptmann Augustin Gadina de Torriani († 1680) als Sommerhaus erbaut. Das Äußere ist heute unverändert, in den gewölbten Räumen des unteren Wohngeschosses aber findet man interessante ital. Wandmalereien v. 1687 mit Szenen aus den »Metamorphosen« des Ovid: u.a. das Urteil des Paris, Orpheus und die Tiere, die Zauberin Circe, Diana und Aktäon, Sturz der Juno, Neugeburt der Menschen aus den Steinen des Deukalion. Die Wände des Ganges bemalte ein anderer ital. Meister mit Darstellungen des Harlekins und anderer Gestalten der Commedia dell'arte.

Maloja (6 km sw): Auf dem Friedhof findet man das *Grabmal* des Malers *Giovanni Segantini* (1858-99), der v. 1894 an in Maloja wohnte. Sein Atelier blieb erhalten. - Das *Hotel Palace* hat der Brüsseler Architekt Jules Rau 1882-84 erbaut; der gigantische Hotelbau über E-förmigem Grundriß ist im Stil der ital. Renaissance gestaltet. - Derselbe Bauherr, der belgische Graf Renaisse, ließ auch das 1859 m hoch gelegene *Schloß Belvedere* errichten; es blieb unvollendet. Von hier aus, etwas oberhalb der Paßhöhe, hat man einen bes. schönen Blick nach S, ins Bergell.

CH-6562 Soazza

Bez. Moësa

Einw.: 350	Höhe: 623 m	S. 256 □ C4

Kath. Pfarrkirche S. Martino: Auf einer Felsnase sö über dem Dorf erhebt sich die Kirche mit Glockenturm und Beinhaus, durch eine lange Treppe mit der am Fuß des Hügels gelegenen Kapelle Madonna Addolorata verbunden. Der frühbarocke Saalbau entstand 1639 unter Verwendung des Mauerwerks der 1219 genannten zweischiffigen Anlage; zur gleichen Zeit wurden an den w Teil des Langhauses Seitenkapellen angefügt und der N-Turm mit 2 Glockengeschossen und achtseitigem Kuppelaufsatz erhöht. Die einfache W-Fassade bewahrt die kleinere ma Giebelfront mit einem *Renaissance-Wandbild,* das unter einer Girlande mit der Datierung 1503 2 Medaillons mit Daniel und Jakob, den hl. Johannes d. T. sowie unter Arkaden die Muttergottes und den hl. Christophorus darstellt. Der untere Bildstreifen zeigt die hll. Antonius Abt, Bernhard, Bernardino und eine Verkündigung.

Das Schiff schließt eine ornamental bemalte Balkendecke des 17. Jh. ab, das Kreuz- und Fächergewölbe im Chor ist mit figürlichem und dekorativem Stuck aus der Zeit um 1650 verziert. Die Ölbilder der 4 Kirchenväter in den Gewölbeschilden und der

Apostel unter dem Gebälk entstanden ebenfalls um 1650. Über dem Chorbogen findet man die Propheten Jesaja und Jeremia aus Stuck. Der Hochaltar ist ohne Aufsatz, aber mit Expositorium in Form eines Tempels gestaltet, an der Abschlußwand ein Bild des Kirchenpatrons (um 1760–70). Die Seitenaltäre sind aus Stuck, der n Seitenaltar enthält ein Gemälde (1645) des Georg Wilhelm Gräsner und eine Scagliolaplatte (1730–40) mit einem Pelikan v. Giuseppe Pancaldi, am s Seitenaltar ist die Heilung eines Besessenen dargestellt. Die Gewölbe der Kapellen sind illusionistisch bemalt. Die rechteckige Kanzel mit Reliefs des Kirchenpatrons und der Evangelisten enthält am Schalldeckel das Wappen des Giovanni Martino Bianco v. 1722. – Die Fassade und die Decke des *Beinhauses* mit Arkadenöffnungen wurden um 1700 barock bemalt.

Kapelle Madonna Addolorata: Die barocke Kapelle v. 1751 besitzt eine Vorhalle mit toskanischen Säulen und einen kleinen Turm, dessen 3 Seiten v. Pilastern gegliedert sind. Die Ecken des einheitlich wirkenden Kapellenraumes bezeichnen gestufte Wandpilaster, die Wandbilder schildern die Schmerzen Mariens; am Kreuzgewölbe der Vorhalle sind in Dreipaßmedaillons Szenen aus dem Marienleben dargestellt. Der Choraltar enthält in einer verglasten Nische die Figur der Schmerzensmutter.

Kath. Kirche S. Rocco: Die Kirche im Dorf wurde 1633 als barocker Längsbau mit eingezogenem Rechteckchor, Stichbogenfenstern und Lünetten neu errichtet. Den S-Turm neben der Fassade bekrönt ein achtseitiger Aufsatz mit Steilpyramide. Die Balkendecke des Schiffs entstand 1937, das Kreuzgewölbe des Chores ist reich mit Stuck aus der Mitte des 17. Jh. dekoriert; den Chorbogen schmücken die aus Stuck bestehenden Archivoltenfiguren der hll. Dominikus und Katharina. Den gesprengten Segmentbogengiebel des zweisäuligen *Hochaltars* aus Stuck flankieren die hll. Rochus und Sebastian, das Marmortabernakel ist in Formen des Rokoko gestaltet. Über den stuckverzierten Gemälden des hl. Josef und der Immaculata an den Seitenaltären befinden sich große Medaillongemälde mit Geburt und Tod Mariens v. Francesco Antonio Giorgioli (1686). Die wahrscheinlich

Fex-Crasta (Sils), Kirche, Chorbogenlaibung

etwas später der Kirche angefügten *Seitenkapellen* sind mit Stukkaturen und Bilderfolgen aus dem Leben der hll. Antonius Eremita und Antonius v. Padua (l) sowie des Karl Borromäus (r) geschmückt; die stuckierten Altäre sind v. ca. 1650, im rechten findet man ein tabernakelartiges Gehäuse (um 1750) mit einer Statuette der Muttergottes. Die polygonale, mit Pilastern gegliederte Kanzel entstand um 1725, das Ölgemälde (um 1650) über der Empore dürfte Georg Wilhelm Gräsner gemalt haben.

Ospizio: Das heutige Pfarrhaus oberhalb des Dorfes entstand als Missionsstation der Kapuziner nach 1639 und besteht aus einem kubischen Gebäude mit gemauertem Glokkenjoch. In den Nischen an der Innenseite der Gartenmauer und in einer Nische des malerischen Hofeingangs schuf Francesco Antonio Giorgioli um 1686 *Wandgemälde* mit Passionsszenen und die Darstellung des Jesuskindes, das dem hl. Franziskus einen Kreuzesnagel und dem hl. Antonius eine Lilie überreicht.

Außerdem sehenswert: Das Bild des auf einer Anhöhe über der Moësa gelegenen Haufendorfs prägen die kubischen Steinbauten mit gewalmten Steinplattendächern. – Der *Palazzo à Marca,* 1642 vielleicht unter Carlo à Marca aus Mesocco erbaut, ist eines dieser kubischen Steinhäuser, z.T. unter Verwendung älterer Bauteile aus 2 Baukörpern zusammengewachsen. – Über die Moësa führt eine gemauerte *Bogenbrücke.*

Umgebung

Cabbiolo (4 km s): Die *Kapelle S. Nicolao,* ein einfacher Bau mit eingezogenem, rechteckigem Chor, wurde 1611 geweiht. An der N-Seite des Schiffs erhebt sich ein pyramidenbehelmter Turm. Das Christophorusgemälde an der Fassade und die Madonna zwischen den hll. Nikolaus und Maria Magdalena an der S-Seite entstanden um die Zeit der Kapellenweihe. Das Schiff besitzt eine neue Holzdecke, das Kreuzgewölbe des Chores ist mit barocken Stukkaturen und Malereien des Nicolao Giuliani v. 1676 geschmückt. In den Gewölbeschilden sind Christus mit Maria und eine Verkündigung dargestellt, die Kartuschen zeigen Szenen zum Thema der Skapulierverehrung. Die Stuckaltäre entstanden um 1676, der Choraltar enthält das Gemälde einer Kreuzabnahme v. Johann Hermann Wiwernitz nach Rubens. Der Taufstein datiert v. 1648, die rechteckige Kanzel v. 1733.

Soazza, Teil des Dorfes mit S. Rocco

Lostallo (6 km s): Beherrschend über dem Dorf thront die *kath. Pfarrkirche S. Giorgio,* deren Neugestaltung 1639–56 vorgenommen wurde (Neubau v. Chor und Turm, Erhöhung und Verlängerung des Schiffs). Der barocke Längsbau mit eingezogenem, dreiseitig geschlossenem Chor besitzt 2 ungleich große Seitenkapellen und einen Turm mit einfachem Pyramidendach. Im Schiff ist heute die dekorative Originalbemalung der Balkendecke v. 1656 wieder zu sehen. Die illusionistische *Wandmalerei* mit Draperien und Architekturelementen entstand um 1670–80, am Chorbogen ist ihr eine Verkündigungsgruppe aus Stuck eingegliedert. Die Stukkaturen am Kreuzgewölbe des Chores zeigen Puttenkaryatiden und Kartuschen, die Gewölbemalerei ist z. T. neu. Die Ädikula-Altäre aus Stuck entstanden um 1670, den Hochaltar begleiten bemalte Stuckfiguren der hll. Franziskus und Luzius. In der Nische des n Kapellenaltars findet sich die Statue einer schwarzen Madonna v. Loreto, an der S-Seite ein hl. Antonius v. Padua aus der Zeit um 1660–70. Der Taufstein (um 1650) befindet sich in einer hufeisenförmigen Nische der n Langhauswand. Die mit einem Beichtstuhl kombinierte Kanzel (um 1700) weist dekorative Füllungen, Pilaster und Puttenkaryatiden auf. Die Kirche besitzt ferner das Ölgemälde eines Kapuzinerheiligen (1738) v. Giovanni Battista Calcia, eine Monstranz (1710), einen Augsburger Kelch (1716–19) v. Franz Ignaz Berthold, ein Rauchfaß (um 1650) und eine bemerkenswerte Prozessionsfahne (1611) mit beiderseitiger Bemalung (Muttergottes und hl. Georg). – Die außen einfache *Kapelle S. Carlo Borromeo* wurde 1633 geweiht, der N-Turm mit niedrigem achtseitigem Aufsatz entstand in der 2. Hälfte des 17. Jh. Das Schiff erhielt eine neue Holzdecke, das Kreuzgewölbe des Chores bemalte Francesco Antonio Giorgioli um 1686 mit illusionistischen Malereien: Eine reich geschwungene Scheinbrüstung mit Puttenkaryatiden, Mariensymbolen und Darstellungen aus den Rosenkranzgeheimnissen gibt den Blick frei zum Himmel und der Darstellung der Rosenkranzübergabe. Die Ädikula-Altäre wurden aus Stuck gestaltet, der Choral-

tar enthält ein kleines Bild der Rosenkranzgeheimnisse, eine Muttergottesstatue und Kapuzinerembleme. Den Chorbogen flankieren die Figuren der hll. Dominikus und Karl Borromäus.
Sorte (11 km s): Die kleine *Kapelle S. Maria Assunta* wurde 1611 geweiht. Auffallend am Äußeren ist das vorhallenartig ausladende Dach, gestützt v. 2 Säulen mit Würfelkapitellen. Das Wandgemälde in giebelförmiger Anordnung an der Fassade schuf um 1611 der gleiche Meister wie in Cabbiolo. Dargestellt ist eine Himmelfahrt Mariens mit r knienden Frauen und der hl. Margareta sowie l dem hl. Georg. Das Schiff ist flach gedeckt, die Stichkappentonne des Chores ist mit Stukkaturen aus der Zeit um 1670 und in den Kartuschen mit Gemälden aus einem Marienzyklus geschmückt. Die Stuckaltäre entstanden um 1670. An den Schiffswänden hängen 2 breitformatige Ölgemälde mit Geburt und Himmelfahrt Mariens (2. Hälfte 17. Jh.).

CH-7649 Soglio Bez. Maloja/Maloggia		
Einw.: 250	Höhe: 1095 m	S, 258 □ E 4

Aus Soglio stammen die Salis, die wahrscheinlich im 12. Jh., aus der Lombardei kommend, ins Bergell einwanderten. Bedeutende Paläste der Familie von Salis zeugen von ihrem einstigen Einfluß.

Ref. Kirche: Die Veränderungen von 1753 prägen heute das Aussehen der Kirche; Teile ihrer Mauern, bes. der untere Teil des Turms, dürften noch roman. sein, der Chor könnte aus dem frühen 16. Jh. datieren. Bei dem barocken Umbau erhielt der Turm seinen achtseitigen Abschluß mit Haube, die Kirche die mit Lisenen gegliederte Giebelfassade und das granitgerahmte Volutenportal. Das Innere wurde damals mit einem zweijochigen Kreuzgewölbe über geschwungenem Gebälk überdeckt und vollkommen neu ausgestattet. Aus dieser Zeit stammen noch der Abendmahlstisch, die Rokokokanzel und das Wandgestühl. Die ädikulaförmigen, schwarz- und rotmarmornen Wandepitaphe sind großenteils der Familie Salis-Soglio gewidmet. Die Abendmahlskelche (1754) und das Taufgeschirr (1753–55) schuf der Augsburger Goldschmied Jakob Philipp Drentwett.

Casa alta: Der große Bau v. 1524 am w Rand des Platzes wurde 1680 durch Landeshauptmann Antonio v. Salis umgebaut und besitzt im getäfelten Wohnzimmer einen gemauerten Turmofen des 17. Jh.

Casa Antonio: Das um 1740 erbaute viergeschossige Gebäude wurde unter Commissari Antonio v. Salis (1760–1831) fertiggestellt. Die siebenachsige, lisenengegliederte Fassade enthält in der mittleren Achse ein Portal mit geschweiftem Sturz. An der Gartenseite wird durch eine Freitreppe die Verbindung zu dem terrassenförmig angelegten Garten geschaffen.

Casa Battista: Der heute ein Hotel beherbergende Palast datiert vermutlich aus dem 17. Jh. und wurde 1701 für Commissari Battista v. Salis umgebaut und vergrößert. Die Fassade wird nur v. Quaderecken gerahmt, die Hauptachse betonen ein Pilasterportal mit Segmentgiebel und Salis-Wappen sowie paarweise angeordnete Mittelfenster und Balusterbalkone. Im Inneren finden sich eine gewölbte Eingangshalle, ein toskanisches Treppenhaus und eine zweistöckige Halle mit Balustergalerie. Die Innendekora-

Soglio, Dorf mit reformierter Kirche

Castasegna (Soglio), Reformierte Kirche

tionen entstanden großenteils in der Zeit um 1680-90 im Louis-seize-Stil. Bemerkenswert sind die stuckierten Medaillons mit Porträts antiker und zeitgenössischer Persönlichkeiten. Die barocke, terrassierte Gartenanlage mit ihrer südlichen Vegetation beeinflußte entscheidend die Barockgärten Graubündens.

Casa Gubert: Dieser Salis-Palast im ö Teil des Dorfes wurde 1554-73 für Hauptmann Dietegen v. Salis erbaut (aus dieser Zeit datieren eine Renaissancetäfelung und eine Kassettendecke im 1.Obergeschoß) und 1629 umgebaut (das Datum ist in einer Täfelung im 2.Obergeschoß in der Inschrift des Gubert und der Dorothea v.Salis enthalten).

Casa Max: Der letzte Besitzer aus der Familie v.Salis, Bundespräsident Rudolf Max v.Salis (1785-1847), gab dem Palast den Namen. Er wurde unter Verwendung alter Bauteile 1696 errichtet und 1843 verkauft, wobei auch die Ausstattung verlorenging. Die Hofseite schmücken ein Rustikaportal mit Salis-Wappen und ein Balkongitter.

Stallazzo: Das Stallgebäude wurde um 1696 zusammen mit der Casa Max erbaut. Der zweieinhalbgeschossige Bau mit Rustikaportal und Korbgitter in der Mittelachse liegt in der Tiefe zwischen der Casa Max und der Casa Battista. Die 6 stilisierten Marmormasken mit Ringen an der Mauer dienten zum Anbinden der Pferde.

Umgebung

Castasegna (7 km nw): Die alte *Kirche S. Gian* besteht aus einem vermutlich roman. Schiff und einem annähernd gleich langen, dreiseitig geschlossenen Chor aus dem frühen 15.Jh. Wahrscheinlich im 16.Jh. wurden die Schiffsmauern erhöht und das Langhaus mit einem zweijochigen Kreuzgewölbe eingedeckt. Die Stichkappentonne im Chor dürfte 1834 erneuert worden sein. Im Chor und an der Fassade befinden sich Grabmäler des 17.-18.Jh. - Die neue *ref. Kirche* erbauten Francesco Pancera und die Brüder Giovanni und Giovanni Battista Casanno 1658-60 als barocken Bau mit Lisenengliederung und schwach eingezogenem, dreiseitig geschlossenem Chor. Den Turm an der S-Seite schuf Pietro Bolla aus Lugano 1675, er wird v. einem achtseitigen Aufsatz mit Kuppel bekrönt. Über Pilastern und einem verkröpften, auch im Chor umlaufenden Gebälk erhebt sich ein Tonnengewölbe mit Gurten und Stichkappen. Die Kirche enthält einen Taufstein aus Granit und eine Kanzel mit vorzüglichen Intarsien aus der Zeit um 1660; aus dieser Zeit datieren auch das Gestühl an der N-Wand und das Gestühlfragment unter der Kanzel. An den Wänden und im Boden findet man zahlreiche Grabtafeln des 17.-18.Jh. - Die *Ruine Caslac* (Castellazzo) n des Dorfes ist der Rest eines wohl herrschaftlichen Hauses, urspr. vielleicht das Dorfkastell.

CH-7435 Splügen
Bez. Hinterrhein

Einw.: 400	Höhe: 1450 m	S. 252 □ D3

Das Haufendorf an der Abzweigung der

Splügen, Blick auf das Dorf und die Reformierte Kirche

Splügenroute von der San-Bernardino-Straße findet 831 als *cella in speluca* im Besitz des Klosters Pfäfers Erwähnung.

Ref. Kirche: 1687–89 errichtete Peter Zurr den Neubau als quer zum Hang gerichtete Barockkirche mit Blendarkaden und einem Rustikaportal mit Säulenpaar und gesprengtem Giebel; den Turm bekrönt eine welsche Haube. Im Inneren ruht ein flaches Tonnengewölbe auf Wandvorlagen bzw. Halbsäulen, nur im vierjochigen Schiff mit Gurten. Über dem umlaufenden Gebälk sind Rundbogenfenster je einem Stichbogenfenster zugeordnet. Der Taufstein aus der Zeit um 1689 besitzt eine gerippte Schale, die reichen Familiengestühle datieren v. 1629 (im Chor) und 1690. Die zahlreichen Epitaphien des 17.–19. Jh. wurden großenteils für Mitglieder der Splügener Familie Schorsch geschaffen.

Schul- und Gemeindehaus: Es wurde 1716, kurz nach dem Dorfbrand, als Wohnhaus für Johann Paul v. Schorsch erbaut. Das Gebäude besitzt einen Treppenturm mit schmiedeeisernen Treppengeländern, gewölbte Korridore und im Erdgeschoß Deckenmedaillons mit mythologischen Malereien. Das 1. Obergeschoß zeichnet sich durch Régencestukkaturen mit mythologischen und allegorischen Darstellungen aus. Hier befindet sich auch das *Heimatmuseum Rheinwald.*

Außerdem sehenswert: Das *Hotel Bodenhaus* am unteren Dorfplatz wurde 1722 für Johann Paul Zoya erbaut und ist seit 1822 Hotel. Der stattliche, dreigeschossige Bau, den ein Mezzaningeschoß mit Ochsenaugen und ein Walmdach abschließen, zeigt ital. Einfluß. Das Hausteinportal besitzt einen polygonalen Sturz. – *Haus Nr. 21* am Kirchweg ist mit einem Wappenstein der Famiiie Schorsch v. 1624 geschmückt. – *Haus Nr. 58* nach der oberen Brücke wurde 1717–19 für Christoffel v. Schorsch erbaut. Der Risalit mit schönem Portal enthält das Treppenhaus mit gutem Schmiedeeisengitter. – Östlich des Dorfes findet man die *Ruine »Zur*

Hinterrhein (Splügen), Landbrugg

Burg«, wahrscheinlich v. den Herrn v. Vaz in der 2. Hälfte des 13. Jh. gegr. Zu sehen ist ein rechteckiger, dreigeschossiger Wehrturm, an den n ein Hof anschließt.

Umgebung

Hinterrhein (10 km w): Die *ref. Kirche* war urspr. eine Eigenkirche der Herren v. Sax, die 1219 S. Vittore im Misox übertragen wurde und wahrscheinlich seit dem späten 13. Jh. eine eigene Pfarre ist. Der rechteckige Chor mit Kreuzgewölbe dürfte im 14. Jh. entstanden sein, der Turm wurde im 16. oder 17. Jh. neu erbaut, das Schiff mit Lisenengliederung 1812–13 erneuert. Beachtenswert ist das biedermeierliche Grabmal für Sigmund v. Müller v. Zofingen (1770–1832) im Vorbau des Schiffs. – Die *Landbrugg*, den alten Rheinübergang des Saumwegs zum San Bernardino, erbaute Peter Zurr 1692 mit 2 Bogen über sechseckigem Mittelpfeiler. Sie wurde 1935 wieder aufgebaut.

Nufenen (6 km w): Die *ref. Kirche* mit Turm unter einer Zwiebelhaube ist ein bescheidener Barockbau v. 1643. Polygonale Kanzel (1643), Stuhl im Chor (1644), balusterförmiger Taufstein (17. Jh.). – Das *Rote Haus* (Nr. 11), im 17. Jh. erbaut und im 18. Jh. umgebaut, besitzt im 1. Geschoß getäfelte Stuben v. 1710 und 1760. – Das *sog. Schloß* (Nr. 26) entstand 1715.

Sufers (4 km nö): Das Dorf über dem neuen Stausee war urspr. die oberste Siedlung am Hinterrhein, worauf der roman. Name Sur (= oben) hinweist. – Die *ref. Kirche*, 831 als Eigentum des Klosters Pfäfers genannt, ist ein einfacher Barockbau v. 1618–25 mit flacher Holzdecke im Schiff und Kreuzgewölbe im Chor. – Alte *Mühle*.

CH-7649 Stampa

Bez. Maloja/Maloggia

Einw.: 450	Höhe: 1015 m	S. 258 □ E 4

Ciäsa Granda: Das heutige *Talmuseum* wur-

Splügen, Christoffel v. Schorsch-Haus

Stampa, Ciäsa Granda

de 1581 durch Giovanni della Stampa erbaut, der ö Anbau des stattlichen, viergeschossigen Baus entstand vermutlich 1712. Das Äußere bestimmen die sgraffitierten Quaderecken, auch am w Abortrisalit, die geschrägten Fensterlaibungen und das asymmetrische Portal, dessen Rundbogen im Rechteck v. ornamentierten Bändern eingefaßt ist. Zwischen den Fenstern im 2. Geschoß ist das rollwerkgerahmte Wappen Stampa angebracht, daneben ein unbekanntes Wappen. Die Wendeltreppe und die einfach getäfelten Stuben stammen aus der Bauzeit. Das Talmuseum beherbergt eine kulturhistorische Sammlung sowie Werke der aus Stampa gebürtigen Alberto (Bildhauer, 1901–66) und Augusto (Maler, 1877–1947) Giacometti.

Außerdem sehenswert: Die aus 2 gemauerten Bogen bestehende *Brücke* über die Maira wurde laut Inschrifttafel 1699 im Auftrag des Nikolaus v. Salis errichtet. – Westlich v. S. befindet sich in einem Granitblock nahe an Straße und Fluß ein *spätröm. Wannengrab* für einen hohen Beamten, eine in ihrer Art für die Schweiz einmalige Grabstätte.

Umgebung

Borgonovo (1,5 km ö): Das langgestreckte Straßendorf an der seit der Römerzeit benützten Julier- und Septimerroute besitzt mit dem 1668 durch Gioan Baldini di Molin erbauten *Haus Nr. 61* ein »hervorragendes, völlig unverfälschtes Zeugnis der Bergeller Wohnkultur« (Kunstführer Schweiz). Das kleine Haus charakterisieren geschrägte Fensterlaibungen, architektonische Sgraffiti v. 1668 und ein vorkragendes Pfettendach. Die Sgraffiti an der Gartenseite gestaltete Augusto Giacometti 1914 nach dem Vorbild v. Haus Nr. 41 in Vicosoprano. Im 1. Obergeschoß findet sich ein reiches Täferzimmer (Täfer = Holztäfelung) mit architektonischer Gliederung, darüber befinden sich einfachere Täferstuben. – Die *ref. Kirche S. Giorgio* am W-Rand des Dorfes wurde 1694 als zweijochiger, lisenengerahmter Barockbau mit eingezogenem Rechteckchor und S-Turm neu errichtet.

Coltura (0,5 km w): Den *Palazzo Castelmur,* einen neugot. Backsteinbau mit ital.-maurischen Elementen, ließ Baron Giovanni de Castelmur (1800–71) erbauen. Die flankierenden Ecktürme, Pechnasen und geschlitzten Zinnenkränze muten etwas seltsam an in dieser Landschaft. Im Inneren finden sich Räume des 19. Jh. mit Wand- und Deckenmalereien, Tapeten und Mobiliar im Stil des Rokoko und Biedermeier. Der Bau wurde 1962 v. einer Bergeller Stiftung erworben und zugänglich gemacht. – Westlich des Weilers liegt isoliert die *ref. Kirche S. Pietro,* ein barocker Neubau v. 1743.

T

CH-7015 Tamins Bez. Imboden		
Einw.: 1000	Höhe: 640 m	S. 252 □ D2

Das ruhige Dorf liegt nördlich des Zusammenflusses von Vorder- und Hinterrhein. Hier wurden zahlreiche prähistorische Funde gemacht, so zum Beispiel aus der Jungsteinzeit Keramikscherben und Silexklingen, Urnengräber mit Beigaben aus der älteren Steinzeit und Plattengräber aus römischer Zeit.

Das Dorf brannte 1799 im Krieg zwischen

Coltura (Stampa), Palazzo Castelmur

Frankreich und Österreich fast völlig nieder.

Ref. Kirche: Auf einem Felssturzhügel, dem »Chirchabühel«, steht die 1494 erbaute Kirche, deren Schiff 1840 verlängert wurde. Den neugot. Turm mit seiner charakteristischen Nadelspitze baute 1899 Emanuel Tscharner an die S-Seite. Den polygonalen Chor überspannt ein Rippengewölbe, das einen asymmetrischen, zweijochigen Stern bildet. 1920 erfolgte eine Renovierung des Inneren; dabei erhielt das Schiff ein flaches Holztonnengewölbe. Die Glasgemälde im Chor schuf Ernst Rinderspacher 1923. Die Kanzel datiert v. 1730.

Schloß Reichenau: Am alten Rheinübergang im Ortsteil Reichenau soll eine ma Burg gestanden haben, v. der jedoch nichts erhalten ist. Das Schloß wurde um 1616 durch die Scheuensteiner erbaut, 1775 erweitert und 1819 für Ulrich v. Planta teilweise neu errichtet. Eine letzte Restaurierung ließ die damalige Besitzerin U. v. Tscharner-Schoeller 1976/77 durchführen.
Den dreigeschossigen klassizistischen Hauptbau charakterisiert ein nur leicht vorspringender Mittelrisalit mit Dreiecksgiebel und Mitteltürmchen auf dem Walmdach. Im Erdgeschoß steht ein blau bemalter Kachelofen (um 1750) v. Johann Caspar und Johann Joseph Ruostaller. Im O-Flügel befinden sich eine Kapelle und ein Saal mit Rokokostuck (um 1775). Ende des 18. Jh. wohnte hier inkognito der Herzog v. Orléans, der spätere König Louis Philippe. Im W des Schlosses erstreckt sich ein franz. Garten.

Schloß Bass v. Tscharner: Fritz Stehlin erbaute die neubarocke Anlage in den Jahren 1906/07; der Garten wurde zum Teil im Jahre 1790 angelegt.

Umgebung

Kunkelspaß (3 km n): Der in 1357 m Höhe liegende Übergang in den Kanton Sankt Gallen scheint schon in prähistorischer Zeit begangen worden zu sein. Im Jahre 1799 überquerte ihn der französische General Demont mit seiner Truppe auf dem Marsch ins Oberland.

CH-7552 Tarasp
Bez. Inn

Einw.: 300	Höhe: 1414 m	S. 254 □ H2

Schloß Tarasp: Der auf einem steilen Felskegel am rechten Ufer des Inn aufragende Komplex gehört zu den beeindruckendsten Burganlagen Mitteleuropas. Der Felsen war im frühen MA eine befestigte Stelle. Die Burg wurde vermutlich im 11. Jh. v. den Herren v. Tarasp gegr. Sie kam 1273 in den Besitz der Familie v. Masch und 1464 an Österreich, das die Herrschaft v. Burgvögten, meist aus adeligen Engadiner Familien, verwalten ließ. Nach dem Übergang an den Kanton Graubünden im Jahre 1803 wurde die Anlage 1900 an den Dresdner Fabrikanten Dr. Lingner verkauft, der sie bis zu seinem Tod 1916 wiederherstellen ließ. Seit 1916 befindet sie sich im Besitz des Großherzogs v. Hessen und ist als Burgmuseum zugänglich.
Zum Hauptbau gelangt man auf dem im 17. Jh. spiralenförmig angelegten Torweg,

Tamins, Reformierte Kirche

Tarasp, Schloß

den bis zum Vorhof eine Schildmauer begleitet; er wurde im 1. Drittel des 18. Jh. neu befestigt. Von den einen Innenhof einschließenden Gebäuden gehören nur der breite, dreigeschossige Bergfried in der NW-Ecke, der N-Trakt, der Kampanile und die Kapelle noch weitgehend dem hohen MA an, die s Wohnbauten wurden im 16. und 17. Jh. neu- oder ausgebaut. Gleichzeitig mit der Sicherung und Umgestaltung des zerfallenden Schlosses 1907–16 durch Walter Türcke und Robert Kosenbach ließ der damalige Besitzer auch die Räume völlig neu ausstatten, u. a. überführte er 3 ausgezeichnete Stuben mit Holztäfelung hierher (aus dem Salis-Haus in Promontogno v. 1539, der Casa Olgiati in Poschiavo v. 1692 und aus dem Frauenkloster Cazis v. 1704).

Die halbrund geschlossene roman. *Schloßkapelle*, im O über die Ringmauer erkerartig vorspringend, erhielt im Schiff eine neue Holzdecke. Auch die Gewölbekalotte der Apsis wurde erneuert, ebenso die Wandmalereien mit spätgot. Halbfiguren v. 4 Heiligen und einer Verkündigung an der O-Wand sowie Apostelfiguren aus der Zeit um 1600 im Schiff. Hinter der Kapelle erhebt sich in der O-Ecke des Palas der *Kampanile* mit roman. Zwillingsfensterchen und einem barocken Zwiebeldach.

Kath. Pfarrkirche zur Hl. Dreifaltigkeit: Blasius Ploirer aus Mals errichtete 1674–78 den Neubau quer zur Vorgängerkirche als ungegliederten Barockbau mit schwach eingezogenem Chor und 2 chornahen Seitenkapellen. Dem Vorgängerbau v. 1567 gehören noch der Turm mit Zeltdach und die anschließende Sakristei an der ö Langseite an. Das vierjochige Schiff überdeckt eine Stichkappentonne mit Gurten, die über gestuften Pilastern mit umlaufendem Gebälk aufsteigen. Chor und Seitenkapellen sind kreuzgewölbt, unter dem Chor befindet sich eine Antoniuskapelle. Der Hochaltar mit gewundenen Säulen, Tabernakel und geschnitztem Antependium entstand im 3. Viertel des 17. Jh., Seitenaltäre und Kanzel datieren v. 1743. Der Sakristeialtar (um 1678) enthält ein ländliches Gemälde mit der Anbetung der Könige (1573).

Außerdem sehenswert: Das *Pfarrhaus* mit w Treppengiebel erbaute Rudolf Pazeller 1674, das Portal datiert v. 1716, das Wandgemälde der Verkündigung aus der 1. Hälfte des 18. Jh. – Die O-Fassade v. *Haus Nr. 20* ist mit Architekturmalerei und einem über 2 Geschosse reichenden Bild der Hl. Sippe aus der 1. Hälfte des 18. Jh. geschmückt. – Die Entwicklung v. T. zum Kurort im 19. Jh. ging mit der Errichtung zahlreicher Hotelbauten Hand in Hand. So erbaute z. B. Felix Wilhelm Kubly 1860–64 das *Kurhaus*, der Bündner Architekt Nicolaus Hartmann d. Ä. 1895–97 *Hotel Waldhaus* im Stil der Neurenaissance und Karl Koller 1898–1900 den *Schweizerhof* (1913 erweitert).

CH-7430 Thusis

Bez. Heinzenberg

Einw.: 2400	Höhe: 700 m	S. 252 □ D 3

Am nördlichen Ausgang der Via Mala liegt der als Umschlagplatz schon im frühen Mittelalter wichtige Hauptort des Tals. Der Ausbau der Via-Mala-Straße (1473) und der Splügenstraße (ab 1818) gaben ihm jeweils

Thusis, Schlößli (l), Reformierte Kirche, Innenraum (r)

neuen Auftrieb. Immer wieder wurde das Altdorf von Bränden heimgesucht, so besonders schwer in den Jahren 1559, 1575, 1656, 1727, 1742 und 1845. Nach dem letzten Brand wurde an der Kantonsstraße das Neudorf errichtet; seine spätklassizistischen Bauten mit flach geneigten Krüppelwalmdächern machen einen fast italienischen Eindruck.

Kath. Pfarrkirche Guter Hirte: Der v. Otto Capeder 1965/66 errichtete Bau wurde von Georg Malin ausgestattet. Die Glasfenster schuf Dea Murk.

Ref. Kirche: Der aus Kärnten stammende und in T. ansässige Baumeister Andreas Bühler erbaute 1506 diese spätgot., urspr. Unserer Lieben Frau geweihte Kirche. 1525 trat die Gemeinde zur Reformation über, die Bildwerke der Kirche sollen damals in die Nolla geworfen worden sein. Das einschiffige Langhaus überspannt ein vierjochiges Sterngewölbe. Der Chorbogen führt bis zum Gewölbe hinauf, seine Spitze ist nur angedeutet. Über dem eingezogenen, polygonalen O-Chor liegt ein kompliziertes zweijochiges Sterngewölbe. Die spitzen Bogen der 4 Chorfenster sind wie die der beiden Fenster des Schiffs mit Fischblasenmaßwerk ausgefüllt; in der W-Wand befindet sich eine Maßwerkrosette. Unter dem Chor liegt ein gewölbtes Kellergeschoß, das den Geländeabfall ausgleicht; es dient heute als Gemeindearchiv. Der viereckige Turm steht an der N-Seite des Chors; er trägt anstelle des ehem. Spitzhelms seit 1727 einen achteckigen Aufbau, den eine Zwiebelhaube krönt. Das gemeinsame Satteldach ist über dem Chor abgewalmt. Die polygonale Kanzel ist im kassettierten Schalldeckel mit 1628 datiert.

Burgruine Obertagstein: Im S des Orts, am Hang des Piz Beverin auf 1132 m Höhe, stehen auf einem nach allen Seiten steil abfallenden Felsklotz die Ruinen einer urkundlich nicht nachweisbaren Burg. Sie wurde 1980 freigelegt und renoviert. Die im Grundriß etwa fünfeckige Anlage bestand aus einer mächtigen Schildmauer, an die sich innen der 5 Stockwerke hohe Palas lehnte; später wurde ein weiterer Palas v. wahrscheinlich nur 2 Stock Höhe angebaut. Dies führte zur Verlegung der Tore und zur Aufgabe einer Zisterne. Küche und Abortanlagen gehörten zur Einrichtung der wohl erst Ende des 13. Jh. erbauten, aber bereits im 14. Jh. abgebrannten Burg.

Schlößli: Im NW v. T. ließ Silvester v. Rosenroll 1670 den barocken, würfelförmigen Bau mit Volutengiebeln und einem v. Eckstreben gestützten Turm errichten. Nach dem Brand v. 1727 wurde das Gebäude wieder aufgebaut; aus dieser Zeit stammen die Holztäfelung eines Zimmers und ein Turmofen.

Außerdem sehenswert: Die beiden *Häuser Rosenroll,* die 1634 und gegen 1650 gebaut wurden, aber beide 1845 ausbrannten. Im älteren, der »Krone«, sind das Rundbogenportal, die dreischiffige Eingangshalle und die stuckierte Saletta erhalten. – Der moderne *Via-Mala-Brunnen* wurde 1952/53 v. Gian Pedretti zur Erinnerung an die Eröffnung der Via-Mala-Straße (1473) errichtet. Er zeigt Löwe und Rad.

Umgebung

Flerden (3 km w): Die heute *ref. Kirche* war ehemals dem hl. Leonhard geweiht. Schiff und Turm stammen noch aus dem 14. Jh., der Chor wurde 1500 angebaut. Über dem rechteckigen Schiff liegt eine Felderdecke, über dem eingezogenen polygonalen Chor ein einfaches Netzgewölbe zu 2 Jochen. Den Turm vor der W-Front krönt eine gezimmerte Glockenstube mit achteckigem, gebrochenem Spitzhelm. Die Kanzel v. 1759 steht im Chor an der N-Seite neben einem Wandtabernakel. Spuren einer *Wandmalerei* (um 1300?), ein v. 2 Personen begleiteter betender Engel, finden sich an der n Schiffswand.

Masein (1 km nw): Auf einem Hügel im N des aus 3 getrennten Weilern bestehenden Dorfs liegt die *ref. Kirche,* die einst dem hl. Florinus geweiht war. Andreas Bühler baute die spätgot. Kirche 1501, sie wurde im 18. Jh. und 1953 renoviert. Über dem kurzen Rechteckschiff liegt eine flache Felderdecke aus dem 17. Jh., über dem eingezogenen, polygonalen NO-Chor ein zweijochiges Netzgewölbe mit sternförmigem Schluß. Der viereckige Turm vor der SO-Wand des Schiffs trägt ein gebrochenes Zeltdach. Die barocke Kanzel mit v. Muscheln gekrönten Füllungen und dem Schalldeckel mit Intarsienstern datiert v. 1747, der hölzerne Abendmahlstisch v. 1811. – Die *Burgstelle Schauenstein* liegt auf einem felsigen Grat am Rand des Porteiner Tobels. Mauerreste sind nicht sichtbar, lediglich Mörtelspuren weisen auf einen ehemals ausgedehnten Gebäudekomplex hin. – Im *Schloß Untertagstein* ist ein Wehrturm aus der Zeit um 1200 eingebaut. 1706 wurde es ausgebaut und nach dem Brand v. 1899 historisierend wieder errichtet. Es befindet sich im Besitz der Familie v. Planta und ist der Öffentlichkeit nicht zugänglich.

Tschappina (9 km sw): Die typische Walser-Streusiedlung ist heute in 2 Weiler getrennt. In Ober-Tschappina gab es eine dem hl. Theodul geweihte Kapelle, die um 1600 durch den weithin sichtbaren Neubau der *ref. Kirche* ersetzt wurde, der aus einem Rechteckschiff und einem sich verjüngenden, polygonalen Chor im O sowie dem an dessen S-Seite stehenden Turm besteht. Über Schiff und Chor liegen Stichkappengewölbe; den Turm krönt ein Spitzhelm.

Tiefencastel, Blick auf das Dorf

Die Kanzel datiert v. 1678, Familienstühle an der W-Wand sind mit 1678 und 1679 datiert.

Urmein (4 km sw): Die *ref. Kirche* v. 1722 gliedert sich in Schiff und eingezogenen, polygonalen Chor; der Turm mit Zwiebelhaube steht vor der W-Seite des Chors. Die barocke Kanzel und die mit Muschelmotiven geschnitzten Familienstühle sind mit 1722 datiert. - Im Verputz eines *Bauernhauses* ist ein in verschiedenen Sprachen abgefaßter Zauberspruch eingeritzt.

CH-7450 Tiefencastel Bez. Albula		
Einw.: 300	Höhe: 882 m	S. 254 □ E 3

Auf dem steil über der Juliaschlucht liegenden Hügel Pallas wurde eine bronzezeitliche Siedlung nachgewiesen. Der Ort an der Mündung der Julia in die Albula, in dem sich die Wege von Thusis, von Chur über Lantsch, von Davos und aus dem Albulatal treffen und von dem aus die Straße zum Julierpaß aufsteigt, liegt zwischen Brücke und Kirchhügel. Tiefencastel brannte 1890 fast völlig nieder und wurde neu aufgebaut.

Kath. Pfarrkirche St. Stephan: Auf dem Geländesporn über der Flußmündung lag bereits im MA eine um 1343 erwähnte Kirche. Sie wurde 1650-52 durch den jetzigen barocken Neubau ersetzt, der stilistisch an Kirchenbauten aus dem Misox erinnert; die Erbauer stammen v. dort. 1890 wurde die Kirche durch den Brand beschädigt, 1931 und 1957 renoviert.

Betritt man den Kirchenhügel, so fällt zunächst die durch 2 Kirchenhofportale (11) verbreiterte, zweigeschossige O-Fassade mit dem überhöhten Giebelfeld und der barokken Architektur des Portals (1) auf. Die Wandmalerei entstand 1931. Im Inneren schließen sich an das zweijochige, v. Kreuzgratgewölben überspannte Schiff (A) im W der eingezogene, polygonale Chor (B) mit Kreuzgratgewölbe und Halbkuppel sowie im N und S je eine rechteckige, tonnengewölbte Kapelle (C und D) an; dadurch entsteht der kreuzförmige Grundriß. Das umlaufende Gebälk ruht auf Kompositpilastern; die Fenster liegen nur in der Gewölbezone. Die ital. Stukkaturen wurden 1931

Tiefencastel, kath. Pfarrkirche St. Stephan **A** Schiff **B** Chor **C** s Seitenkapelle **D** n Seitenkapelle **E** neue Beichtkapelle **1** Portal **2** Aufgänge zur Empore **3** Kanzel **4** Altar der s Seitenkapelle **5** Altar mit Schutzengel und St. Michael **6** Hochaltar **7** Altar mit St. Antonius und St. Rochus **8** Altar der n Seitenkapelle **9** Turm **10** Sakristei **11** Kirchhofsportale

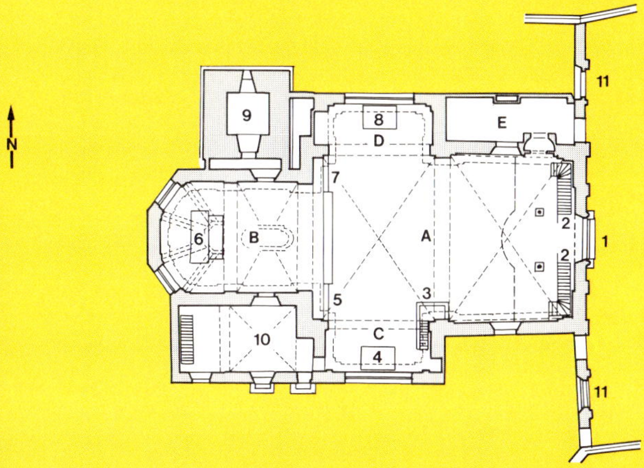

Tiefencastel, St. Stephan, Außenansicht (l), Hochaltar (r)

restauriert und teilweise vergoldet, dabei wurden auch die Wandmalereien in Mitleidenschaft gezogen.

Der *Hochaltar* (6) trägt ein monumentales, reich gegliedertes und vergoldetes Tabernakel in Form eines zweigeschossigen Tempels. Die beiden *Seitenaltäre* (5 und 7) datieren v. 1725; die Stuckaltäre in den Kapellen (4 und 8) sind wohl jünger. Die rechteckige Kanzel (3) aus der Zeit um 1655 steht an der S-Seite. Kannelierte Säulen gliedern die portalartigen Füllungen, die mit Intarsienarbeiten im Spätrenaissancestil verziert sind. Neben ihr hängt ein Kruzifix aus der 2. Hälfte des 17. Jh. Aus dieser Zeit stammt auch das Chorgestühl. Gemälde aus dem 18. und 19. Jh. stellen die hll. Fidelis v. Sigmaringen und Joseph v. Leonia sowie die Taufe des hl. Sigisbert und den hl. Viktor, dem Christus die Palme reicht, dar.

In der neu geschaffenen Beichtkapelle (E) hat die wieder zusammengestellte Heiliggrabgruppe mit lebensgroßen ungefaßten Figuren des toten Heilands, Marias, Maria Magdalenas und der 12 Apostel, die nach der Überlieferung v. einem Franziskaner geschnitzt worden sein sollen, Aufstellung gefunden.

Der Turm (9) steht an der NW-Ecke des Kirchenkreuzes. Sein viereckiger Unterbau wird v. vorkragendem Gesims mit Pyramiden abgeschlossen, darüber erhebt sich ein achteckiger Oberbau mit Lisenen, den eine Kuppelhaube mit Laterne krönt. In der SW-Ecke steht die Sakristei (10). Am Vorplatz befindet sich im N noch eine Kapelle, das ehem. Beinhaus wurde abgerissen.

Umgebung

Mon (2 km sw): Unterhalb des Dorfs liegt die *alte kath. Pfarrkirche St. Cosmas und Damian*, die vielleicht gegen Ende des 1. Jtd. erbaut wurde; 1351 wurde sie neu geweiht. Der hohe, mächtige Turm an der W-Front wurde gegen 1400 erbaut und um 1450 durch das spätgot. Glockengeschoß mit Zeltdach erhöht. – Das leicht trapezförmige Schiff unter einer Balkendecke wird

Tiefencastel, St. Stephan, Deckengemälde im Chor

im O v. einer halbrunden Apsis abgeschlossen. Die Apsis und das Satteldach sind mit Steinplatten belegt. Die 3 Blockaltäre tragen got. Holzplastiken, 2 stellen den hl. Kosmas dar, die übrigen den hl. Sebastian, eine Pietà und eine Heilige. – Spuren und Reste v. *spätgot. Wandmalereien* befinden sich an den w Abschnitten der N- und S-Wand des Schiffs und an den Außenseiten des Turms. Die Bilder im Schiff datieren noch aus dem 14. Jh. und könnten vom Rhäzünser Meister stammen. Sie sind die Reste eines Zyklus mit Szenen aus dem Leben Christi und stellen im einzelnen Jesu Geburt und die Verkündigung an die Hirten (S-Wand) sowie Jesu Einzug in Jerusalem, Ölberg und Gefangennahme (N-Wand) dar. Aus der gleichen Zeit stammen die Spuren volkstümlicher Darstellungen an der N-Front des Turms, während die geringen Reste des monumentalen Christophorus an der Turm-W-Front und die des Seelenwägers neben dem Eingang vermutlich dem 15. Jh. entstammen. Aus der 2. Hälfte des 15. Jh. datieren weitere *Malereien:* in der Apsis Apostelreihe, in der Sakramentsnische 2 Engel, über dem s Seitenaltar 3 weibliche Heilige, an der S-Wand männliche Heilige, darunter Damian mit Pillenkästchen und chirurgischem Instrument. Sie wurden vielleicht v. den lombardischen Künstlern Cristoforo und Nicolao da Seregno gemalt.

Giulio Rigaia erbaute 1643–48 die barocke *kath. Pfarrkirche St. Franziskus.* Das kapellenlose Schiff überspannt ein dreijochiges Stichkappengewölbe; der eingezogene polygonale O-Chor liegt unter einer Tonne mit Halbkuppel. An der N-Seite des Schiffs steht der Turm, dessen viereckigen Hauptbau ein vorkragendes Gesims abschließt, darüber steht ein achteckiges Obergeschoß mit Rundbogen und laternengekrönter Kuppel v. 1911. *Fresken* v. Johann Rudolf Sturn aus dem Jahre 1647 schildern an der W-Wand das Jüngste Gericht, in den Blendarkaden der N-Wand, den Schildbogenfeldern über dem Stuckgesims der N- und S-Wand sowie im Chor Szenen aus dem Leben des hl. Franziskus. – Ein *Gemälde* mit der Marter der hll. Kosmas und Damian (um 1660) wird gegenwärtig restauriert. – Der prunkvolle *Hochaltar* v. 1660 wurde 1739 umgestaltet; sein Altarblatt v. 1637 zeigt die Madonna mit den hll. Franziskus und Sebastian; das zweigeschossige Tempeltabernakel datiert v. 1669, die *Seitenaltäre* v. 1660, Taufbecken und Holztäfelung im Chor aus der Mitte des 17. Jh. Die bemalten Orgelflügel zeigen Orpheus und Apollo (1712).

Sehenswert sind das *Pfarrhaus* v. 1669, *Haus Nr. 4* v. 1747 und *Haus Nr. 45* mit ländlich phantasiereicher Fassadenmalerei v. 1726.

Stierva (4 km w): Das weithin sichtbare Dorf liegt auf dem Hang 500 m über dem Albulatal. Kirchenbauten werden in Urkunden v. 831, 1290 und 1357 erwähnt. Die heutige, spätgot. *kath. Pfarrkirche St. Maria Magdalena* geht auf einen Neubau v. 1520/21 zurück, den Lorenz Höltzli errichtete. Im letzten Drittel des 17. Jh. wurde der an der N-Seite des Schiffs stehende Turm um ein Obergeschoß mit gebrochenem Zeltdach erhöht. 1813/14 erfolgte eine Renovierung und 1922–24 eine weitere Ausmalung durch H. Liebich. – Sowohl das einschiffige Langhaus wie der eingezogene polygonale N-Chor werden v. *Netzgewölben* mit den kompliziertesten Rautensystemen in Graubünden überspannt. 2 Joche im Chor schließen mit einem Stern, das Schiff hat 4 Joche, alle weisen Schlußsteine auf. Die Spitzbogen aller Fenster sind mit kompliziertem Maßwerk über Mittelpfosten ausgefüllt. In der N-Wand des Chors liegt ein zur Sakristei führendes Spitzbogenportal, die Tür ist mit Ranken und dem Christusmonogramm in Flachschnitt verziert. – Der *Hochaltar*, ein spätgot. Flügelaltar v. 1504, ist nach Poeschel »eines der besten Werke des spätgot. Bestandes in Graubünden«. Der hochrechteckige Schrein ist in der Mitte erhöht. Unter geschnitztem, um einen Dreipaß geschlungenen Laubwerk steht auf gestuftem Postament die Figur der Muttergottes in einer Flammenglorie zwischen den Figuren der hll. Luzius (l) und Florinus (r). An den inneren Seitenwänden des Schreins befinden sich die Büsten eines Jünglings und eines bärtigen jungen Mannes, in denen man die Porträts des Malers und des Schnitzers, die beide namentlich unbekannt sind, vermutet. Die Innenseiten der Flügel sind in je 2 fast quadratische Felder aufgeteilt, in denen Reliefs v. Mariä Tempelgang (l oben), Verkündigung (r oben), Christi Geburt (l unten) und Anbetung der Hll. Drei Könige (r unten) dargestellt sind; in den Giebeln befinden sich Brustbilder zweier Propheten. Die Flügelaußenseiten sind mit den Bildern v. Heiligen bemalt: l oben Christophorus und Sebastian, unten Georg und Leonhard, r oben Barbara und Katharina, unten Dorothea (?) und Agatha; in den Giebeln ein Mönch und ein Bischof. Die Rückseite des Schreins ist mit einer Darstellung des Jüngsten Gerichts bemalt. 3 turmartige Baldachine, unter denen die Figur Johannes' d. T. zwischen denen der Apostel Johannes und Jakobus d. Ä. stehen, bilden die Bekrönung des Altars. Die Predella ist in 3 Nischen aufgeteilt, die jedoch leer sind. Neben dem Altar stehen die Statuetten v. 2 weiblichen Heiligen. Leuchterbänke und Tabernakel datieren v. 1660; letzteres ist ein reichverzierter polygonaler Tempelbau zu 2 Geschossen mit abschließender Kuppel; in rundbogigen Nischen zwischen Freisäulen und auf der Balustrade des Obergeschosses stehen Statuetten. – Die *Seitenaltäre* stammen aus der 2. Hälfte des 17. Jh., die Kanzel datiert aus der Mitte des 17. Jh.

Im Dorf steht ein heute noch bewohnter ma Turm, *la Tor*, ein dreigeschossiger massiger Viereckbau mit Pultdach, der wohl im 13. Jh. für die Herren v. Stierva gebaut wurde.

Surava (3 km ö): Im unteren Albulatal liegt das Straßendorf mit der *kath. Pfarrkirche St. Georg*, die 1611 urkundlich erwähnt wird, Ende des 17. Jh. aber umgebaut wurde. Damals wurde das Schiff erhöht, und der W-Turm erhielt seinen Aufbau mit Wimpergen und achteckigem Spitzhelm. Die S-Fassade des hohen, schlanken Baus mit einem Gemälde, das den Drachenkampf des hl. Georg darstellt, ist durch Seitenmauern optisch verbreitert. Das einschiffige Langhaus überdeckt ein zweijochiges Tonnengewölbe, den eingezogenen rechteckigen N-Chor ein Kreuzgratgewölbe, das mit 4 musizierenden Engeln ausgemalt ist. Das Retabel des *Hochaltars* besteht aus je 2 gewundenen Säulen mit Kompositkapitellen, die ein konkaves Gebälk mit überhöhtem Mittelteil tragen. Das Altarblatt aus dem 17. Jh. zeigt die hll. Luzius und Georg zu Füßen der Muttergottes. Die Seitenaltäre entstanden 1662; auf beiden Seiten des Chorbogens ste-

hen Statuen aus der Zeit um 1500. Die rechteckige Kanzel mit Schalldeckel entstammt der Spätrenaissance.
Im Dorf steht das unterste Engadiner Haus des Albulatals, das 1753 erbaute *Haus Brancaleone.*

CH-7116 Trun/Truns Bez. Vorderrhein		
Einw.: 1550	Höhe: 855 m	S. 252 □ B3

Historische Bedeutung erlangte der Ort durch den hier am 16. März 1424 besiegelten Grauen oder Oberen Bund, einen Zusammenschluß der Gerichtsgemeinden zur Sicherung des Landfriedens und gegen die habsburgischen Expansionsbestrebungen.

Kath. Pfarrkirche St. Martin: Anstelle einer 765 genannten und quer zu einem 1272 geweihten Vorgängerbau wurde die Kirche als nach S gerichteter Barockbau 1662 weitgehend neu errichtet. Dabei erhielt vermutlich auch der roman. Turm mit gekuppelten Schallfenstern die Wimperge und den Spitzhelm. Aus dem MA bewahrt blieben auch noch die s an den Turm anschließende Sakristei sowie im Kern der Chor und das Beinhaus darunter. Das Äußere ist durch Pilaster und Blendbogen gegliedert, im Inneren findet man Stichbogenfenster zwischen Wandvorlagen, ein umlaufendes Gebälk, ein mit Gurtbogen versehenes Kreuzgewölbe und Rundfenster in den Gewölbeschilden. Die außen nicht in Erscheinung tretenden Kapellennischen im 3. Joch vor dem Chorbogen sind mit hochplastischen, z. T. figürlichen Stukkaturen ital. Gepräges und ländlichen Wandmalereien geschmückt. Der prunkvolle *Hochaltar* mit Tabernakel datiert aus der Bauzeit und wurde 1766 dem Rokokogeschmack angepaßt. Auf dem Altarbild aus der Zeit um 1660 sind die hll. Sigisbert und Placidus sowie Luzius, Florinus und Martin zu sehen. Die Seiten- und Kapellenaltäre aus Stuck entstanden ebenfalls um 1660, der ö Seitenaltar enthält ein beachtliches, wahrscheinlich venezianisches Gemälde mit der Muttergottes und den beiden Johannes, das Rosenkranzbild des w Seitenaltares malte Fridolin Eggert 1691. Zur Einrichtung gehören ferner das Chorgestühl (um 1660), die polygonale

Trun, Kapelle St. Anna

Kanzel v. 1662 und das Kruzifix am Chorbogen (Mitte 16. Jh.). In der Sakristei werden u. a. eine Augsburger Monstranz (Ende 17. Jh.) des Ludwig Schneider und eine Marienstatuette unter Rokokobaldachin (um 1750) bewahrt.

Kapelle St. Anna: Der barocke Neubau der Kapelle wurde 1704 geweiht. In der urspr. wahrscheinlich nicht geplanten toskanischen Vorhalle (sie überschneidet die Blendbogengliederung) hat Otto Baumberger 1924 Wandgemälde mit der Gründung (1424) und letzten Erneuerung (1778) des Grauen Bundes geschaffen. Das Kapelleninnere zeigt rundbogige Blendarkaden mit Stichbogenfenstern zwischen den Pilastern und Ochsenaugen über dem Gebälk in den Stichkappen des Tonnengewölbes. Die Deckenmedaillons und die Darstellung der Verkündigung über dem Chorbogen dürfte Fridolin Eggert um 1700 gemalt haben, v. ihm stammt auch das Gemälde des Choraltars. Die Seitenaltäre v. 1717 enthalten Gemälde des Jakob Soliva. Das Chorbogen-

Trun, Brunnenbüste des Caspar Decurtius

kreuz datiert aus dem frühen 16. Jh., die Kanzel aus der Zeit um 1704. – Unter dem Ahorn neben der Kapelle wurde einst der Zusammenschluß der Talschaften zum Grauen Bund besiegelt; der heutige Baum wurde v. einem Schößling des alten Ahorns aufgezogen.

Wallfahrtskirche St. Maria Licht: Vorchor und polygonaler Chor des heutigen Baues bildeten die urspr. Kirche v. 1663, das heutige Schiff bauten Christian Nigg und Carolus Decurtins 1682–83 an. Der Turm mit Wimpergen und Spitzhelm entstand 1688 an der N-Seite des Vorchores. Das Schiff ist mit einer mächtigen Holztonne überdeckt. Die gesamte Ausmalung mit Szenen aus dem Marienleben nahm Fridolin Eggert 1687–90 vor, sie mußte nach dem Kirchenbrand v. 1948 rekonstruiert werden. Die ehem. Fenster des Vorchores (des urspr. Schiffs) wurden als Mauernischen beibehalten und mit hochbarockem Stuck gerahmt, darin die Bilder der hll. Gertrud und Mechthildis. Den Hochaltar schuf Plazidus Schmid 1740–50 (Gnadenbild v. 1933); die Seitenaltäre im Vorchor entstanden um 1670, die im Schiff um 1683. Alle Altarbilder malte Fridolin Eggert. Die Kanzel datiert v. 1684, das Karfreitagskruzifix nach spätgot. Vorbild vermutlich aus der 2. Hälfte des 17. Jh. In der Kirche befindet sich die größte *Sammlung v. Votivbildern* in Graubünden, aus der Zeit v. 1664 bis zum 19. Jh. In einer neuen Seitenkapelle ist das einstige Hochaltarbild (um 1662), eine Heimsuchung Mariens nach Albertinelli, zu sehen.

Disentiser Hof: Am W-Rand des Dorfes befindet sich der ehem. Sitz der Bundesversammlungen; der Hof gehörte dem Kloster Disentis und wurde 1674–79 unter Abt Adalbert III. de Medell großenteils neu erbaut. Einige Bauteile des Vorgängerbaus übernahm man in den dreistöckigen, kubischen Giebelbau, den ein Dachreiter mit Zwiebelhaube bekrönt. Von der bemerkenswerten *Innenausstattung* sind die holzgetäfelten Stuben (Täferstuben) v. 1697 im 1. Stock und die sog. Abtstube, 1683 vom Disentiser Bruder Peter Soler mit reicher Täfelung versehen, im 2. Stock zu nennen, v.a. aber der *Gerichtssaal des Grauen Bundes* mit den gemalten Wappen der Landrichter seit 1424. Das Deckengemälde schuf Fridolin Eggert um 1700. Das Mittelfeld zeigt die Gründung des Oberen Bundes, in den Eckmedaillons sind die Allegorien der Weisheit, Mäßigkeit, Stärke und Gerechtigkeit dargestellt, weiter die Wappen der Drei Bünde, des Abtes Adalbert de Medell (1655–96) und des Abtes Adalbert Defuns (1696–1716) sowie der Gründer des Bundes. Die Apolloniakapelle im S-Giebel des Dachgeschosses ist mit bemalten Kreuzgewölben und einem Altar (1683) v. Bruder Peter Soler mit 2 spätgot. Figuren ausgestattet. – Im Disentiser Hof befindet sich seit 1932 das *Museum Sursilvan* mit einer kleinen kulturhistorischen Sammlung des Bündner Oberlandes. Bemerkenswert sind v.a. die zahlreichen Exponate v. Hausrat und Handwerksgeräten.

Außerdem sehenswert: Das 1769 für Landammann Jakob Casanova erbaute *Haus Casanova* zeigt das Wappen des Bauherrn über dem Portal. Den breiten Giebelbau flankieren an der N-Front 2 Zwiebeltürmchen. – *Haus Caprez* enthält 2 holzgetäfelte Stuben aus der 2. Hälfte des 18. Jh. – Am »Platz« sind *Strickbauten* (Holzbauten mit waagerecht geschichteten, an den Ecken verzapften Balken, im Gegensatz zum Ständerbau mit tragenden Wänden aus senkrechten Stützen [Ständern]) zu sehen.

Umgebung

Campliun (1 km w): Die barocke, tonnengewölbte *Kapelle St. Katharina*, 1672 neu geweiht, mit Vorhalle und dreiseitigem Chorschluß, besitzt im Schiff Wandmalereien des Hans Jakob Greutter v. 1612: Eine Apostelreihe mit Christus an der N-Wand, ein Ecce-Homo an der S-Wand, den hl. Placidus mit dem Wappen v. Disentis und den hl. Sebastian an der W-Wand. Der Choraltar aus der Zeit um 1750–60 enthält eine Statue der hl. Katharina. Die Seitenaltäre entstanden um 1672, die spätgot. Figur der thronenden Muttergottes am s Seitenaltar dürfte Jakob Russ um 1492 geschaffen haben.
Schlans (2,5 km nö): Die *kath. Pfarrkirche St. Georg*, 1185 genannt, wurde 1671 neu erbaut, wobei die W-Mauer eines älteren Schiffs bewahrt blieb. Der ungegliederte W-Turm datiert aus dem 11. Jh., seine vorkragende hölzerne Glockenstube bekrönt ein achteckiger, vermutlich spätmittelalterlicher Spitzhelm. Die Wandmalerei an seiner S-Seite entstand im letzten Viertel des 14. Jh. und zeigt einen sog. Feiertagschristus, die Gregorsmesse darüber wird vom Dach der Vorhalle verdeckt. An der W-Front des Schiffs haben sich lombardische *Wandmalereien* aus der Zeit um 1515 erhalten: eine Anbetung der Könige und Reste eines hl. Georg, der mit dem Drachen kämpft. Im tonnengewölbten Inneren findet sich ein barocker Hochaltar (um 1671, um 1760 überarbeitet) mit spätgot. Bildwerken (um 1470–80): hl. Sebastian, Scholastika, Muttergottes und hl. Georg. Die Seitenaltäre entstanden 1675. Zum Kirchenschatz gehören u.a. 2 spätgot. Monstranzen (um 1450 und Anfang 16. Jh.). – Über dem Dorf erhebt sich die *Kapelle St. Maria im Schnee* v. 1683 mit einem Altar aus der Bauzeit. – Von der *Burg Schlans* daneben ist ein dreigeschossiger Turm mit sorgfältig gefügten Bossenquadern erhalten. Die Herren v. Schlans werden 1220 genannt und sind in der 2. Hälfte des 13. Jh. ausgestorben.

V

Val Medel ✉ 7181 Mompé-Medel Bez. Vorderrhein		
Einw.: 460		S. 252 □ B3

Die Talgemeinde Medel besteht aus mehreren Ortschaften. Die Entfernungsangaben der einzelnen Orte im Text beziehen sich jeweils auf Mompé-Medel, das erste Dorf am Taleingang.

Mompé-Medel: Am alten Weg zum Lukmanier liegt die *Kapelle St. Valentin*, ein Barockbau v. 1647 mit Pilastern, Gebälk und Tonnengewölbe. Der Hochaltar (2. Hälfte 17. Jh.) enthält Statuen der hll. Katharina und Anna selbdritt (Anfang 17. Jh.) und eine Statuette der Immaculata des Johannes Ritz aus der Zeit um 1710. Teile eines spätgot. Altars aus der Zeit um 1510–20 findet man seitlich des Chorbogens: Im Schrein die Muttergottes zwischen den hll. Placidus und wahrscheinlich Sigisbert, einem hl. Mönch und dem hl. Antonius Abt; an der Rückseite ein Gemälde der Beweinung. Die Flügel zeigen innen Reliefs der hll. Katharina und Sebastian, Martin und Margareta, die bemalten Außenseiten die Geburt Christi und eine Anbetung der Könige.

Acla (7,5 km s): In der 1850 neu gebauten *Kapelle St. Jakobus d. Ä.* mit halbrunder Apsis befindet sich ein spätgot. Flügelaltar aus der Zeit um 1510–20 aus der Pfarrkirche Platta: kleeblattförmig geschlossener Schrein mit der Muttergottes und den hll. Florinus und Martin, Luzius und Sebastian; der linke Flügel zeigt die hll. Nikolaus und wahrscheinlich Placidus, der rechte Flügel die hll. Katharina und Barbara. Außen sind die Geburt Christi und eine Epiphaniedarstellung gemalt, an der Rückseite des Schreins eine Beweinung. Den Schrein bekrönt eine barocke Statue des hl. Jakobus.

Curaglia (3 km s): Den Neubau v. 1667 der *kath. Kirche St. Nikolaus* hat man 1903 verlängert und um 1950 verbreitert; der Chorscheitelturm der heute dreischiffigen Pfeilerbasilika wurde 1929 erhöht. Die barokken Malereien im Chorgewölbe stellen eine Krönung Mariens, Evangelisten und Engel dar. Der schöne spätgot. Hochaltar aus der Zeit um 1520-30 (1906-07 verändert) enthält im Schrein die Muttergottes zwischen 2 Heiligen, die bemalten Flügel zeigen innen die hll. Barbara und Katharina, außen eine Verkündigung. - *Haus Nr. 3* wird v. einem Fassadengemälde v. 1510 mit einer Kreuzigungsgruppe zwischen den hll. Katharina und Luzius, signiert v. Antonius de Tradate, geschmückt.

Mutschnengia (4,5 km s): Die 1610 neu erbaute *Kapelle St. Sebastian* hat Johann Jakob Rieg um 1730 vollständig ausgemalt. Den bemerkenswerten nachgot. Hochaltar schuf Hans Jakob Greutter 1605: Der Schrein enthält eine vollplastische Kreuzigungsgruppe, die Flügel zeigen Passionsreliefs, an den bemalten Außenseiten sind die 4 Kirchenväter zu sehen, über dem Schrein ein hl. Martin aus dem frühen 16. Jh.

Platta (5,5 km s): Hier steht die Mutterkirche des Medeltals, die *kath. Pfarrkirche St. Martin,* 1338 erwähnt. Den unverputzten roman. Turm gliedern Rechteckblenden und gekuppelte Schallfenster, die dreiteiligen Fenster des 2. Schallgeschosses entstanden erst im 13.-14. Jh. Beim barocken Neubau v. 1744 blieb die s Schiffswand des Vorgängerbaues v. 1505-06 erhalten, die Darstellung des hl. Christophorus außen und die Reste einer Anbetung der Könige innen hat wahrscheinlich Antonio de Tradate um 1510 gemalt. Das Gewölbe des Chores ist mit Rokokostukkaturen versehen, der reichhaltige, elegante Rokokohochaltar entstand um 1760, die ansprechenden Seitenaltäre datieren vielleicht schon aus der Zeit um 1744.

Sogn Gagl/San Gall (9,5 km s): Jenseits des Rheins steht die 1261 genannte *Kapelle St. Gallus* (Sogn Gagl), ein mit einer flachen Holzdecke versehener rechteckiger Einheitsraum vielleicht noch des 11.-12. Jh. Die frühgot. Wandmalereien an der Abschlußwand dürften in der 1. Hälfte des 14. Jh. ge-

Vals, St. Peter und Paul

schaffen worden sein. Sie stellen das letzte Abendmahl und neben der Sakramentsnische einen hl. Bischof und die hl. Margareta dar. Der Altar datiert aus der Zeit um 1584, die bäuerlichen Statuen der hll. Andreas und Gallus entstanden in der 1. Hälfte des 17. Jh.

CH-7132 Vals Bez. Glenner		
Einw.: 900	Höhe: 1248 m	S. 252 □ C3

Der Name Vals bezeichnete ursprünglich das ganze vom Lugnez abzweigende Hochtal, von Walsern ab dem 14. Jh. besiedelt.

Kath. Pfarrkirche St. Peter und Paul: Der barocke Neubau quer zur Vorgängerkirche des späten 15. Jh. entstand 1646. Den gewölbten got. Chor, dessen Rippen man wegschlug, bezog man beim Neubau als O-Kapelle mit ein. Als Entsprechung wurde 1688 an der W-Seite eine Antoniuskapelle angebaut. Zwischen dem Langhaus und der O-Kapelle, dem alten Chor, erhebt sich der ma Turm mit zweigeschossiger Glockenstube aus dem Barock sowie Uhrgeschoß und Zeltdach v. 1923. Die Vorhalle entstand in neuerer Zeit. Die Gewölbemalereien der Kreuzgratgewölbe v. Schiff und Chor schuf Joseph Heimgartner 1923.
Zur reichen Ausstattung zählen der prunkvolle *Hochaltar* (um 1740) des Antoni Sigristen aus Brig im Wallis mit einer geschnitzten Abendmahlsgruppe im Tabernakel und die *Spätrenaissance-Seitenaltäre* aus der Zeit um 1647. Kanzel und Chorgestühl entstanden um die Mitte des 17. Jh.
Die ö *Marienkapelle* besitzt einen mit ausgezeichneten Rokokofiguren (um 1740) des Antoni Sigristen ausgestatteten *Nepomukaltar* sowie an der originalen Stelle einen bemerkenswerten *spätgot. Flügelaltar* des frühen 16. Jh. aus dem Werkstattkreis des Jörg Syrlin d. J. Er wurde 1964 neu zusammengesetzt; im neuen Gehäuse sieht man Maria mit den hll. Petrus und Sebastian, Johannes d. T. und Paulus. Die Relieffiguren der Flügel stellen die hll. Antonius Eremita und Jakobus d. Ä., Mauritius und Luzius dar. An der Rückseite Anbetung der Könige. An der Längswand der Kapelle befindet sich eine spätgot. Pietà, über dem Eingangsbogen zur Kapelle ein bedeutendes frühgot. Kruzifix aus der 2. Hälfte des 14. Jh.
Die w *Antoniuskapelle* mit Pendentifkuppel wurde um 1688 mit guten Stukkaturen und Malereien ausgestattet. Die Kartuschen der Gewölbezwickel zeigen Evangelisten, die Wandbilder stellen die Fischpredigt des hl.

Vals, St. Peter und Paul, Hochaltar, geschnitzte Abendmahlsgruppe im Tabernakel

Camp, Wallfahrtskapelle Mariä Schmerzen

Antonius und die Anbetung der Hirten dar. Das Gemälde im Altarretabel aus Stuck malte Joseph Heimgartner 1923. Der got. Taufstein erhielt in der Mitte des 17. Jh. einen balusterförmigen Aufsatz, die Stationenbilder und Heiligengemälde an der Emporenbrüstung entstanden um 1760. Zum Kirchenschatz gehören Augsburger Monstranz und Kelch (um 1680) vermutlich v. Hans Franz Fesenmeier, ein Augsburger Kelch v. 1687 und ein weiterer (um 1680), möglicherweise v. Johannes Scheppich.

Museum: Das 1945 im *Gandahus* gegr. Museum enthält eine volkskundliche Sammlung der Walser Bauernkultur.

Außerdem sehenswert: Den schönen Dorfplatz umgeben einige der für die Walser typischen *Strickbauten* des 17.–19. Jh.

Umgebung

Camp (1 km n): Die *Wallfahrtskapelle Mariä Schmerzen* ist ein schlank aufragender, nach S orientierter Barockbau v. 1692 mit Chorquadrat und Turm über der w anschließenden Kapelle. Den Turm krönt ein achteckiger Aufsatz mit Zwiebelhaube. Das zweijochige Schiff gliedern Pilaster und ein umlaufendes Gebälk, darüber erhebt sich ein Tonnengewölbe mit Stichkappen. Chor und Kapelle sind mit Kreuzgewölben überspannt, in den Gewölbeschilden der Kapelle sitzen kleine Fenster in Vierpaßform. Die Stuckaltäre wurden um 1692 geschaffen, über den gewundenen Säulen erheben sich geöffnete Volutengiebel. Der Choraltar besitzt eine Kopie des Gnadenbildes v. Pötsch in Ungarn (das Original bewahrt der Wiener Stephansdom). Unter den Votivtafeln findet man Werke des Trunser Malers Jakob Soliva v. 1738 und des Briger Bildschnitzers Antoni Sigristen v. 1739. Die Brüstung der Rokoko-Empore schmücken 3 Wallfahrtsbilder v. 1710, 1716 und 1717. – Die *Nikolauskapelle* n v. Camp war einst mit einer Talsperre verbunden und steht auf einem rustikalen Bogen über einem Geländeeinschnitt des alten Wegs nach Vals. Sie wurde im 15. Jh. erbaut und besitzt Gewölbe und einen Choraltar aus der Mitte des 17. Jh.

Surcasti/Oberkastels (10,5 km n): Die hoch und isoliert gelegene *kath. Pfarrkirche St. Laurentius* geht zurück auf eine Kirchenburg der Herren v. Oberkastels. Aus dieser Zeit ist der mächtige Turm erhalten; sein Krüppelwalmdach entstand im 18. Jh. Die neu erbaute Kirche wurde 1520 geweiht und erhielt vermutlich 1774 die barocken Seitenkapellen und das flachbogige Tonnengewölbe im Schiff. Den spätgot. Chor mit polygonalem Abschluß überspannt ein zweijochiges, auf Wanddiensten ruhendes Sterngewölbe, Baumeister war vielleicht Andreas Bühler. Der Hochaltar entstand 1685, die Seitenaltäre um 1660 (sie wurden im 18. Jh. verändert), die Kanzel 1674. Den Chorbogen schmückt ein spätgot. Kruzifix, das Relief mit 2 weiblichen Heiligen an der Seite datiert aus der Zeit um 1515. – Die schönen Wand- und Deckenmalereien der *Kapelle St. Joseph* (1689) im Dorf schuf der Trunser Maler Jakob Soliva 1724. Von Fridolin Eggert und Sigisbert Frey stammen 2 Altarbilder.

Uors/Furth (10 km n): Vermutlich noch ma ist das flachgedeckte Schiff der *Kapelle St. Karl Borromeo*, 1616 wurde ihm ein polygo-

Surcasti (Vals), St. Laurentius

naler Chor mit Fächergewölbe angefügt. Den gesamten Chor bemalte Hans Jakob Greutter 1616 mit Darstellungen des Abendmahls und der Gefangennahme Christi (Wände), Evangelisten, Kirchenvätern und Renaissance-Ornamenten (Gewölbe), Propheten (Chorbogenlaibung) und Verkündigung (Chorbogenwand). Die 21 Szenen aus dem Leben des hl. Karl Borromäus an der n Schiffswand schuf ein anderer Meister in der Mitte des 17. Jh. Das Altarblatt des Choraltars ist ein Werk des Georg Wilhelm Gräsner v. 1643.

CH-7082 Vaz/Obervaz

Bez. Albula

Einw.: 2000	Höhe: 850–1580 m	S. 254 □ E 3

Hoch über der Schynschlucht liegen die Weiler Lain, Muldai und Zorten sowie jenseits der Albula Solis; sie sind als Gemeinde Vaz zusammengefaßt. Früher gehörte auch Lenzerheide zum Gemeindegebiet, das aber nach seinem Aufschwung zum Fremdenverkehrsort nun eine eigene Gemeinde bildet.

Vaz trägt den Namen des wohl mächtigsten Bündner Dynastengeschlechts. Die Freiherrn von Vaz sind urkundlich von 1160 bis 1338 nachweisbar. Sie waren Freunde der einwandernden freien Walser und Gegner der auf ihre Macht bedachten Bischöfe von Chur.

Die Tochter des letzten Freiherrn, Ursula, erbte die Gemeinde Vaz und heiratete den Grafen von Werdenberg-Sargans. Dessen verarmte Nachkommen verkauften den Besitz 1456 dem Bischof, von dem sich Vaz aber freikaufen konnte.

Kath. Filialkirche St. Luzius (Lain): Eine 1508 erwähnte Vorgängerkirche wurde 1678 für den 1680 vollendeten barocken Neubau niedergelegt. 1681 stand auch der Turm an der O-Seite des Chors mit seinem gebrochenen, achteckigen Spitzhelm. Das kapellenlose Schiff überdeckt ein Stichkappenge-

Vaz, St. Luzius (l), St. Johann Baptist (r)

wölbe zu 2 Jochen, den eingezogenen, rechteckigen Chor im NW ein Kreuzgewölbe. Die Fassade ist durch gestufte Pilaster und Gesimse in 6 Felder geteilt, über denen sich ein Tympanon befindet. Sie sind mit Gemälden (1679) der Kirchenpatrone Luzius, Florinus und Katharina, sowie der hll. Bernhard und Laurentius bemalt.

Bis auf die Kompositkapitelle der Lisenen weist nur der Chorraum Stuckarbeiten auf. Wandmalereien stellen Ereignisse aus dem Leben des hl. Luzius dar, Symbole seine Eigenschaften und Taten. Außerdem sind am Chorbogen der Gekreuzigte mit den hll. Franziskus, Luzius und Magdalena, die Verkündigung, der hl. Florinus und die mystische Vermählung der hl. Katharina abgebildet sowie am Gewölbe die 4 Evangelisten, Hl. Dreifaltigkeit, Verklärung des hl. Luzius und der aus der Franziskuslegende bekannte Traum des Papstes.

Der *Hochaltar* stammt aus der Spätrenaissance; 2 kannelierte Säulen tragen eine aufgelöste Verdachung. Das Blatt zeigt vor der Madonna kniende Heilige. Neben dem Choraufgang die beiden Seitenaltäre. Die rechteckige Kanzel ist wie der Schalldeckel mit kunstvollem Aufbau reich verziert; sie stammen wie das Chorgestühl und der Priesterstuhl aus der Zeit um 1680. 2 ausgediente spätgot. Flügelaltäre v. 1509 und aus der Zeit um 1520 zu beiden Seiten des Eingangs: l im Schrein Maria zwischen den hll. Luzius und Emerita, r im Schrein die hll. Sebastian, Barbara und Katharina.

Kath. Filialkirche St. Johann Baptist (Muldain): Die Kirche wurde 1673–76 gebaut. Sie besteht aus einem Schiff mit eingezogenem, rechteckigem Chor im N und einer rechteckigen Kapelle im O; vor dem Portal steht eine Vorhalle. Der Turm befindet sich an der O-Seite des Schiffs und besitzt einen gebrochenen Spitzhelm.

Das Äußere ist mit rechteckigen Blenden gegliedert, die Fassade durch ein Gesims geteilt. Die Kirche besitzt ein Satteldach, die Vorhalle ein Walmdach. Die Gemälde an der Fassade und in der Vorhallendecke v. 1720 sind stark beschädigt.

Vaz, St. Donatus, Fenster an der Westseite

Im Inneren umrahmen im Chor Stukkaturen Wandmalereien ital. Charakters v. 1677. Der Hochaltar datiert v. Ende des 18. Jh., 2 Säulen tragen ein Gebälk mit Vasen; das Altarblatt v. 1718 zeigt Maria und den Kirchenpatron. Neben dem Chorbogen steht r ein Marienaltar (um 1720), l hängt die polygonale Kanzel mit Schalldeckel (um 1675). In der Kapelle steht ein Franziskusaltar mit einem ital. Blatt, das die Stigmatisation des Heiligen darstellt (um 1675). Weitere Gemälde zeigen die Predigt des Täufers (1. Hälfte 17. Jh.), den hl. Josef (Beginn 18. Jh.), die Verherrlichung des hl. Fidelis v. Sigmaringen (um 1700) und als ikonograph. Seltenheit die 3 Stufen des Opfers.

Capella pleuna: Im W v. Muldain steht am alten Schynweg eine offene Feldkapelle. 2 Holzfiguren stellen einen sitzenden Bischof (1. Drittel 14. Jh.?) und Bischof (1. Drittel 14. Jh.?) sowie Johannes d. T. (um 1520) dar.

Wallfahrtskirche Mariä Heimsuchung und St. Felix (Solis): Die Legende erzählt, daß ein Engelchor einen Kapuzinerpater mit dem Bau dieser Kirche beauftragt habe. 1687/88 entstanden das tonnengewölbte Schiff und der flache Chor mit Kreuzrippengewölbe, die Sakristei und der auf ihr stehende Turm mit Kuppelhaube erst später. 1882 wurde die erkerartige Apsidiole eingebaut. Der Hochaltar wurde 1883 unter Verwendung älterer Teile neu zusammengesetzt; die Seitenaltäre sind älter.

Kath. Pfarrkirche St. Donatus (bei Zorten): Von einem spätroman. Vorgängerbau stammt noch der Hauptbau des Turms, der in der 2. Hälfte des 17. Jh. ein achteckiges Obergeschoß mit Kuppelhaube erhielt. Ein um 1500 v. Andreas Bühler errichteter Kirchenbau wurde 1874/75 niedergelegt und durch einen Neubau v. Gebhard Naescher ersetzt, der 1972 noch einmal umgebaut wurde.
Die Architektin Monika Brügger gestaltete bis 1974 die Kirche in einen *modernen Sakralraum* um, der den Anforderungen der

neuen Liturgie gerecht wird. Der Chor der alten Kirche wurde abgetrennt und dient nun als Beichtkapelle und Werktagskirche. Hier befinden sich die beiden Seitenaltäre (schmerzhafte Muttergottes [1692] und Rosenkranz [1689]) sowie ein barockes Kruzifix mit den got. Statuen des Johannes und der Maria. An der O-Seite des Schiffs bilden der v. Albert Schilling in Stein gehauene Altar und ein eigenwilliges Kreuz das Zentrum des Raums, der durch 6 v. Fra Roberto aus Bigorio geschaffene moderne *Glasfenster* beleuchtet wird. Sie zeigen an der O-Seite die hll. Donatus und Franziskus, an der W-Seite Christi Geburt, Abendmahl, Kreuzigung und Auferstehung.

Burgruine Nivagl: An der Straße v. Zorten nach Alvaschein befinden sich spärliche Reste einer – wie Grabungen v. 1980 erbracht haben – ehemals ausgedehnten Burganlage, die in mehreren Etappen um die Wende vom 10. zum 11. Jh. erbaut, aber bereits um 1250 aufgegeben wurde. Man nimmt heute an, daß sie der Stammsitz der Freiherren v. V. war, diese sie aber früh zugunsten der Burg Belfort (vgl. Brienz: Umgebung) verlassen haben. Erhalten sind Mauerreste eines zentralen Steinhauses, Spuren einer inneren und einer äußeren Ringmauer und vorgelagerte Gräben.

Neben der Kirche v. Muldain steht das 1694 erbaute **Haus Deflorin-Bergamin** (heute Gasthaus Junkerhaus) mit Sgraffitodekoration und Wappen sowie einer holzgetäfelten Stube mit Kassettendecke im Obergeschoß.

CH-7649 Vicosoprano

Bez. Maloja/Maloggia

Einw.: 400	Höhe: 1071 m	S. 258 □ E 4

Der einst wichtigste Ort des Val Bregaglia, des Bergells, liegt heute etwas abseits der Durchgangsstraße. Das Bergell ist die einzige italienischsprachige Talschaft mit protestantisch-reformierter Konfession.

Ref. Kirche St. Trinità: 1758–61 wurde die Dorfkirche als barocke Saalkirche mit Lisenengliederung an Schiff und Chor mit dreiseitigem Abschluß, aber ohne Turm, erbaut. Das Portal mit profilierter Granitrahmung wird v. einem Segmentbogengiebel bekrönt. Das Innere unterteilen gestufte Lisenen und ein Gebälk, unterbrochen v. Fenstern mit Stuckrahmen; das Schiff überspannt ein dreijochiges Kreuzgewölbe, über dem Chor liegt ein Fächergewölbe. Den Abendmahlstisch mit aus mehrfarbigem Marmor gestaltetem Sockel schuf Baldassare Calvasino aus Varenna 1760. Zur gleichen Zeit entstand auch die reizvolle Rokokokanzel des J. Robustiano Cassina aus Como; sie ist mit Rocailleschnitzereien und Bandelwerkmalereien verziert.

Alte ref. Kirche S. Cassiano: Die ehem. Pfarrkirche liegt erhöht am anderen Ufer der Maira. Sie geht im Kern auf die Zeit um 1000 zurück, wovon heute aber durch die Umbauten im 15. und 17. Jh. kaum mehr etwas zu erkennen ist. Nördlich des ungegliederten Baus mit eingezogenem, dreiseitig geschlossenem Chor erhebt sich der frei stehende, urspr. roman. Turm, der 1679 erhöht wurde und 1864 die rundbogigen Schallfenster erhielt. Das unregelmäßige, dreijochige Schiff überdeckt ein Kreuzgewölbe, den Chor eine Stichkappentonne. Im w Joch ruht eine Barockempore auf einem Säulenpaar. Die Kanzel datiert v. 1680.

Rathaus: Die Fassade des 1583 erbauten Rathauses schmücken Sgraffiti mit Allegorien der Mäßigkeit und Gerechtigkeit. Der Wappenstein v. 1583 über dem Rundbogenportal zeigt den Steinbock, das Hoheitszeichen des Talgerichts; ö davon ist der *Prangerstein* mit Halseisen erhalten.

Sog. Senwelenturm: Der viergeschossige runde Wohnturm des 13. Jh. wurde z. T. in das Rathaus verbaut. Man hat ihn als bischöfliche Feste er- und 1583 als Hochgerichtsgefängnis der Talschaft eingerichtet.

Haus Nr. 41: Der Bau ö des Rathauses ist mit ungewöhnlichen Sgraffitodarstellungen eines Zweikampfes und eines Lautenspielers v. 1577 geschmückt. Oberhalb des Tors finden sich die Wappen der Drei Bünde und der Familie Prevosti.

Haus Nr. 89: Das gemalte Familienwappen der Prevosti v. 1595 ziert auch diesen um 1554 errichteten Bau, der Reste v. 1554 in Sgraffito geschaffenen Darstellungen zeigt.

Salis-Turm: Neben dem 1769 durch Agostino Vasalli erbauten Haus Nr. 90 erhebt sich der Familienturm der Familie v. Salis aus dem späten MA. Er besteht aus 6 Geschossen mit Eckquadern und wird v. einem Zeltdach abgeschlossen. Das Salis-Wappen datiert aus der Zeit um 1700, der Turm wurde im 18. und 19. Jh. ausgebaut.

Außerdem sehenswert: Die meisten der das Dorfbild bestimmenden Häuser mit Sgraffiti und Wappen wurden für die Familien Castelmur und Prevosti im 16. Jh. errichtet. *Haus Nr. 81* z. B. enthält den Wappenstein der Castelmur aus der Zeit um 1540, *Haus Nr. 88* wurde 1546 für Jakob Martin Prevosti erbaut, *Haus Nr. 92* 1537 für Nikolaus da Minusi v. Castelmur. – Der gemauerte Bogen der *Brücke* über die Maira ist 1543 datiert. – Der *ehem. Galgen* am alten Talweg w des Dorfes blieb mit 2 gemauerten Rundpfeilern erhalten.

CH-7131 Villa Bez. Glenner		
Einw.: 400	Höhe: 1244 m	S. 252 □ C3

Kath. Pfarrkirche St. Vincentius: Die Mutterkirche des Lugnez im sö Dorfteil Pleiv wird 831 genannt. Den Grundriß der 3 Apsiden der karolingischen Saalkirche kann man ö des heutigen Schiffs erkennen; er wurde 1911 ausgegraben. Der heutige Chor wurde um 1500 errichtet, der Neubau des Schiffs fand 1661 statt. Das oberste Geschoß des frei stehenden roman. Turms aus der Zeit um 1100 wurde ebenfalls um 1500 umgestaltet, ein achteckiger Spitzhelm schließt ihn ab. Die W-Seite des Chores umgeben Vierkantstreben, an der S-Seite steht die Sakristei mit einer v. einem Giebel bekrönten Nische. Vor der O-Fassade ist der polygonale Taufstein des späten 13. Jh. aufgestellt.
Das Langhaus überspannt eine flache Leistendecke aus der Bauzeit, im zweijochigen Chor ruht ein Sterngewölbe mit achteckigen Schlußsteinen auf Runddiensten. Das Wandtabernakel mit Blendmaßwerk und bekrönenden Zinnen wurde aus Tuffstein geschaffen. Den zweigeschossigen *Hochaltar* gestaltete Johann Ritz 1726 mit überaus reichen Schnitzereien, das Tabernakel datiert aus der Zeit um 1640. Der Schöpfer des bemalten Renaissance-Altars (um 1613) an der n Chorwand war möglicherweise Hans Jakob Greutter, an der s Chorwand findet man ein spätgot. Kruzifix (um 1500). Das Chorgestühl aus der Zeit um 1650 erhielt 1694 die Drachenbekrönung. Aus dieser

Vicosoprano, Dorfplatz

Peiden (Villa), St. Luzius

Zeit datiert auch der s Seitenaltar, der n Seitenaltar des Johann Sepp entstand 1734, die Kanzel 1674. Der Annenaltar an der n Langhauswand ist ein Werk des Johann Trubmann v. 1763, das Kolossalgemälde der Seeschlacht bei Lepanto (Sieg der Hl. Liga über die Osmanen, 1571) malte Giovanni Battista Macholino 1630.

Kath. Filialkirche St. Sebastian und Rochus: Die spätgot. Dorfkirche v. 1587 wurde 1939–40 renoviert und verlängert, das Fassadengemälde (1940) schuf Alois Carigiet. Der Turm mit gekuppelten Fenstern und gezimmerter Glockenstube dürfte im 17. Jh. entstanden sein. Im netzgewölbten Chor steht ein Flügelaltar des Hans Ardüser v. 1601; den Auftrag dazu erteilte laut Inschrift Landeshauptmann Gallus v. Mont. Das bemerkenswerte *Wandgemälde* (Mitte 15. Jh.) mit dem hl. Antonius Eremita wurde v. Haus Nr. 20 abgelöst und hierher übertragen. Die gesamte Kirche war einst v. Hans Ardüser ausgemalt worden, die Malereien wurden 1885 übertüncht. Erhalten ist nur ein Rest mit Wappen an der N-Wand des Langhauses.

Außerdem sehenswert: Das *Haus zur Post* mit geschweiftem Giebel, Zeltdach und Zwiebeltürmchen wurde 1797 für Christian Ulrich v. Mont erbaut. – *Schloß Demont* mit sö Turm ist 1666 für die Witwe des Melchior v. Mont neu errichtet worden.

Umgebung

Cumbel (1,5 km nö): Die *kath. Pfarrkirche St. Stephan* ist ein spätgot. Bau des frühen 16. Jh., der 1689 nach O mit einem neuen Barockchor (der alte Chor wurde so zum Vorchor) und nach W mit einem barocken Joch mit Seitenkapellen verlängert wurde. Aus der 2. Hälfte des 16. Jh. sind *Wandmalereien* erhalten: Szenen aus dem Marienleben und Apostel (N-Wand), Anna selbdritt und weibliche Heilige (Chorbogen), Fragmente einer Schlachtendarstellung und einer Anbetung (S-Wand). Den Hochaltar

schuf 1763 Johann Trubmann, die Seitenaltäre entstanden um 1710–20. – Die sw des Dorfes liegende *Kapelle St. Mauritius* dürfte eine der ältesten Kirchengründungen im Lugnez sein. Der barocke Neubau entstand 1716. Das Gemälde des hl. Mauritius und das der Muttergottes mit den hll. Stephanus und Vincentius sind möglicherweise Werke des Hans Jakob Greutter aus der Zeit um 1610. – Das spitzbogige Tor des 14. Jh. w der Kapelle wird *Frauentor* genannt. Der Überlieferung nach haben hier während der Lugnezer Fehde Frauen die Truppen der Grafen v. Werdenberg und v. Montfort vertrieben.
Peiden (3,5 km ö): Die *kath. Filialkirche St. Luzius* besitzt ein wahrscheinlich noch roman. Schiff, im 17. Jh. mit einer flachen Leistendecke versehen, sowie einen sterngewölbten Chor und einen Turm aus der Zeit um 1510.

W

CH-7199 Waltensburg/Vuorz
Bez. Glenner

Einw.: 350	Höhe: 1000 m	S. 252 □ C2

Ref. Kirche: Der Saalbau mit eingezogenem, quadratischem Chor wurde um 1100 erbaut und in der Spätgotik (um 1510–20) verändert, der Chor war schon im 15. Jh. eingewölbt worden. Den roman. Turm des 12. Jh. schließt eine große barocke, nur wenig eingeschnürte Zwiebelhaube ab. Daneben ist das Kirchendach zu einer v. Holzstützen getragenen Vorhalle vorgezogen.

Waltensburg, Reformierte Kirche

Die spätgot. Malereien der Außenwände entstanden um die Mitte des 15. Jh. und zeigen an der W-Seite – neben Resten eines frühgot. Margaretenzyklus – das Schweißtuch Christi und an der S-Wand des Chores einen sog. Feiertagschristus, eine nicht oft auftauchende Darstellung des v. Handwerksgeräten, Tänzern und Spielern umgebenen Schmerzensmannes als Gebot, den Feiertag (Sonntag) zu heiligen. Im Langhaus wurde 1711 eine flache Leistendecke eingezogen, die Baugeschichte der Kirche illustrieren ein roman. und ein spätgot. Fenster in der S-Wand. Auch der Chor demonstriert mit dem Rundbogenfenster im Scheitel und einem mit Fischblasenmaßwerk gefüllten Fenster in der S-Wand die verschiedenen Bauetappen. Hier findet sich auch ein spätgot., maßwerkverziertes Wandtabernakel neben dem zur ehem. Sakristei führenden spätgot. Portal.
Ihren Ruhm verdankt die Kirche den bedeutenden *Wandmalereien* im Langhaus. Der anonyme Meister dieser frühgot., um 1350 entstandenen Werke wurde danach

Waltensburg, Reformierte Kirche, Blick von der Empore auf Hauptschiff und Chor

»Waltensburger Meister« genannt. Neben seinem hier 1932 aufgedeckten Hauptwerk sind für ihn Malereien in 12 weiteren Kirchen und in Schloß Brandis in Maienfeld nachweisbar; er war v.a. in den Gebieten der bünd. Freiherren v. Vaz, Rhäzüns und Belmont tätig. Dargestellt ist an der n Schiffswand ein großartiger Passionszyklus, in den v. Ornamentbändern gerahmten Bildstreifen oben v. l nach r und unten in entgegengesetzter Richtung zu lesen. Östlich schließen oben die hll. Luzius, Florinus, Jakobus d. Ä. und ein unbekannter Heiliger an, unten u.a. das Martyrium des hl. Sebastian. An der Chorbogenwand werden die Malereien mit Aposteldarstellungen fortgesetzt, im ö Teil der s Schiffswand sind u.a. die hll. Konrad und Ambrosius erhalten.

Vom selben Meister wie die spätgot. Malereien an den Außenwänden stammen die Darstellungen aus der Zeit um 1450–51 im Chor; die Chorbogenlaibung zeigt Heilige, die innere Chorbogenwand ein vorzügliches Jüngstes Gericht. An der O-Wand des Chores ist eine schöne Marienkrönung dargestellt, umgeben v. den Evangelisten als Engel in Rundmedaillons und den 4 Kirchenvätern. An der N- und S-Wand finden sich Darstellungen v. Heiligen und Aposteln.

Burgruine Jörgenberg: Östlich v. W. auf einem Felsen über dem Vorderrhein liegen die Reste der aus einer frühmittelalterlichen Kirchenburg entstandenen feudalen Anlage, die u.a. im 14. Jh. im Besitz der Herren v. Rhäzüns und im 15. Jh. Eigentum des Klosters Disentis war. Die im 17. Jh. in Verfall geratene Burg konnte 1932 in ihrem Bestand gesichert werden. Von der ehem. Pfarrkirche St. Georg sind bemerkenswerte Mauerreste der hufeisenförmigen Apsis möglicherweise des 8. Jh. und Reste des Schiffs aus dem 11. Jh. erhalten, überragt vom schlanken, roman. gegliederten Glokkenturm des 11. Jh. Bewahrt blieben ferner der wuchtige Bergfried des 12. Jh., Ruinen kleinerer Bauten und Fragmente der unregelmäßigen Umfassungsmauer.

Weitere Burgruinen: Von der *Burg der Her-*

Rueun (Waltensburg), St. Andreas

ren v. Grünenfels am n Dorfrand, im frühen 13. Jh. genannt und im 15. Jh. aufgegeben, steht noch die Eckpartie eines Turms. - Unterhalb der Straße nach Brigels entstand um 1200 im Felsen die *Höhlenburg Kropfenstein,* die einst 3 Geschosse hoch aufragte, wovon noch Seitenwände zeugen. - *Ruine Vogelberg* an der Straße nach Andiast weist noch Turmreste auf.

Außerdem sehenswert: *Haus Nr. 53-54* ist ein schöner Holzbau in Strickbauweise (1797). - An der n Fassade v. *Haus Nr. 89* sind Fragmente v. 1573 datierten Wandmalereien mit Wappen erhalten. - Das spätgot. *Haus Nr. 96* trägt das Wappen (1580) des Gregorius v. Sax und der Maria de Munt.

Umgebung

Andiast/Andest (1,5 km n): Am schlichten Barockbau der *kath. Pfarrkirche St. Julietta und Quiricus* v. 1707, 1939 nach W verlängert und renoviert, ist ein roman. Turm vermutlich aus dem 11. Jh. erhalten. Seine beiden oberen Geschosse dürften im 13. Jh. entstanden sein, die hölzerne Glockenstube und der achteckige Abschluß im späten MA. Der Hochaltar (1669-70) des Johann Baptist Wickart stammt aus der ehem. Pfarrkirche Boswil (Kanton Aargau).

Rueun/Ruis (5 km ö): Der barocke Neubau der *kath. Pfarrkirche St. Andreas* wurde 1633 geweiht, bei der Renovierung und Verlängerung 1949 entstand auch die Vorhalle. Nördlich des Chors erhebt sich der unverputzte roman. Turm des 12. Jh., den gekuppelte Rundbogenfenster in Blendnischen gliedern; Glockengeschoß und Zeltdach dürften aus späterer Zeit stammen. Das Innere des vierjochigen Schiffs prägen Pilaster, das umlaufende Gebälk und ein Tonnengewölbe mit Gurten, die Pilaster und die Fensterlaibungen sind mit Ornamentmalereien aus der Zeit um 1633 geschmückt. Aus dieser Zeit datieren auch die 10 Gemälde mit Szenen aus dem Leben des hl. Andreas im kreuzgewölbten Chor und die barocken Stuckaltäre. - Unterhalb v. Rueun wurde

1406 die *Kapelle St. Nikolaus* erbaut und im frühen 16. Jh. erneuert. Charakteristisch ist ihr auch die O-Partie überdeckendes steiles Satteldach. – Fragmente v. Chorgewölbemalereien aus der Zeit um 1642 und ein Altarbild (1642) des Ottavio Amigoni aus Brescia zeichnen die 1642 entstandene *Kapelle St. Franziskus* an der Straße nach Panix aus. – Das *obere Deflorin-Haus* ließ Johann Simeon Deflorin d. Ä. um 1612 erbauen, das *untere Deflorin-Haus* ist laut Wappenstein 1662 für Johann Simeon Deflorin d. J. entstanden.

Siat/Seth (7 km nö): Neben der im Spätbarock (1744 geweiht) neu errichteten *kath. Pfarrkirche St. Florinus* mit einem Hochaltar (1755) des Plazidus Schmid besitzt das Dorf etwas außerhalb noch die *Kirche St. Luzius*, die quer zu einem Vorgängerbau 1656 neu erbaut wurde. Vom alten Bestand blieben der roman. Turm und als querrechteckiger Chor das ehem. Schiff vielleicht des 11. Jh. erhalten. Die Rosenkranzmedaillons im ö Seitenaltar v. 1702 malte Hans Jakob Greutter 1627, der w Seitenaltar aus der Zeit um 1660 besitzt eine Kopie des Bildes »Erscheinung der Muttergottes vor dem hl. Filippo Neri«, das Guido Reni für die röm. Kirche S. Maria in Vallicella schuf. – Aus dem hohen MA könnte die *Kapelle St. Ambrosius* mit ihrem kleinen, trapezförmigen Chor stammen. Das Altarblatt mit dem Titelheiligen datiert aus dem 17. Jh. – Von der 1255 genannten *Burg* der Herren v. Friberg, später im Besitz der Herren v. Vaz und dann der Rhäzüns, seit dem 16. Jh. dem Verfall preisgegeben, sind Mauerreste erhalten.

Z

CH-7530 Zernez Bez. Inn		
Einw.: 950	Höhe: 1474 m	S. 254 □ G 3

Ref. Kirche: Südlich über dem Dorf thront die große Kirche, die 1607–09 mit dreijochi-

Waltensburg, Reformierte Kirche, Dornenkrönung an der Nordwand

gem Schiff und eingezogenem, polygonalem Chor neu errichtet wurde, wobei man vom Vorgängerbau die unteren roman. Teile des hohen S-Turms übernahm; die Wimperge und der Spitzhelm entstanden vermutlich zur Zeit des Neubaus. Die Innenwände v. Langhaus und Chor gliedern Pilaster mit Kompositkapitellen und ein v. rechteckigen Fenstern unterbrochenes Gebälk, über dem sich die Tonnengewölbe mit Stichkappen erheben. Die bemerkenswerten frühbarokken *Stukkaturen* auf farbigem Grund sind 1609 datiert; mit Ausnahme des Chores, wo sie auch die Stichkappen der Tonne schmücken, beschränken sie sich auf die v. der architektonischen Gliederung vorgegebenen Linien. Im Chorbogenscheitel findet sich die Wappenkartusche des Stifters Rudolf v. Planta, im Chor sind die Wappen des Grauen Bundes und des Gotteshausbundes zu sehen. Vermutlich um 1741 entstand im Chor eine Empore auf einem balusterförmigen Pfeiler, zur gleichen Zeit auch der dreiteilige Orgelprospekt. Die Kanzel datiert v. 1607, der Abendmahlstisch v. 1725, Gestühl und Predigersitz entstanden 1793. Die meisten der Grabplatten des 17.-18. Jh. im Boden der Kirche wurden für die Mitglieder der Familie Planta-Wildenberg geschaffen; die Chorwand enthält das Epitaph des Johann Heinrich v. Planta († 1700).

Kapelle St. Sebastian: Die Kapelle s der Pfarrkirche, wohl im MA gegr., seit 1643 profaniert, wurde erst nach der Restaurierung 1950 wieder geweiht. Das Kreuzrippengewölbe im Schiff und das Sterngewölbe im eingezogenen, dreiseitig geschlossenen Chor entstanden 1490. 1515 vielleicht v. einem Tiroler Meister geschaffen wurden die bedeutenden *spätgot. Wandmalereien* im Chor. Sie stellen u. a. Heilige, die Kirchenväter und die Apostel, eine Muttergottes und eine Kreuzigung dar, ferner das Wappen v. Chur und das Wappen des Bischofs Paul Ziegler (1509-41).

Schloß Wildenberg: Das heutige Aussehen des winkelförmigen Komplexes, der über 400 Jahre lang (um 1400-1850) als Stammburg dem Geschlecht der Planta v. Wildenberg diente, bestimmen die im 17. Jh. und bes. in der 2. Hälfte des 18. Jh. vorgenommenen Um- und Neubauten. Aufgrund der Zerstörung v. 1618 ist vom ma Bestand wohl nur der Unterbau des massigen Eckturms erhalten. Die oberen Turmgeschosse mit den Schlüsselscharten entstanden 1622, die große, gebauchte Spitzhaube datiert aus dem 18. Jh. Der W-Flügel wurde 1649 errichtet, der O-Flügel um 1760. Treppenhaus und Obergeschoß sind im Louis-seize-Stil gestaltet.

Zernez, Blick auf den Ort mit Kirche, Kapelle und Schloßturm Wildenberg

Nationalpark-Museum: Die in Z. abzweigende Straße v. 1872 über den Ofenpaß (2149 m) führt durch den schon 1914 beschlossenen Schweizerischen Nationalpark, ein 168,7 qkm großes, gebirgiges Gebiet, in dessen Tier- und Pflanzenwelt der Mensch nicht eingreifen darf. Das Museum erläutert die Anlage und ihre botanischen, zoologischen und geologischen Details.

Außerdem sehenswert: Der *Moorenturm*, ein Wohnturm der Familie Moor vermutlich aus dem 12. Jh., wurde im 17. Jh. erhöht und ist heute mit einem neuen Zeltdach bedeckt. – *Haus Filli* (Nr. 145) v. 1657 schmücken geometrische Sgraffiti und gemalte Wappen der Drei Bünde. – Auch die *Häuser Nr. 141* v. 1568 und *Nr. 146* v. 1613 weisen Sgraffiti auf. – Nach dem Dorfbrand v. 1872 entstanden die heute das einheitliche Ortsbild bestimmenden biedermeierlichen Häuser mit leicht geknickten Flachdächern.

Umgebung

Susch/Süs (6 km n): Die spätgot. *ref. Kirche* wurde im 2. Jahrzehnt des 16. Jh. neu erbaut; den ungegliederten roman. N-Turm des Vorgängerbaues bezog man in den Neubau mit ein. Über dem dreijochigen Schiff und dem eingezogenen zweijochigen, polygonalen Chor spannt sich ein Sterngewölbe. Die s Chorwand enthält Fragmente eines spätgot. Wandgemäldes aus der Zeit um 1515. Kanzel und W-Empore entstanden um 1790, der Chor besitzt Stühle und eine bemerkenswerte Rokoko-Orgelempore aus der Zeit um 1770. – Den *Planta-Wohnturm* bekrönt eine barocke Zwiebelhaube. – Im *Gefängnisturm* ist vielleicht der einstige Wohnturm der Herren v. Süs zu sehen. – Die *Festungsruine Fortezza* auf dem Chaschinashügel läßt noch die sternförmige Anlage des Wehrbaus erkennen, den Herzog Henri I. v. Rohan 1635 errichtete. – Er war 1631 v. Richelieu als Oberbefehlshaber nach Graubünden gesandt worden, eroberte 1631 das Veltlin und wurde 1637 v. Jörg Jenatsch zum Abzug aus Graubünden gezwungen. – Die Häusergruppe vor der Innbrücke entstand im 17. Jh.; im heutigen Armenhaus hinter der Brücke soll der Historiker Ulrich Campell geboren sein.

CH-7431 Zillis-Reischen
Bez. Hinterrhein

Einw.: 300	Höhe: 933 m	S. 256 □ D 3

Am südlichen Eingang zur berühmten Via

Zernez, Ref. Kirche, Chor

Susch (Zernez), Planta-Wohnturm

Mala (»böser Weg«), einer engen Schlucht, durch die der Hinterrhein stürzt, liegt das weite Tal Schams. Hier siedelten bereits die Römer, wie Funde von Münzen und Ziegelmörtel beweisen. Aus dem frühen Mittelalter (um 700) sind Gräber aufgefunden worden.

Als *Ciranes* wird Zillis bereits 831 im Reichsurbar aufgeführt. 1219 schloß man hier, »in Cerani«, den Friedensvertrag mit Chiavenna. 1854 machte sich Reischen selbständig, schloß sich aber 1875 wieder mit Zillis zusammen.

Ref. Kirche St. Martin: Die Mutterkirche des Schamser Tals wird 831 erwähnt, sie gehörte zum karol. Reichsgut. Otto I. schenkte sie 940 dem Bischof Waldo. Dessen Nachfolger beachteten offenbar nicht die Bestimmung, daß sie nach Waldos Tod an das Kloster Cazis fallen sollte, denn 1357 übergab sie Bischof Peter I. dem Domkapitel, dem sie bis zur Reformation verblieb.

Grabungen ergaben Aufschluß über die Baugeschichte: In frühchristl. Zeit wurde ein Rechtecksaal mit einer innenliegenden großen, leicht parabolischen Exedra unmittelbar auf der röm. Kulturschicht erbaut. Dieser wurde im frühen MA (um 800) zu einer Dreiapsidenkirche mit geradem Abschluß umgestaltet. Der Bau wurde in roman. Zeit niedergelegt und ein Neubau errichtet, der aus Langhaus, eingezogenem Rechteckchor im SO und einem Viereckturm bestand. Langhaus und Turm stehen heute noch. Den Chor baute 1509 Andreas Bühler als polygonalen Anbau mit einem zweijochigen Sterngewölbe neu. 1574 erhielt das Schiff einen neuen Dachstuhl und 1677 der Turm den gebrochenen, achteckigen Spitzhelm. Wohl 1820 wurden ins Schiff hohe Stichbogenfenster gebrochen. Eine gründliche Renovierung erfolgte 1938–40, in deren Verlauf man die Fenster wieder romanisierte und die roman. Bilderdecke restaurierte, einige Bilder ergänzte oder verlorene ersetzte und neu geordnet montierte. Diese bemalte *Kassettendecke* ist die einzige ihrer Art, die erhalten ist. Ihr Schöpfer ist unbekannt; man bringt jedoch eine Eintragung in den Totenbüchern v. Chur mit ihm in Verbindung. Sie lautet »Lopicinus Pictor ob(iit)«, meint also, daß der Maler Lopicinus gestorben ist. Diese Eintragung muß in der Mitte des 12. Jh. erfolgt sein. Damit kann man – was mit allen anderen Befunden übereinstimmt – die Entstehungszeit der Bilderdecke in der 1. Hälfte des 12. Jh. ansetzen. Wegen der stilistischen Verwandtschaft mit Buchmalereien dieser Zeit kann man weiter annehmen, daß der Maler der Skriptorenschule v. Chur entstammt.

Die 153, jeweils etwa 90 cm im Quadrat großen Bildtafeln sind in sich aus 3 oder 4 Brettern zusammengesetzt. Sie wurden zunächst mit einer dünnen Gipsgrundierung überzogen, auf der der Maler die Umrisse der Komposition festlegte, dann folgte die Bemalung in deckenden Temperafarben. Die Bilder standen bei diesem Vorgang aufrecht, wie Spuren herablaufender Farbe beweisen. Erst dann wurden die nun bemalten Bildfelder in die genuteten Längsfriese, die an in der Schiffsdecke querlaufenden Balken angenagelt waren, eingeschoben. Die Längs- und Querleisten sind mit ornamentalen Bemalungen versehen. Doppelte Ornamentstreifen heben das Achsenkreuz der Decke hervor.

Thematisch lassen sich 2 Zyklen unterscheiden: ein äußerer, durch Wasserstreifen verbundener und ein innerer, der meist Pflanzen zeigt. Im äußeren sind die 4 Ecken mit den Engeln des Jüngsten Gerichts, die die 4 Winde personifizieren, bemalt, die anderen Felder füllen Darstellungen v. allerlei

Zillis-Reischen, St. Martin

NORDEN

OSTEN | WESTEN

9	10	11	12	13	14	15	16	17	18	19	20	21	(22)	(23)	(24)	(25)
8	55	62	69	76	83	90	97	104	111	118	125	132	139	146	153	26
7	54	61	68	75	82	89	96	103	110	117	124	131	138	145	152	(27)
6	53	60	67	74	81	88	95	102	109	116	123	130	137	144	151	(28)
5	52	59	66	73	80	87	94	101	108	115	122	129	136	143	150	(29)
4	51	58	65	72	79	86	93	100	107	114	121	128	135	142	149	(30)
3	50	57	64	71	78	85	92	99	106	113	120	127	134	141	148	(31)
2	49	56	63	70	77	84	91	98	105	112	119	126	133	140	147	32
1	48	47	46	45	44	43	42	41	40	39	38	37	(36)	(35)	(34)	(33)

SÜDEN

Zillis, ref. Kirche St. Martin. Schema der heutigen Bilderfolge der roman. Felderdecke, in Klammern die 13 erneuerten Bilder **1-48** äußerer Zyklus: **1, 9, 25** und **33** Engel des Jüngsten Gerichts mit Tuben, zugleich Personifikation der 4 Winde **2-8, 13-24, 26-32** und **34-48** auf durchgehender Wellenzone Fabelwesen und Nereiden als Sinnbilder des Bösen, davon **10-12** Fischerszenen (Jonasgeschichte?) **49-153** innerer Zyklus, davon **49-146** Leben Christi und **147-153** Szenen aus dem Leben des hl. Martin **49-51** Könige David, Salomo und Rehabeam **52** Synagoge **53** Ecclesia **54** und **55** Verkündigung an Maria **56** und **57** Josefs Zweifel **58** Mariä und Elisabets Heimsuchung **59** Verkündigung an die Hirten **60-62** Christi Geburt **63-66** v. Engel geführter Zug der Hll. Drei Könige **67-69** die Hll. Drei Könige vor König Herodes mit den wartenden Pferden **70-76** die Hll. Drei Könige, vom Engel geführt, auf dem Heimweg **77** die Hll. Drei Könige **78** Mariä Reinigungsopfer **79** Darstellung im Tempel **80** Josefs Traum **81-83** Flucht der Hl. Familie nach Ägypten **84** die Hl. Familie **85** und **86** Herodes befiehlt seinen Schergen, die Kinder zu töten **87-90** betlehemitischer Kindermord **91** der Jesusknabe belebt den tönernen Vogel **92** und **93** der zwölfjährige Jesus im Tempel **94-97** Johannes predigt in der Wüste **98** Christi Taufe **99-101** der Teufel versucht Christus **102** Christus mit 2 Engeln **103** und **104** Hochzeit zu Kana **105** Christus und der Hauptmann v. Kafarnaum **106-111** Christus heilt Kranke **108** den Besessenen v. Gresana **109** die Kananiterin **110-111** den Krüppel am Teiche Betesda **112** Heilung eines Krüppels **113-115** Auferweckung des Lazarus **116** Christus und die Samariterin **117** und **118** Christus lehrt in der Schule v. Nazaret **119** Christus und die Kinder **120-122** Aussendung der Apostel **123-125** Verklärung, Christus zwischen Mose und Elija, 3 kniende Apostel **126-130** Christi Einzug in Jerusalem **131** und **132** Reinigung des Tempels **133** und **134** Verrat des Judas **135** Fußwaschung **136** und **137** Abendmahl **138** und **139** Christus am Ölberg **140-143** Judaskuß und Gefangennahme Christi **144** Christus vor Pilatus **145** und **146** Verspottung und Dornenkrönung **147** und **148** der hl. Martin mit Pferd und Bettler **149** Hilarius weiht St. Martin **150** der hl. Martin erweckt einen Toten **151-153** der Teufel erscheint dem hl. Martin in der Gestalt eines Königs

Meeresungeheuern, und 3 Tafeln mit Fischern (Szenen aus der Jonas-Legende?) aus. Der innere Zyklus schildert das Leben Christi. Er beginnt mit dessen Vorfahren und bricht merkwürdigerweise mit der Dornenkrönung ab. Die letzten 7 Bilder sind der Legende des Kirchenpatrons gewidmet, sie stammen möglicherweise v. der Hand eines Gesellen.

Die genaue Aufteilung der Felder und ihrer Inhalte ergibt sich aus der Zeichnung. Unterhalb der Decke läuft um das ganze Schiff

Zillis-Reischen, St. Martin, Feld 136

ein roman. Mäanderfries, der einem 2. Meister zugeschrieben wird. Der Fries wurde 1940 aufgedeckt und ergänzt. Das perspektivisch dargestellte Band wird in regelmäßigen Abständen v. rechteckigen Feldern unterbrochen, die mit Symbolen und weiblichen Figuren, in denen man die Sibyllen vermutet, ausgemalt sind.
Außen an der W-Front befinden sich Reste eines *Wandgemäldes*, das einen monumentalen Christophorus zum Inhalt hat. Es ist um 1300 entstanden.
Zur weiteren Ausstattung gehören das Wandtabernakel v. 1509 und die Kanzel mit Schalldeckel v. 1647; Teile der Bestuhlung datieren noch aus der Zeit um 1730, der Rest v. 1940.

Burgruine Haselstein: An der N-Seite des Vidostobels im NO v. Z.-R. liegt auf einem Hügel aus Moränenschutt eine Burganlage, die 1970/71 freigelegt und dann unter Einbeziehung der ma Ruinen frei rekonstruiert wurde. Erhalten sind v. den ma Mauerresten Teile der Schildmauer, des Außen- und Innenzwingers, eines zweiräumigen Wohntraktes und eines Nebengebäudes. Die Burg ist urkundlich nicht nachgewiesen. Sie war wohl nur vom Ende des 13. bis zum Beginn des 14. Jh. bewohnt.

Burgstelle Hasenstein: Im S v. Z.-R. liegen geringe Reste der Umfassungsmauer einer ma Burg, die vielleicht aus einem frühmittelalterlichen Herrenhof entstanden ist.

Burganlage Reischen: Am Nordende v. Reischen steht ein Haus, dessen Unterbau die Reste einer ma Burganlage, den viereckigen Sockel eines Turms, enthält.

Wohnturm: Im Eckhaus auf dem Dorfplatz v. Zillis stecken noch Reste eines ma Wohnturms.

Tgea da Schons: 1970 wurde hier ein *Talmuseum* eröffnet, das Einblick in die reiche Kultur der Talbewohner gibt. Neben bäuerlichem Gerät bewahrt die Sammlung auch solches aus dem Schamser Bergbau auf.

Außerdem beachtenswert: *Haus Nr. 96* v. 1693 mit holzgetäfelten Stuben und Kachelofen v. 1670. – *Rathaus* (Portal und Halle um 1600). – *Haus Nr. 28* mit Apostelofen aus der Werkstatt Pfau um 1670. – *Konsum* mit Resten einer Außenbemalung vom Ende des 16. Jh.

Umgebung

Donath (2 km sw): 1926 wurde in einem Tobel ein Kuppelgrab mit Beigaben aufgefunden; weitere Grabanlagen kamen 1928 und 1961 zutage, die alle aus der frühen Bronzezeit stammen. – Die *ref. Kirche* – einst dem hl. Georg geweiht – besitzt ein langgestrecktes, schmales und auffallend niedriges Langhaus mit eingezogenem Rechteckchor im W. Sie wirkt dadurch merkwürdig in den Hang gedrückt. Der Viereckturm mit Wimpergen und Spitzhelm steht an der N-Seite des Chors. Die Kanzel ist v. 1689, der Taufstein v. 1740, ein Sitz des Gestühls v. 1729.

Lohn (4 km nw): Die *ref. Kirche* – 1480 als »Unser Frauwen Capell ze Laun« erwähnt – ist in mehreren Bauetappen entstanden. Aus dem 12. Jh. stammt ein rechteckiger Raum mit halbrunder Apsis. Daraus wurde noch in roman. Zeit ein Schiff mit gerade abgeschlossenem Chor, über dem sich ein viereckiger Glockenturm erhob. Um 1460 wurde der Chor zum polygonalen O-Chor umgestaltet, in den man ein Rippengewölbe einzog. Dabei blieb der Chorturm mit seinem Zeltdach erhalten. Um 1500 errichtete man dann im W des Schiffs einen Glockenturm mit gemauertem, leicht geschweiftem Zeltdach. 1683 (?) folgte eine Erneuerung der Schiffsdecke und der Fensterformen im Chor. Das Schiff liegt unter einem Satteldach. Zur Ausstattung gehören das Wandtabernakel im Chor, ein ma Taufstein und die Kanzel v. 1832 (?).

Mathon (5 km w): Ein vielleicht bronzezeitliches Grab und mehrere Gräber aus dem 7. Jh. n. Chr. wurden hier freigelegt. – Die *alte Kirche St. Antonius* dürfte um 1200 als rechteckiges Schiff mit gerade abgeschlossenem O-Chor und viereckigem Turm errichtet worden sein. Sie wurde 1728 verlassen und ist seitdem zur Ruine zerfallen. – Die *ref. Kirche,* wohl 1728 errichtet, besteht aus einem ziemlich breiten Schiff und einem eingezogenen, polygonalen O-Chor so-

wie dem Turm an der S-Wand des Schiffs, den eine Zwiebelhaube krönt. Kanzel, Abendmahlstisch und Gestühl datieren v. 1728/29. Die Orgel ist 1822 in Surava erworben worden; ihr Prospekt und die Empore sind bunt mit Blumenmotiven und Kräusellinien bemalt; eine Inschrift datiert die Bemalung mit 1825. – Im *Haus Nr. 30,* volkstümlich »La Clostra« genannt, ist ein aus dem 12. oder 13. Jh. stammender, fast quadratischer Wohnturm eingebaut.

Patzen-Fardün (4 km w): »La Tur« heißt ein Hügel, auf dem Mauerreste eines ma, etwa viereckigen *Turms* erhalten sind; diese Burgstelle war möglicherweise der Sitz der 1219 erwähnten Herren v. Patzen.

CH-7205 Zizers
Bez. Unterlandquart

Einw.: 2500	Höhe: 560 m	S. 254 □ E2

Aus der Bronzezeit wurden hier Fragmente eines Schwerts gefunden. Otto I. schenkte

Zillis-Reischen, St. Martin, Deckenfelder 67–69 und 74–76

955 seinen Königshof dem Bischof von Chur. Die Gemeinde war im MA ein wichtiger Marktflecken und Gerichtsort.

Kath. Pfarrkirche St. Peter und Paul: In roman. Zeit wurde eine erste Kirche als Chorturmanlage errichtet. Von ihr ist noch das Untergeschoß des Turms erhalten. Ende des 15. Jh. legte man diese Kirche nieder und ersetzte sie durch einen nach S gerichteten Neubau mit polygonalem Chor. Erhalten sind v. dieser Kirche im wesentlichen noch die Umfassungsmauern. Nach 1686 wurde an der O-Wand des Schiffs die polygonale Rosenkranzkapelle angebaut, gleichzeitig der Chor neu überwölbt und die Fensterdisposition geändert. Nach dem Brand v. 1767 versah man das Schiff mit einem Stichkappengewölbe aus Gips, erhöhte die Umfassungsmauern, erneuerte das über dem Chor abgewalmte Satteldach und errichtete den Turm neu. Er steht an der O-Front neben der Kapelle und trägt auf viereckigem Unterbau ein eingezogenes Obergeschoß mit geschweifter, barocker Haube. 1918 kamen Glasgemälde hinzu und 1963–65 bei einer Renovierung auch die Vorhalle.

Rokokostukkaturen umrahmen die Fenster und krönen den Chorbogen. Die Deckengemälde wurden 1918 stark übermalt. Der Hochaltar und die beiden übereck gestellten Seitenaltäre sind aus Stuck, ebenso der Rosenkranzaltar in der Kapelle. Sie stammen alle, wie die Kanzel, der Taufstein und das Gestühl, aus der Zeit um 1767. Zu dem wertvollen *Kirchenschatz* gehören u.a. ein Vortragekreuz (um 1600), ein Zuger Kelch (um 1700) und eine Sonnenmonstranz (18. Jh.).

Ref. Kirche: Eine ehem. Andreas-Kirche wurde nach der Reformation profaniert, 1644 aber für den ref. Gottesdienst freigegeben. Ein Umbau v. 1711 führte zur jetzigen Gestalt: Rechteckschiff mit eingezogenem Rechteckchor im O, viereckigem Turm mit geschweiften Giebeln und hohem, achteckigem Spitzhelm an der N-Seite und Vorhalle. Das gemeinsame Dach ist über dem Chor abgewalmt. Die Ausstattung datiert v. 1935.

Oberes Schloß: Das für Simon v. Salis 1694 errichtete herrschaftliche Landhaus wurde 1725 und 1780–90 neu ausgestattet. Den kubischen Bau mit 3 Geschossen und Mezzaningeschoß überdeckt ein hohes Walmdach, an dem Balkone aufgehängt sind. Die Fassade ist durch die Freitreppe und illusionistische Architekturmalerei betont. Treppenhaus und Korridore wurden um 1770 überreich ausgemalt. Régencestukkaturen (um 1725) im »Saal« und der Bibliothek, weißlackierte Holztäfelung (Ende 18. Jh.) in anderen Räumen und 2 bunt bemalte Öfen (1722 und 1730) gehören zur Ausstattung des Schlößchens, das sich heute im Besitz des Bischofs v. Chur befindet.

Unteres Schloß (heute St.-Johannes-Stift): In einem neubarocken Garten stehen 2 Gebäude; das n »Stammhaus« wurde um 1620 als Rechteckbau zu 3 Geschossen mit asymmetrisch stehendem Treppenturm für Rudolf Andreas v. Salis gebaut. Dessen Sohn ließ nach Plänen des franz. Baumeisters Cléber das neue untere Schloß errichten, das 1683 im Rohbau stand und in den folgenden Jahren vollendet wurde. Der rechteckige, dreigeschossige Bau unter hohem Walmdach ist mit seiner an der Garten- und Talseite ausbuchtenden Mittelpartie und dem darüber stehenden, polygonalen Turm mit Kuppelhaube das Wahrzeichen des Orts. Im Inneren befindet sich ein Gartensaal, darüber eine Kapelle, die früher ein Festsaal war. An den Ecken der Gartenmauer stehen kleine, offene Pavillons.

Burgruine Friedau: Im SW des Dorfs steht die v. einem Riß gespaltene Ruine eines ehemals mächtigen Turms, der zu einer nicht mehr erkennbaren Burg gehörte, die im 13. Jh. als Verwaltungssitz des Bischofs gebaut worden war, sich aber seit 1649 im Besitz des Hochgerichts der Fünf Dörfer befand. Sie brannte 1880 aus.

Außerdem sehenswert: *Haus zur Glocke* v. 1686, 1702 erweitert und 1964 restauriert. – *Ehem. Haus Marin,* im 17. Jh. erbaut und im 18. Jh. umgebaut.

Umgebung

Untervaz (5 km sw): Funde aus der Bronzezeit konnten sichergestellt werden. – Das linksrheinische ehem. Bauerndorf entwikkelt sich in letzter Zeit zu einem ländlichen Industrieort mit Zement- und Kieswerk. – Die *kath. Pfarrkirche St. Laurentius* geht auf einen Kirchenbau zurück, der hier schon 831 gestanden haben muß. Von ihm ist wohl noch der Hauptbau des Turms erhalten. Diese nach O gerichtete Kirche wurde niedergelegt und 1848 durch eine nach S gerichtete Anlage ersetzt, die aus einem Saal mit eingezogenem, polygonalem Chor besteht. Der Turm an der N-Seite erhielt 1725 eine neue Glockenstube mit runden Giebeln und geschweifter Haube. Von einem spätgot. Altar sind noch eine Holzfigur der Muttergottes und 2 Reliefs mit weiblichen Heiligen vorhanden. – Der Bau der *ref. Kirche* war 1700 vollendet. Er besteht aus dem v. einer Holztonne überwölbten Saal mit eingezogenem, quadratischem O-Chor, den eine flache Gipsdecke überspannt. Der Turm an der N-Seite des Chors trägt über Wimpergen einen schlanken, achteckigen Spitzhelm. Kanzel, Taufstein und Gestühl stammen aus der Bauzeit. – Geringe Mauerreste auf einem Hügel am linken Rheinufer erinnern an die verschwundene *Burg Friewis.* – 2 km s des Dorfs steht auf einem Felskopf die noch stattliche *Ruine Neuburg,* deren Palas aus 3 Räumen zu 3 Geschossen bestand; auch Reste der Umfassungsmauern mit dem Tor sind erhalten. Die Herren v. Neuburg stammten aus Vorarlberg, sie sind im 12. und 13. Jh. nachweisbar. Später fiel die Burg an andere Herren, bis sie im 16. Jh. verfiel. – In der Schlucht des Cosenzbachs steht die Ruine der *Höhlenburg Rappenstein.* 2 nebeneinanderliegende natürliche Höhlen wurden wahrscheinlich im 13. Jh. durch Frontmauern geschlossen und zur Burg ausgebaut, die aber bereits im 15. Jh. verlassen wurde und verfiel.

CH-7524 Zuoz

Bez. Maloja/Maloggia

Einw.: 1150	Höhe: 1712 m	S. 254 □ F 3

Zuoz wird schon in karolingischer Zeit genannt. Der Hauptort des Oberengadins gehörte zum Herrschaftsgebiet des Bistums

Zizers, Unteres Schloß ▷

Zuoz, Reformierte Kirche

Chur und ging mit Ende des 13. Jh. an das Geschlecht der Planta über. Nachdem der Ort im Schwabenkrieg 1499 niedergebrannt worden war, erlitt das charakteristische Haufendorf keinen Schaden mehr durch Feuer und hat sich so seine alte Bauweise mit zahlreichen bedeutenden Bürger- und Bauernhäusern vorzüglich bewahrt.

Ref. Kirche: Die Kirche, eine der 3 alten Pfarrkirchen des Oberengadins, wird 1139 urkundlich genannt. Der einschiffige roman. Bau wurde 1507 möglicherweise v. Bernhard v. Poschiavo spätgot. verändert. Es entstand ein neuer eingezogener, polygonaler Chor mit gestuften Strebepfeilern und Sterngewölbe, das vierjochige Schiff erhielt ein vielgestaltiges Netzgewölbe auf Wanddiensten, und dem schlanken Turm mit Rundbogenfriesen und gekuppelten Rundbogenfenstern wurde ein neues Geschoß aufgesetzt. Im späten 16. Jh. wurde er mit einem weiteren, mit großen Schallöffnungen versehenen Geschoß erhöht, die Wimperge und der Spitzhelm entstanden erst im 19. Jh. Im Inneren finden sich neben Wandtabernakel, Abendmahlstisch (17. Jh.) und polygonaler Kanzel mit gemauertem Sockel Glasgemälde des Augusto Giacometti v. 1929 und 1933 sowie des Jan Casty v. 1957. Die vielen Grabtafeln und Grabplatten sind großenteils Mitgliedern der Familie v. Planta gewidmet. Zum Kirchenschatz gehören u. a. ein Konstanzer Deckelpokal (um 1680–90) des Heinrich Eglof und ein Augsburger Deckelbecher des späten 16. Jh.

Kath. Kapelle St. Katharina: Der schlichte Neubau der Kapelle, mit eingezogenem, polygonalem Chor und einem Turm, der die Fassade nur mit seinem Spitzhelm überragt, entstand 1509–10, wobei die Schiffsmauern des Vorgängerbaues beibehalten wurden. Das dreijochige Kapellenschiff deckt ein Kreuzrippengewölbe, im zweijochigen Chor ruht ein Sterngewölbe auf Konsolen. Im Altar findet sich das Bild der Erscheinung der Muttergottes vor dem hl. Filippo Neri, ein im 17. Jh. in Parma entstandenes Gemälde.

Kapelle St. Sebastian: Die heute profanierte Kapelle wurde um 1250 erbaut und besteht aus einem quadratischen Schiff mit Flachdecke sowie einem ebenfalls quadratischen Chor mit Kreuzgewölbe. Die *spätgot. Wandmalereien* an der Chorabschlußwand datieren aus dem späten 15. Jh. und sind nur in Resten erhalten. Sie zeigen die hll. Sebastian und Antonius Abt, eine Halbfigur Mariens mit Engeln, Kirchenväter, eine Majestas Domini sowie Brustbilder v. Christus und den Aposteln.

Oberes und Unteres Planta-Haus: Die unter gleichem First vereinigten Planta-Häuser stehen am zentralen Dorfplatz. Das *Obere Planta-Haus* (Nr. 28) wurde im späten 16. Jh. für Conradin Planta erbaut und im 17. und 18. Jh. verändert. Über dem Sulèrportal an der asymmetrischen Giebelfassade ist ein Wappenstein Planta-Raschèr v. 1648 angebracht, an der S-Seite kragt ein polygonaler Erker vor. Im Inneren finden sich ein in der 2. Hälfte des 16. Jh. mit Szenen aus der Passion Christi und dem Alten Testament bemalter Korridor, ein ungefähr gleichzeitig entstandenes holzgetäfeltes Zimmer und Rokokostukkaturen aus der Zeit um 1760. Das *Untere Planta-Haus*, dessen Sulèr quer zum Oberen Planta-Haus verläuft, wurde um 1760 umgebaut und besitzt an der S-Seite eine schöne Freitreppe mit einem granitenen Rokokogeländer, die zum rundbogigen Portal im 1. Obergeschoß führt.

Dorfturm: Der einstige Wohnturm der Familie Planta ist mit dem Unteren Planta-Haus durch Arkaden verbunden; er wurde nach der Zerstörung 1499 wiederhergestellt (1555) und 1902 verändert.

Haus Weißes Kreuz (Nr. 26): Die Giebelfassade des 1570 erbauten Hauses schmückt ein gemalter *Wappenfries* aus der Bauzeit. Dargestellt sind die Wappen des Hochgerichts Oberengadin, der Drei Bünde, mehrerer Orte und der Familien Salis, Planta und Juvalta. Das Haus selbst wurde 1735 umgestaltet.

Haus Poult: Wie viele Häuser v. Z. hat sich auch dieses Haus am Plazzet aus einem ehem. Wohnturm entwickelt. Bei dem im 18. Jh. errichteten Bau wurde er in den nach hinten versetzten Mittelteil mit Giebelaufsatz integriert.

Außerdem sehenswert: Weitere bemerkenswerte *Häuser*, großenteils mit breiter Giebelfront, großzügigem Eingang und dreiseitigem Erker, sind die *Albertini-Häuser (Nr. 24)* v. 1565 und 1613, *Nr. 11* v. 1551, *Nr. 16* v. 1571, *Nr. 31* v. 1564 und *Nr. 33* v. 1651. – Die *Innbrücke* wurde 1901 als erste Brücke nach dem System des schweiz. Ingenieurs Robert Maillart (1872–1940), einem Pionier des Stahlbetonbaus, erbaut.

Umgebung

Cinuos-chel/Cinuskel (6 km nö): Die kleine *ref. Kirche* aus dem Jahre 1615 besteht aus einem zweijochigen Schiff, einem eingezogenen, dreiseitig geschlossenen Chor und einem schlanken N-Turm mit Wimpergen und Spitzhelm. – *Haus Nr. 258*, einen breiten Giebelbau v. 1594, schmücken schöne Sgraffiti, die u. a. 2 Schildchen mit Reiter und Ornamentbänder mit Meerungeheuern zeigen. – Die Sgraffiti des *Hauses Nr. 262* aus dem Jahre 1659 zeigen einen Drachen und eine Meerjungfrau, gefüllte Vasen und Architekturrahmen.

S-chanf (2 km nö): Beim Neubau der *ref. Kirche* 1493 wurde auch der im Kern ma Turm n des eingezogenen, polygonalen Chores erhöht, den Spitzhelm erhielt er 1890. Im rauten- und sterngewölbten Inneren findet man ein ungewöhnliches Wandtabernakel aus der Zeit der Erbauung, das ein wie ein Baldachin vorgezogener Kielbogen mit Kreuzblume bekrönt. – Charakteristisch für die *Chesa Juvalta* (Nr. 29), 1662 v. der Familie Perini erbaut, sind die Sgraffiti mit Meerjungfrau und Drachen, der Drachentürklopfer der Sulèrtür und der prismatische Erker. – Ähnliche Elemente sind auch an weiteren Bürgerhäusern der Familie Perini zu sehen, so beispielsweise an *Haus Nr. 44* aus dem Jahre 1616 (die Sgraffiti wurden erneuert).

Susauna (6 km nö): Im *Weiler Chapella* sö des Dorfes am Taleingang sind Reste der *Kirche St. Ulrich und Nikolaus* sowie des *ehem. Hospizes* erhalten. Zu sehen sind noch die Umfassungsmauern des Schiffs und der roman. Turm (mit erneuertem Dach) aus dem 12. Jh. sowie Mauern des 1524 neu errichteten Chores der Kirche. Die roman. Anlage des Hospizes zeigt got. und spätgot. Veränderungen. – Die *ref. Dorfkirche* v. 1696 mit Kreuzgewölben und einem ungegliederten Turm enthält an der Chorwand das Wappen des Vikars Conradin Perini v. 1696.

Register der Fachausdrücke

Abakus (griech.-lat. »Tischplatte«): Deckplatte über dem Kapitell einer Säule.
Achse: Gedachte Linie, die vertikal oder horizontal (Quer-, Längsachse) ein Gebäude einteilt; z.B. Fensterachse.
Ädikula: Wandnische, die zur Aufstellung einer Büste oder Statue dient; meist mit →Giebel, →Pfeilern oder →Säulen verziert.
Agnus Dei (lat. »Lamm Gottes«): Symbol Christi mit der Kreuzesfahne.
Akanthus: Schmuckelement, das sich vor allem am →korinthischen →Kapitell findet und aus der stilisierten Darstellung eines scharf gezackten, distelähnlichen Blattes entwickelt wurde.
Altar: Opfertisch bei Griechen und Römern. Tisch des Herrn im christlichen Glauben. In katholischen Kirchen neben dem Hauptaltar oft mehrere Nebenaltäre für verschiedene Heilige, in protestantischen Kirchen meist nur ein Altar.
Altaraufsatz: Schreinartiger Aufbau über dem Altartisch.
Altarauszug: Oberer, abgehobener Teil des →Altaraufsatzes.
Altargerät: Gefäße und Requisiten für die gottesdienstlichen Handlungen am →Altar.
Altarretabel: →Altaraufsatz.
Ambo: Pult an den Chorschranken in altchristlichen und mittelalterlichen Kirchen; Vorläufer der →Kanzel.
Andachtsbilder: Kleinere Kunstwerke mit Einzeldarstellungen, die an Nebenaltären gezeigt werden und der religiösen Erbauung dienen.
Anfänger: Unterster Stein eines Gewölbes oder Bogens.
Anna selbdritt: Darstellung von Anna, Maria und dem Jesusknaben.
Antependium: Frontverkleidung des Altartisches.
Apsis: Abschluß des →Chors, meist halbkreisförmig. In der Regel Standort des →Altars.
Aquädukt: Wasserleitung, oft als über eine Bogenbrücke geführter Kanal, bei den Römern häufig zu Monumentalbauten entwickelt.
Aquamanile: Gießgefäß oder Schüssel für rituelle Waschungen bei der kath. Liturgie.
Arabeske: Ein stilisiertes Blattwerk, das als Schmuckmotiv verwendet wird.
Architrav: Steinerner Hauptbalken über den →Säulen.
Archivolte: Bogenlauf über romanischen und gotischen Portalen.
Arkade: Bogen, der von →Säulen oder →Pfeilern getragen wird. Mehrere Arkaden werden zu Bogengängen zusammengefaßt. Wenn die Arkaden keine Öffnung haben (und nur aus dekorativen Gründen verwendet werden), spricht man auch von Blendarkaden.
Arkatur: Von Pfeilern oder auch Säulen getragene Bogenstellung.
Atrium: Bei den Römern ein zentraler Raum mit einer Öffnung im Dach, durch die das Regenwasser einfallen konnte. In der christlichen Architektur ein Vorhof, der meist von →Säulen umgeben ist, auch Paradies genannt.
Attika: Eine (meist reich verzierte) Wand, die über das →Gesims einer Säulenreihe gemauert wird und das Dach verdecken soll.
Aufgehendes Mauerwerk: Der sichtbare (oberirdische) Teil des Mauerwerks.
Aula: Halle, Versammlungssaal.
Auslucht (niederdeutsch Utlucht): Gebäudeerker auf massivem Sockel (→Erker).

Backstein: Ziegel, der im Brand gehärtet worden ist (im Gegensatz zum natürlichen Gestein).
Backsteingotik: Bauten aus →Backstein in den Formen der →Gotik. Vorwiegend in Nord-, Ost- und Süddeutschland zu finden.
Baldachin: Schutzdach über →Altären, Grabmalen, Statuen und Portalen.
Balkendecke: Holzdecke aus unverputzten Balken über einem →Schiff; durch die Balken ist die Decke meist in Dekorationsfelder unterteilt.
Baluster: Kleine bauchige oder profilierte Säule.
Balustrade: Aus →Balustern gebildetes Geländer.
Bandelwerk: Ein im späten 17. Jh. in Frankreich entstandenes Ornament aus verschlungenen Bändern.
Baptisterium: Taufkirche oder Taufkapelle, in der Regel Zentralbau.
Barbakane: einer mittelalterlichen Stadtbefestigung vorgelagerter Torbau, meist gerundet und mit Schießscharten versehen.
Barock: Stilbezeichnung für die Kunst- und Kulturepoche ab etwa 1600 bis etwa 1750. Bestimmend sind kraftvoll bewegte, ineinandergreifende Formen.
Basilika: Griechische Königshalle; im Kirchenbau Bezeichnung für eine mehrschiffige Kirche (→Schiff), deren Satteldach über dem Hauptschiff höher ist als die Pultdächer über den Seitenschiffen. Siehe auch →Säulenbasilika und →Pfeilerbasilika.
Basis: Fuß einer →Säule oder eines →Pfeilers, meist breit auslaufend und dekorativ gestaltet.
Basrelief (auch: Flachrelief): Aus der Fläche nur wenig vortretende, Rundungen lediglich andeutende Skulptur.
Bauhütte: Die Werkstatt der Handwerker, die an einem Kirchenbau beteiligt waren.
Beinhaus: Gebäude zur Aufnahme von Gebeinen aus ausgeräumten Gräbern, meist verbunden mit einer Kapelle.
Bergfried: Hauptturm einer Burg, letzte Zufluchtsstätte bei Belagerungen.
Bering: Mantelmauer einer Burg.
Beschlagwerk: Schnitzwerk der →Renaissance, das bandeisernen Zierbeschlägen nachgebildet wurde.
Bettelordenskirchen: Die auf das Wesentliche beschränkten, großenteils ohne Querhaus, immer ohne Türme erbauten Kirchen der Dominikaner und Franziskaner (v.a. 13. und 14. Jh.).
Biedermeier: Kunst- und Kulturepoche (v.a. im deutschsprachigen Raum) v. ca. 1815–ca. 1850.
Blattkapitell: Gotisches →Kapitell, bei dem die Grundform von feinen Blattornamenten überzogen ist.

Blendarkade: → Arkade.
Blende: in die Wand eingetieftes Feld oder der Wand vorgelegtes architektonisches Motiv mit der Wirkung einer Scheinarchitektur.
Blendmaßwerk: → Maßwerk.
Blockbau: Holzbauweise, bei der die tragenden Wände aus waagrecht aufeinandergeschichteten Balken konstruiert sind; auch gewetteter oder gestrickter Bau genannt (Gegenteil: → Ständerbau).
Bogenformen: Der Bogen dient zur Überbrückung größerer Spannweiten im Steinbau.
Bogenfries: Ein → Fries in der Form von Rundbogen (häufig bei romanischen Bauwerken).
Borgo: Eigenständig befestigte Gebäude (meist Vorstadt) in ital. Städten.
Boskett, Bosquett: Besonders in französischen Parks und Gärten angepflanzte Baum- und Strauchergruppen (»Lustwäldchen«).
Bossenquader: Quaderstein, der an der Sichtfläche gerundet vorsteht (→ Quader).
Bruchsteinmauerwerk: Eine aus unbearbeiteten, rohen Steinen unregelmäßig aufgeschichtete Mauer.
Bündelpfeiler: In der Gotik beliebte → Pfeilerform. Um Kernpfeiler gruppieren sich kleinere und größere Dreiviertelpfeiler.

Campanile/Kampanile: frei stehender Glockenturm einer Kirche, in Italien stark verbreitet.
Campo Santo (ital. »Heiliges Feld«): Ein häufig v. Arkaden umzogener Friedhof.
Carré Savoyard: Burganlage über regelmäßigem viereckigem Grundriß, an den Ecken vorspringende Rundtürme, einer davon als Wohnturm ausgebildet.
Cella: Hauptraum des antiken Tempels mit dem Götterbild.
Chor: Der meist erhöhte und in der Regel östlich gelegene Abschluß des Kirchenraumes. Der Chor hat meist nicht die gleiche Breite wie das → Schiff. Er dient zur Aufnahme des → Altars. Im Mittelalter war der Chor oft durch Schranken zum übrigen Kirchenraum abgegrenzt.
Chorgestühl: Sitzreihen für die Geistlichkeit bzw. in Klosterkirchen für die Mönche und Nonnen, zu beiden Seiten des → Chors aufgestellt.
Chorgitter: Etwa seit dem 17. Jh. anstelle des Lettners verwendetes Gitter.
Chorumgang: Ein Gang, der durch die Fortführung der Seitenschiffe entsteht und um den → Chor herumführt.
Confessio: Vorform der ma Krypta. Unter dem Hochaltar angelegtes Märtyrer- oder Kirchenheiligengrab; Verehrungs- und Bekenntnisstätte.
Cosmatentechnik: Mosaikarbeiten, meist ornamental aus Marmor angefertigt.

Dachformen, *Pultdach:* eine einzige schräg ansteigende Dachfläche. *Satteldach:* zwei schräge, gegeneinander aufsteigende Dachflächen, an den Enden durch einen Giebel begrenzt. *Tätschdach:* flach geneigtes Satteldach. *Walmdach:* Satteldach, bei dem auch die Giebelseiten mit einer Dachfläche (Walm) versehen sind. *Krüppelwalmdach:* Walmdach, bei dem nur der obere Giebelteil abgewalmt ist. *Zeltdach:* vier steil aufsteigende Dachflächen über viereckigem Grundriß, z. B. als Turmabschluß. Vgl. → Klebdach.
Dachreiter: Türmchen über dem Dachstuhl.
Deesis: Darstellung des thronenden Christus, flankiert von Maria und Johannes d. Täufer.
Dienste: Dünne Säulen oder Rundstäbe, die einer Wand oder einem Pfeiler vorgelagert sind, meist zur Unterstützung des Gewölbes.
Diptychon: Zusammenklappbare zweiteilige (Altar-)Tafel.
Directoire-Stil: Französischer Kunststil während der Herrschaft des Direktoriums (1795–99), Anlehnung an die Antike.
Donjon: Befestigter Haupt- und Wohnturm mittelalterlicher französischer Burgen.
Doppelkapelle: Eine zweigeschossige Kapelle.
Dorische Säulenordnung: → Ordnung, bei der die → Säulen ohne → Basis direkt auf den Boden gesetzt sind und flache, wulstförmige → Kapitelle tragen.
Draperie (franz. drap. »Tuch«): Dekoration mit Stoffen, Behänge aus Stoffen und deren malerische Darstellung.
Dreipaß: einem Kreis eingeschriebenes kleeblattförmiges → Maßwerkmotiv in der Gotik.

Ecce-Homo (lat. »Seht, welch ein Mensch!«): Darstellung Christi mit der Dornenkrone.
Echauguette: erkerartig vorkragendes Wachtürmchen.
Eckrisalit: vorspringende Eckpartie eines Gebäudes.
Empire-Stil: Klassizistischer Kunststil in Frankreich zu Beginn des 19. Jh., mit griechisch-römischen und ägyptischen Vorbildern.
Empore: Zwischengeschoß; in der Kirche meist Galerie für Sänger und Orgel.
Enclos Paroissial: Kirchplatz (eingefriedet), in Frankreich oft mit Kalvarienberg.
Enfilade (franz. »Aufreihung«): Anordnung v. Räumen, deren Verbindungstüren in einer Achse liegen.
Englischer Garten: Im Gegensatz zur (franz.) geometrischen Barockanlage hat der engl. Garten Landschaftscharakter und ist aufgelockert.
Englischer Gruß: Verkündigung des Engels an Maria.
Epiphanie: Erscheinungsfest eines Gottes bzw. Christi (vgl. Dreikönigsfest am 6. Januar).
Epitaph: Gedenktafel oder Gedenkstein an Wand oder Pfeiler, oft über dem Grab des Verstorbenen.
Eremitage: Pavillon in Park- und Gartenanlagen, einsam gelegenes Schloß.
Erker: In sich geschlossener vorspringender Anbau an die Außenwand eines Gebäudes. Oft ein Dekorationselement.
Eselsrücken: → Bogenformen.
Eselstreppe: Stufenloser Aufgang eines Turms, vermutlich benutzt, um Esel das Baumaterial hinauftragen zu lassen. Daher sog. Eselstürme an mittelalterlichen Domen.
Evangelistensymbole: Erstmals Hieronymus (347–419) deutete die 4 Lebewesen in der Offenbarung des Johannes (Offb. 4,6–8) als Sinnbild der Evangelisten. Der Mensch ist das Symbol für Matthäus, der Löwe für Markus, der Stier für Lukas, der Adler für Johannes.
Exedra: Apsis, überwölbt mit einem Kuppelausschnitt.
Exvoto: Ein aufgrund eines Gelübdes gestiftetes Bild; Votivbild, -tafel.

Fachwerk: Balken, die als tragende Teile benutzt werden, sind mit Lehm oder Ziegeln aufgefüllt.
Fassade: Haupt- oder Schauseite eines Bauwerks.
Fassung: Bemalung.
Fayence: Töpferwaren mit Glasurüberzug, benannt nach der italienischen Stadt Faënza.
Feiertagschristus: Darstellung Christi als Schmerzensmann, umgeben von bäuerlichen oder handwerklichen Geräten. Mahnbild mit der Bedeutung, daß Christus durch Sonntags- und Feiertagsarbeit stets neu verwundet werde.
Fiale: Ziertürmchen in der → Gotik; oft als Bekrönung eines → Strebepfeilers.
Figurenkapitell: Das → Kapitell einer Säule, das zu einer Figur ausgearbeitet worden ist.
Filigranwerk: Ursprünglich Goldschmiedearbeit, bei der Gold- und Silberdraht ornamentartig auf eine Metallunterlage gelötet werden. Auch auf vielfach durchbrochene Schnitzwerke und Stukkaturen übertragen.
Filialkirche: Gemeindekirche, deren Pfarreirechte ganz oder teilweise bei einer Mutterkirche liegen.
Fischblase: Flammenförmige Ornamentform im gotischen → Maßwerk.
Flamboyant-Stil: Bezeichnung für die Stilform der englischen und französischen Spätgotik mit flammenden Ornamenten (→ Fischblase) im → Maßwerk.
Flechtband/Flechtwerk: Ornament mit dem Motiv ineinander verschlungener Streifen, im Frühmittelalter häufig verwendet.
Flügelaltar: Der → Altaraufsatz hat ausklappbare, meist reich geschnitzte oder bemalte Flügel.
Fresko: Auf den noch feuchten Kalkputz werden Wasserfarben ohne Bindemittel aufgetragen. Beim Trocknen des Mörtels verbinden sich die Farben besonders haltbar mit dem Putz.
Fries: Schmuckstreifen zum Abschluß oder als Untergliederung einer Wand. Der Fries kann flächig oder plastisch sein, er kann aus Figuren oder → Ornamenten bestehen.
Frontale: Zusätzliche, vor die Vorderseite des Altars zu setzende Tafel.
Frontispiz/Fronton: Giebeldreieck über einer Fassadenfront, einem Portal oder einem Altaraufsatz.
Füllmauer: Eine nur außen aufgemauerte, innen mit Mörtel und Steinen aufgefüllte Mauer.

Gaden: In der Architektur Bezeichnung für Obergeschoß.
Galerie: Ein langgestreckter Raum; oft werden → Emporen und → Arkadengänge auch Galerie genannt.
Gaube: Als Giebelhäuschen ausgebildetes Dachfenster.
Gebälk: Balkensystem eines Holzbauwerks. Im Steinbau der → Renaissance und des → Barock werden → Architrav, → Fries und → Gesims zusammen als Gebälk bezeichnet.
Gebundenes System: Quadratisches Schema eines Grundrisses (vorwiegend in romanischen Kirchen). Ausgehend von der quadratischen 6-Vierung sind jeweils gleich große Gewölbequadrate in allen Richtungen angefügt. In den Seitenschiffen entsprechen jeweils zwei kleinere Gewölbequadrate den größeren Quadraten des Mittelschiffes.
Gesims: Ein vorspringender Wandabschluß.
Gesprenge: Abschließende Bekrönung des → Altaraufsatzes.
Gewölbe: Bogen- oder haubenförmiger Abschluß eines Raums.
Gewölbeformen: *Tonnengewölbe:* Gewölbe mit dem Querschnitt eines Halbkreis-, Segment-, Korb- oder Spitzbogens. *Stichkappengewölbe:* Tonnengewölbe, das durch einen seitlich einschneidenden Kappenkranz, meist mit Fensteröffnungen, begrenzt ist. *Kreuzgewölbe/Kreuzgratgewölbe:* rechtwinklige Durchdringung von zwei gleich hohen Tonnengewölben, die Durchdringungslinien heißen Grate. *Kreuzrippengewölbe:* Kreuzgratgewölbe mit tragenden Rippen entlang der Grate. *Sterngewölbe:* sternartig verzweigtes Rippengewölbe.
Giebel: Stirnseite; bei Gebäuden mit Sattel- oder Pultdach dreieckig und meist senkrecht. Auch über Fenstern oder Türen. - Staffel-, Treppengiebel.
giebelständig: eine Giebelseite zeigt gegen die Straßenseite (Gegenteil: traufständig).
Glockenjoch: aufgemauertes Giebelchen mit jochartiger Öffnung, in der eine Glocke aufgehängt ist.
Gobelin: Bildteppich.
Gotik: Epoche der europäischen Kunst und Kultur, die von der Mitte des 12. Jh. bis ins 16. Jh. reicht.
Graffiti: Eingekratzte Inschriften oder Zeichnungen, meist an Wänden antiker Gebäude.
Grisaille: Malerei in verschiedenen Grauabstimmungen.
Gurtbogen: Eine konstruktive und dekorative Unterstützung des Gewölbeabschnitts, die sich rippenartig als Bogen quer zur Längsachse spannt.

Halbsäulen: Nur mit ihrem halben Durchmesser, im Querschnitt halbkreisförmig aus der Wand vortretende Säulen.
Hallenchor: Ein → Chor, der aus mehreren, jedoch gleich hohen → Schiffen besteht.
Hallenkirche: Im Gegensatz zur → Basilika sind Hauptraum und → Seitenschiffe gleich hoch; ohne → Querhaus.
Halsgraben: Künstlich geschaffener Graben, der Burgen vom Landrücken trennt. Oft auch Zugang über Zugbrücken.
Hängewerk: Konstruktion in Holz oder Stahl zur Bewältigung großer Spannweiten, vor allem im Brückenbau angewendet: ein waagrechter Hängebalken wird von einer oder mehreren Hängesäulen gehalten, die mit den Brückenenden verstrebt sind.
Haustein: Ein an seiner Oberfläche bearbeiteter Naturstein.
Heidenhäuser: mit »Heidenhaus«, »Heidenwölbi«, »Heidenstock« bezeichnet der Volksmund Architekturformen, die wegen ihres Alters ungewöhnlich erscheinen und deshalb mit Abergläubischen verbunden werden.
Helm: Der Abschluß eines Turmes.
Hochaltar: Zentraler Hauptaltar einer Kirche.
Hocheingang: in einem oberen Geschoß gelegener Eingang zu einem Turm oder → Palas.

Ikonostasis: In der Ostkirche Bilderwand zwischen Allerheiligstem und Gemeinderaum.
Immaculata: Die Unbefleckte, Ehrenname Marias.
Inkarnation: Fleischwerdung.
Inkrustation: farbige, ornamentale Einlegearbeiten

in Stein zur Verzierung v. Wand- u. Fassadenflächen.

Intarsia: Einlegearbeit in Holz, Stuck, Stein etc.

Ionische Säulenordnung: →Ordnung, bei der die →Säulen auf einer mehrgliedrigen →Basis stehen und das →Kapitell durch zwei Schneckenbögen charakterisiert ist.

Joch: Grundeinheit des durch →Pfeiler, →Säulen oder →Gurtbogen gegliederten Raumes.

Jugendstil: Nach der Münchner Zeitschrift »Jugend« benannte Stilrichtung, die sich gegen die Übernahme alter Formen wendet und neue, der Natur entnommene Ausdrucksformen schafft. Schwerpunkt von 1895 bis um 1905.

Kabinettscheibe: kleines Glasgemälde als Schmuck von Fensterscheiben.

Kalotte: Gewölbte Kuppel in Form eines Kugelabschnitts.

Kalvarienberg, *Calvaire:* plastische Darstellung der Kreuzigungsgruppe und des Kreuzigungsberges, oft Wallfahrtsort.

Kamee: Stein oder Edelstein mit erhaben geschnittener Darstellung.

Kampanile, *Campanile:* (meist frei stehender) Glokkenturm.

Kämpfer: Steinplatte zwischen →Säule bzw. →Kapitell und Bogen oder Gewölbe.

Kannelüren: Senkrechte Rillen am Schaft von Säulen oder Pfeilern.

Kanon: Regelmäßiges, wiederkehrendes Maß.

Kanzel: Erhöhter Platz in der Kirche, von dem aus die Predigt gehalten wird. Oft von einem →Baldachin oder einem →Schalldeckel überdeckt.

Kapelle (lat. cappa »Mantel«): Name urspr. abgeleitet v. einem kleinen Raum der Königspfalz v. Paris, wo sich der Mantel des hl. Martin befand. Kleines gottesdienstliches Gebäude ohne Pfarrecht; selbständiger Teil einer Hauptkirche (Grab-, Taufkapelle); Burg- oder Schloßkapelle.

Kapellenkranz: Mehrere um den Chor gezogene Kapellen.

Kapitell: Abschließender, kopfartiger Teil einer →Säule. Die Form der Kapitelle ist ausschlaggebend für Stil oder →Ordnung.

Kapitelsaal: Versammlungsraum der Klostergemeinde.

Kappe: ausgeschiedenes Teilstück eines Gewölbes (→Gewölbeformen).

Karner: (auch: Beinhaus): Kapellenartiges Haus auf Friedhof, in dem die Gebeine aufbewahrt werden, die bei Neubelegung von Gräbern ausgegraben werden; oft zweigeschossig und mit Totenkapelle; vor allem in den Alpenländern.

Karnies (griech. koronis »gekrümmt«): Leiste mit leicht S-förmig gekrümmtem Profil.

Kartause (ital. Certosa): Kloster der Kartäuser mit einzelnen Wohnzellen und Gärten, Kreuzgang, Kirchen und Kapitelsaal.

Kartusche: Zierrahmen, mit dem Wappen, Initiale oder Inschriften eingefaßt sind.

Karyatide: →Gebälk tragende Figur.

Kassettendecke: Diese in rechteckige Felder unterteilte Decke ist durch →Ornamente, Bemalung oder anderen Schmuck ausgeprägt.

Kassettengewölbe: Ein von einer rechteckigen Kassette angeschnittenes →Kloster- oder Haubengewölbe in regelmäßiger Folge.

Kastell: in römischer Zeit befestigter Garnisonsplatz.

Kathedrale: Bischofskirche, Dom.

Kehrgiebelhaus: ein Giebelhaus mit →traufständig anschließendem Nebengebäude.

Kenotaph: Grabdenkmal, an anderer Stelle errichtet als das tatsächliche Grab.

Kielbogen: →Bogenformen.

Klangarkade (auch: Schallarkade): Bogenförmige Schallöffnungen im Glockengeschoß eines Kirchturms.

Klassizismus: Von klassisch-antiken Vorbildern ausgehende Stilrichtung, die zwischen etwa 1770 bis etwa 1830 ihren Höhepunkt erreichte.

Klebdach: An der Außenwand über Fenstern und Portalen angefügtes Vordächlein.

Klostergewölbe: (Haubengewölbe): Ein kuppelähnliches, waagrecht gerade abschließendes Gewölbe aus Tonnenabschnitten.

Knorpelstil: Die vorbarocke Form des →Ornaments, aus dem →Beschlagwerk entwickelt, mit ohrmuschelartigen Formen.

Knospenkapitell: Abwandlung des →korinthischen Kapitells in frühgotischer Zeit.

Konche: Halbrunder, sich in einen Nebenraum öffnender Raum, besonders Halbkuppel der Apsis.

Konsole: Wandvorsprung, Balkenstütze.

Kopfreliquiar: →Reliquiar in Kopf- oder Büstenform.

Korbbogen: Flachgedrückter Rundbogen.

Korinthische Säulenordnung: Reiche Zierformen kennzeichnen bei dieser →Ordnung die →Kapitelle. Die →Basis ähnelt der →ionischen Ordnung.

Kragstein: Aus der Mauer herausragender Stein, der als Stütze, als Auflage oder auch nur als Träger für eine Büste dient.

Kranzgesims: Abschlußgesims der Fassade unter dem Dachansatz.

Kreuz (lat. crux): Zwei sich meist rechtwinklig schneidende Balken als alte Symbolform. Griech. Kreuz mit gleich langen Armen, lat. Kreuz mit verschobenen Querbalken. →Andreaskreuz, Malteserkreuz mit zweispitzigen Armen, Papstkreuz mit 3 Querbalken; außerdem lothringisches Kreuz mit 2 Querbalken, Antonius- und Gabelkreuz.

Kreuzgang: Meist gewölbtes, nach innen durch →Arkaden geöffnetes Geviert, das als Umgang im Hof eines Klosters dient und an einer Seite an die Kirche anschließt.

Kreuzgewölbe: Ein →Gewölbe, bei dem sich zwei →Tonnengewölbe rechtwinklig kreuzen. Man unterscheidet das einfache Kreuzgratgewölbe von dem Kreuzrippengewölbe, bei welchem die Schnittkanten durch Rippen verstärkt sind.

Kruzifixus: Kreuz mit einer Darstellung des Gekreuzigten.

Krypta: Unterkirche, Grabraum, meist unter dem →Chor gelegen. Oft sind Kirchen über einer alten Krypta errichtet worden.

Kuppelformen, wichtigste: *Pendentif- oder Hängekuppel:* über quadratischem oder vieleckigem Grundriß gewölbte halbrunde Kuppel mit ausgeschiedenen Seitenflächen. Die von der Kuppelwölbung in den Kuppelansatz überleitenden sphärischen Dreiecke heißen *Pendentifs* oder *Hängezwik-*

kel. Tambourkuppel: Pendentifkuppel mit zylindrischem oder polygonalem Zwischenstück *(Tambour, Trommel)*, das zwischen Pendentifs und Halbkugel geschoben ist. Der obere Abschluß einer Kuppel wird meist durch eine → Laterne gebildet.

Laibung: Fläche des Mauereinschnitts bei Fenstern und Türen.
Langhaus: Hauptteil der Kirche, für die Gemeinde bestimmt (ohne → Chor und → Apsis).
Laterne: Kleiner Turm zum Abschluß einer Kuppel, meist reich verziert.
Laterne: Runder oder polygonaler, mit Fenstern versehener kleiner Aufbau über der Scheitelöffnung einer Kuppel oder als Turmbekrönung.
Laubengang: Bogengang, der dem Erdgeschoß eines Baus vorgelagert ist.
Lettner: Wand oder Brüstung zwischen → Chor und → Mittelschiff, die den klerikalen Bereich vom Laienraum trennt.
Leutkirche: Dem Laiengottesdienst vorbehaltener Raum in Stiftskirchen.
Lichtgaden: Fensterzone der Hochwand im Mittelschiff einer → Basilika, auch *Obergaden* genannt.
Lisene: Schwach aus der Wand vortretender senkrechter Mauerstreifen ohne Basis und Kapitell.
Loggia: Nach außen geöffnete Säulenhalle eines Bauwerks, häufig im Obergeschoß.
Loretokapelle: Architektonische Nachahmung des Muttergottes-Hauses, das der Legende nach durch Engel von Nazareth nach Loreto bei Ancona (Mittelitalien) versetzt wurde.
Louis-quatorze: Französischer Kunststil, dem deutschen → Barock vergleichbar; benannt nach Ludwig XIV. (1638-1715).
Louis-quinze: Epoche des Spätbarock in Frankreich, benannt nach Ludwig XV. (1710-74). Entspricht in etwa dem → Rokoko in Deutschland und Österreich.
Louis-seize: Beginn des → Klassizismus in Frankreich, benannt nach Ludwig XVI. (1754-93); eine gemäßigte Form des → Rokoko.
Lüftlmalerei: Malerei an Hauswänden, vornehmlich im süddeutschen Raum.
Luginsland: Ein hochragender, häufig alleinstehender oder vorgesetzter Wart- und Aussichtsturm; in Städten auch als Feuerwacht benutzt.
Lukarne: Kleines Dachfenster.
Lünette: Halbkreisförmiges Feld über Türen und Fenstern, oft mit Malerei oder Plastik.

Majestas Domini: Frontal thronender Christus mit hochgehaltener Rechter und Lebensbuch, oft mit den 24 Ältesten oder den 4 Evangelistensymbolen dargestellt.
Mandorla: Heiligenschein in zugespitzter Mandelform, der eine ganze Heiligengestalt (Maria oder Christus) umgibt.
Manierismus: Kunststil zwischen → Renaissance und → Barock (ungefähr von 1530-1630). Der Manierismus vernachlässigt natürliche und »klassische« Formen zugunsten gewollter Künstlichkeit der Manier.
Mansarde: Ein abgeknicktes Dach, wobei der untere Teil steiler als der obere ist. Der gewonnene Raum wird ebenfalls Mansarde genannt und läßt sich gut für Wohnzwecke benutzen. (Benannt nach dem Franzosen F. Mansart.)
Maschikuli: Kleine Öffnungen zwischen einem vorkragenden Zinnenkranz, bei mittelalterlichen Wehrbauten zum Ausguß von Pech und Schwefel bestimmt.
Maßwerk: Gotische geometrische Zierformen, vor allem für die Ausgestaltung von Fensterbögen oft verwendet. Liegen die Zierbogen direkt auf der Wand, spricht man von Blendmaßwerk.
Mausoleum: Ein prächtiges Grabmal, meist in der Form eines Hauses oder Tempels.
Medaillon: Meist runde od. ovale Rahmung eines Ornaments oder Freskos (aus Stuck, Stein u. ä.).
Menhir: Roh behauener, senkrecht aufgestellter Stein aus vorgeschichtlicher Zeit.
Mensa: Die Deckplatte des Altars.
Mezzanin: Halb- oder Zwischengeschoß.
Miniatur: Kleinformatiges Bild; handgemalte Bilder in alten Handschriften.
Mittelschiff: Mittleres → Schiff der → Basilika oder der mehrschiffigen → Hallenkirche.
Mönchschor: Jener Teil des → Chores, der den Mönchen vorbehalten ist, oft abgeschlossen.
Monstranz: Schmuckgerät, in dem (meist hinter Glas) die geweihte Hostie gezeigt wird.
Mosaik: Wand-, Boden- oder Gewölbeschmuck, zusammengefügt aus kleinen bunten Steinchen, Glasscherben oder anderen Materialien.
Municipium: In der röm. Republik die in den Staatsverband einbezogenen italischen Städte, in der röm. Kaiserzeit die mit röm. Recht ausgestattete selbständige Stadtgemeinde; munizipal bedeutet soviel wie städt.
Münster: Große Klosterkirche bzw. große Stiftskirche, vor allem in Rheinnähe gebräuchlich.
Muschelwerk: Zierornamente, die dem Muschelmotiv nachempfunden sind; vor allem in der späten → Renaissance und im → Rokoko.

Narthex: Vorhalle von Basiliken und Kirchen.
Netzgewölbe: Ein → Gewölbe, bei dem sich die Rippen mehrfach kreuzen. Vor allem zur Zeit der → Gotik anzutreffen.
Neubarock: Reaktion auf den kühlen → Klassizismus. Die Wiederverwendung der Formen des → Barock entwickelte sich im letzten Drittel des 19. Jh. als ein historisierender Prunkstil mit übertriebenem plastischem Schmuck und auffälligen Farben.
Neugotik (Neogotik): Historisierender Kunststil, mit dem man im 19. Jh. die Bauformen und Schmuckornamente der → Gotik neu beleben wollte.
Nonnenchor: → Empore, auf der Nonnen dem Gottesdienst beiwohnen.

Obelisk: Frei stehender Pfeiler mit quadratischem Grundriß und pyramidenartiger Spitze.
Oculus: Runde Fensteröffnung.
Odeon: Meist rundes Gebäude, in dem musikalische und andere musische Aufführungen stattfinden.
Oktogon: Gebäude mit achteckigem Grundriß.
Olifant: Das Wunderhorn Rolands, ein Signal- und Kriegshorn aus Elfenbein, reich geschnitzt und in Edelmetall gefaßt.
Ophistodom: Beim griechischen Tempel Raum hinter der → Cella.
Orangerie: Teil barocker Schloß- und Parkanlagen,

ursprünglich für die Überwinterung der während des Sommers im Freien aufgestellten Orangenbäume und anderer südlicher Gewächse gedacht. Oft erhielten die Orangerien jedoch Festräume für große Hofgesellschaften.

Oratorium: Kleine Kapelle, die in der Regel nicht für die Öffentlichkeit zugänglich ist, oft dem → Chorraum angegliedert.

Ordensburg: Burgen des Deutschen Ritterordens, vornehmlich in Preußen und Livland. Die vierflügeligen Anlagen sind um einen Innenhof gruppiert und durch sehr starke Befestigungsanlagen geschützt. Kloster, Garnison und Verwaltung sind in den Ordensburgen gemeinsam untergebracht gewesen.

Ordnung: Architektursystem der Antike, das bestimmte Reihenfolgen vorschreibt, vor allem bei → Säulen (→ dorische, → ionische etc.).

Orgelprospekt: Schauseite einer Orgel.

Ornament: Regelmäßig sich wiederholende Zierformen. Wiederkehrende Ornamente sind oft unter anderen Begriffen zusammengefaßt (z. B. → Fries).

Ossarium: → Beinhaus.

Ottonische Kunst: Kunst aus der Zeit der Könige Otto I., Otto II. und Otto III. (936–1002). Anreger und Finanziers dieser Kunst waren die Könige sowie Würdenträger der Kirche.

Pagode: Süd- und ostasiatischer Reliquienschrein und Tempel.

Pala: Altaraufsatz.

Palas: Wohnbau einer Burg.

Palladiomotiv: Ein von Sebastiano Serlio entwikkeltes, nach Andrea Palladio (1508–80) benanntes Architekturmotiv seit der Spätrenaissance, auch *Serliana* genannt: dreiachsige Wandöffnung, mittlere Achse breiter und von Rundbogen überhöht, schmälere Seitenöffnungen mit horizontalem Abschluß auf Höhe des Bogenansatzes.

Pallium: Ein mantelähnlicher Umhang der Römer, im Mittelalter Krönungsmantel für Könige und Kaiser, später auch bei Erzbischöfen.

Paneel: Brusthohe Holzvertäfelung.

Panorama: In der Kunst ein Rundgemälde, vor allem zur Darstellung von Schlachten und Städteansichten.

Pantheon: Den Göttern geweihter Tempel. Nach dem Vorbild des Pantheons in Rom (Rundbau).

Paradies: → Atrium.

Parament: Sakrale Bekleidungsstücke, z. B. des Priesters oder des Altars.

Patio: Innenhof des Hauses, vor allem in Spanien.

Patrozinium: Schutzherrschaft des Heiligen, in dessen Namen die Kirche geweiht ist (Kirchenpatron); auch Namensfest des Kirchenpatrons.

Pavillon: Meist mehreckiger oder runder Bau in Parkanlagen. Bei Barockschlössern verbinden sehr häufig Eckpavillons den Hauptbau mit den davon abzweigenden → Galerien.

Pechnasen: Kleine, an der Unterseite geöffnete Erker bei mittelalterlichen Burgen, durch die man heißes Pech auf die Angreifer schütten konnte.

Pendentifkuppel: → Kuppelformen.

Pergola: Offener Laubengang aus einer Holzkonstruktion; an den Balken ranken sich Pflanzen empor.

Peripteros: Griech. Tempel mit einem Säulengang rundum.

Peristyl: Einen Hof umgebende Säulenhalle, bei profanen wie sakralen Bauten verbreitet.

Pesel: Wohnraum und Zentrum norddeutscher Bauernhäuser.

Pestsäule: Mittelalterliche Schmucksäulen, die an Zeiten erinnern, in denen die Pest im Ort gewütet hat.

Pfalz: Wohnstatt für Könige und Kaiser, die im Mittelalter nicht an einem Ort residierten, sondern ihren Sitz regelmäßig wechselten.

Pfeiler: Stützglied wie die → Säule, doch von recht- oder mehreckigem Grundriß.

Pfeilerbasilika: Die Bogen des → Schiffes der → Basilika liegen auf → Pfeilern.

Piano Nobile: Das wichtigste (edelste) Geschoß eines Profanbaues, meistens das 1. Obergeschoß z. B. mit Prunk- und Repräsentationsräumen.

Pietà: Darstellung der trauernden Maria mit dem Leichnam des Sohnes auf dem Schoß.

Pieve (ital. »Pfarrkirche«): Mit bes. Rechten ausgestattete, häufig etwas außerhalb der Ortschaften gelegene, meist dreischiffige Pfarrkirche.

Pilaster: → Pfeiler, der aus einer Wand hervortritt (Halbpfeiler), mit → Basis und → Kapitell.

Pinakothek (griech.): Bildersammlung.

Piscina: 1. Schwimmbassin in den römischen Bädern. 2. Taufbecken in einem Baptisterium. 3. Kleine Mauernische mit Wasserablauf im Chor für die liturgische Handwaschung.

polychrom: Vielfarbig ausgeführt; Farben deutlich gegeneinander abgesetzt; Ggs. monochrom.

Polygon: Vieleck.

Polyptychon: Ein aus mehreren Tafeln (Flügeln) zusammengesetztes (Altar-)Bild.

Portal: In der Form und im Schmuck hervorgehobener repräsentativer Eingang v. Kirchen, Palästen oder vornehmen Profanbauten.

Portikus: Von → Pfeilern gestützte Vorhalle.

Porträt (franz. »Portrait«): Darstellung v. a. des Antlitzes eines Menschen in Malerei oder Plastik.

Postament: Sockel eines Standbildes.

Präraffaeliten: Von London ausgehende Kunstrichtung (um 1850), die eine Verbindung religiöser und seelischer Motive forderte und sich an der italienischen Malerei der frühen → Renaissance orientierte. Vorstufe des → Jugendstils.

Predella: Unterbau des → Altars.

Presbyterium: Ursprünglich »Raum der Priester«, heute allgemeine Bezeichnung für den → Chor bzw. die → Apsis einer Kirche.

Prior: Bei Benediktinern und verwandten Orden Stellvertreter des Abts in einer Abtei oder Hausoberer in einem Priorat; bei Dominikanern und Kartäusern der Klostervorsteher.

profan: Das Gegenteil von → sakral, also Kunst, die nicht mit dem religiösen Bereich in Verbindung steht. Zu den Profanbauten zählt man z. B. Rathäuser, Burgen, Schlösser, Bürgerhäuser etc.

Pronaos: Vorhalle des antiken Tempels (auch christliche Kirchengebäude).

Propstei: Dom- oder Stiftskapitel.

Propyläen: Die Eingangshalle monumentaler Bauten. Vorbild späterer Bauten waren die Propyläen auf der Akropolis in Athen (entstanden 437 bis 432 v. Chr.).

Prospekt: → Orgelprospekt.

Prothyros: Einfriedung vor der Tür des römischen Hauses.

Protorenaissance (Vorrenaissance): Florentinische Baukunst im 11. und 12. Jh.
Pseudobasilika (falsche Basilika): Basilikale Kirche mit erhöhtem, aber fensterlosem Mittelschiff.
Pulpitum: Frei stehende Kanzel.
Pultdach: → Dachformen.
Purifizierung (lat. »Reinigung«): Entfernung v. An- oder Umbauten; Wiederherstellung des urspr. Äußeren und Inneren.
Putten: Nackte engelhafte Kinderfiguren in der → Renaissance, im → Barock und im → Rokoko.
Pylon: Eingangstor bei griech. Tempeln und Palästen.

Quader: Behauener Block aus massivem Stein.
Quadriga: Ein vierspänniger Wagen.
Querhaus oder **Querschiff:** Raum in der Kirche, quer zum → Langhaus (→ Basilika).
Querschnitt: Ein gedachter Schnitt quer durch ein Gebäude zur Darstellung der Architektur.

Radfenster: Speichenartig gegliederte Fensterrose.
Refektorium: Speiseraum in Klöstern.
Refugium: im Mittelalter in Kriegszeiten benützte Wehranlage zum Schutz der Bevölkerung, auch *Fluchtburg* genannt.
Régence: Französische Ausformung des → Rokoko.
Relief: Bildhauerarbeit, bei der die Figuren halbplastisch aus der Fläche herausgeschnitten (Holz) oder gemeißelt (Stein) sind. Je nach der Stärke der Erhebung spricht man von Flach-, Halb- oder Hochrelief.
Reliquiar: Behälter, in dem die Reliquien eines Heiligen aufbewahrt werden.
Remter: Speisesaal einer → Ordensburg (→ Refektorium).
Renaissance: Stilbezeichnung für die bildende Kunst ab etwa 1500 bis etwa 1600. Die Renaissance fällt zusammen mit dem Ende des mittelalterlichen Weltbilds und dem Beginn einer neuen, an der Antike orientierten Lebenshaltung (ital. rinascimento = Wiedergeburt).
Riegelbau, Fachwerkbau: Skelettbauweise, deren Gerüst aus waag- und senkrechten Pfosten (meist Holz) sowie diagonalen Streben besteht. Die Zwischenräume sind mit anderem Material gefüllt (Lehm, Backstein). Verfeinerte → Ständerbauweise.
Rippe: Tragendes Konstruktionselement eines Gewölbes mit Band-, Rundstab- und Birnstabprofil; in der Spätzeit des Gewölbebaus wurden die Rippen der selbsttragenden Schale als dekorative Oberflächengliederung vorgeblendet (→ Gewölbeformen).
Risalit: Aus der Fluchtlinie vortretender Teil eines Gebäudes, der dessen volle Höhe erreicht.
Rocaille: Reich gestaltete, muschelähnliche → Kartusche, die namengebend für das → Rokoko wurde.
Rokoko: Stilbezeichnung für die Zeit des ausklingenden → Barock (etwa 1720–70), mit eleganten, leichten, oft verspielten, vor allem ovalen Formen.
Rollwerk: Bandartiges Ornament, dessen sich aufrollende Enden plastisch ausgeformt sind. Motiv vieler Holzarbeiten vor allem im 16. Jh. in Flandern und Holland (→ Beschlagwerk).
Romanik: Die zusammenfassende Bezeichnung für die Kunst vom Jahr 1000 bis ins 13. Jh. In ihren Bauwerken ist die Romanik bestimmt von Rundbogen, ruhigen Ornamenten und einer insgesamt schweren Haltung.
Romantik: Kunstrichtung zu Beginn des 19. Jh., die sich vor allem in der Literatur (Märchen), Malerei und Musik ausbreitete. Sie nimmt Formen und Motive des Mittelalters wieder auf und bedeutet eine Abkehr von den rationalen Normen des → Klassizismus.
Rose: Ein stark gegliedertes Rundfenster über dem Portal mit reichem → Maßwerk, vor allem bei gotischen Kirchen.
Rosette: Rosenartige Dekorationsform, z. B. in Kassetten oder an Friesen.
Rotunde: Rundbau.
Rundbogen: → Bogenformen.
Ründe/Ründi: Halbrunde Holzverschalung unter einem Hausgiebel.
Rundling: Dörfer, die sich regelmäßig um den (runden) Marktplatz herum entwickelt haben.
Rustika: Mauern aus → Quadern, deren Schauseite absichtlich unbehauen geblieben ist.

Saalkirche: Stützenfreier Kircheninnenraum, also ohne → Seitenschiff.
Sacra Conversazione: Madonna inmitten mehrerer Heiliger, seit dem 15. Jh. v. a. in der ital. Malerei gebräuchlich.
sakral: kirchlich, geistlich (im Gegensatz zu → profan).
Sakramentshäuschen: Gehäuse zur Aufbewahrung der geweihten Hostien. In der späten → Gotik entstanden zahlreiche große Sakramentshäuschen, die zu bedeutenden Kunstwerken ausgestaltet sind.
Säkularisation: Umwandlung geistlicher Besitztümer in weltliche, vor allem in der Zeit unter Napoleon (1803).
Sala terrena: Saal im Erdgeschoß e. Schlosses.
Sanktuarium: Allerheiligstes der Kirche, Altarplatz.
Sarkophag: Meist reich verzierter steinerner Sarg.
Satteldach: Von zwei schräg gegeneinander gestellten Flächen gebildetes Dach. Die 2 Giebel befinden sich an den Schmalseiten.
Säule: Stützglied mit kreisförmigem Grundriß, Gliederung in Basis, Schaft und Kapitell. Säulenordnungen sind durch strenge Maß- und Proportionsregeln gekennzeichnet und kommen in den klassischen bzw. den von der Klassik beeinflußten Stilepochen vor (→ Pfeiler).
Säulenbasilika: → Basilika, die von → Säulen gestützt wird (im Gegensatz zur → Pfeilerbasilika).
Scagliola: Ein aus Gips, Leim, Wasser und Farben zusammengestelltes, später poliertes Material zur Imitation v. Marmor.
Schalenturm: Wehrturm in einer Ringmauer, an der Rückseite geöffnet.
Schalldeckel: → Kanzel.
Schiff: Der Raumteil einer Kirche; daraus einschiffige oder mehrschiffige Kirchen; letztere durch → Säulen oder → Pfeiler aufgeteilt.
Schildbogen: Ein das Joch gegen die Wandseiten hin begrenzender Gewölbebogen (→ Gewölbeformen).
Schildmauer: Hohe und starke, meist frei stehende

Mauer zum Schutz einer Burg vor fremdem Beschuß.
Schlußstein: Stein im Scheitel eines Bogens oder Rippengewölbes, häufig plastisch verziert oder bemalt.
Schnitzaltar: Altar mit geschnitzten Holzfiguren im Altarschrein.
Schwibbogen: Quer über einen Raum gezogener, 2 Wände verbindender freier Bogen als Mauerstütze oder Element der Raumgliederung.
Seitenschiff: Seitlich gelegenes → Schiff, durch → Säulen oder → Pfeiler vom Hauptraum der Kirche getrennt.
Sepultur: Für Begräbnisstätten reservierter Kirchenraum.
Serliana: → Palladiomotiv.
Sgraffito: Kratzputz.
Sinopie: Meist rötliche oder braune Vorzeichnungen von Fresken auf der Wand.
Sockel: Vorspringender unterer Teil einer Wand, eines → Pfeilers oder einer Säule.
Spiegelgewölbe: Ein langgestrecktes → Klostergewölbe, das im Scheitel mit einer waagrechten Fläche schließt.
Spitzbogen: → Bogenformen.
Spolie (lat. spolia »Beute«): Wiederverwendetes Glied (Kapitelle, Säule, Stein u.ä.) eines älteren Bauwerks.
Sprengwerk: → Gesprenge.
Stabkirche: Holzkirche (in Deutschland fast ausschließlich im Harz) aus senkrecht stehenden Planken und Pfosten.
Stabwerk: Senkrechte Stäbe zur Gliederung gotischer Fenster und Fassaden (→ Maßwerk).
Staffelgiebel: Giebel mit treppenartiger Stufung, auch Treppen- oder Stufengiebel.
Staffelhalle/Stufenhalle: Hallenkirche oder Pseudobasilika, deren Mittelschiff höher ist als die Seitenschiffe, jedoch ohne direkte Belichtung des Mittelschiffs (→ Basilika).
Stichkappengewölbe: Ein von dreieckigen Kugelflächen eingeschnittenes → Tonnengewölbe.
Strebepfeiler: Die in der Gotik ungewöhnlich großen Fensteröffnungen forderten eine Abstützung der Außenmauern durch → Pfeiler und Halbbögen. Dieses Strebewerk fing den Gewölbedruck auf.
Strebewerk: System von Strebepfeilern und -bögen an Außenwänden zur Abstützung von Mauern und Gewölben; im got. Kirchenbau häufig verwendet.
Strickbau: → Blockbau.
Stuccolustro: Mit Marmorstaub und Freskoputz vermengtes, heiß behandeltes und glattpoliertes Material, wirkt wie Marmor. Dieser »Stuckmarmor« wird v.a. zur Verkleidung v. Pfeilern, Säulen oder Wandflächen verwendet.
Stuck: Ein leicht formbarer Werkstoff aus Gips, Kalk, Sand und Wasser, der v.a. im 17./18. Jh. zur plastischen Ausschmückung von Innenräumen gedient hat.
Stukkatur: Ornamentale und figürliche Stuck-Dekoration v.a. im Barock.
Sulèr: Großer, gewölbter, vestibülartiger Eingang.
Supraporte: Dekoratives Feld (Malerei, Schnitzerei, Stuck) über der Türe; v.a. im Barock gebräuchlich.
Synagoge: Jüdisches Gotteshaus.

Tabernakel: Altargehäuse für die Hostie.
Tabor: Befestigtes Lager, Befestigung besonders in der Steiermark gegen Türkeneinfälle; auch Taborkirche.
Täfer: Hölzerne, meist profilierte Wand- oder Deckenverkleidung.
Tambour: Unterbau einer Kuppel, in der Regel zylindrisch oder polygonal.
Terrakotta: Gebrannte, unglasierte Tonerde.
Thermen: Römische Warmbadeanstalten.
Thermenfenster: Senkrecht dreigeteiltes Halbkreisfenster, aus der römischen Thermenarchitektur übernommen.
Tonnengewölbe: → Gewölbe, das einer Tonne gleicht, die in Längsrichtung durchgeschnitten wird.
Toskanische Säulenordnung (röm. Bezeichnung): Abwandlung der dorischen Säulenordnung durch Zufügen einer Basis und Wegnehmen der Kanneluren des Schafts; glatter Säulenschaft, Kapitell ohne Schmuck und Verzierung.
Transenne: In die Fensteröffnungen eingefügte Holz- oder Steinplatten (Vorläufer der Fensterverglasung).
Traufe, Dachtraufe: Untere horizontale Begrenzung eines Daches.
Treppengiebel: → Staffelgiebel.
Treppenhaus: Monumentale Treppenanlage (häufig zweiteiliger Treppenaufgang) in der Höhe des Gebäudes; v.a. im Barock, jedoch bereits auch während der Renaissance.
Triforium: Laufgang in der Wand unter den Fenstern von Mittelschiff, Querschiff und Chor, besonders in gotischen Kirchen.
Trinität (lat. trinitas »Dreiheit«): Dreieinigkeit, die Dreiheit v. Gottvater, Sohn und Hl. Geist in der Einheit des göttlichen Wesens u.a. als Dreieck mit dem Auge Gottes dargestellt.
Triptychon: Dreiteiliges Altarbild.
Triumphbogen: Geschmückter Torbogen.
Trompe l'œil: Spezielle Art der Darstellung, bei der Gegenstände so täuschend ähnlich gemalt sind, daß sie dem Auge als Wirklichkeit erscheinen.
Tudorstil: Baustil, der Elemente der → Gotik und der → Renaissance verbindet; benannt nach der englischen Familie Tudor (etwa um 1530 bis um 1600).
Tumba: Aufbau über einer Grabstelle.
Tympanon: Das Bogenfeld über dem mittelalterlichen Portal.

Vedute: Gemälde oder Zeichnung mit der genauen Darstellung einer Stadt oder Landschaft.
Verblendung: Verkleidung von Bauteilen, die nicht sichtbar sein sollen.
Verkröpfung: Vorziehen eines Gesimses über einem vorstehenden Bauteil (Wandpfeiler, Pilaster).
Vesperbild: → Pietà.
Vierpaß: Ornament des got. Maßwerks: vier einem Kreis eingeschriebene, kleeblattförmig angelegte Kreissegmente.
Vierung: Die Stelle, an der sich → Lang- und → Querhaus kreuzen.
Vierzehn Nothelfer: Die als Helfer in jeder Not angerufenen Hll. sind Achatius, Ägidius, Barbara, Blasius, Christophorus, Cyriacus, Dionysius, Erasmus, Eustachius, Georg, Katharina, Margaretha, Pantaleon und Vitus.

Viztum: Stellvertreter des Landesherrn, meist in bischöflichen Herrschaften.
Vollplastik: Allseits plastisch gearbeitetes Bildwerk (dagegen → Relief).
Volute: Spiralenförmiges → Ornament.
Vorarlberger Schema: Umstrittener Begriff für den Typus der barocken Wandpfeilerhalle mit Emporen, wie er im 17. und 18. Jh. von den Vorarlberger Baumeistern entwickelt und nördlich der Alpen verbreitet wurde.
Vorburg: In größeren Burganlagen der äußere Wehrbezirk.
Vorhalle: Ein der Westfassade integrierter Vorraum bei Kirchenbauten.
Vortragekreuz: Ein hauptsächlich bei Prozessionen benutztes Kreuz.
Vorzeichen: → Portikus.
Votivaltar (lat. votum »Gelübde«): Infolge eines Gelübdes gestifteter Altar; ebenso Votivkirche oder -kapelle.

Walmdach: → Dachformen.
Wandvorlage: Gliederung oder Verstärkung (Stabilisierung) einer Wand durch Dienste, Halbsäulen, Lisenen, Pilaster oder Pfeiler.
Wange: Seitlicher Abschluß des → Chorgestühls.
Wehrgang: Zur Verteidigung hergerichteter Laufgang in den oberen Partien einer Ringmauer.
Weicher Stil: Spezifische Erscheinung in der deutschen Malerei und Plastik der Spätgotik mit fließenden Gewandfalten und zartem Gesichtsausdruck.
Welsche Haube: Geschwungenes Haubendach für Türme, Vorläufer der → Zwiebelhaube.
Westwerk: Monumentaler Westabschluß bei Kirchen aus karolingischer, ottonischer und romanischer Zeit. Als Kirche für den Herrscher vorgesehen und deshalb oft auch mit einem eigenen Altar ausgestattet.
Wimperg: Giebelartige Bekrönung über got. Portalen und Fenstern, meist aus Maßwerk konstruiert.
Winkelhakenkirche: Kirche mit zwei längsrechteckigen Schiffen, die in einem stumpfen, beinahe rechten Winkel aufeinanderstoßen.
Würfelkapitell: Aus der Durchdringung von Würfel- und Kugelform entwickeltes → Kapitell der romanischen Stilepoche.

Zackenstil (auch: Knitterstil): In der Spätgotik, sogar bereits in der Spätromanik auftretender Stil, Falten an (Schnitz-)Figuren sehr scharf (zackig, knitterig) zu gestalten.
Zeltdach: → Dachformen.
Zentralbau: Baukörper mit gleich oder nahezu gleich langen Hauptachsen, im Grundriß dem Kreis, Quadrat, regelmäßigen Vieleck oder griechischen Kreuz angenähert.
Ziborium (auch Ciborium): Großer von Säulen getragener steinerner → Baldachin über dem → Altar.
Zinnenkranz: Oberer Abschluß einer Wehrmauer, bestehend aus schützenden, schildartigen Aufbauten, unterbrochen durch schartenartige Zwischenräume im Mauerrand.
Zopfstil: Stilrichtung aus der Zeit zwischen → Rokoko und → Klassizismus (etwa um 1760–80); geprägt von strenger Ausdrucksweise.
Zwerchhaus: Dachhäuschen mit einem Giebel, der quer zum Hauptdach steht.
Zwerggalerie: Gang in der Außenmauer unter dem Dachgesims; nach außen geöffnet und meist reich verziert.
Zwickel: Teilgewölbe, das meist zu einer Kuppel überleitet (→ Kuppelformen).
Zwiebelhaube: Dach in der Gestalt einer Zwiebel.
Zwinger: Das Gelände zwischen den inneren und äußeren Mauern der mittelalterlichen Stadtbefestigungen. Hier wurden oft Tiere gehalten. Im → Barock errichtete man an dieser Stelle dann oft Vergnügungsstätten.

Künstlerregister

Verzeichnis aller behandelten Orte

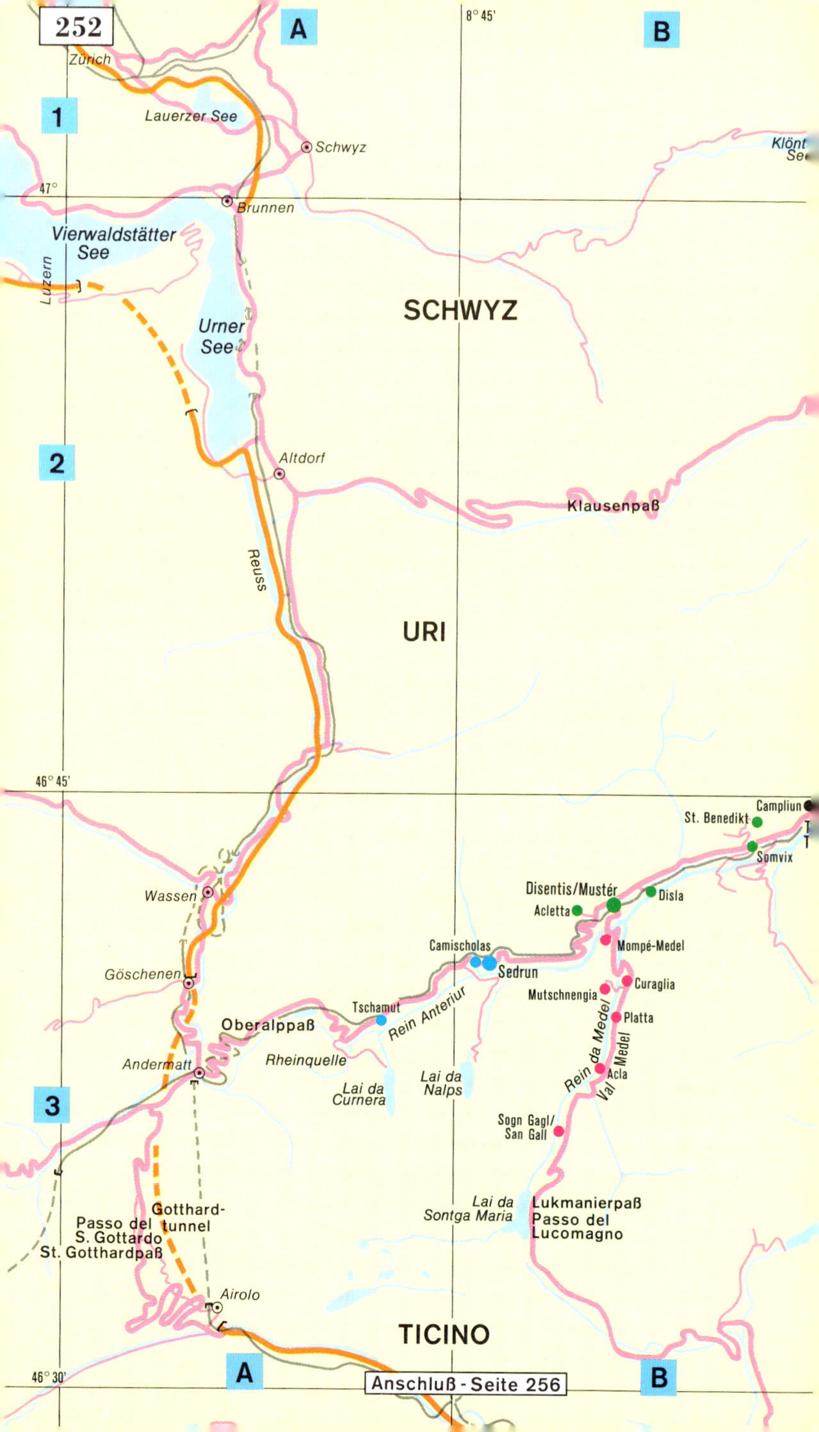

Anschluß - Seite 256

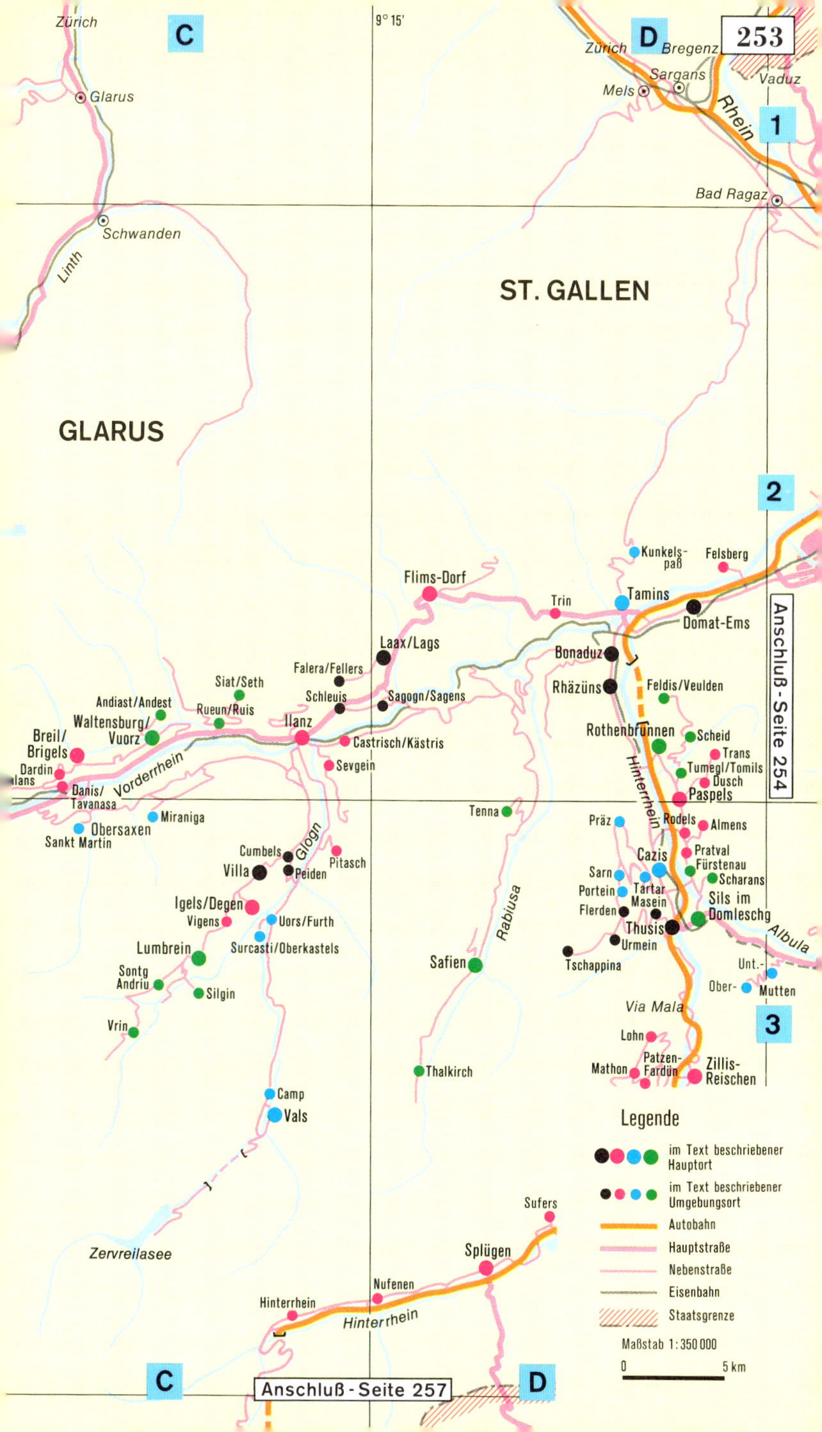
C
D
9° 15'
Zürich
Glarus
Schwanden
Linth
Bregenz
Sargans
Mels
Vaduz
Rhein
1
Bad Ragaz
ST. GALLEN
GLARUS
2
Kunkels-paß
Felsberg
Flims-Dorf
Trin
Tamins
Domat-Ems
Anschluß - Seite 254
Laax/Lags
Bonaduz
Falera/Fellers
Siat/Seth
Andiast/Andest
Schleuis
Sagogn/Sagens
Rhäzüns
Feldis/Veulden
Rueun/Ruis
Waltensburg/ Vuorz
Ilanz
Breil/ Brigels
Castrisch/Kästris
Rothenbrunnen
Scheid
Trans
Sevgein
Dardin
Tumegl/Tomils
Dusch
Danis/ Tavanasa
Vorderrhein
Paspels
Hinterrhein
Tenna
Miraniga
Obersaxen
Sankt Martin
Präz
Rodels
Almens
Pratval
Cumbels
Glogn
Pitasch
Villa
Peiden
Cazis
Fürstenau
Sarn
Scharans
Portein
Tartar
Masein
Sils im Domleschg
Igels/Degen
Rabiusa
Flerden
Vigens
Uors/Furth
Thusis
Albula
Surcasti/Oberkastels
Urmein
Lumbrein
Safien
Tschappina
Sontg Andriu
Unt.-
Ober-
Mutten
Silgin
Via Mala
Vrin
3
Lohn
Patzen-Fardün
Mathon
Zillis-Reischen
Thalkirch
Camp
Vals
Legende
im Text beschriebener Hauptort
im Text beschriebener Umgebungsort
Autobahn
Hauptstraße
Nebenstraße
Eisenbahn
Staatsgrenze
Maßstab 1:350 000
0
5 km
Sufers
Zervreilasee
Splügen
Nufenen
Hinterrhein
Hinterrhein
C
Anschluß - Seite 257
D

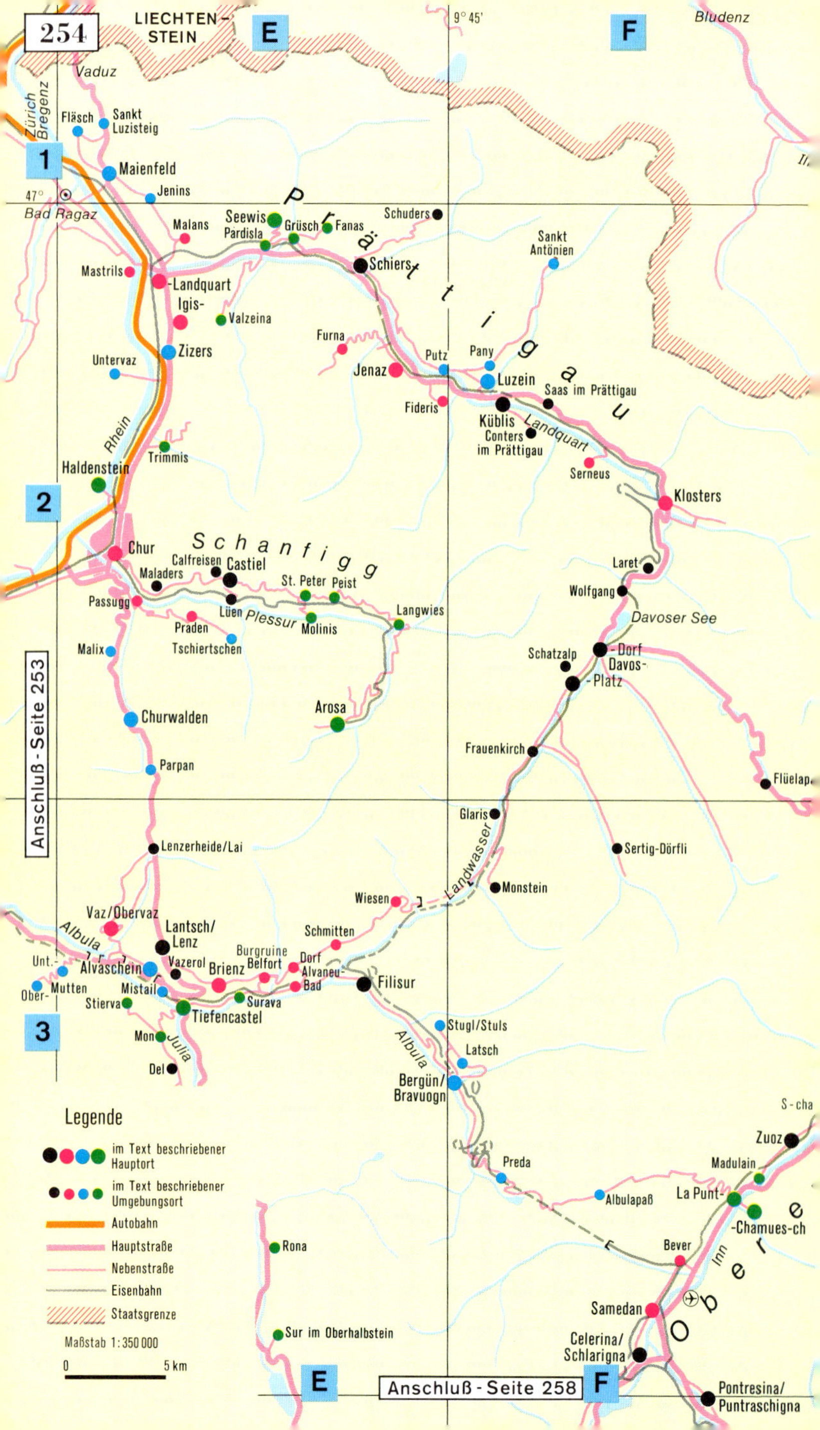
LIECHTEN-
STEIN
E
F
9° 45'
Bludenz
Vaduz
Zürich
Bregenz
Fläsch
Sankt
Luzisteig
1
Maienfeld
47°
Jenins
Bad Ragaz
Prättigau
Schuders
Seewis
Pardisla
Grüsch
Fanas
Malans
Sankt
Antönien
Mastrils
Schiers
Landquart
Igis-
Valzeina
Zizers
Furna
Untervaz
Putz
Pany
Jenaz
Luzein
Saas im Prättigau
Fideris
Küblis
Conters
im Prättigau
Landquart
Rhein
Trimmis
Serneus
Haldenstein
2
Klosters
Schanfigg
Chur
Calfreisen
Castiel
Maladers
St. Peter
Peist
Laret
Wolfgang
Passugg
Lüen
Plessur
Molinis
Langwies
Praden
Davoser See
Tschiertschen
Malix
Schatzalp
-Dorf
Davos-
-Platz
Anschluß - Seite 253
Arosa
Churwalden
Frauenkirch
Parpan
Flüelap.
Glaris
Lenzerheide/Lai
Sertig-Dörfli
Landwasser
Monstein
Wiesen
Vaz/Obervaz
Lantsch/
Lenz
Schmitten
Albula
Burgruine
Belfort
Dorf
Alvaneu-
Bad
Unt.-
Alvaschein
Vazerol
Brienz
Filisur
Ober-
Mutten
Mistail
Stierva
Surava
Tiefencastel
3
Stugl/Stuls
Mon
Julia
Albula
Latsch
Del
Bergün/
Bravuogn
S-cha
Legende
im Text beschriebener
Hauptort
im Text beschriebener
Umgebungsort
Autobahn
Hauptstraße
Nebenstraße
Eisenbahn
Staatsgrenze
Maßstab 1:350 000
0
5 km
Zuoz
Preda
Madulain
Albulapaß
La Punt-
-Chamues-ch
Rona
Bever
Inn
Oberengadin
Samedan
Sur im Oberhalbstein
Celerina/
Schlarigna
E
Anschluß - Seite 258
F
Pontresina/
Puntraschigna

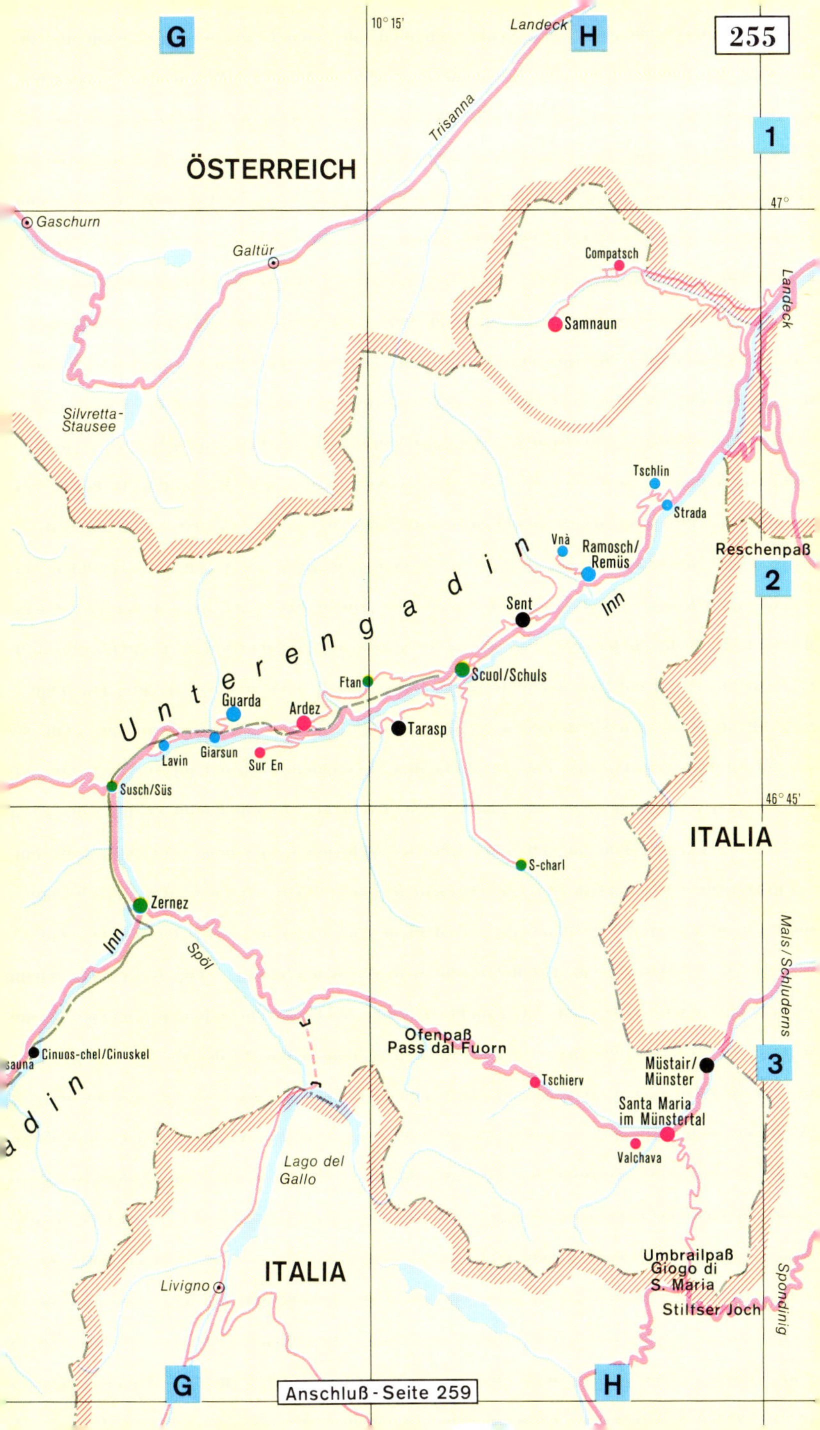

Anschluß - Seite 259

Anschluß - Seite 252

Anschluß - Seite 253
C
D
Igels/Degen
Vigens
Uors/Furth
Surcasti/Oberkastels
Lumbrein
Sontg Andriu
Silgin
Vrin
Glogn
Safien
Rabiusa
Thalkirch
Camp
Vals
Zervreilasee
Thusis
Urmein
Tschappina
Via Mala
Hinterrhein
Unt.-
Ober-
Mutten
Lohn
Patzen-
Fardün
Mathon
Zillis-
Reischen
Donath
Wergenstein
Casti
Clugin
Pignia
Andeer
3
Sufers
Splügen
Sufner See
Averserrhein
Außerferrera
Innerferrera
Nufenen
Hinterrhein
Hinterrhein
Splügenpaß
Passo dello Spluga
46° 30'
Passo del San Bernardino
San Bernardinotunnel
San Bernardino
Lago di Montespluga
Avers-
Cresta
Lago di Val di Lei
Anschluß - Seite 258
Mesocco/
Misox
Soazza
ITALIA
4
Rossa
Santa Doménica
Cáuco
Selma
Arvigo
Cabbiola
Lostallo
Sorte
Chiavenna
Mera
Mera
Buseno
Verdábbio
Cama
Santa Maria in Calanca
Leggia
Castaneda
Grono
San Vittore
Monticello
Roveredo
Moesa
46° 15'
Bellinzona
Lago di Mezzola
5
Lago di Como
Gravedona
Adda
Lugano
Como
9° 15'
Lecco
C
D

Anschluß - Seite 254
Anschluß - Seite 257

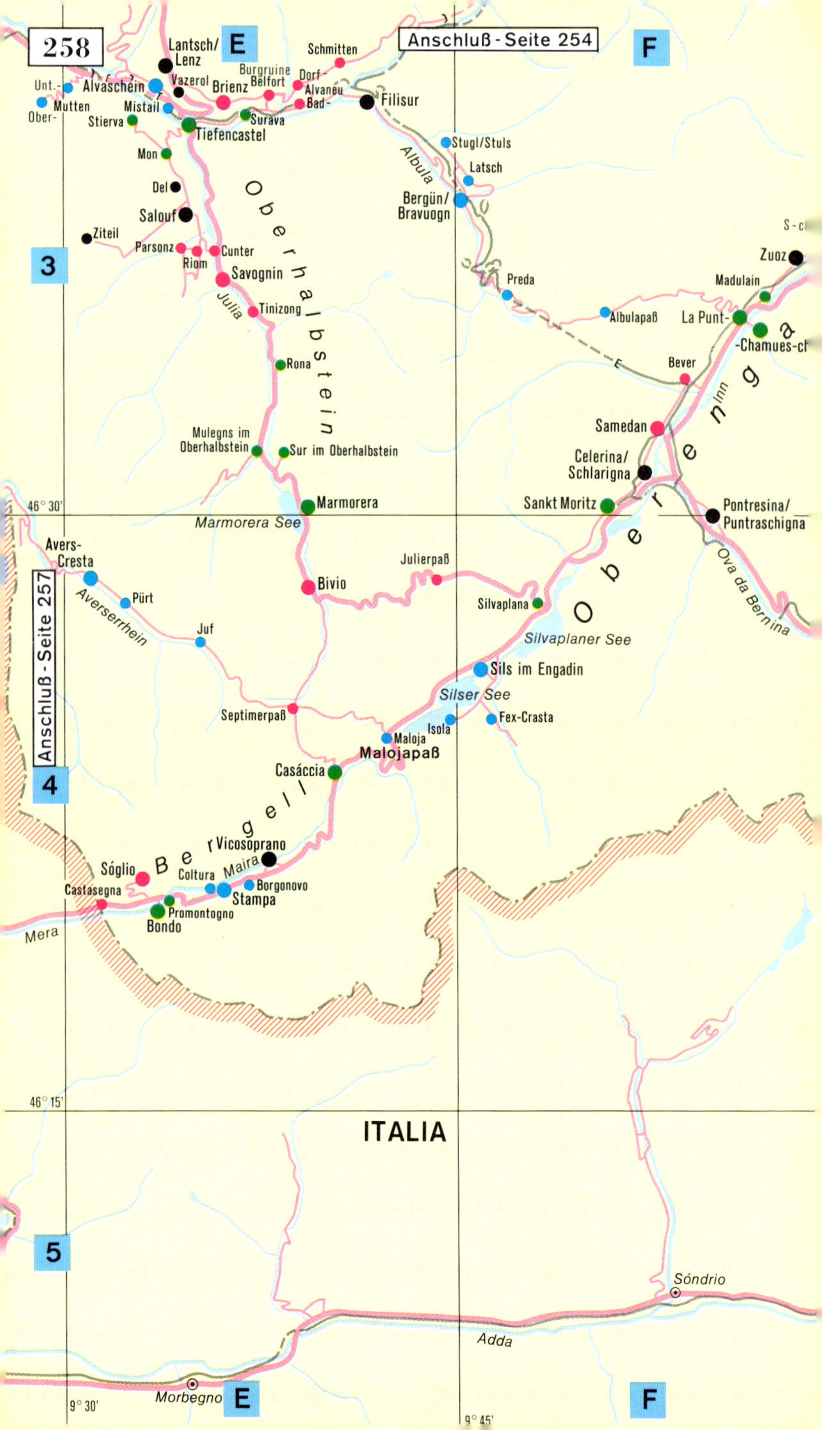

Anschluß - Seite 255

Abkürzungen

bes.	besonders
Bez.	Bezirk
bünd.	bündnerisch
christl.	christlich
d. Ä.	der Ältere
d. J.	der Jüngere
d. Gr.	der Große
d. h.	das heißt
dt.	deutsch
ehem.	ehemalig(e)
eigtl.	eigentlich(e)
engl.	englisch
ev.	evangelisch
franz.	französisch
gegr.	gegründet
got.	gotisch
griech.	griechisch
Hl., hl.	Heilige(r), heilig(e)
ital.	italienisch
Jh.	Jahrhundert
Jtd.	Jahrtausend
jüd.	jüdisch
karol.	karolingisch
kath.	katholisch
km	Kilometer
l	links
lat.	lateinisch
m	Meter
ma	mittelalterlich
MA	Mittelalter
N	Norden, Nord-
n	nördlich
n. Chr.	nach Christus
O	Osten, Ost-
ö	östlich
qm	Quadratmeter
r	rechts
ref.	reformiert
röm.	römisch
roman.	romanisch
S	Süden, Süd-
S.	San, Santa, Santo
s	südlich
schweiz.	schweizerisch
sog.	sogenannt(e)
St.	Sankt
u. a.	und andere, unter anderem
urspr.	ursprünglich
usw., etc.	und so weiter
v.	von
v. a.	vor allem
v. Chr.	vor Christus
vgl.	vergleiche
W	Westen, West-
w	westlich
z. B.	zum Beispiel
z. T.	zum Teil